国家出版基金项目
NATIONAL PUBLICATION FOUNDATION

海外著名汉学家评传丛书

葛桂录 主编

Academic Biographies
of Renowned
Sinologists

余晴 著

A Critical
西利尔·白之
评传
BIOGRAPHY

Cyril Birch

山东教育出版社
·济南·

图书在版编目（CIP）数据

西利尔·白之评传 / 余晴著 . — 济南：山东教育
出版社，2023.12
（海外著名汉学家评传丛书 / 葛桂录主编）
ISBN 978-7-5701-2743-6

I.①西… Ⅱ.①余… Ⅲ.①西利尔·白之—评传
Ⅳ.① K835.615.81

中国国家版本馆 CIP 数据核字（2023）第 221681 号

XILIER BAIZHI PINGZHUAN
西利尔·白之评传

余晴 著

总 策 划	祝 丽
责 任 编 辑	左 娜
责 任 校 对	任军芳
装 帧 设 计	Ⅶ 书籍 / 设计 / 工坊 刘运来工作室
主 管 单 位	山东出版传媒股份有限公司
出 版 人	杨大卫
出 版 发 行	山东教育出版社
地 址	济南市市中区二环南路 2066 号 4 区 1 号
邮 编	250003
电 话	(0531) 82092660
网 址	www.sjs.com.cn
印 刷	济南精致印务有限公司
开 本	710 毫米 x 1000 毫米 1/16
印 张	24.25
字 数	341 千
版 次	2023 年 12 月第 1 版
印 次	2023 年 12 月第 1 次印刷
定 价	108.00 元

如印装质量有问题，请与印刷厂联系调换，电话：0531-88783898

西利尔·白之（Cyril Birch，1925—2018）
—

晚年白之。2015年11月末，诗人徐志摩嫡孙徐善增亲临白之位
于伯克利的家，为晚年白之拍下了这张珍贵的照片。

总　序

　　"汉学"（Sinology）[1]概念正式出现于 19 世纪。1814 年，法国法兰西学院设立了被称为西方汉学起点的汉学讲座。我国学界关于汉学概念的认知有所差异，比如有关"汉学"的称谓就包括海外汉学、国际汉学、域外汉学、世界汉学、中国学、海外中国学、国际中国学、国际中国文化等，近年来更有"汉学"与"中国学"概念之争及有关"汉学主义"的概念讨论。[2]李学勤先生将"汉学"看作外国学者对中国历史文化和语言文学等方面的研究。阎纯德先生在为"列国汉学史书系"所写的序言中说，中国人对中国文化的研究应该称为国学，而外国学者研究中国文化的那种学问则应称为汉学，汉学既符合中国文化的学术规范，又符合国际上的历史认同与学术发展实际。[3]这样，我们在综合国内外学者主流观点的基础上，目前拟将"（海外）汉学"初步界定为国外对中国的人文学科（如语言、文学、历史、哲学、地理、宗教、艺术、考古、人类学等）的研究，也将其作为本套"海外著名汉学家评传丛书"选择

---

[1] 指代"汉学"的 Sinologie（即英文的 Sinology）一词出现在 18 世纪末。
[2] 顾明栋：《汉学主义：东方主义与后殖民主义的替代理论》，张强、段国重、冯涛等译，商务印书馆，2015 年，第 40-140 页。
[3] 阎纯德：《汉学历史与学术形态》，阎纯德主编，《汉学研究》（总第十集），学苑出版社，2007 年。

02

传主对象的依据之一。当然，随着海外汉学研究不断深入拓展，它所囊括的范围也将包括政治、社会、经济、管理、法律、军事等国际中国学研究所涉及的社会科学范围，打通国际"汉学"和"中国学"研究的学术领域。正如国内海外汉学研究的领军人物张西平教授所说，我们要树立历史中国和当代中国统一性的正确史观。[1]

中国自公元 1219 年蒙古大军第一次西征引发与欧洲的"谋面"始，与西欧就有了越来越多的接触与交流。数百年来的中西文化交流史，同时也是海外汉学的发展史，在这一历史过程中，海外汉学家是研究与传播中国文化的特殊群体。他们在本国学术规范与文化传统下做着有关中国文化与文学的研究和翻译工作。从中外交流的角度挖掘一代代海外汉学家的存在价值并给予其科学的历史定位，既有益于中国文化走向世界，也有利于中国学术与世界接轨，因而该领域的研究工作亟待拓展与深化。

本丛书旨在通过撰著汉学家评传的方式，致力于海外汉学研究的深耕掘进，具体涉及汉学家的翻译、研究、教学、交游，重点是考察中国文化、文学在异域的接受轨迹与变异特征，进而从新世纪世界文化学术史的角度，在中华文化与世界主要国家文化的交流、碰撞和融合之中深入探索中华文化的现代意义，加深对中华传统文化价值的认识，借此推动学术界关于"中学西传"的研究更上新台阶，并促进海外汉学在学科自觉意义上达到一个新高度。

一、海外汉学与中华文化国际传播

海外汉学的发展历程是中华文化与异质文化交流互动的历史，

---

[1] 张西平：《历史中国和当代中国的统一性是开展中国研究的出发点》，《国际人才交流》2022 年第 10 期。

也是域外学人认识、研究、理解、接受中华文化的足迹，它昭示着中华文化的世界性意义。参与其中的汉学家是国外借以了解中华文化的主要媒介，中华文化正是在他们的不懈努力下逐渐走向了异域他乡，他们在中华文化走向世界的过程中做出了特殊的贡献。

季羡林先生早在为《汉学研究》杂志创刊号作序时就提醒世人不可忽视西方汉学家的重要价值："所幸在西方浑浑噩噩的芸芸众生中，还有一些人'世人皆醉，而我独醒'，人数虽少，意义却大，这一小部分人就是西方的汉学家……我现在敢于预言：到了21世纪，阴霾渐扫，光明再现，中国文化重放异彩的时候，西方的汉学家将是中坚人物，将是中流砥柱。"[1]季先生还指出："中国学术界对国外的汉学研究一向是重视的。但是，过去只限于论文的翻译，只限于对学术论文、学术水平的评价与借鉴。至于西方汉学家对中西文化交流所起的作用，他们对中国所怀的特殊感情等等则注意还不太够。"[2]

事实上，海外汉学家将中华文化作为自己的兴趣关注点与学术研究对象，精心从事中华文化典籍的翻译、阐释和研究，他们丰富的汉学研究成果在其本国学术界、文化界、思想界相继产生了不小的影响，并反过来对中国学术发展产生了一定的促进作用。汉学家独特的"非我"眼光是中国文化反照自身的一面极好的镜子。通常汉学家不仅对中华文化怀着极深的感情，而且具有深厚的汉学功底，是向域外大众正确解读与传播中华文化的最可依赖的力量之一。尤其是专业汉学家以对异域文化、文明的译研认知为本位，其

---

〔1〕季羡林：《重新认识西方汉学家的作用》，季羡林研究所编，《季羡林谈翻译》，当代中国出版社，2007年，第60页。
〔2〕季羡林：《重新认识西方汉学家的作用》，季羡林研究所编，《季羡林谈翻译》，当代中国出版社，2007年，第60页。

研究与译介中国文化与文学本着一种美好的交流愿景，最终也成就了中外文化与文学宏大的交流事业。他们的汉学活动提供了中国文化、文学在国外流播的基本资料，因而成为研讨中华文化外播与影响的首要考察对象。

自《约翰·曼德维尔游记》(*The Travels of Sir John Mandeville*, 1357) 所代表的游记汉学时代起，海外汉学至今已有六个多世纪的历史。如果从传教士汉学、外交官汉学或学院专业汉学算起，也分别有四百多年、近三百年以及约两百年的历史。而中外文化、文学交流的顺利开展无法绕过汉学家这一特殊的群体，"惟有汉学家们才具备从深层次上与中国学术界打交道的资格"[1]。

19 世纪下半叶至 20 世纪初，随着第二次工业革命的兴起，西方国家对海外市场开拓的需求打破了以往传教士汉学时代以传教为目的而研讨中华文明的格局，经济上的实用目的由此成为重要驱动力，这一时期是海外汉学由"业余汉学"向"专业汉学"转变的过渡时期。海外汉学在这一时期取得了较大的突破，不论汉学家的人数抑或汉学著述的数量皆有很大增长。

尤其随着二战以后国际专业汉学时代的来临，各国学府自己培养的第一代专业汉学家成长起来，他们对中华文化的解读与接受趋于准确和理性，在中华文化较为真实地走向世界的过程中做出了巨大贡献。他们是献身学术与友谊的专业使者，是中国学术与世界接轨的桥梁。其中如英国著名汉学家大卫·霍克思（David Hawkes），他把自己最美好的时光献给了他所热爱的汉学事业。霍克思一生大部分时间都用于中国文化、文学的翻译、研究、阐释与传播。即

---

[1] 方骏：《中国海外汉学研究现状之管见》，任继愈主编，《国际汉学》（第六辑），大象出版社，2000 年，第 14 页。

使到晚年，他对中华文化的热爱与探究之情也丝毫未减。2008 年，85 岁高龄的他与牛津大学汉学教授杜德桥（Glen Dudbridge）、卜正民（Timothy Brook）专程从牛津搭乘火车赶到伦敦，为中国昆剧《牡丹亭》青春版的英国首次演出助阵。翌年春，霍克思抱病接待前来拜访的时任中国驻英大使傅莹女士。傅莹大使赠送的一套唐诗茶具立即引起霍克思的探究之心，几天后他给傅莹大使发去电子邮件，指出这套唐诗茶具中的"唐"指的是明代唐寅而非唐代，茶具所画乃唐寅的《事茗图》，还就茶具所印诗作中几个不甚清楚的汉字向傅莹大使讨教。霍克思这样的汉学家对中华文化的熟悉程度与探究精神让人敬佩，他们是理性解读与力图准确传播中国文学与文化的专业汉学家。确实如前引季羡林先生所说，这些汉学家对中国怀有特殊的感情。

霍克思与他的汉学前辈翟理斯（Herbert Allen Giles）、阿瑟·韦利（Arthur David Waley）可以共称为推动中国文学译介最为有力的"英国汉学三大家"，在某种程度上他们改变了西方对中国的成见与偏见。他们三人均发自内心地热爱中华文化，从而成为向英语国家乃至西方世界读者推介中国文学特别是中国古典文学的闯将。西方读者正是通过他们对中国优美诗歌及文学故事的移译，才知晓中国有优美的文学，中国人有道德承担感。如此有助于国际的平等交流，也提升了中国在西方的地位，同时他们也让西方读者看到了中国的重要性，使关于中国的离奇谣言不攻自破，让外国人明白原来中国人可以沟通并理解，并非像过去西方出于成见与偏见而想象的那样异样与怪诞。

由此可见，海外汉学家在中国文学与文化向域外传播的过程中扮演着重要的角色，他们与中华文化国际传播存在着天然的联系。诚如北京语言大学原校长刘利教授在题为《构建以汉学为重要支撑的国际传播体系》的文章中指出:"汉学自诞生之日起,便担负着中华文化国际传播的重要使命。汉学家们在波澜壮阔的中外交流史中留下了独特且深厚的历史印记,他们广博精深的研究成果推动了中外文化交流和文明交融互鉴,世界各国对中国形象的认知也因此更为清晰、立体、真实。"[1]确实,中外文明交流互鉴的结果有利于在世界上显现丰富而真实的中国形象,这不仅意味着中华文明"外化"的传播,也意味着异域文明对中华文明"内化"的接受,这有助于展示中华文明走向外部世界的行行足迹。

在新的时代背景下,推进中华文明国际传播,推动中华文化更好地走向世界,除了我们自身要掌握思想和文化主动,还要特别关注海外汉学家的著译成果,特别是海外汉学家的全球史视野、跨文化比较视阈以及批判性反思与自我间离的能力,有助于增强不同文化之间的共识,创建我们所渴求的文化对话,并发展出一套相互认同的智性标准。[2]因而,在此时代语境中,探讨海外汉学具有重大战略意义。

从中国角度看,海外汉学可以帮助我们了解中华优秀传统文化在国外的传播与影响情况,了解域外的中国形象构成及其背后的诸多因素,并吸收他们传播中华文化的有益经验。从世界角度看,海外汉学著译成果及汉学家的诸多汉学活动(教育教学、与中国学人的互动交流等),可以让世界了解中华文化的特性及其与域外文化交流互补的特征。

充分关注与深度研讨丰富多彩的海外汉学成果,有助于我们站在全球史视野与新世纪世界文化学术史的角度,在中华文明与异域

---

〔1〕刘利:《构建以汉学为重要支撑的国际传播体系》,《学习时报》,2023 年 7 月 21 日。

〔2〕葛桂录:《中华文明国际传播与话语建设》,《外国语言文学》,2023 年第 3 期。

文化的碰撞交流与融合发展之中，梳理与总结出中国文学与文化对外传播影响的多元境遇、历史规律、思路方法，为国家制定全球文化战略提供学术佐证，为深化文明交流互鉴提供路径策略，为中华文化国际传播与中国话语体系建设提供历史经验。

　　本丛书正是以海外汉学家为中心的综合研究的成果，我们将从十位汉学家的思想观念中理解和分析具体的汉学文本或问题，从产生汉学著作的动态社会历史和知识文化背景中理解汉学家思想观念的转折和变化，从而总体性把握与整体性评价汉学家在中华文明外播域外的进程中所做的诸种努力及其实际效果，以确证海外汉学的知识体系和思想脉络。在外国人对中国认知逐步深入的过程中，汉学研究的成果始终起着传播和梳理中国知识、打破旧有思想体系束缚、引领国民中国观念、学习和融合中华文化的重要作用。

二、撰著的方法路径与比较文学视角

　　海外汉学研究离不开汉学知识史的建构与汉学家身份的认知。正如张西平教授所说："在西方东方学的历史中，汉学作为一个独立学科存在的时间并不长，但学术的传统和人脉一直在延续。正像中国学者做研究必须熟悉本国学术史一样，做中国文化典籍在域外的传播研究首先也要熟悉域外各国的汉学史，因为绝大多数中国古代文化典籍的译介是由汉学家们完成的。不熟悉汉学家的师承、流派和学术背景，自然就很难做好中国文化的海外传播研究。"[1]

　　海外汉学自身的跨文化、跨语言、跨学科的特质要求我们打破

---

〔1〕葛桂录主编：《中国古典文学的英国之旅——英国三大汉学家年谱：翟理斯、韦利、霍克思》，大象出版社，2017年，总序第5页。

学科界限，使用综合性的研究方法；用严谨的史学方法搜集整理汉学原典材料，用学术史、思想史的眼光来解释这些材料，用历史哲学的方法来凸显这些材料的观念内涵；尽可能将丰富的汉学史料放在它形成和演变的整个历史进程中动态地考察，区分其主次源流，辨明其价值与真伪，将汉学史料的甄别贯穿于史料研究、整理工作的全过程之中；充分借鉴中国传统学术如版本目录学、校雠学、史料检索学以及西方新历史学派的方法论与研究理念，遵循前人所确立的学术规范。

目前已出版的海外汉学专题研究论著，不少是在翻译研究的学术框架下以译本为中心的个案研究，通过原本与译本的比较，援引翻译研究理论，重点是考察与比较汉学家翻译工作中的误读、误释的基本情况，揭示汉学典籍在域外的传播与变异特征。本丛书旨在文献史料、研究视野、学理方法、思想交流诸方面创新海外汉学研究的观念价值，拓展海外汉学领域的学术空间，特别是深度呈现中外文化交流语境里中华文化的命运，详尽考察中华文化从走出国门（翻译、教学与研究）到走进异域思想文化（碰撞、认知与吸纳）的路径，再到以融合中华文明因子的异域思想文化为参照系，激活中国本土文化的提升空间与持久动力的历程。具体也涉及特定历史文化语境中的汉学家如何直接拥抱所处时代的文化思想及学术大潮，构建自身的异域认知与他者形象。我们要借助丰富多彩的海外汉学成果，关注中外哲学文化思想层面的交互作用，在此意义上评估中华文明的延展性、适时性、繁殖力等影响力问题。

在方法路径上，首先，要在中外文化交流史的基础上弄清楚中华文化向域外传播的历史轨迹，从这个角度梳理出海外汉学形成的历史过程及汉学家依附的文化语境。其次，以历史文献学考证和分析的基本方法来掌握海外汉学文献的传播轨迹和方式，进而勾勒出构成海外汉学家知识来源的重要线索。最后，借用历史语境主义的研究范式探究海外汉学家不同发展阶段的汉学成就及观念诉求。

因而，文献史料的发掘与研究不仅是重要的基础研究工作，同时也意味着学术创新的孕育与发动，其学术价值不容低估。应该说，独立的文献准备是学术创见的基础，充分掌握并严肃运用文献，是每一位海外汉学研究人员必须具备的基本素养。而呈现数百年来中华文化在域外传播影响的复杂性与丰富性的途径之一，就是充分重视文献史料对海外汉学家研究和评传写作的意义。海外汉学史研究领域的发展、成熟与文献学相关，海外汉学研究史料的挖掘、整理和研究，仍有许许多多的工作要做。丛书在这方面付出了诸多努力，包括每位传主的年谱简编及相关文献史料的搜集整理，为厘清中华文化向域外传播的历史轨迹，梳理海外汉学发展的历史过程及汉学家依附的文化语境，起到了重要的支撑作用。

构建海外汉学史的框架脉络，需要翻阅各种各样的包括书刊、典籍、图片在内的原始材料，如此才能对海外汉学交流场有所感悟。这种感悟决定了从史料文献的搜集中，可以生发出关于异域文化交流观念的可能性及具体程度。海外汉学史研究从史料升华为史识的中间环节是"史感"。"史感"是在与汉学史料的触摸中产生的生命感。这种感觉应该以历史感为基础，同时含有现实感甚至还会有未来感。史料正是在研究者的多重感觉中获得了生命。

通过翔实的中外文原典文献资料的搜罗梳理及综合阐释，我们既可以清晰地看出海外汉学家、思想家对中国文化、文学典籍的译介策略与评述尺度，又能获知外国作家借助于所获取的汉学知识而书写的中国主题及其建构的中国形象，从而加深对中外文学、文化同异性的认知，重新审视中外文学交流的历史性价值和世界性意义，有助于提升中外文学交流史的研究层次，提出新的研究课题，

10

拓展新的研究领域，并奠定中外文学交流文献史料学的研究基础。

　　海外汉学家研究属于中外文学、文化交流的研究领域，从属于比较文学研究的学科范畴。我们要以海外汉学数百年的发展史为背景，从中外文化与文学交流的角度来重新观照、审视汉学家的汉学经历、成就及影响，因而必须借鉴历史分析等传统学术研究方法，并综合运用西方新史学理论，接受传播学理论、文本发生学理论、跨文化研究理论，以及文化传播中的误读与误释理论等理论成果，从文化交流角度准确定位海外汉学家的历史地位，清晰勾勒他们如何通过汉学活动以促进中外文明交流发展的脉络。这不仅有利于传主汉学面貌的清晰呈现，也裨益于中国文学与文化的域外传播，同时更有助于我们透视外国人眼中的中华文化。因此，海外汉学家研究作为中国比较文学学科的一个重要领域，必将能为中华文化的海外弘扬贡献力量，它昭示的是中华文化的世界性意义。

　　同样，海外汉学家在其著译与教育交流实践中，也非常关注比较文学视角的运用。比如，霍克思担任牛津汉学讲座教授几年后，从比较文学的视角正面回答了汉学学科这一安身立命的问题。在他看来，中国文学的价值在于其与西方的相异性，作为世界文化的一个组成部分，其独特性使其有了存在与被研究的必要。霍克思认为，对不同文学间主题、文体、语言表达与思想表达差异的寻找等都是中西文学比较中可展开的话题。他在多年的汉学研究中时刻不忘比较视域，其学术路径在传统语文学研究方法基础上增加了比较思想史视野下审视学术文献意义的步骤。对于霍克思而言，研究汉学既是为了了解中国，了解一个不同于西方的文学世界，也是为了中英互比、互识与互证。此中贯穿着比较，贯穿着两种文化的互识与交流。霍克思对中国典籍译研的文化阐释影响深远，比较文学意识可算是贯穿其汉学著译始终的重要研究理念。

　　比较文学视角有助于促成跨文化交流与文明互鉴的理想结果，也就是对话双方能够在交流中找寻本土思想文化创新发展的契机并实现互惠。因为，跨文化对话有一种镜子效应，把陌生文化当作一面镜子，在双方的对话中更好地认识自己，而且新意往往形成于两者的交锋对话之中。当然，安乐哲（Roger T. Ames）也提醒我们："文化比较需要一把'双面镜'，除了要站在西方文化的立场上依据西方的思想体系和结构翻译与诠释中国文化外，我们更应当以平等的态度和眼光，通过回归经典去实事求是地理解中国的传统，即从中国哲学和文化本身出发去理解它，并且从中认识到其所具有的独特性。"[1]

　　在此意义上，海外汉学家在中国典籍翻译阐释中所展示的跨文化对话意识具有特殊意义。他们固然可以复制出忠实于原作的译本，同时更可能出于自己的理论构想与文化诉求，通过主观性阐释与创造性误读，使译作具有独立于原作之外的精神气质与文化品格，同时进行着本民族文化传统的"自我重构"。他们借助于独具特色的译介中国行动，既构筑了新的中国形象，也试图通过东西方文明对话构筑起新的世界，从而实现跨文化对话的目标。

　　本丛书在撰著过程中立足于比较文学视角，依靠史料方面的深入探究，结合思想史研究的路径、文献学的考证和分析、跨文化形象学研究的视角与方法发掘，在具体汉学家的思想观念中理解和分析具体的汉学文本或问题，从产生汉学著作的动态社会历史和知识文化背景中把握汉学家思想观念的转折和变化，展示海外汉学学科体系奠基与进行中西文化融合的过程，从而把握海外汉学的知识体系和思想脉络。

---

〔1〕〔美〕安乐哲：《"生生"的中国哲学：安乐哲学术思想选集》，人民出版社，2021 年，第 141 页。

三、编撰理念与总体构想

　　海外汉学家数量颇为可观。本丛书选择海外著名汉学家十位，每位传主一卷，分别展开他们的综合研究工作，评述每位传主的汉学历程、特点及重要贡献。通过评传编撰，呈现每位传主汉学生涯的生成语境；通过分析阐释传主的翻译策略、文集编选、汉学论著、教育教学理念等，揭示传主汉学身份特征，论析传主汉学思想的载体与构成要素，站在中外文化交流史与海外汉学思想发展史的高度，客观评述传主的汉学成就。反之亦然，从传主的汉学成就观照其所处时代、所在区域的汉学思想演进脉络。撰述过程中关注时代性、征实性、综合性，最终凸显作为汉学思想家的传主形象。

　　本丛书编撰遵循历史还原、生动理解与内在分析的基本思路。所谓历史还原，即通过对文献史料的爬梳，重现传主汉学成就的历史文化语境。所谓生动理解，即通过消化史料，借助合适的解释框架，理解及重构传主鲜活的汉学发展脉络。所谓内在分析，即通过厘清传主汉学生涯的基本理路，分析传主饱含学养的汉学体验与著译成就。

　　本丛书各卷的撰述风格与笔法，希望能与今天的阅读习惯接轨，在丰厚翔实、鲜活生动的叙述之中，将传主立体地呈现在读者面前。丛书将以丰富的史料、准确稳妥且富有见地的跨文化传播观点、开放的文化品格、独特的行文风格，使不同层面的读者都能在书中找到各自需要的灵韵，使之在不知不觉的阅读中形成这样的共识：通过几代海外汉学家的不懈努力，中华文化走进异域他乡，引发了中外文学与文化的交融、异质文化的互补，这不仅是昨天的骄傲，更是今天的时尚与主题。

　　本丛书各卷采用寓评于传、评传结合的体例，充分考虑学术性（吸收学界最新成果）与可读性（充满活力的语言），有趣亦有益。各卷引言总论传主的汉学思想特征，各章梳理传主的生活时代与社会思想背景，呈示传主的生平事迹、著述考辨、学养构成，阐释传主的各种汉学成果，从传主的译介、研究、教育教学活动等方面全方位呈现其汉学成就，概括传主的汉学贡献，以确认其应有的汉学地位，最终凸显作为汉学思想家的传主形象，继而为全面深入探讨海外汉学史提供知识谱系与思考路径。同时，我们通过以海外著名汉学家为中心的比较文学跨文化、跨学科（跨界）研究，深入研究、阐释中华优秀传统文化蕴含的思想观念、人文精神、道德规范，力争在中外文明的双向交流中阐发中华文明的内在精髓与独特魅力，努力提高推动中华文明走进域外世界的社会意识，借此回应与推进国家文化发展与国际传播战略，实现中华优秀传统文化的创造性转化与创新性发展，彰显中外人文交流与文明互鉴的价值与意义。

葛桂录

2023 年 10 月 6 日定稿于福建师范大学外语楼

目录

第五章　白之中国戏剧三大全译本的翻译策略
　　　　及其影响　171

第六章　白之论中国五四文学的比较视阈
　　　　及阐释框架　202

第七章　白之论中国社会主义文学的他者视阈
　　　　与意识形态解读　241

导言　中国文学翻译与研究名家西利尔·白之

西利尔·白之（Cyril Birch，1925.3.16—2018.10.30）是饮誉世界的中国文学研究专家与翻译家，专攻中国话本小说、古典戏曲及 20 世纪中国文学，其对明清戏曲的研究执西方汉学界之牛耳。

白之生于英国兰开夏郡，在英国完成了所有阶段的学习，毕业后供职于母校伦敦大学亚非学院长达 12 年（1948—1960）。白之在英国为自己一生的汉学生涯打下了坚实基础，欧洲汉学对白之有着十分深远的学术影响。白之的汉学生涯恰好见证了英国完整的汉学专业时代，他是一位较为典型的成长于英国，由学院式汉学逐步向专业汉学过渡的汉学家，并成为斯卡伯勒报告第一批受益学者之一。无论身处英国还是美国，他始终以英国第一代专业汉学家的身份，亲历了英国专业汉学的发展流变历程。在漫长的译研之路上，白之努力摆脱汉学与政治、经济等其他因素的纠缠，恪守以学术为本位的原则，所有汉学成果皆发自内心的热爱中国文化而取得。《浣纱记》《燕子笺》《桃花扇》和《牡丹亭》等译作均为其致力于中国传统戏剧翻译与研究的扛鼎之作。

白之通晓英语、汉语和日语，是一位兼具英国和美国双重汉学背景的汉学家。在 1960 年移居美国之前，白之作为英国少数几位中国话本小说研究专家，首开中国古典戏剧研究新局面。白之的博士论文《古今小说考评》（"*Ku-chin Hsiao-shuo: A Critical Examination*"）是英国首部关于《古今小说》（又称《喻世明言》）的专著。作为第一位对冯梦龙《喻世明言》进行系统译介的学者，白之著有《明代短篇故事选集》，弥补了中国明代小说"三言"研究在西方世界长期空白的缺憾。与此同时，白之也是首位把中国神仙志怪小说带到西方的职业汉学家，《中国神话传说》（*Chinese Myths and Fantasies*，1960）为其早期汉学成果之一。移居美国后，白之继续发扬敢为人先的学术精神，其编撰的《中国文学选集·第一卷》和《中国文学选集·第二卷》是首部将中国最具代表性的经典文学作品编译成英文出版的选本文集，成为众多美国大学的指定教材，后被联合国教科文组织收录进中国代表著作系列。另外，他还是第一位将中国文学史上最绮丽的"文学之花"——《牡丹亭》进行全文译介的汉学家，这一译介举动被称为"20世纪伟大的文化盛事"之一，使得中国这朵"文学之花"在异域他乡姹紫嫣红地绽放。在很长一段时间里，白之《牡丹亭》全译本译介水准被学界视为无人出其右，译著对中国古典文学在海外的深度传播发挥了重大作用。他编撰的《中国文学流派研究》则对中国文学史研究产生了深远的影响。白之与哈罗德·阿克顿、陈世骧合译的《桃花扇》为西方读者贡献了最优秀的英译本。他的《娇红记》全译本 *Mistress and Maid*（*Jiaohongji*），首次为西方读者揭开了"为爱而死"的主题。此外，白之还选译过《水浒传》《红楼梦》《西游记》《镜花缘》等诸多中国经典文学。从中国元明巨制到20世纪新文学，白之皆予专文探究，为跨文化交流做出了突出贡献。

白之在毕生挚爱的中国文学译介和研究领域笔耕不辍，浸淫于斯，其学术成果似一帧由20世纪40年代初期至90年代末期这五十余年间西方汉学三代师承的剪影，在西方汉学史上具有典型代表意义。20世纪的中国文学创作在历经社会动荡的洗礼与淬炼之后，开辟出一条崭新的道路，在文学形式与创作技巧等方面均取得了累累硕果。面对中国文学的林林总总，白之始终表现出极高的学术旨趣，无不竭力研究，可谓穷尽毕生之力。在广博的译介瀚海之中，白之拒绝现代译介理论体系条条框框的束缚，倾向以"'从心所欲'而不逾矩"的方式去触及译介核心问题。他的汉学评论与译研致力于跨文化的比较视阈和方法创新。自 20 世纪 40 年代，白之选择中文专业的那一刻起，便与汉学结下了不解之缘。他一生写下不少书评，多刊于《亚洲研究》《伦敦大学亚非学院学报》《美国东方学会会刊》《中国季刊》等具有重大影响力的海外汉学研究刊物。他的评述往往独到精炼、客观公允，并能适时提出建设性学术建议。白之十分重视对海内外汉学研究学术前沿的把握，及时向西方世界评荐中国文化的优秀汉学著作，为促进中国文化的传播打开了一扇重要窗口。

　　纵观其汉学生涯，白之坚持译研结合，在跨文化的比较视阈之下，始终以文学为中心来开展汉学译研活动。其译研所涉领域广博，从唐诗宋词到元杂剧、明传奇、清代小说，再到中国现当代作家的作品，均有独到见解。白之十分看重研究方法的创新与运用，为西方世界走近中国文化，了解中国文明做出了突出贡献。

　　1960 年，白之携妻带子移居美国，任职于加利福尼亚大学伯克利分校，直至 1990 年荣休。荣休之后，其继续任该校荣誉教授，虽退出教学一线，实际却是退而不休，并没有停止汉学研究。经修改完善的《中国神话传说》（2000）及《明代精英戏剧选集》《娇红记》全译本（2001）等译著皆是其晚年力作。

　　白之勤恳教研的同时，不忘引领后学，培养了一批当今学界的知名教授和学者，包括耶鲁大学的马斯顿·安德生（Yale University, Marston Anderson）、达特茅斯大学的艾兰（Dartmouth College, Sarah Allan）、得克萨斯大学的傅静宜（University of Texas, Jeannette Faurot）、达特茅斯大学的李华元（Dartmouth College, hua-yuan Li Mowry）、科罗拉多大学的高为宁（Colorado, University, Vicki Cass）、俄勒冈大学的文棣（University of Oregon, Wendy Larson）、加州圣荷西州立大学的梁启昌

004

（San Jose State University，K.C. Leung）、麻省大学的米乐山（University of Massachusetts，Amherst，Lucien Miller）、哥伦比亚大学的魏玛莎（Columbia University，Marsha Wagner）、加州州立大学长滩分校的水晶（Long Beach，Crystal）和香港中文大学的华玮等。此外，白之还指导过乐黛云、赵毅衡等当代中国比较文学界的著名学者。在长达半个世纪的教学生涯中，其诲人不倦、知无不言的高尚品行影响了学界诸多后起新秀。白之的为人和为学不仅对美国汉学界的学术思想，而且对众多后起之秀的精神涵育，均有较大的激发与影响。白之一生不凡的汉学建树为其赢得了良好的学界声誉和实至名归的国际赞誉。

　　不论是中国现代白话文学，抑或是极具民族特质的中国古典文学，白之对它们在英语世界的传播均做出了突出贡献。尽管白之在汉学研究领域成就斐然，但与阿瑟·韦利（Arthur Waley）、大卫·霍克思（David Hawkes）、杜维廉（William Dolby）、夏志清（C. T. Hsia）和宇文所安（Stephen Owen）等享誉世界的海外汉学家相比，其尚未被学界充分认知。作为一名兼具欧美双重学术背景，且受日本汉学影响，由多国文学和文化共同浸润的汉学家，其学术个性是基于民族历史、个人成长环境及其本人对文学审美的追求共同铸造而成，由此决定其在世界汉学中不可替代和不可遮蔽的价值和意义。作为学术主体，白之是中外文学、文化双向阐发，互识、互鉴和互相照亮的极好范例，且十分契合"将汉学的发展演变放在各国社会与思想文化变迁的大背景中去考察"[1]这一呼吁，并推动了这一学术研究。因此，对传主进行全面考察与深刻认知是必要且必需的。以白之及其完整的汉学生涯为研究对象，详尽梳理其一生的汉学成就，可为我们探索中国文学、文化如何进一步迈向世界文明之林，怎样更好地向世界讲好中国故事和传播中国声音提供宝贵的"他者"之镜。

---

〔1〕李学勤主编：《国际汉学漫步》，河北教育出版社 1997 年版，第 1 页。

2018 年 10 月 30 日，94 岁的白之在英国安然离世。纵观其一生的汉学之路，从中国古典文学到中国新文学，皆是他几十年如一日的译研对象，其各类汉学研究的丰硕成果及长期坚守一线教学的活动，为中国文学与文化在英语世界的传播做出了杰出贡献。

第一章　白之汉学研究的文化思想史语境

白之出生于英国，1948 年起任教于伦敦大学亚非学院，1960 年移居美国，入职加利福尼亚大学伯克利分校，一生致力于汉学译研工作。白之兼具欧美双重学术背景的特殊文化身份与欧美整体的汉学环境之间，两者既密不可分又相互影响。英美相异的汉学发展背景影响着白之的汉学译研走向与方法策略；同

青年白之

样，白之个人的汉学成果和研究方法亦于某种程度上促进了欧洲与北美汉学的发展。

本章以白之在英国和美国的汉学研究历程为脉络，将其带入汉学思想史语境中，以期在时代大背景下深度挖掘兼具欧美双重学术背景的白之及其汉学研究与欧美汉学发展之间的互动关系，并重点发掘白之双重汉学背景这一特殊学术身份对其汉学研究所产生的影响和作用。白之的汉学研究生涯大致可以分为两个时期：一是英国求学及任教阶段，其对中国神话和明代短篇小说等的译研实践；二是移居美国加入伯克利分校后，其在选本、译本及中国现当代文学等方面取得了令人瞩目的成就，《中国文学选集》（两卷本）《牡丹亭》《桃花扇》《明代精英戏剧选集》和《娇红记》等译

著亦在西方学界产生较大影响。本章以时间为纲，结合白之所处的不同汉
学语境及阶段加以考察与研究，力求探究不同阶段身处欧洲与北美的白之，
其汉学研究受到不同地域的影响和表现出的特质，以及追溯其汉学研究理
念与方法的发生和发展因素。

第一节　白之在英国的汉学研习历程及范式特征

白之出生于英国，成长于英国，并在英国完成所有的阶段学习。白之
学术生涯早期所具有的正是纯正的英国汉学"血统"，对其产生的影响重
大而深远。本节从二战时期英国汉学的发展背景、当时历史文化语境中英
国汉学与政治之间的密切关系、伦敦大学亚非学院对白之汉学研究的影响，
以及白之是在何种情况之下作出离英赴美这一重大抉择等方面来较为完整
地呈现白之的英国汉学研习历程。

一、二战时期英国汉学的发展背景

英国独处大西洋海岛，民族意识觉醒较早，"由于客观条件的限制，
英国不如欧洲其他国家，和中国直接接触较晚。但中国以及中国文学的
魅力仍折射到了英伦岛，其中既有夺目的光彩，也有光彩黯淡之余的阴
影。"[1]与法国、德国等欧陆国家相比，英国的汉学研究起步稍晚，在经历
了 17 至 18 世纪对中国的初步认知实践和知识积累之后，于 19 世纪迎来汉
学研究传统的形成阶段。学界一般将 1823 年成立大不列颠及爱尔兰皇家亚
洲学会（Royal Asiatic Society of Great Britain and Ireland，或称 The Royal
Asiatic Society）作为英国汉学肇始的标志性事件。

---

[1] 张弘：《中国文学在英国》，花城出版社 1992 年版，第 1 页。

008

19 世纪作为世界霸主的英国，用坚船利炮以野蛮的入侵方式打开中国大门，不仅获取了巨额经济利益，也带来了一场中英文化交流大碰撞。而到了 20 世纪，历经了两次世界大战的英国，其世界霸主地位岌岌可危。应该说，二战对英国汉学研究起着转折性作用，"……我们看到第二次世界大战所带来的态度上的变化，造成了今天令人震惊的研究重点。失去帝国后，英国最终看到了其他形式致富的可能性，并在这业已奠定的基础上再建设一代汉学研究新风。"[1] 不仅如此，"他们也认识到，英国的中国学研究的力量落后于欧洲大陆的一些国家，为了扭转劣势，英国应该重视中国学研究"。[2]

应战时之需，在英国外交大臣艾登提议下，英国政府于 1944 年成立用以调查英国大学关于东方、非洲、东欧以及斯拉夫语言文化开设情况的特别委员会。该委员会于当年提交了在英国东方学史上堪称里程碑式标志的《斯卡布勒报告》，报告涉及一系列刺激东方学发展的建议和措施，如"报告意图在大学里建设强有力的系来替代过去那种设置少数几个分散的教授职务的做法"[3]；"加强大学的东方研究部门，增添新的教授职位和研究职位，提高其教学人员的水平，增加图书设备，为科研提供条件"[4]；"给攻读东方学的研究生提供资助，使他们能从事深一层的研究；给老师提供资助，使他们能有条件到东方各国去进行实地考察研究"。[5] 这些举措得到了英国政府的采纳和支持。正是在各种有利政策的扶植下，伦敦大学亚非

[1][加] 许美德：《英国的中国学》，见复旦大学历史系中国思想文化史研究室编辑：《中国文学研究集刊》第三集，复旦大学出版社 1986 年版，第 477 页。
[2] 何培忠主编：《当代国外中国学研究》，商务印书馆 2006 年版，第 209 页。
[3][加] 许美德：《英国的中国学》，见复旦大学历史系中国思想文化史研究室编辑：《中国文学研究集刊》第三集，复旦大学出版社 1986 年版，第 466 页。
[4] 陈友冰：《英国汉学的阶段性特征及成因探析——以中国古典文学研究为中心》，载《汉学研究通讯》2008 年第 3 期。
[5] 陈友冰：《英国汉学的阶段性特征及成因探析——以中国古典文学研究为中心》，载《汉学研究通讯》2008 年第 3 期。

学院得到专门资金，用于创建新的学术研究部门和招聘新教员，学院迎来
了汉学发展的黄金时期。恰逢其时，白之被学院新的机制引入，以学者兼
教师的身份任教于母校伦敦大学亚非学院，正式开始其汉学研究生涯。

二、汉学借媒介助力政治的急迫性

　　1925 年 3 月 25 日，白之出生于英国兰开夏郡（Lancashire），在英格
兰西北部著名的博尔顿（Bolton）学校接受了良好教育。在其十六岁时，
英国政府制订了一项计划，即在全国范围内招募具有突出语言能力的男孩
学习汉语、日语、土耳其语和波斯语，以备战时之需。白之报名参加了此
次选拔，在前往伦敦参加面试的火车上，白之计划如被选中，则选择学习
波斯语。但约三十分钟的面试结束后，面试官宣布白之在学习难度最大的
中文方面展现出卓越的能力，录取其学习中文，而非波斯语。由此，白之
的一生开始与中国文学结下了不解之缘。1942 年，受战争局势影响，英国
战事局开办专门针对军事情报人员的现代汉语培训班，该班共有包括白之
在内的 17 名学员。英籍德裔汉藏语学家西门华德（Walter Simon，1893—
1981）则是授课教师之一。20 世纪 30 年代，西门华德为躲避德国纳粹迫
害而移居英国，随后执教于亚非学院。受学院委托，其成为现代汉语培训
班授课教师之一。西门华德发表过汉语语音史和汉藏语比较的相关文章，
当时在国际汉学界已名噪一时。在长期的学术和教学实践中，其始终对现
代汉语怀有极大的研究热情，加之对中国文学极深刻的理解，西门华德为
白之打开了认知中国文学与文化的第一扇窗。可以说，西门华德教授的中
文课把白之引入了研习中国文学与文化的大门，白之也因此与赖宝琴、萧
乾、爱德华兹等结下了深厚的师生情缘。[1]

---

〔1〕［美］西里尔·白之：《中国文学“教”“学”经验谈》，见［美］李华元主编：《逸步追风：西方学者
论中国文学》，学苑出版社 2008 年版，第 6–7 页。

010

　　经过为期两年的现代汉语密集培训班训练，1944年，白之被送往印度加尔各答英国陆军情报部任中尉一职，从事军事情报工作。1947年退役后，他回到伦敦大学亚非学院继续学习汉语，仍师从西门华德，于1948年获得中国现代文学一级荣誉学士学位（First-Class Honours Degree）。在亚非学院攻读学位的同时，白之兼任学院中文讲师，教授中国语言文学，并于1954年获得中国文学博士学位，博士论文题为《古今小说考评》（内含有小说的译文，论文长达499页）。博士毕业后，白之继续留校任教，直至1960年移居美国。

　　如前所述，白之的汉学生涯恰好见证了英国完整的汉学专业时代，他是一位较为典型的成长于英国汉学由学院式汉学逐步向专业汉学过渡的汉学家，亦是《斯卡伯勒报告》第一批受益者之一。无论身处英国抑或美国，白之都亲历了英国专业汉学的预备期（1945年二战后至20世纪50年代末期）、黄金期（20世纪60年代）、停滞期（20世纪70至80年代）及现阶段的重建期（20世纪90年代至今）等不同发展阶段。在此期间，他努力摆脱汉学与政治、经济等其他因素的纠缠，始终恪守以学术为本位的原则，其汉学成果皆因对中国文学、文化发自内心的喜爱而倾其一生努力所获。

三、伦敦大学亚非学院与白之汉学研究

　　伦敦大学（University of London）是一所由各级学院和研究院共同组成的公立学院制大学，于1836年由伦敦大学学院和伦敦国王学院合并而成，是欧洲久负盛名的大学系统（联盟）之一。1837年，在多马·斯当东（Thomas Staunton）的倡议下，伦敦大学设立了第一个中文讲座，该讲座亦是英国大学设立的首个中文讲座。[1]伦敦大学是白之在英国期间最重要

---

〔1〕葛桂录：《含英咀华——葛桂录教授讲中英文学关系》，中央编译出版社2014年版，第115页。

的学术活动场所，是其汉学生涯的初起之地。

在伦敦大学亚非学院的前身东方学院成立之前，英国仅有牛津大学、剑桥大学、伦敦大学和大不列颠及爱尔兰皇家亚洲协会设置有汉学研究中心。随着大英帝国在中国的侵略扩张，建立一所专门研究包括中国在内的东方学院势在必行，皇家亚洲协会是第一个为建立学院四处奔走的倡议者。在多次提交创设议案后，皇家亚洲协会的提议终于得到了政府的重视。1908 年，由雷伊勋爵（Donald James Mackay，11th Lord Reay）主持，负责调查东方学在伦敦开展情况的委员会成立。经过为期八个月的调查研究，该委员会提出相应的建设性意见，这就是英国历史上著名的"雷伊报告"（Lord Reay's Report）。在报告中，委员会提议在大学学院和国王学院现有的东方语言教学中心基础上，建立一所隶属于伦敦大学的东方研究学院。1912 年 10 月 8 日，英国政府同意成立东方研究学院，并审议通过关于建立治校机构和相关章程的法案。议会决议拨款两万五千英镑作为伦敦大学东方学院的建筑经费，另调拨四千英镑作为启动经费。12 月 13 日，英王乔治五世核准拨款（但此事随后因第一次世界大战被搁置，笔者注）。东方学院于 1916 年 6 月 5 日获得皇家特许状，1917 年 1 月 1 日开学招生，罗斯（Denison Ross）为第一任院长。1917 年 2 月 23 日，伦敦大学东方学院办公大楼落成庆典举行，英王乔治五世在皇后及大臣陪同下莅临学院亲自剪彩，郑重宣布伦敦大学东方学院正式成立。[1] 1938 年，东方学院增加非洲研究，更名为伦敦大学亚非学院（School of Oriental and African Studies，英文简称 SOAS）。自此至第二次世界大战期间，伦敦大学亚非学院始终作为英伦东方学研究的中心，是东方语言和研究人才培养的重要基地，"这为英国汉学家聚在一起进行长期的集体工作创造了最为根本的条

---

[1] 郑良树：《英国汉学概况》，载《书目季刊》1977 年第 2 期。

012

件"。[1]亚非学院执英国汉学之牛耳，是英国唯一一所专门研究亚洲、非
洲、近东和中东的高等教育机构，是世界杰出的亚洲与非洲研究中心之一，
同时也是拥有全世界研究东方及非洲问题学者最多的机构。多年来，亚非
学院培养出多位国家元首、政府首长、大使和外交官等具有国际影响力的
人物。诺贝尔和平奖获得者、缅甸政治家昂山素季、美籍英裔东方学家伯
纳德·路易斯（Bernard Lewis）、美籍加拿大裔汉学大师安乐哲（Roger
T. Ames）、华裔历史学家王赓武等皆为其杰出校友。亚非学院多元文化交
织，国际性是亚非学院最为突出的特色之一。中国末代皇帝溥仪的英文教
师庄士敦（Reginald Johnston）曾在此任教，中国作家老舍亦于 1924 年秋
至 1929 年夏在这里度过了五年的教学生涯。

　　亚非学院从成立之初就秉承英国汉学注重实用性的风气，并以为国家
商业利益服务为宗旨，虽然中国古典文学和文化研究在设置的学科中占据
一定比例，但其研究目的终究还是从商业实用性出发。不过，尽管深受国
家意识形态的影响和干预，但亚非学院仍能坚持研究和教育兼顾的方针，
为英国汉学家开展学术研究提供了有利条件。《中国季刊》与《亚非学院
简报》（Bulletin of the School of Oriental & African Studies）作为学院最具代
表性的两份刊物，集中刊载汉学研究成果，前者更是近代中国学研究的权
威刊物。

　　当时的英国拥有一支传统悠久、学风严谨和学术精神令人肃然起敬的
汉学家队伍，他们在汉学不受重视的历史文化语境中，仍能心无旁骛地执
着于汉学研究事业。白之作为其中一员，亦受欧洲传统汉学研究范式的深
刻影响。在亚非学院学习期间，白之主要师从西门华德。西门华德是一位
在中国文法、中国语言学、中国语音学、汉藏语比较研究与汉语学习工具

---

〔1〕〔加〕许美德：《英国的中国学》，见复旦大学历史系中国思想文化史研究室编辑：《中国文学研究集刊》
第三集，复旦大学出版社 1986 年版，第 474 页。

书和教科书编写方面为英国汉学做出过开创性贡献的专业汉学家和目录学家。晚年白之回忆称："西门华德是首创于德国比较语言学领域中的知名学者，在现代汉学界，西门师对现代汉语的重视以及他对中国文化持续性的认识可以说是独异超群的。对我们这批早已确信'中文无文法'的学生来说，西门师对现代汉语与古汉语句法中平行现象的分析在当时是极有启发性的……西门师的中文课为我打开了与作家萧乾（当年任驻伦敦记者），以及赖宝琴、爱德华兹研习中国文学之门。"[1]可见，西门华德在学术研究中所展现的敏锐洞察力，以及对中国文学、文化的卓越认知力，为白之带来了长久而深远的影响。《伦敦大学亚非学院学报》1973年的年刊作为献给伦敦大学终身教授西门华德的专号，白之在此期专号上发表论文《明传奇剧中的悲剧与情节剧》（"Tragedy and Melodrama in Ming ch'uan-ch'i Drama"），敬献给恩师西门华德。他在论文中特意指出，此篇论文题材与恩师著作的学术兴趣似乎距离颇远，但如果他这一代中国文学研究者对汉语口语作为一种文学工具的潜能有任何了解的话，都要归功于这位"诲人不倦"之师的开拓性工作。[2]

　　两年的汉语密集培训为白之的中文研习之路打下了牢固基础。1947年退役后，其重回亚非学院继续学习中文，1948年获中国现代文学一级荣誉学士学位，同年留校担任中文讲师，直至1960年移居美国。白之回忆称："我四年本科课程基本全部都是对中国语言、文学以及文化的学习，最后则是一周极为可怕的一系列笔试，一共包括九次，每次三个小时的专书测试、考试之前从没见过的中英文本互译，再加上对历史事件的论答。"[3]这

---

〔1〕［美］西里尔·白之：《中国文学"教""学"经验谈》，见［美］李华元主编《逸步追风：西方学者论中国文学》，学苑出版社2008年版，第6—7页。

〔2〕《早明传奇剧中的悲剧与情节剧》（"Tragedy and Melodrama in Ming ch'uan-ch'i Drama"）原载于《伦敦大学东方亚洲学院学报》，1973年。该期是献给伦敦大学终身教授西门华德（Walter Simon）的专号。

〔3〕［美］西里尔·白之：《中国文学"教""学"经验谈》，见［美］李华元主编：《逸步追风：西方学者论中国文学》，学苑出版社2008年版，第8页。

014

些文字足以证明亚非学院对学生的专业训练之严苛。担任讲师期间，他继续攻读中国文学博士学位，在导师爱德华兹（E.D. Edwards）和当时在亚非学院学习、工作的其他学者[1]的共同指导和帮助下，于1954年完成博士论文《古今小说考评》，该论文是英国汉学史上首篇冯梦龙"三言"专论。

在以古典诗文研究为主流的20世纪欧美汉学界，白之另辟蹊径，着力研究刊刻于17世纪的中国话本小说，是当时英国国内为数不多的研究话本小说的专家之一。1955年，白之于欧洲知名汉学刊物《伦敦大学亚非学院通讯》第17卷第2期发表《话本小说形式的几个特点》（"Some Formal Characteristics of the Hua-pen Story"），这是西方学术界首篇从结构形式角度系统研究中国白话小说的专文。在以往诸多探讨中国白话小说的研究中，西方学者大多选择从文学史家的视角去分析与阐释，极少有学者将中国短篇小说作为一种文类体裁进行研究，白之在文中论及了短篇小说的体裁特点，观点独到新颖。[2]白之论析中国古代说书艺术的不同形式和特点，并向读者介绍话本小说中"入话"的安排、说书人使用的套语、韵散夹杂的铺陈以及一些特别的语法结构。白之在文中关于话本小说的精辟论断，至今仍对该研究领域的学者颇具启发意义。值得一提的是，该论文的发表成为白之正式以汉学家的身份开始话本小说研究的标志。

1956年，白之于《伦敦大学亚非学院通讯》第18卷第1期发表论文《冯梦龙和〈古今小说〉》（"Feng Meng-lung and the *Ku-chin Hsiao-shuo*"），该文以文辞和文风切入来假设作品的年代，重点探究《喻世明言》中作品的真伪以及冯梦龙与《喻世明言》中作品的关系，即考证其中哪些为冯梦龙本人创作的作品。此外，于1958年刊行的《明代短篇故事选集》，是白

---

〔1〕当时同在亚非学院学习、工作的包括阿瑟·韦利（Arthur Waley）、蒲立本（Edward Pulleyblank）、韩南（P.D. Hanan）、刘殿爵（D.C. Lau，香港著名翻译家、语言学家、汉学家，曾译《道德经》《老子》《论语》等）、葛瑞汉（A.C. Graham）等。

〔2〕韩南在1967年发表的《早期的中国短篇小说》（"The Early Chinese Short Story: A Critical Theory in Outline"）一文中从体裁角度对中国故事文学进行了较为全面系统的解析，其阐述宗旨和方法与白之所作有别。

之对冯梦龙"三言"中部分作品的译研专著。该书一经面世即赢得广泛认可,"从此确立了他在汉学界的地位"。[1]

伦敦大学亚非学院作为白之汉学生涯的发轫地,给予白之深厚的欧洲传统汉学学养,赋予他牢固的汉学根基。1960 年,白之从欧洲移居北美,以其汉学研究及成果为介质,将欧洲汉学研究传统与特质带到美国,并对北美汉学产生了一定影响。

四、身处英国汉学发展困惑中的抉择与出路

国内学界对 20 世纪英国汉学发展史的分期存在不同的划分方法,其中几种划分法较具代表性:陈友冰在《英国汉学的阶段性特征及其成因探析——以中国古典文学研究为中心》一文中,以中国古典文学研究为研究对象,将 20 世纪英国汉学划分为传统汉学发展繁荣阶段(20 世纪初—二战前)和传统汉学向现代汉学转换阶段(二战后—21 世纪初),并指出前一阶段是中国古典文学研究的确立期和发展期,后一阶段为中国古典文学的收获期和转换期。[2]加拿大汉学家许美德(Ruth Hayhoe)也是以 1945 年二战结束作为分界点,将 20 世纪英国汉学划分为奠基期(1945 年以前)和发展期(1945—1983)。[3]熊文华则将其划分为传教阶段(19 世纪 70 年代至 20 世纪上半叶)和国际化、专业化、团队化的现代英国汉学(20 世纪下半叶至今)两部分。[4]何培忠以 1945 年二战结束为界限,将英国汉学发展史划分为开始期(19 世纪至 20 世纪初)和发展期(1945 年至今)。

〔1〕张弘:《中国文学在英国》,花城出版社 1992 年版,第 226 页。
〔2〕陈友冰:《英国汉学的阶段性特征及成因探析——以中国古典文学研究为中心》,载《汉学研究通讯》2008 年第 3 期。
〔3〕[加]许美德:《英国的中国学》,载于复旦大学历史系中国思想文化史研究室编辑:《中国文学研究集刊》第三集,复旦大学出版社 1986 年版,第 467-478 页。
〔4〕熊文华:《英国汉学史》,学苑出版社 2007 年版,第 1 页。

016

　　此外，余石屹、张弘等其他学者也有各自的划分法。本文参照陈友冰的阶段划分法，将白之在英国的学习生活和学术研究期，归入英国传统汉学的发展繁荣和传统汉学向现代汉学的转换阶段。

　　如前所述，从英国汉学发轫之初，功利的实用主义指导思想就贯穿其发展始终。注重商业和外交事务中的实际效用成为英国汉学最明显的传统，而这一传统亦成为限制英国汉学快速发展的重要因素，以致后来英国的汉学研究发展进程远远落后于美国、日本、法国、德国等国。1989 年，在伦敦大学亚非学院任教的历史学家巴勒特出版专著《独一无二的疲弱：英国汉学简史》[1]，该书成为英国汉学界对自身现状进行反省和检讨的导火索。巴勒特认为，英国在中文的教学方面和汉学课程设置方面，从一开始就走了一条错路。在耶稣会传教士和欧洲汉学的影响之下，英国犯了没能根据中国文学、文化的发展变化而作出相应调整等错误。政府决策偏于实用，出于财政考虑，英国政府削减了对汉学研究的支持力度。除此以外，导致英国汉学发展缓慢的外在因素还有东洋学的崛起和发展，这大大分散了英国政府对汉学的关注和投入。由于日本经济实力的增长以及国际地位的提升，英国政府对日本给予了愈来愈多的关注，这"势必压迫与威胁原来就专门化不够的中文系，影响与阻碍着汉学的复兴"。[2]

　　白之在英国的这段时间属于英国传统汉学发展的繁荣期，在对待汉学的态度上更多地体现出"欧洲中心论"，对中国传统文化缺乏真实的了解和应有的尊重。例如，汉学教学虽然已在大学学院、帝王学院等开展，但中国传统文学、文化研究仍未受到高校重视。由于研究经费短缺，汉学教授薪水低于其他学科教学人员，图书馆设施落后，很难进行高水平的研

---

〔1〕S.H. Barrett, *Singular Listlessness: A Short History of Chinese Books & British Scholars*, London: Wellsweep, 1989.
〔2〕张弘：《中国文学在英国》，花城出版社 1992 年版，第 345 页。

究。[1]过于浓重的功利主义氛围迫使包括白之在内的有志于汉学研究，并且具有一定影响力的汉学家只能把目光转向其他西方国家以寻求发展。

1960 年，白之做出人生中最重大的一次抉择——带着妻子多萝西·纳托尔·白之（Dorothy Nuttal Birch）及年幼的孩子凯瑟琳·白之（Catherine Birch Epstein）和大卫·杰弗里·白之（David Geoffrey Birch）移居美国。白之加入美国加利福尼亚大学伯克利分校（University of California, Berkeley）东方语言系，直至 1990 年荣休。白之在《中国文学"教""学"经验谈》（"Learning to Teach Chinese Literature"）一文中提到："1960 年我开始在加州大学伯克利校区执教并终于找到了我所最最希望的一切：在一个有雄厚传统汉学及古典语言学实力的学系里，引导有天分的学生在近、现代文学的学习上进入高级的层次；在个人的学术研究方面，则希望能得到同事和学生们的激励并能有一个资料齐备的优良图书馆。"[2]可见，白之此前在英国的汉学研究氛围与之后在美国的氛围有着较大差距。当时与白之一同离开英国，远赴美国追寻学术理想的还有英国汉学第三代代表人物之一的韩南。白之在伯克利分校自由开放的学术氛围中如鱼得水，在坚守教学一线的同时，全心投入汉学研究，凭借所取得的一系列学术成果很快在美国汉学界赢得了一席之地。

第二节　白之移居美国后的汉学教研活动及其学术转向

20 世纪 60 年代，美国汉学在政治因素的推动下得到快速发展。自

---

〔1〕陈友冰：《英国汉学的阶段性特征及成因探析——以中国古典文学研究为中心》，载《汉学研究通讯》2008 年第 3 期。
〔2〕［美］西利尔·白之：《中国文学"教""学"经验谈》，见［美］李华元主编：《逸步追风：西方学者论中国文学》，学苑出版社 2008 年版，第 10 页。

1960 年移居美国起，白之在美国度过了长达半个多世纪的教研时光。入职的美国加利福尼亚大学伯克利分校良好的研究环境和学术氛围，为其汉学研究的开展提供了有利的外部条件。白之在理论与方法论等方面均有所突破和创新，在此前所做研究的基础上，进一步开拓译研格局，在深入研究中国古典文学、文化的同时，亦在中国现当代文学研究方面有所作为。

一、20世纪60年代美国汉学的发展背景

第二次世界大战之后，美国和苏联竞相以中国为争夺目标，角逐战后世界形势的发言权与主动权。以第二次世界大战为契机，为适应战时国际斗争的需要，维护自身国际利益，美国汉学研究发生了重大分化，美国政府与学界不断加强对中国的交流和研究，最终使中国研究彻底摆脱传统束缚，从古典研究规范中分离出来。[1]尤其是1958年《国防教育法》（"Natural Defense Education Act"）的颁布，使美国汉学迎来了历史上的黄金发展期，美国一跃成为世界汉学研究中心。各大中国研究中心如雨后春笋般出现，极大地刺激了美国教育系统内部中国知识教学教育和汉语教学教育的快速发展。白之执教的加州大学伯克利分校亦于此时期增设东方语言、文学、艺术、历史等系，并于 1978 年 10 月成立东亚研究所，成为美国汉学研究重镇之一。

随着学术研究环境的极大改善，学者们的研究热情高涨，研究中国学的著作陆续出版，就连中国现当代文学这一曾经的研究禁区也不断被突破。夏志清于 1961 年问世的《现代中国小说史》（*A History of Modern Chinese Fiction*），是国际中国现代文学史研究界中一部具有里程碑意义的著述，亦是代表海外意识形态分流的典范之作。此书改变了中国现代小说史单一

---

〔1〕侯且岸：《美国汉学史研究之反思》，载《国际汉学》2021 年第 3 期。

的叙述方式，发掘了沈从文、张天翼、张爱玲、钱钟书等作家，被认为是
为中国现代小说研究确定了一个新的历史框架和批评标准。[1]

　　欧美中国现当代文学研究的发展过程可分为三个时期：前学科化时
期、学科化时期和跨学科时期。前学科化时期，是指欧美中国现当代文学
研究从属于汉学研究，并逐步向独立学科发展的时期。鉴于当今公认的中
国现当代文学的起始时间为 1917 年，因此，汉学研究的前学科化时期是从
1917 年至 20 世纪 50 年代末；学科化时期，是指欧美中国现当代文学研究
脱离汉学研究而成为一门独立学科的阶段，是从 20 世纪 60 年代初至 80 年
代末；跨学科时期，是指欧美中国现当代文学研究已不再局限于本学科，
而是与哲学、艺术、科学等诸多学科相交织的阶段，是从 20 世纪 90 年代
初期至今。显然，白之的中国现当代文学研究实践活动主要发生在前学科
化和学科化这两个时期。前学科化时期的欧美中国现当代文学研究具有两
个较为鲜明的特点：其一，中国现当代文学研究与汉学研究，尤其是中国
古典文学研究交织在一起。由于中国现当代文学正处于成长过程中，尚未
形成完整的研究对象，加之当时缓慢的通讯速度，信息传播不及时，因此，
国外对其的接受和认知受到时间和空间的阻隔；其二，研究者侧重于对中
国现当代文学的介绍和翻译，这一特点在白之的该时期的著述和文章上亦有
较为明显的体现。[2]；而在学科化时期，欧美中国现当代文学研究的特点集
中体现在以下两个方面：一方面，从研究人员上来看，专业化队伍逐步形
成。普实克、夏志清、白之、葛浩文、金介甫、夏济安、李欧梵、叶维廉、
安敏成等，是学科化研究时期西方各国开展中国现当代文学研究的核心人
物；另一方面，从研究内容看，注重对作家作品的研究。从上述学者的大
量成果不难看出，在学科化时期，作家作品研究成为研究内容的重心。这

---

〔1〕傅莉莉：《欧美汉学家眼中的中国现代文学——以四部翻译选集为例》，载《书屋》2019 年第 9 期。
〔2〕杨肖：《欧美中国现当代文学研究的历史分期》，载《扬州大学学报》（人文社会科学版）2011 年第 6 期。

020

一点在美国表现得尤为突出。在前学科化时期就已锋芒毕露的夏志清，以及这一阶段在美国出现的以白之为代表的大批中国现当代文学研究者们和他们丰硕的研究成果，使美国成为该时期中国现当代文学在英美国家研究的重镇。[1]

德国汉学家顾彬直言，"二战之后，英语在高奏凯歌的同时，也在中国学研究领域造成了这样的印象：第一流的汉学研究似乎多半只存在于美国"[2]，其亦强调"作为讲英语的汉学家，其优势在于享誉世界并遍及全球的读者"。[3]

二、加利福尼亚大学伯克利分校与白之汉学研究

来到美国之后，随着学术环境的改善，加之相对自由开放的研究氛围，白之在汉学研究方面取得了一系列丰硕成果。就地域划分而言，美国的中国学研究可划分为东部和西部，前者以哈佛大学费正清中国研究中心、普林斯顿大学和耶鲁大学为代表，后者则以加利福尼亚大学伯克利分校为代表，伯克利分校在美国汉学界的地位可见一斑。不得不提及的还有在美国汉学史上发挥过重要作用的华文学院（The College of Chinese Studies）。华文学院诞生于 20 世纪初西方传教复兴之际的北京，后逐步由一所专门为传教士提供汉语学习服务的华语学校发展为享誉世界的中国学中心，其见证了美国由传教士汉学向学院化中国学转变的过程，为美国汉学的发展做出了卓越贡献。1941 年 12 月，"珍珠港事件"爆发，受此影响，华文学院无法继续在北京招生办学，并于次年 1 月迁回美国，落户于伯克利分校。可以说，伯克利分校在华文学院的发展进程中起到了至关重

〔1〕杨肖：《欧美中国现当代文学研究的历史分期》，载《扬州大学学报》（人文社会科学版）2011 年第 6 期。
〔2〕〔德〕顾彬：《汉学：路在何方？——对汉学状况的论辩》，王卓斐译，载《中国图书评论》2010 年第 11 期。
〔3〕〔德〕顾彬：《汉学：路在何方？——对汉学状况的论辩》，王卓斐译，载《中国图书评论》2010 年第 11 期。

要的作用。

美国汉学的命运与当时社会时潮的大背景高度吻合，而时代背景亦深刻影响着美国汉学研究的方向乃至命运归途。20 世纪 50 至 70 年代，新一批学者投入美国汉学界，致力于中美文学、文化交流。随着美国国力日趋强盛，汉学研究重点逐渐扩大到中国历史、政治、经济等的综合研究，同时更加注重研究的实用性，即具有较强的"经世致用"特质。刘跃进指出："基金会与政府的资金投入，其主要目的不是学术，而是出于政治的需要，希望一切研究能和国家的外交、国防、经济挂钩，急功近利，是其显而易见的特色。"[1]

白之身处美国当时的历史文化语境中，不可避免地受到学术环境及意识形态的影响。他在美国学术界崭露头角并逐步取得一系列重要汉学成果，其学术发展历程与美国中国学的发展息息相关。在历史文化语境以及白之个人经历的共同作用下，他的译研对象发生了较大变化。具体而言，进入美国汉学界后，白之应学术潮流之趋着力研究中国古典文学著作。刘跃进在《近年美国的中国古代文学研究掠影》一文中提及包括白之在内的一批知名汉学家，他们中的绝大多数都写过与《红楼梦》相关的学术论文，亦发表过与中国经典文学作品有关的书评。除了研究中国古典文学著作外，白之对中国现当代文学领域同样给予了关注。

依据相关学者对美国中国现当代文学研究发展的分期来看，白之在美国的中国现当代文学研究阶段恰好与美国中国现当代文学研究的学科化时期相重合。这一时期，欧美中国现当代文学研究已经脱离了传统的汉学研究，而成为一门独立的研究学科。与此同时，中国文学已由现代文学步入当代文学时期，中国现当代文学作为整体的批评对象已经形成，中国现当代文学亦初露锋芒。[2]白之的中国文学研究范围，亦从较为单纯的神仙志

---

[1] 刘跃进：《近年美国的中国古代文学研究掠影》，载《福州大学学报》(哲学社会科学版)2001 年第 1 期。
[2] 杨肖：《欧美中国现当代文学研究的历史分期》，载《扬州大学学报》(人文社会科学版)2011 年第 6 期。

怪故事逐步转向中国经典文学与流派，并形成了自身对中国传统文学、文化的独特理解。20 世纪的中国，历经许多政治动荡，在特殊的历史文化语境中，文学创作也取得了一番不容小觑的新成就。不论是在形式方面，抑或是在技巧方面，均呈现出百花齐放的新气象。对此林林总总，白之无所不感兴趣，无所不着力研究，其埋首钻研，穷毕生之力。他的著述和翻译对开拓整个中国新文学的研究贡献至钜。

　　白之从美国政府施行的汉学助推政策中受益良多。1963—1964 年，白之获古根海姆基金奖学金，成为古根海姆基金会和美国学术团体理事会研究员；1964—1966 年，其被任命为伯克利分校副教授和东方语言系主任；1966—1969 年，担任伯克利分校人文学院副院长；1982—1986 年，再次担任伯克利分校东方语言系主任。这些头衔和职务，均是美国学界对白之本人及其所取得的汉学成果的肯定。

第三节　白之汉学研究与欧美汉学发展的互动关系

　　白之兼具欧美双重学术背景，分别受到欧洲和美国汉学发展的影响。同时，作为一名汉学研究主体，他对欧洲和美国的汉学研究和发展产生了不可忽视的推动作用，从而呈现出一种深层次的互动关系。尤为值得关注的是，欧洲汉学研究传统和特色，通过白之这一汉学家个体，在一定程度上形成对北美汉学的影响。

一、欧美汉学发展对白之汉学研究的影响

　　以文献考究和古典研究为中心，是欧洲汉学传统十分鲜明的特质。与之相比，美国汉学则是在美国资本主义对东方的掠夺扩张、文化渗透与对

华政策等基础上发展起来的，实用主义色彩极浓。徐书墨认为："美国汉学其实已经脱离了欧洲传统汉学的意义，确切地说美国汉学应该称为'美国中国学（中国研究）'。"[1]他进一步指出："美国中国学不同于欧洲传统汉学，原因是它的兴趣点不在于中国古代经典文籍、文字、历史的研究，而是把中国作为世界舞台上的一个重要的政治、经济、文化、军事因素来对待。"[2]尽管如此，其亦强调："不可否认的是美国对中国的关注最早是受到欧洲汉学的影响。"[3]

1954 年，白之获得中国文学博士学位，至此他在英国完成了人生中全部的学习。作为一名英国汉学家，其长期浸淫于英国文化的"母体"之中，加之先后受教于大卫·霍克思、阿瑟·韦利等几位英国本土知名汉学家，英式汉学研究范式在白之身上留下了深刻的烙印。1960 年，白之移居美国，加入加利福尼亚大学伯克利分校，其汉学研究注入美国文化特色的同时亦延续着英国文化的"血脉"。作为一名兼具欧美双重学术背景的学者，白之与欧美整体汉学发展呈现出鲜明的互动关系，即欧美迥异的汉学背景影响着白之的汉学研究走向与研究范式；反之，白之个人的汉学研究理论和方法论亦在一定程度上影响与推动着欧洲与北美汉学的发展。

（一）欧洲汉学对白之汉学研究的影响

就欧美汉学发展对白之个人汉学研究的影响来看，欧洲汉学对白之及其汉学研究的作用首当其冲。作为最早与中国有着千丝万缕联系的欧洲，虽然对中国的人文探索可追溯至传教士时期，但具有实质意义的欧洲汉学则产生于 19 世纪以后。1814 年 12 月 11 日，法国汉学家雷慕沙（Jean Pierre Abel Remusat）在法兰西学院主持了被视为西方汉学起点的首场讲座，从此，汉学成为一门全世界公认的学科。1823 年，英国皇家亚洲学会

〔1〕徐书墨：《华文学院研究》，人民出版社 2012 年版，第 5 页。
〔2〕徐书墨：《华文学院研究》，人民出版社 2012 年版，第 85 页。
〔3〕徐书墨：《华文学院研究》，人民出版社 2012 年版，第 5 页。

成立，并刊行《皇家亚洲学会会报》，该年被视为英国汉学肇始的年份。欧洲汉学稳固的根基、深厚的积淀，以及法、德、英、瑞、俄、意、荷等国各具特色的汉学融汇，共同催生出欧洲汉学独有的特质。白之出生于欧洲，成长于欧洲，并在欧洲完成了所有的学习。其学术生涯早期所具有的正是欧洲汉学的"血统"，欧洲汉学对白之产生的影响重大而深远。具体而言，这种影响集中体现在以下几个方面：

第一，就汉学翻译和研究理念而言，通过考察白之在翻译活动中所采用的翻译策略不难看出，其竭力摆脱传统汉学研究陷于欧洲中心主义的桎梏，并努力促成中西文化之间的平等对话。但不容忽视的是，欧洲汉学"血统"使其与英国传统文化之间始终存在某些微妙联系。这体现在尽管他在翻译实践活动中倡导并践行直译法，译文具有较为鲜明的异化特征，但为迎合英语世界读者的阅读习惯，其亦倚重采用归化策略。这种坚持推崇异化和归化相结合的翻译策略，在其著述《明代短篇故事选集》中得到了集中展现。此外，《明代短篇故事选集》选译的均为倡导民众遵守两性道德、敬畏英雄、知恩图报等故事。由此可见，白之和明清时期西方的传教士、外交官以及其他汉学家一样，将文本能否集中反映中国传统的忠、孝、节、义等儒家思想作为编译选集的重要标准。以上均为其与欧洲汉学传统保持着"若即若离"关系的突出体现。

第二，就汉学研究范式与方法而言，与前辈学者注重史迹考察有所不同，白之的汉学研究在运用西方传统文献方法的基础之上，注重从比较视阈、"他者"视阈阐释学术文献的意义，实现研究范式转向。白之受恩师阿瑟·韦利在汉学研究中采用人类学研究方法的影响，进一步将这一方法与文献学、社会学等研究方法进行跨学科融合，这对中外学者不啻为一大启发。另外，随着19世纪历史主义和科学主义日益兴盛，历史研究与科学考证成为研究主流。在此影响下，包括白之在内的大多数欧洲汉学家都十分注重对历史文献资料的梳理和考证。这在其文章《早期传奇剧中的悲剧

和情节剧:〈琵琶记〉与〈荆钗记〉》的最后附注部分有着直观体现:

　　……我在此文中所用的《六十种曲》版本当然相当晚出,而
且与早期各版本相差颇大。但是这个版本流行很广,容易见到,
实际上几个世纪以来人们熟悉这两个剧主要是通过这个版本。正
是由于这个原因,对此二剧的晚明文本进行比较还是有意义的。
当然,如果在比较这两个文本的同时,再把它们与几种早期的,
更可靠的版本进行比较,从而对这两个剧在明代的演变和观众读
者反应的变化情况作一历史批评研究,那当然是最理想的。通过
这种研究可以发现不少问题,例如我称作"情节剧"的因素是否
在《荆钗记》最早的本子中就存在,还是晚明的编者加到此剧中
去的,还是把原有因素累加而形成的。[1]

　　由此可见,白之在研究过程中不仅对版本问题处理得十分谨慎,亦格
外强调对一手研究资料的利用。又如,在对黄松康(Huang Sung-K'ang)
的《鲁迅与现代中国新文化运动》(*Lu Hsün and the New Culture Movement
of Modern China*)[2]做评介时,白之直言该书存在的缺陷,其对一手文献的
重视显而易见:

　　这是一本有用且受欢迎的书,但对这本书只能有保留地推
荐:……此外,还有一个令人不安的原因:由于原始资料,比如
期刊的普遍缺乏,使她不得不依赖二手资料。大量的新研究必然

---

〔1〕〔美〕西利尔·白之:《早期传奇剧中的悲剧与情节剧:〈琵琶记〉与〈荆钗记〉》,见西利尔·白之:
《白之比较文学论文集》,微周等译,湖南文艺出版社 1987 年版,第 30 页。
〔2〕Sung-k'ang, Huang, *Lu Hsün and the New Culture Movement of Modern China*, Amsterdam: Djambatan,
Ltd., 1957.

导致一种未经推敲的普遍的概括力，而这很有可能与个人信念相冲突。例如，鲁迅的"大多数中国人是完全无知的"（第 37 页）与之后在北伐战争时期"中国人民成熟的政治诉求"形成了奇怪的对比。作者甚至在传记部分也没有提到鲁迅有兄弟，更没有提到鲁迅是一位有影响力的作家。[1]

第三，从白之所选择的译研文本来看，它们与英国其他汉学家有所不同。20 世纪的欧洲汉学家多以中国古典诗文研究为主，白之则另辟蹊径，专攻明清白话小说和元明戏曲传奇等难度较大的研究领域，并取得了一系列令人瞩目的成果。比如该时期的《话本小说的形式特点》被西方学界视为首篇从结构形式角度切入，系统研究中国白话小说的论文，具有较高的学术价值。

（二）北美汉学对白之汉学研究的影响

自 1960 年起，白之在美国度过了长达半个多世纪的教研时光。美国汉学对白之及其汉学研究产生的影响不言而喻。一方面，其入职的美国加利福尼亚大学伯克利分校良好的研究环境和学术氛围，为其汉学研究的开展提供了有利的外部条件；另一方面，白之一以贯之的汉学研究精神，并在理论与方法论等方面均有所突破和创新。他于此前在欧洲学界所做研究的基础上，进一步开拓译研格局，在深入研究中国古典文学、文化的同时，亦在中国现当代文学研究方面有所作为。因此，在美国的研究阶段是白之的学术成熟期，也是他的学术转型期。具体而言，美国汉学对白之汉学研究的影响集中体现于以下几个方面：

第一，就白之汉学研究的内容和走向而言，如上文所述，加入美国汉

---

[1] Cyril Birch, "Review of *Lu Hsün and the New Culture Movement of Modern China* by Huang Sung-k'ang", *Bulletin of the School of Oriental and African Studies*, Vol. 23, No. 1（1960）, p.171.

学大军之后的白之，一边继续从事着在欧洲时就已开始的中国古典文学译研工作，同时也在其热爱的中国现当代文学领域有所突破，扩大了研究格局并完成学术转型。白之学术转型的完成，一方面与其个人的学术成长经历密不可分；另一方面，与外部社会历史文化语境的变化亦不无关系。二战期间的美国，对发展汉学有强烈需求，这种需求极大地推动了美国汉学的蓬勃发展。在国家意识形态操控之下，白之的汉学研究重心随之发生改变。例如，从研究旨趣出发，白之选择《牡丹亭》作为自己的翻译源文本，这与美国当时的主流意识形态相契合，并迎合了二战后在美兴起的中国古典戏剧研究热潮。

　　第二，就白之汉学研究理念与方法而言，其受这一时期美国政府意识形态操控影响的痕迹明显。例如，白之在美国编译出版的两卷本《中国文学选集》为西方首部全面介绍中国文学的选集。选集因出色的编译水平在英语世界被奉为经典，在学界产生了深远影响。但白之在选集的编译过程中亦受到外部意识形态操控的影响，较为典型的例子有：在《中国文学选集·第一卷》中，"先秦文学"部分唯一被选译的篇目仅为《庄子》，而《论语》《孟子》《春秋》等儒家经典却无一入选。对此，白之给出了这样的解释："因为若要欣赏这些作品，编译者首先要为读者阐释关于早期中国的道德观念和政治理论。"[1]白之的论述，一方面体现出他偏向于选择在主题和内容上不需要做太多解释的作品，因为这样的话，英语世界的读者则无需改变他们已经形成的文学观念和文化认知；另一方面，白之"尊道弃儒"的编译策略受到20世纪60年代美国反越战这一时代背景的影响，道家所尊崇的"无为而治"理念符合美国当时的主流意识形态。反之，倡导"入世精神"的儒家则与当时的意识形态背道而驰，所以，那些儒家经

---

[1] Cyril Birch，*Anthology of Chinese Literature*，*Volume I: From Early Times to the Fourteenth Century*，New York: Grove Press，1965，p.xxv.

028

典篇目很自然地被编译者排除在外。可见，白之在译研时为了抵制与美国当时社会意识形态格格不入的思想，在一定程度上有意对中国文学做了删减与改编。[1] 又如，在该选集中，诗人寒山一跃成为主流诗人。寒山诗被收录进白之选集，奠定了寒山在英语翻译文学中的稳固地位，这与其在国内长期被边缘化的地位形成了鲜明对比。白之的这一编译行为显然是为了顺应美国 20 世纪 60 年代嬉皮士运动的潮流。

　　纵观白之的汉学研究生涯，其早期受到欧洲汉学学脉的浸润，20 世纪 60 年代以后，则长期受到北美汉学的滋养和影响，二者共同造就了白之在继承欧洲汉学注重扎实汉学训练等优良学术传统的同时，亦在知识结构、研究视阈和译研格局等方面有所突破，形成译研结合、多元方法相融合的汉学研究特色。

二、白之汉学研究对欧美汉学发展的推动

　　作为学术研究主体，兼具欧美双重学术背景的白之，不仅受到欧美两种不同历史文化语境的影响，亦对欧洲和美国的汉学研究和发展产生了不可忽视的推动作用。通过对白之汉学研究著述、译著、论文和书评等文献的综合研究和分析，笔者总结出白之作为汉学家个体对欧美汉学发展带来的影响与反作用，具体表现在以下两个方面：

　　第一，就汉学研究的内容和范式而言，北美早期汉学深受欧洲汉学传统影响，在文学经典与学术文献方面表现得尤为明显。自 20 世纪初期起，一些在欧洲国家从事汉学研究的学者先后被北美知名高校聘任，主要从事中国古典文学领域的相关研究和教学活动，他们把注重研究中国古典文化

---

[1] 陈橙：《文选编译与经典重构——宇文所安的〈诺顿中国文选〉》，上海外语教育出版社 2014 年版，第 162—163 页。

和历史的传统带到了美国。因此，发源于欧洲汉学中的古典文学研究范式逐步在北美扎根并且日渐发展壮大。[1]西方世界中大多数戏曲研究成果产生于 20 世纪 60 年代以后，到了 20 世纪七八十年代，美国出现了一批数量和质量皆可观的有关中国古典戏剧方面的译研著述。尤其值得关注的是，白之的《牡丹亭》全译本一经出版便引发了美国汉学界的戏剧翻译热，并且，该译本在很长一段时间内被作为美国高校的通用教材使用。

第二，就汉学研究的方法论而言，以民族性观念为依托、按时代划分来研究一国作家作品的文学史研究方法，原本是 19 世纪以来欧洲的一大学术传统，这在白之的两卷本《中国文学选集》编译实践活动中得到了充分体现。此后，白之将这一学术传统带到了北美，笔者将在本书第四章中做具体论述。在《中国文学选集》之后，梅维恒等人所编译的选集亦沿革了白之的这一方法。可以说，欧洲汉学研究传统和特色，通过白之这一汉学家个体，在一定程度上形成对北美汉学的影响。

在厘清白之与欧美汉学研究之间作用与反作用力的基础上，还应对白之兼具多重汉学背景的特殊文化身份有清晰而理性的认知，即作为一名中国文学、文化研究专家，无论是欧洲文化的根基作用，抑或是北美社会文化语境的影响，二者均构成白之透视与解读中国文学、文化的"他者"之镜。文化"他者"的身份，一方面是其进行汉学研究最重要的切入视角之一，另一方面却也是其融入中国历史文化语境的障碍之一。因此，在重视白之汉学成就的同时，亦需敏锐地考察其在翻译和研究活动中对中国文化信息所做的某些特殊处理。

通过本章对白之汉学研究的文化思想史语境的探讨，我们可以看到：以 1960 年白之从欧洲移居北美为分界线，其汉学生涯可划分为欧洲研习时期与美国发展时期。前者主要为白之在伦敦大学亚非学院的求学及任教阶

---

[1]葛红：《美国汉学研究简述》，载《作家杂志》2010 年第 4 期。

段，其汉学活动集中于对中国神话故事、中国古今小说，尤其是明代短篇小说等的译研；后者是白之加入加利福尼亚大学伯克利分校以后，为适应美国汉学发展的历史文化语境，在一定程度上实现了学术转型。兼具欧美双重学术背景的白之，在继承欧洲汉学注重扎实汉学训练等优良学术传统的同时，在知识结构、研究视阈和学术方法等方面均有所突破，形成了译研结合、多种策略相融合的汉学研究格局。纵观白之一生的汉学之路，其丰硕的各类汉学研究成果及长期坚守一线的教学活动，为中国文学与文化在英语世界的传播做出了杰出贡献。

第二章　白之的中国文学翻译观研究

　　翻译与研究中国文学、文化典籍是海外汉学家承担的两项重要任务，同时也是开展汉学活动的两种最主要方式，二者相辅相成，缺一不可。就翻译而言，它是一项对不同语言的转换工作，也是一种文化信息的互动，更是人类文明的交流和融合过程。对汉学家来说，翻译是实现汉学研究的前提与基础，亦是目的和手段，翻译贯穿汉学研究过程的始终。如何协调好翻译思维逻辑和译介手段之间的长期"争论"，是译者始终要面对的一项挑战。研究则是汉学家在对文本完成翻译的基础上进行的实践活动，研究作为方法和手段，亦是宗旨和目标，是汉学研究过程中极为重要的实践活动之一。

　　纵观白之一生的汉学研究，其所取得的成果均与翻译有着极为密切的关系。白之既是一名中国文学研究专家，同时也是一位杰出的中国文学翻译家。然而，综合国内外的白之相关研究资料来看，国内外学者，尤其是国内学者对白之及其成果的研究主要集中于其《牡丹亭》全译本和《桃花扇》合译本等少数几部译著，存在研究视角偏狭、研究方法较为单一等问题，尚未出现对其整体翻译观进行系统性研究的成果。对此，笔者在文本细读和比较研究的基础上，以宏观与微观视角切入，力图较为全面地揭示白之以学术为本位的翻译观。

　　白之坦言自己一向喜欢搞翻译，却讨厌谈翻译。他认为，作为一名译者，只应该用他最精通的语言、他自己的语言来进行翻译。白之一生汉学成果颇丰，但未曾撰写过翻译理论方面的专著。因此，笔者对其散落于各

译本和书评等文献中的观点和理念予以钩沉索隐，结合意识形态、诗学观
念、文化审美等因素加以考察和剖析，从翻译目的、翻译文本选择原则、
翻译策略、翻译思想等四个方面勾勒出白之的翻译观，并对其翻译思想与
翻译策略做重点阐释。

第一节　翻译目的：对"他者"文化的虔诚敬畏
　　　　　与有效传播

　　任何一位译者的翻译行为都存在特定的目的。与其他汉学家一样，白
之翻译活动的最终目的并不仅限于完成对源文本的迻译任务，而在于深入
探究及呈现其背后所蕴含的文化意涵，并向西方世界展示中国文化特质，
积极倡导异质文化之间的交流和融通。

一、秉持文化翻译态度，实现多元文化互补

　　翻译从很大程度上来说，是异质文化间的协商过程。白之作为一位致
力于中国文学典籍翻译的专业汉学家，始终秉持文化翻译的态度，力求实
现多元文化之间的互识、互通和互补。

　　"翻译"与"文化"从来都存在着一种共生共存关系。1989 年，国际
翻译研讨会在英国华威大学（The University of Warwick）召开，此次会议
被视为"文化转向"翻译研究的起点。1999 年出版的《翻译、历史与文化》
一书首次提出"翻译的文化转向"理念。"翻译即跨文化交流"亦为 2012
年国际翻译日的主题，其揭示了翻译行为的本质是推动跨文化交流，促进
异质文化的相互理解。翻译的"文化转向"意味着翻译不单纯是把一种语
言翻译成另一种语言，它是一项复杂的社会活动，涉及文化、政治、意识

形态等多重因素。

    白之注重异文化因素的原生态表现，因此在翻译活动中，倾向于选择
异化翻译策略。正如他在《中国文学选集·第一卷》序言中所指出的那样，
"至于多样的英语风格，英式或是美式，精雕细刻或是平白直入，语言有
力或是平缓，都很容易为读者所辨别。对于读者来说，真正难以理解的是
简短诗句背后所蕴藏的广博的中华文化和丰沛的想象力。汉语是一门难学
的语言，中国文学亦十分复杂，这就解释了为什么有些中国文学著作被漏
译了，因为它们是'不可译的'"。[1] 白之强调，任何一个国家的任何一
种文学形式都具有自己的特色，译者在选译作品时应最大限度地还原原作
风格，使自己的译文风格尽可能地接近原作风格。

    《明代短篇故事选集》《牡丹亭》《桃花扇》《明代精英戏剧选集》等
译著均彰显出白之深度翻译的鲜明特色。以《明代短篇故事选集》中的
《沈小官一鸟害七命》（"The Canary Murders"）一文为例，白之在翻译
"黄铜钩子，哥窑的水食罐儿，绿纱罩儿"时，使用注释介绍了宋代哥窑
和弟窑的历史。在将"哥窑的水食罐儿"译为"Seed-pot and water-pot of
Ko-yao porcelain"之后，他又添加注释对"Ko-yao"做了如下解释："Ko-
yao: 'the elder brother's kiln': term used to describe the work of the Sung
potter Chang Sheng-yi, whose kiln was at Lung-ch'uan in Chekiang. The
porcelain of Sheng-yi's younger brother, Sheng-erh, was known as Chang-
yao ware"。其精当的解释大大降低了英语世界读者的阅读难度。在各种译
文中，白之不仅综合运用直译、意译和添译等翻译方法，亦在译文中适时
添加较为详尽、易懂的注释，这些做法有助于传递原文背后所蕴含的文化
精髓。

---

[1] Cyril Birch, *Anthology of Chinese Literature*, *Volume I: From Early Times to the Fourteenth Century*, New York:
Grove Press, 1965, pp.xxv-xxvi.

034

　　如何正确处理好原文中所涉文化意象的翻译，直接决定着译者能否完成对原作进行文化翻译的任务。谢天振指出，人们对文化意象的认识是不充分的，"文化"和"意象"往往是割裂开来的两个概念，把它与形象性词语、典故、成语、比喻以及谚语等放在一起，甚至将其当作一种修辞手段。事实上，"文化"和"意象"这两个概念时常会出现交叉。他亦强调，文化意象的转换是翻译研究应该关注的重点。文化意象大多为各个民族的生存智慧与历史文化结晶，通常与某一国的民俗或图腾密切相关，并逐步带来一种具有固定引申含义的象征符号。[1]晦涩深奥的文化意象给译者设置了重重困难，使译者面临极大挑战。作为中国文学宝库中最经典的剧作之一，《牡丹亭》中包含的文化意象就多达 600 多个，涉及中国古代历史、社会、宗教、神话等诸多方面，具有十分鲜明的中国传统文化特色。面对原文中纷繁复杂的文化意象，即便是中国本土译者或读者，都难以全面理解其文化意涵，更何况域外人士，翻译之艰辛可想而知。白之的《牡丹亭》全译本共引用了 105 位诗人的诗作，注释多达 314 条，他想借助这些数量庞大的注释让英语世界的读者较好地了解中国古典戏剧《牡丹亭》所蕴含的中国传统文学样貌，达到实现文化翻译的目的。

二、恪守源初文化心理，倚重异域文化翻译

　　白之曾提及，"从我在伦敦攻读学士学位开始，我就一直对 17 世纪和 20 世纪的中国文学特别感兴趣。我所从事的研究和译介工作几乎都和这两个时期分不开。为什么会对我产生如此大的吸引力呢？一言难尽，主要是由于我被这两个时期中大量作品里强烈的自我意识打动了"。[2]他亦谈及

---

〔1〕谢天振：《译介学》，上海外语教育出版社 1999 年版，第 174-193 页。
〔2〕［美］西利尔·白之：《〈冬天的故事〉和〈牡丹亭〉》，熊玉鹏译，载《文艺理论研究》1984 年第 2 期。

自己开始学习中国戏剧是由诸多因素共同促成的，而对中国小说的痴迷则是其中最重要的因素之一。当他认出自己熟悉的穿上戏装的古代英雄或恶棍，抑或看见说书人讲的故事被巧妙地用戏剧形式表现出来时，便能感受到一种无与伦比的乐趣。他表示，艰涩的戏剧文本阅读起来是一种挑战，但这项挑战本身就很吸引人，它促使读者向中国古典文学那座丰厚迷人的宝藏行进。相比阅读的快乐，戏剧演出的魅力则更加令人痴迷，因为，在白之看来，在戏剧表演的舞台上，文学、音乐、优雅的舞姿和丝绸的光彩共同交织形成令人销魂的美学享受。如上所述，白之多次在文字中表达过自己对中国文学深沉的热爱之情。

白之在回忆自己与《牡丹亭》的"一见钟情"时说："我第一次阅读《牡丹亭》，是在和家人一起前往日本的长途飞机上。等到飞机在东京机场着陆的时候，我已经下定决心把它全部翻译出来，原来拟定的学术休假的研究计划不得不暂且搁置。"[1]白之回忆称，自己原来办公室的墙面上装饰着纽约大都会歌剧院的大海报，上面展示着剧院的虚拟剖视图。多年之后，他对那幅海报上的画面依然记忆犹新。每当仔细端详这幅海报时，思绪便无法抗拒地飘向他脑海中久久无法磨灭的画面：在花园中央，有个精致小巧的人工湖，湖中升腾起一方铺着精致地毯的舞台，舞台大小恰好可供三两个演员表演。舞台背后摆放着乐师的席位，舞台的正前方则摆放了专供那些衣着清凉丝绸礼服的达官贵人观剧时可躺卧的大瓷凳子。跳动的烛光、温柔的月光洒在丰盛的佳肴上，也落在台上声情并茂的演员上……诸多言论都深刻表达出白之对中国文学作品的热爱已深深扎根于内心深处。尤为值得关注的是，白之由衷热爱中国文学的这一原初文化心理，决定了他在翻译活动中倾向于倚重文化翻译。

---

〔1〕［美］白之：《〈牡丹亭〉英译第二版前言》，白军芳译，见徐永明、［新加坡］陈靝沅主编：《英语世界的汤显祖研究论著选译》，浙江古籍出版社 2013 年版，第 247 页。

036

正是基于对中国文化发自内心的热爱，白之总能译笔生花，翻译出一部部质量上乘的作品，即便面对中国古典戏剧这一译研难度极高的领域，他仍能做到最大限度地将中国古典文化之精髓传递给西方读者，而非仅限于对文本内容的简单迻译。同时他也坚持以读者为导向，译本中偶尔采用的归化策略则是出于对读者阅读习惯和喜好的充分考虑。白之的这种文化心理直接决定了他在翻译实践活动倾向于选择文化翻译，以尽可能地保持原作的原汁原味。

下文以《牡丹亭》第二出"言怀"中的一段为例，原文为：

> 凭依造化三分福，绍接诗书一脉香。
> 能凿壁，会悬梁，偷天妙手绣文章。
> 必须砍得蟾宫桂，
> 始信人间玉斧长。

白之的译文为：

> Drilling the wall for light,
>
> hair tied to beam for fear of drowsing,
>
> I wrest from nature excellence in letters
>
> and soon the ax of jade to prove its worth
>
> must fell the cassia high in the moon's toad palace.[1]

此为柳梦梅表达自己出身书香门第，勤勉苦读，写得一手好文章，并

---

[1] Cyril Birch, *The Peony Pavillion* (*Mudan Ting*, Second Edition), Bloomington: Indiana University Press, 2002, p.3.

一心想登第的"言怀"诗。白之在处理这段文字的前半部分时，巧妙地将柳氏直接"替换"了原典故中的主人公匡衡和孙敬，使用的是第一人称"我"。白之在对"凿壁"和"悬梁"二词进行直译和添译"for light"，"in fear of drowsing"的基础上，还另外加上了脚注。白之采用这种方法让西方读者了解到中国西汉匡衡"凿壁"和东汉孙敬"悬梁"之事，有利于实现文化翻译的目的。对于后半部分的处理，从白之在注脚中对"蟾宫""桂树"和"嫦娥"等几个极具中国文化特质的词汇所进行的多角度说明和解释即可看出，这相比前半部分翻译的处理复杂得多。然而，无论是较为简明的，抑或是相对详细的注释，均是白之尊重"他者"文化，在直译基础上兼顾异化翻译策略，用来实现文化翻译目的的一种手段。类似这样的例子在白之学术生涯早期和中期的译著，如《牡丹亭》全译本、《明代短篇故事选集》和《桃花扇》合译本等均较为常见。

　　在白之的翻译实践活动中，较为明显地展现出其在坚持恪守源初文化心理的同时，努力倡导异质文化交流，始终秉持文化翻译态度的特征。合而观之，白之不仅对"他者"文化传统表现出极大的尊重，而且力求多元文化互补，最终实现对"他者"文化的有效传播。

第二节　翻译文本选择原则："情本体"和"理本体"的调和与融通

　　一般而言，如何筛选最合适的原文文本，即"译什么"，是任何一位译者首先需要直面的问题。决定了"译什么"也就"抓住了译事之根本"。梁启超曾言，"故今日而言译书，当首立三以：一曰，择当译之本；二曰，

038

定公译之例；三曰，善能译之才。"[1] 他选择翻译文本的重要性。探究白之的翻译观，亦应从考察其文本选择原则入手。

一、凸显翻译文本选择的译者主体性

　　白之对文本选择具有高度自主性，彰显出强烈的译者主体性，这是其坚持"情本体"的集中体现。译者主体性，是指作为翻译主体的译者在尊重翻译对象的前提下，为实现翻译目的而在翻译活动中表现出的主观能动性，基本特征是翻译主体自觉的文化意识、人文品格和文化、审美创造性。[2]

　　在遵循学术旨趣的基础上，白之注重体现翻译文本类型的多样化。纵观其丰硕的翻译成果，其翻译实践活动中所涉及的翻译文本体裁繁多且风格迥异，从唐诗宋词到元杂剧、宋代话本小说、明代传奇、清代小说，再到中国现当代作家作品，无一不是其翻译对象。白之主动选择翻译不同体裁和风格的文本，正是其坚持译者主体性的集中体现。不难发现，白之选择的翻译文本均为闪耀着人文主义"至臻至善"理想的中国古典文学作品。例如，他坦言自己选择翻译《牡丹亭》，是被原著及汤氏饱有的深厚人文情怀所打动。在他看来，明代传奇剧和元代杂剧是最富有文学性的中国戏剧，而汤显祖的剧作则是这一文学类型中的杰作。可以说，白之对中国古典戏剧的深入研究，远不止从事文字译介工作本身，不同凡响的是还主动去探究和揭示中国古典戏剧中隐藏着的大众深层文化心理与精神隐疾。在白之的古典戏剧研究世界里，戏剧不仅仅是戏剧，它更像是一幅宏大而悲怆的时代图景，而他译介过程中所运用到的诸多错综复杂的修辞手法和译介策略，有助于使戏剧中潜藏的插科打诨的幽默、冥顽不化的郁结、感天

---

〔1〕梁启超：《饮冰室合集》（第一册），中华书局 2015 年版，第 68 页。
〔2〕查明建、田雨：《论译者主体性——从译者文化地位的边缘化谈起》，载《中国翻译》2003 年第 1 期。

动地的悲情，以及至善至美的品德等文学特质，在其译文中再次获得鲜活的生命质感。在翻译中国现当代作家作品时，徐志摩是白之唯一仔细研究过的诗人。他表示，徐志摩虽然被称为"诗哲"，但他的思想并不深刻。之所以选择翻译徐志摩的诗歌，是由于对徐志摩个性的欣赏，以及每每在重读其作品时，都能感受到诗歌中传达出的温暖之情。由此可见，白之在翻译活动中彰显出的译者自主性集中体现在他对翻译文本的自由选择上。

　　同样值得关注的是，白之倚重翻译凸显人伦思想、传扬人文情怀、肯定人生价值和歌颂人性真善美的题材，此亦为其在翻译实践活动中坚持"情本体"的又一表现。纵观其译著，白之选择翻译的中国古典文学篇目或剧作，均体现了民主进步思想和封建伦理纲常之间的矛盾和斗争，表达原著作者的纯真情感和对社会生活的美好愿望。从《明代短篇故事选集》到《牡丹亭》全译本、《桃花扇》合译本，再到晚年力作《明代精英戏剧选集》及《娇红记》全译本，原作主题无一不是抨击封建纲常教化对进步思想的禁锢与扼杀，弘扬与歌颂个性解放和思想进步。白之牢牢把握住"伦理、道德、理想和信念历来都是中国文学的灵魂，也是中国文化的灵魂"[1]这一要旨，并通过对原作的文化翻译，将中国文学背后所蕴含的文化意涵呈现给西方世界。

二、崇尚翻译文本选择的最优因素

　　白之十分重视对翻译原文版本的选择，这是白之在文本选择时崇尚"理本体"的表现。考证校勘是中国古代国学研究中非常重要的一个方面，

---

〔1〕庄群英、李新庭:《英国汉学家西里尔·白之与〈明代短篇小说选〉》,载《长春理工大学学报》(社会科学版),2011年第7期。

其倡导对古籍的点校应当以多个相关的不同版本为参考，而非仅凭一个版本。重视对翻译原文版本的选择和使用，是白之译研中国古典文学的一大特点。早在其 1973 年发表的《早期传奇剧中的悲剧与情节剧：〈琵琶记〉与〈荆钗记〉》一文末尾的"作者附注"[1]处，围绕版本问题所做的相关陈述，足以了解白之严格谨慎的学术态度。以他所译《明代短篇故事选集》中的《吴保安弃家赎友》（"The Journey of the Corpse"）为例，他特意翻译了该故事的两个不同版本，其中一个是唐代牛肃《纪闻》中的《吴保安传》，并附小标题"The Story of Wu Pao-an"；另外还选择晚明时期的话本小说为翻译版本，所附小标题为"The Journey of the Corpse"。白之选择翻译两个不同版本的原因在于，希望读者能够通过对比不同翻译版本而了解小说艺术在晚明的发展流变轨迹。此外，白之重视对原作版本的选择和使用，在《牡丹亭》全译本、《桃花扇》合译本和《明代精英戏剧选集》选译本等译作上体现得尤为突出。在开始翻译《牡丹亭》之前，经过慎重考虑和比较，白之最终选择以上海古典文学出版社 1958 年出版的《牡丹亭》为底本，同时参考 1963 年人民出版社刊行、徐朔方和杨笑杨校注的《牡丹亭》版本。在翻译《桃花扇》时，经过再三比对，白之最终选择了人民出版社 1958 年出版的繁体竖版《桃花扇校注》，该版本由王季思、苏寰中根据康熙戊子刻本、兰雪堂本、暖红室本、梁启超注本互校而来。白之表示，这么做是为使译本能够最大限度地贴近原著。在对《明代

---

[1]"附注"原文参见［美］西利尔·白之：《白之比较文学论文集》，微周等译，湖南文艺出版社 1987 年版，第 30 页。原文如下：此文曾被译成中文在台湾发表（《中外文学》八卷十期，一九八〇年三月号，154–185 页）译者赖瑞和附了一个按语，意思是我对《琵琶记》和《荆钗记》所进行的这种细读式分析，如果用的是最可靠的版本，那就更有用。他说的可靠版本指的是最接近原著的版本。我在此文中所用的《六十种曲》版本当然相当晚出，而且与早期各版本相差颇大。但是这个版本流行很广，容易见到，实际上几个世纪以来人们熟悉这两个剧主要是通过这个版本。正是由于这个原因，对此二剧的晚明文本进行比较还是有意义的。当然，如果在比较这两个文本的同时，再把它们与几种早期的、更可靠的版本进行比较，从而对这两个剧在明代的演变和观众读者反应的变化情况作一历史批评研究，那当然是最理想的。通过这种研究可以发现不少问题，例如我称作"情节剧"的因素是否在《荆钗记》最早的本子中就存在，还是晚明的编者加到此剧中去的，还是把原有因素扩大累加而形成的。

精英戏剧选集》中所选译戏剧底本的选择和使用上，白之亦坚持一以贯之的审慎态度。例如，在翻译第二章《白兔记》（"The White Rabbit and the Neglected Wife: The White Rabbit Plays"）时，白之比较了《白兔记》的几个不同故事版本，即出现于 14 世纪 70 年代的印刷版本、晚明版本以及清朝中期的表演版本。他亦对同一场景，即第二十七出《李三娘磨坊产子》的两个版本进行了完整译介。白之通过对故事场景的早期民间版本和之后出现的官方版本进行比较，而让读者了解南戏从 13 世纪到 17 世纪的演变历程，并让读者明白官方版本是如何改造民间版本中的元素，使之更加符合晚明大众审美标准的。

小而言之，在对翻译文本的选择过程中，白之既注重翻译文本选择类型的多样化，凸显翻译文本选择的译者主体性，以及倚重彰显翻译文本选择的人伦情怀等"情本体"思想，又兼顾崇尚翻译文本选择的最优因素等"理本体"观念，较好地实现了二者之间的调和与融通。

第三节　翻译策略："以译者为中心"意图的践行与创新

在翻译实践活动中，白之秉持"以译者为中心"的翻译策略，主张采用以异化为主、归化为辅的翻译策略。在沿用固有策略的同时，白之亦尝试人类学翻译策略，这是对翻译实践活动的重要创新。他对汉学研究和翻译颇有心得，凭借丰富的翻译经验，形成自己独有的"'从心所欲'而不逾矩"的翻译思想和理念。

042

一、对翻译策略的继承、革新与阐释研究的创新

　　白之在译著中偶尔采用文化人类学翻译策略，他对这一方法的运用尚未被学界研究与探讨。人类学（Anthropology）是一门从生物和文化视角对人类进行全面研究的学科群，它是全球化的伴生物，以广泛的田野调查为主要方法，并以非西方文化传统中的民俗文化、大众文化以及亚文化群体为重点关注对象，以此挑战以往人文科学中的贵族化倾向。[1]在汉学研究逐步发展和深入的进程中，人类学与汉学的交融、渗透是汉学发展进入新阶段的重要一步。汉学在人类学视野下呈现出一幅更加多维、立体的中国镜像图。汉学领域中的人类学研究，不管是被视为一种观念，还是被视为一种方法论，其对传统的汉学研究范式而言，均是重大的革新。

　　法国汉学家为人类学在汉学中的发展和运用做出了杰出贡献。顾颉刚曾明确指出："法国社会学派，及莫尔甘以后之人类学，皆予近十余年史学研究以甚大之影响。"[2]涂尔干是法国人类学家，也是法国社会学的奠基者。其嫡传弟子葛兰言，不仅是法国汉学史上具有里程碑式意义的人物，更是"率先将社会学引进汉学研究而独树一帜的汉学家"。[3]葛兰言将宗教民俗学和社会学应用在对《诗经》的研究中，极大地影响了现代中西方的《诗经》研究路径。此外，"他的中国古代婚姻亲属关系研究直接启发了列维・施特劳斯（Claude Lévi-Strauss）在结构主义人类学方面的旨趣；他的中国神话学研究深刻影响了杜梅齐尔（Georges Dumezil）；他的中国史研究影响了法国现代社会学和历史学等学科。直到今天，他的《中国人的思维》仍是西方了解中国精神世界的启蒙书"。[4]葛兰言在汉学实践活

---

[1]叶舒宪：《文学与人类学——知识全球化时代的文学研究》，社会科学文献出版社 2003 年版，第 8—9 页。
[2]顾颉刚：《顾颉刚日记》(6)，联经出版事业有限公司 2007 年版，第 113 页。
[3]许光华：《法国汉学史》，学苑出版社 2009 年版，第 186 页。
[4]卢梦雅：《葛兰言的汉学发生研究》，山东大学出版社 2018 年版，第 1 页。

动中，非常注重社会变迁以及人与社会环境之间相互作用的关系，这一研究特点反映在他善于运用结构主义的解析法来研究中国古典诗词，其代表作之一的《古代中国的节庆和歌谣》，以中国西南部少数民族在祭祀和婚恋时的歌舞为阐释对象，集中探讨了中国远古时期原始祭祀在宗教学方面产生的重要意义，是综合运用人类学、社会学和神话学等研究方法的经典之作。葛兰言的其他著述，如《中国人的宗教》（ La Religion des Chinois，1922 ）《中国古代的舞蹈与传说》（ Danses et Légendes de la Chine Ancienne，1926 ）《中华文明》（ La Civilisation Chinoise，1929 ）《中国人之思维》（ La Pensée Chinoise，1934 ）等均为该领域的必读之作。他对汉学研究路径的变革和创新，不仅在欧洲大陆产生了重要影响，也给日本等国家的相关研究带去诸多启迪。

在英国政府倡导和鼓励跨学科发展的历史文化语境中，英国汉学研究在方法论上得到了新发展。"利用日本汉学的学术资料和研究成果，并在利用过程中自觉或不自觉地参用日本学者的治学方法，如喜欢从小处切入、多方考证以小中见大；喜欢将资料重新编辑或重新编排，条分缕析等"[1]的学术特征在阿瑟·韦利等汉学家身上表现得尤为突出。对此，陈友冰在文章中曾阐述韦利在汉学研究中"舍近求远"，绕过欧洲大陆的法国，去借鉴和吸收日本关于人类学、社会学研究方法的原因。[2]冀爱莲则提出某些评述"仅能证明阿瑟·韦利对葛兰西著作的关注，是否受其影响当有确凿的说明"。[3]但可以明确的是，"作为英国文学史上一位具有承前启后重要地位的汉学家，白之和霍克思等专业汉学家都曾受教于他，韦利在汉学研究的过程中，在某些研究方面借鉴和吸收日本汉学的研究方式和学术成果，

---

〔1〕陈友冰：《英国汉学的阶段性特征及成因探析——以中国古典文学研究为中心》，载《汉学研究通讯》2008 年第 3 期。

〔2〕陈友冰：《英国汉学的阶段性特征及成因探析——以中国古典文学研究为中心》，载《汉学研究通讯》2008 年第 3 期。

〔3〕冀爱莲：《阿瑟·韦利汉学研究策略考辨》，人民出版社 2018 年版，第 235 页。

044

这一治学方式形成学术传承，也是自然不过的"。[1]笔者通过考察众多文献资料发现，白之虽然从未公开阐发过人类学相关观点，但其汉学研究路径和方法深受恩师阿瑟·韦利的影响，人类学研究方法自然也在白之的关注和运用范围内。白之对韦利的钦慕和爱戴之情在一些文献资料中均有表露。在白之的《中国文学选集·第一卷》目录页之前赫然写着"To Arthur Waley"，谨以此书献给恩师，以感谢韦利多年来的教诲。另外，在 1973 年发表的《早期传奇剧中的悲剧与情节剧：〈琵琶记〉与〈荆钗记〉》首段，白之即写有"本文首先是用来向我的恩师表示敬意……"[2]等文字。类似的表达还出现在其他一些文献资料中，韦利对白之的影响可见一斑。

仅从白之的《牡丹亭》全译本和《明代短篇故事选集》来看，其序言和注释均能展现他在研究中对人类学研究方法的使用。以前者为例，白之的《牡丹亭》全译本中脚注共 314 条，充分体现出白之作为一名文化"他者"对中国传统文学、文化的认知和解读，它们是了解白之中国文学观和文化观的重要材料。笔者悉数译出全译本里的脚注，并按阐释内容主要分为以下 16 类：1. 典故、隐喻、双关和戏拟等修辞技法；2. 文学故事；3. 中国戏剧；4. 语言文字（汉语）；5. 医药医学；6. 宗教哲学与民间信仰；7. 民间工艺；8. 地域文化；9. 古玩器物；10. 中国神话传说和民间故事；11. 花草植物；12. 传统节庆；13. 人名地名；14. 天文历法；15. 少数民族；16. 艺术。这些脚注囊括了中国文化知识图谱诸层面。其中"典故、隐喻、双关和戏拟等修辞技法""中国神话传说和民间故事"以及"文学故事"3 类的条目数量居前三位。通过对所做脚注内容的分类和探析可知，白之深谙中国传统文学、文化，其相关知识构成呈现全面而多元化特征。尤为值得关注的是，白之所做的 314 条脚注，体现出白之受到文化人类学研究方法的影

〔1〕冀爱莲：《阿瑟·韦利汉学研究策略考辨》，人民出版社 2018 年版，第 235 页。
〔2〕［美］西利尔·白之：《白之比较文学论文集》，微周等译，湖南文艺出版社 1987 年版，第 1 页。

响，其对这一方法的运用有助于将中国文学、文化中最深层和精髓的部分展现在西方读者面前，成为传播中国文化的重要途径之一。

白之以人类学为译研策略之一，韦利的影响不可忽视，但更为重要的是，他找到了人类学这一译研方法中和自己的学术认知与学术判断的契合点。他的几部代表性著述，尤其是书中的注释部分，均集中体现出白之对传播中国传统文化、文明的倚重，以及对人类学研究方法的探索和运用。

二、以译者为中心与归化、异化策略的合理采用

美籍意大利裔翻译理论家劳伦斯·韦努蒂（Lawrence Venuti）在《论翻译方法》中最早提出归化（Domestication）和异化（Foreignization）这两个翻译术语。他指出，归化的目的在于把源语本土化，以目标语或译文读者作为归宿，而采取目标语读者所习惯的表达方式来实现原文内容的传达；异化则是在充分考虑民族文化的差异性、保存以及反映异域民族特征和语言风格特征，为非本土读者保留异国情调的基础上，让读者向译者靠拢。译者将读者带入外国情境之中，使读者在最大限度内体味源语文化。在这个过程中，译者尽量不去打扰读者，而把思考和揣摩原著的空间留给读者。前者主要通过意译法（free translation）实现，后者则主要依靠直译法（literal translation）和音译加注释法（transliteration plus annotation）等实现。

在翻译实践活动中，白之秉持"以译者为中心"的翻译策略，主张采用以异化为主、归化为辅的翻译策略。例如，《牡丹亭》极其丰富的语言形式和深邃的文化内涵，对译者的翻译技巧提出了极高的要求。白之为适应源语翻译的需要，坚持以译者为中心的翻译策略，试图在源语系统和译语系统间达到折中、杂合与平衡。在不影响读者理解源语文化的前提下，灵活地运用直译法或意译法对剧作中的文化意象、典故等加以处理。值得

046

注意的是，在选择采用异化或归化翻译策略时，白之对异化策略有所倚重。

笔者以白之的《牡丹亭》全译本为重点考察对象，从预设读者、意识形态和赞助力量等三个方面切入，进一步考察白之在译本中采用的主要翻译策略。

（一）预设读者层面

中西方权力之间的关系使"为谁译"这个问题成为译者翻译活动开始前首先需要考虑的问题，它直接影响着译者对翻译策略的选择和采用。综合译本刊行的时代背景、译本信息和市场反馈等三方面因素，不难发现，白之的《牡丹亭》译本设定的阅读对象为专业的汉学研究者，以及西方大中学校师生中具有一定汉语知识背景的人群。

首先，从时代背景来看，从 20 世纪 20 年代后期开始，美国学界意识到中国研究的重要性并逐步开始认真对待中国研究。随着《国防教育法》的推行及中美关系的缓和，20 世纪五六十年代，美国汉学界迎来快速发展期，美国的中国学研究机构和汉语教育体系得到进一步发展和完善。到了70 年代，美国政府、基金会和高校等将关注的重点转移到对中国历史和现状的研究上，美国大中学校汉语教学教育愈加受到重视。由此，美国汉语教育质量也得到大幅度提高，这意味着中国文学读者群的扩大。与此同时，美国学界掀起了一股中国戏剧典籍研究和翻译热潮。正是美国汉学的蓬勃发展，为中国古典巨制《牡丹亭》在美国的传播带来了流通市场和阅读群体。

其次，从译本信息来看，《牡丹亭》全译本中脚注多达 314 条，这个庞大的数字既是白之勤勉学术的确证，亦能说明该译本的预设读者是具有专业知识背景的群体，因为这一特殊的阅读群体对译本有着"越详尽的注释越有助于学术研究"的需求。

最后，从市场反馈来看，《牡丹亭》全译本一经出版便引起了西方汉学界的广泛关注，多位汉学家和多家权威学术刊物纷纷发表书评对其作出积极评价，如汉学家宣立敦（Richard Strassberg）赞誉白之译本是"中国古典文学研究的盛事"，杜维廉则称赞其为英语读者的"巨大宝藏"等。从一系列来自专业学者的充分肯定来看，"市场所认可的译本预期使用领域并不是大众群体，而是中国学研究或中国文学研究领域的从业人员"。[1]对此，夏志清的观点或能更好地道破其中缘由。他认为，在西方世界中，根本不存在中国古典文学的大众群体，"一般的大众读者如果缺少中国历史文化的基础训练，不可能理解明清时期的中国文学，期盼大量的美国读者来阅读中国的古典文学作品实在是不切实际的想法"。[2]

（二）意识形态层面

翻译活动并非在真空中进行，而是在特定的意识形态影响之下产生和发展起来的。意识形态对诗学的影响不仅体现在一个民族、一个时代的翻译活动中，也体现在译者个人的翻译行为中。意识形态因素的影响在白之翻译实践活动中表现在以下几个方面：

第一，在国家意识形态操控下，美国政府陆续颁布的鼓励政策及各大基金项目的资助，中国古典文学的译研工作在美国学界得到进一步重视。随着阅读群体的扩大，他们对中国古典文学有着进一步的鉴赏需求，这直接影响着白之在翻译过程中对翻译策略的选择和调整。鉴于阅读群体的扩大和读者自身专业性的加强，在以译者为中心的前提下，白之采用异化为主、归化为辅的翻译策略，试图在源语系统和译语系统间达到折中、杂合与平衡。这样既能最大限度地保持原作风味，展现中国传统文化原貌，又能适应之后阅读群体逐步大众化的变化趋势，从而实现译本在英语系统内长期通流，甚至经典化的目标。

---

〔1〕赵征军：《汉学家白之英译〈牡丹亭〉戏剧翻译规范探究》，载《燕山大学学报》（哲学社会科学版）2018年第2期。

〔2〕赵征军：《汉学家白之英译〈牡丹亭〉戏剧翻译规范探究》，载《燕山大学学报》（哲学社会科学版）2018年第2期。

　　第二，如前所述，白之个人对中国古典文学、文化的浓厚兴趣和喜爱在很大程度上影响着他对翻译策略的选择。异化策略能够较好地达到忠于原作的目的，在最大限度内帮助译者传递出中国传统文学背后深刻的文化意涵，以及原作作者的思想情感。白之在热衷中国传统文学、文化的同时，亦希望通过自己的译笔，让更多的西方读者领略到其中精髓。显然，归化策略有助于达到这一目的，因此，在白之译文中常见意译法的使用。

　　第三，国家意识形态与个人主观意识共同作用的影响。具体而言，从白之汉学生涯早期的《中国神话故事》《明代短篇故事选集》，到中期的《桃花扇》合译本、《牡丹亭》全译本，再到后期的《明代精英戏剧选集》及《娇红记》全译本，其著述中所做注释数量呈现出"少—多—少"的变化特点。这一特点与白之汉学生涯早期、中期和晚期三个阶段的个人诗学观、翻译理念等的变化不无关系。但从根本上讲，这是译者根据翻译内容和预期阅读群体的不同作出的适当调整。在早期，由于接受市场和阅读群体有限，白之选择翻译《中国神话故事》《明代短篇故事选集》这类普适性较强，能够激发域外读者阅读兴趣的文本。为契合大众阅读的习惯，白之尽量减少译本中的注释，以免增加读者的阅读负担。这是个人主观意识起主要作用的时期。到了中期，随着西方世界对中国古典文学接受度的增强，加之各项有利政策加持，白之在保持自身喜好的基础上，将翻译文本锁定在难度大、专业性强的中国古典戏剧上，并在译本中添加数量庞大的注释，以满足特定读者群的阅读需求。这是国家意识形态和个人主观意识共同作用的汉学研究阶段。而在汉学研究生涯后期，白之充分享受中国文学、文化带来的愉悦感，希望能让更多英语世界的读者品味中国古典文学的魅力，因此，他选择翻译《明代精英戏剧选集》《娇红记》等这类主题鲜明，又能雅俗共赏的作品。较之其中期译作，该阶段的注释数量明显减少，与早期几乎持平，这是白之个人主观意识倾向起主要作用的阶段。

（三）赞助力量层面

美国阿普尔顿世纪出版社（Appleton-century Press）、格罗夫出版社和印第安纳大学出版社（Indiana University Press）等在国家意识形态的操控下，出版了一系列有利于推动美国汉学研究和汉语语言文学教育发展的书目。其中，影响力最大的当数格罗夫出版社，该出版社于1965年刊行白之的《中国文学选集·第一卷》，并于1972年刊行《中国文学选集·第二卷》。第二卷中收录有白之亲译的《牡丹亭》第七折《闺塾》、第十折《惊梦》、第十四折《写真》和第二十折《闹殇》。这四出剧恰好构成《牡丹亭》发生、发展、高潮和结局的完整脉络，白之认为它们能够让西方读者在有限的篇幅内了解和领略到《牡丹亭》全貌。因具有较高的准确性和文学性，白之选集在英语世界中长期作为大学教材使用，该书的读者主要是汉学研究者及汉语言文学教育体系中的专业群体。白之的《牡丹亭》全译本则是在安德鲁·梅隆基金（Andrew Mellon Foundation）赞助下，由印第安纳大学出版社出版发行。印第安纳大学出版社也是一家享有世界盛誉的学术出版机构，专门从事人文科学和社会科学专著的出版。白之的《牡丹亭》选译本和全译本所依托的出版机构和译著本身的专业性，决定了其预设的读者为具有相关专业知识背景的群体，他们无论是从主观上，抑或从客观上均对译本有特殊的学术要求，以满足自身学术发展需求。正是基于读者专业性的考虑，白之在翻译实践活动中倾向于采用异化策略。

综合以上分析，白之在自身诗学观念、文学审美与旨趣等因素作用下，同时受国家意识形态、赞助力量的影响，促使其在翻译实践活动中采用异化为主、归化为辅的翻译策略，同时充分发挥译者主体作用，尽量在源语系统和译语系统间达到折中、杂合与平衡，以最终实现跨文化交流的目的。

第四节　翻译思想："从心所欲"而不逾矩

翻译思想包含了译者对翻译实践活动形式、本质、目的和任务等的综合认知，它在很大程度上决定了译者的翻译行为，是译者翻译活动的指南和准绳。白之凭借丰富的翻译实践，对中国文学、文化的研究和翻译颇有心得，形成了自己独有的翻译思想和理念。他融入自身特有的中国文学翻译禀赋，译作中呈现出一种"从心所译"的自然之态。他的翻译思想在中国古典文学的翻译活动中表现得尤为集中，故笔者专门以白之对中国古典文学的翻译活动为研究对象，试探析其翻译思想。

一、理性认知困难与挑战，善于有效解决问题

白之对翻译中国古典戏剧所要面对的困难有着明确的认知，并提出可能解决问题的办法。在诸种文体中，中国古典戏剧的翻译难度最高，其文体的复杂性和剧作中那些庞大的、错综复杂的意象、典故和双关等，即便对于一位本土译者来说，都是一项极其艰巨的挑战，更何况是一位文化"他者"。正如苏珊·巴斯奈特（Susan Bassnett）所指出的那样，"讨论翻译戏剧文本的作品仍少于讨论翻译其他文本类型的作品"。[1] 在她看来，20 世纪 80 年代的戏剧翻译状况就像"迷宫"，即使发展到 90 年代，戏剧翻译仍旧是翻译研究领域里存在最多问题、最容易被忽视的领域。

对中国古典戏剧翻译的研究，译者首先需要对翻译过程中可能遇到的困难有清醒的认知。白之于 1970 年参加"中国口头文学与表演文学学会"（Chinoperl-Chinese Oral and Performing Literature）讨论会，并在会上做了

---

[1] Susan Bassnett, *Still Trapped in the Labyrinth: Further Reflections on Translation and Theatre.* In *Constructing Cultures: Essays on Literary Translation.* Susan Bassnett and André Lefevere（ed.）, Shanghai: Shanghai Foreign Language Education Press，2001.

题为《元明戏剧的翻译与移植：困难与可能性》的报告，会后全文发表于《东西文学》（*Literature East and West*）第 14 卷第 4 期。文章围绕如何在非汉语观众前表演中国戏剧这一问题展开论述，具体而言，即译者总是面临着诸如此类的问题：在翻译以音乐性著称的昆曲时，怎样让英译文能配上原曲调歌唱而不至于可笑？假如能从昆曲或是京剧中的北曲中找到适合元杂剧的音乐，那么最终是否能够用英译文演唱元杂剧？白之亦探讨了翻译元明戏剧时遇到的节奏问题，并提出或有助于解决用英译文表演中国戏剧这一问题的折中办法。白之坦言，在翻译中国戏曲过程中存在着不胜枚举的困难，困难来源之一是中国戏剧中设置了"文字游戏"，并且惯用庞杂的修辞等来实现一种跨时空的普适性创作。"文字游戏"在元杂剧中已经是其显著特征，在明代传奇剧中更是愈加突出。伴随元剧中活泼风格的逐步消失，取而代之的是剧作家们脱离现实生活，日渐转向戏剧语言内部以探寻创作灵感和素材，这也是为什么剧作中时有出现典故、双关语等的重要原因。在指出问题的同时，白之亦提出相应的解决办法。他认为，在处理原文中的典故、双关语等修辞时，实际上不存在太多被框死的翻译原则。但当译者面对的是戏剧中的歌词翻译时，情况就会完全不同，译者此时则必须对某些根本性问题作出相应对策的调整，并决定最合适的解决方案。[1]

此外，白之在《中国文学选集·第一卷》的导论中亦做了如下阐释：中国文学博大精深，具有灵活多样的文学形式和千变万化的文学风格，加之复杂深奥的句法结构，汉语本身的这些语言特征造成了英译过程的巨大难度。为此，白之以唐代元稹的《行宫》为例，揭示中国古典诗歌所具有的诸种特质。他还以汉学家葛瑞汉翻译李商隐的《无题》为例，借以说明中国律诗复杂的结构形式，并表示其为中国古诗中最为复杂的形式（no verse

---

〔1〕[美] 西利尔·白之：《元明戏剧的翻译与移植：困难与可能性》，见西利尔·白之《白之比较文学论文集》，微周等译，湖南文艺出版社 1987 年版，第 72—73 页。

form ever achieved more intricate organization of language)。

　　概而言之，白之的中国古典文学翻译思想彰显在他对该领域翻译难度的清醒认知和有效解决办法中。

二、翻译思想的创新与翻译理念的集中体现

　　"'从心所欲'而不逾矩"是白之独具特色的翻译思想。翻译理论林林总总，但理论传承远非简单的重复，而是显现为深刻的演变，演变的发生及其动力通常来自现实的冲击。乔治·穆南（George Mounin）指出，在译介过程中"应该克服两种倾向：一是'囿于经验的实践'，二是'抽象空泛的理论'，主张建立两者互为补充、相互促进的关系"。[1] 批评家们常说，一些翻译家为理性译介设定了规范，而其自身的译介风格却又违背了自设的规范。白之热爱翻译活动，却不喜谈翻译，他曾坦言："对于翻译，我最不愿意做的事就是定下几条规划。"[2] 白之强调自己属于"从心所欲"（itch and twitch）译派，赞同约翰·西阿迪（John Ciardi）的译介主张，即"在译者的感受之中肯定隐含着某种理论，但在实践中我怀疑任何翻译都由一系列独立的情况所组成，每个情况都必须分别考虑，最后靠感觉（feel）来定案。任何诗人，除了相信自己的'感觉'还能信任什么？他只有在动笔之前或搁笔后才想到理论，笔在手中时他只有从心所欲，当然他的'从心所欲'受制于他以前'从心所欲'的经验，也受制于他从这种经验中得出的理论。"[3] 换言之，"心"指的是译者通过平时的翻译实践活动积攒的经验，及其对这个世界已经形成的认知。尽管白之并未提出

---

〔1〕许钧、袁筱一：《当代法国翻译理论》，湖北教育出版社 2001 年版，第 53 页。
〔2〕许钧、袁筱一：《当代法国翻译理论》，湖北教育出版社 2001 年版，第 73 页。
〔3〕[美] 西利尔·白之：《元明戏剧的翻译与移植：困难与可能性》，见西利尔·白之《白之比较文学论文集》，微周等译，湖南文艺出版社 1987 年，第 73 页。

"认知"的具体概念，但强调自己的"从心所欲"受制于以往的经验，以及从经验中得出的理论。

子曰："吾十有五而志于学，三十而立，四十而不惑，五十而知天命，六十而耳顺，七十而从心所欲，不逾矩。"（《论语·为政第二》）朱光潜亦于《诗论》一书中谈道："'从心所欲，不逾矩'是一切艺术的成熟境界。"[1]翻译的成熟境界亦是如此。正如白之在强调"从心所欲"的同时，亦提醒"从心所欲"不但受到译者以前"从心所欲"经验的限制，也受到译者从这种经验中得出的理论的限制。[2]他表示，翻译时的"从心所欲"是建立在一定规矩的基础之上，绝非随心所欲，忘乎所以。

白之倡导中国文学与戏剧典籍的译者首先要热爱文学，喜爱自己所翻译的文本，并直言，一名好的译者必须能够驾驭轻松、庄重、粗俗、华丽等各种英语文体。[3]涉及具体的翻译实践活动，尤其是针对如何译好元杂剧这一问题时，白之提出了一系列独到的见解。在元杂剧的翻译问题上，众多学者均提出过自己的看法和主张。白之的挚友柯润璞就曾对该问题做过专门研究。他认为，曲牌翻译应当以原作的节奏和句格安排译文，做到每一句的重读音节数和原作一致。在翻译时，则建议采用能够把正字和衬字翻译的不同之处体现出来的半句法。[4]对此问题，司各特（A.C. Scott）也提出过自己的翻译主张。他十分注重包括戏剧传统、角色、舞台表演时所用乐器等背景知识的介绍，也很擅长使用注释来阐释中国特有文化现象。而把"董西厢"带进英国读者视野的旅美华裔学者陈莉莉（LI-Li Ch'en）则很看重译文的可读性，倡导使用自由诗体的形式对原作中的韵文进行处

---

〔1〕朱光潜：《诗论》，武汉大学出版社 2008 年版，第 91 页。
〔2〕朱光潜：《诗论》，武汉大学出版社 2008 年版，第 91 页。
〔3〕Cyril Birch, "Reflection of a Working Translator", in *Translating Chinese Literature*, eds, Eugene Eoyang and Lin Yao-fu, Bloomington and Indianapolis: Indiana University Press, 1995, p.9.
〔4〕J.I.Crump, *Chinese Theatre in the Days of Kublai Khan*, Tucson: The University of Arizona Press, 1980, pp.177-196.

理。引人关注的是，《元明戏剧的翻译与移植：困难与可能性》是白之在众多汉学研究成果中少见的、讨论翻译原则和可能性的文章，其深刻反映出白之认为"翻译者无法加害于原著，他只可能搞坏他的模仿品。因此翻译者只应当用他最完美地掌握的语言，他自己的语言，来进行翻译"的这一观点。[1]

结合以上白之在文中的论述及所举的几个译例，不难发现，他并非过分强调原文的结构形式，而是给予了文本内容更多关注。纵观白之的诸多译著，可以看出，其译文总体上采用的是自由体形式，未束缚于固定格律之中，同时不失英语节奏感，这是其"'从心所欲'而不逾矩"翻译思想的重要体现。

白之作为一位杰出的中国文学翻译家，无论是其早期译著《中国神话故事》《明代短篇故事选集》等，抑或是其巅峰之作《中国文学选集》（两卷本）《牡丹亭》《桃花扇》译本等，还是晚年力作《明代精英戏剧选集》《娇红记》译本等，无一不是翻译领域的上乘之作，为西方读者带去了一幅幅精美绝伦的中国文学图景，为中国文学及中国文化的西传做出了突出贡献。同时，这些译本也鲜明体现出白之以学术为本位的翻译观。他始终恪守对中国文化诚挚热情的源初之心，坚持以尊重与敬畏"他者"文化传统为前提，倡导异质文化之间的对话与交流，旨在最大限度地实现中西文化之间的沟通与了解。他的译介活动的最终目的在于深入探究并且向西方世界传递中国文学背后所蕴含的博大精深的中国传统文化，展示中国文化的独异性因素，积极倡导异质文化之间的交流融通。

---

〔1〕[美] 西利尔·白之：《白之比较文学论文集》，微周等译，湖南文艺出版社 1987 年版，第 3 页。

第三章 白之对明代戏剧小说和中国文学流派的译研成就

　　纵观白之一生的汉学研究成果，其对中国文学的选本编译贡献巨大，其编译的作品包括《明代短篇故事选集》（1958）、《中国文学选集·第一卷》（1965）、《中国文学选集·第二卷》（1972）、《中国文学流派研究》（1974）及《明代精英戏剧选集》（1995）五部专著。这些编译选本既包括对中国古典小说戏剧的翻译与研究，亦涉及中国现当代文学领域的文论，集中体现了白之对中国文学、文化的整体性把握，是其中国文学史观、诗学观及汉学思想的重要展示，具有很高的学术研究价值。基于系统性考虑，在对其汉学研究成果进行综合考察与分类的基础上，本书分两章来讨论白之的编选本研究。本章着重评述白之学术生涯的早期、中期和晚期的三部译作《明代短篇故事选集》《中国文学流派研究》与《明代精英戏剧选集》，以此呈现白之不同阶段的研究风格与特质。通过对研究对象之间的平行比较与归纳总结，以期梳理和厘清白之的编选原则和方法，展示三部编选本的异同点，并从编译实践活动中挖掘白之的汉学研究观念及基本方法。

第一节 《明代短篇故事选集》：首次系统英译
冯梦龙传奇故事

二战以后，英国政府在对待汉学研究的态度上发生了较大转变，推行了一系列有利于汉学发展的政策。"从总体上来说，学生对于中国研究的兴趣更浓了，主修中国语言和文化的学生人数也增多了。"[1]在汉学界，除了豪厄尔和斯科特等汉学家出色地译介了中国话本小说以外，张弘指出，"20世纪译介话本小说成绩卓著的另一位汉学家，当推白之。"[2]《喻世明言》因其丰富的内涵、独特的艺术成就而受到白之的格外关注与青睐。白之选译集结了《喻世明言》中最具代表性的六篇作品，于1958年刊行《明代短篇故事选集》，该书的副标题为"中国说书人的艺术"（"The Art of the Chinese Story-teller"）。《明代短篇故事选集》一经出版便得到了广泛认可，并被联合国教科文组织收录进中国代表著作系列，"从此确立了他在汉学界的地位"[3]。

一、从"文言"到"白话"的进阶与升华

小说、诗歌、散文与戏剧，并称"四大文学体裁"，在中国文学发展史上有着举足轻重的地位。小说自宋代开始便有文言小说和白话小说两种不同的小说系统。文言小说起源于先秦时期的街谈巷议，在历经魏晋南北朝和隋唐的发展之后，无论是在题材，还是人物刻画方面，都取得了明显进步，形成笔记和传奇两种小说类型。而白话小说则起源于唐宋时期说话

---

[1] Yao-sheng Ch'en and Paul S.Y. Hsiao, *Sinology in the United Kingdom and Germany*, Honolulu: East-West Center，1967，pp.10–11.
[2] 张弘：《中国文学在英国》，花城出版社1992年版，第226页。
[3] 张弘：《中国文学在英国》，花城出版社1992年版，第226页。

人的话本，故事的取材来源于民间，主要表现了百姓的生活及思想意识。
但不管是文言小说还是白话小说，二者均具有极高的艺术魅力。长期以
来，白之对中国古代白话小说给予了格外关注，其博士论文《古今小说
考评》是集中讨论话本小说的专文，具有较高的学术价值。

　　中国古代白话短篇小说包括宋元话本和明清拟话本两类。宋元话本是
明人在宋元说话人的底本基础上整理、刊印而来的白话短篇故事。宋元话
本流传至今的共五十六种，分别保存于明嘉靖年间洪楩编辑的白话短篇世
情小说集《六十家小说》、万历年间刊行的《熊龙峰刊印小说四种》及明
末泰昌至天启年间冯梦龙整理编辑的"三言"中。[1]说话业的盛况与两宋
都市的繁荣密切相关，随着商品经济的繁荣和城市人口的增长，宋代通俗
文学得到了前所未有的发展。由于社会变革和市民文化的蓬勃发展，加之
民间技艺的推动，促使话本小说较之以前的文学体裁更加关注平民形象，
市井细民开始以主角的身份进入文学故事中。宋元话本的兴起，成为"小
说史上的一大变迁"。[2]明太祖朱元璋建立政权后，力推休养生息政策。
尤其到了明朝中期，商品生产与流通得到进一步发展，生产关系中出现资
本主义萌芽，市民阶层逐步壮大，从宋元话本艺术基础上发展而来的通俗
小说，因能满足百姓精神需求而再次得到飞速发展，话本小说创作由此进
入全盛期。中国小说从文言到白话的巨大转变，是中国文学发展史上重要
的一笔。

　　除了宋元话本，话本小说还包括一部分拟话本，主要创作于明清两个
时期。所谓"话本"，即民间说书艺人的说话"底本"，而"拟话本"则
是当时的文人作家以"话本"为模拟对象所创作的短篇故事。

　　从文类上看，中国话本小说十分接近西方盛行于文艺复兴时期的"传

〔1〕胡士莹：《话本小说概论》，商务印书馆 2017 年版。
〔2〕鲁迅：《鲁迅全集·卷9》，人民文学出版社 1981 年版，第319页。

奇"（novella）。它们的相似之处在于二者都只写一起事件或一种矛盾冲
突，而且在事件发展过程中都会有意外的转折及令人出乎预料却又合情合
理的故事结局。与西方"传奇"不同的是，中国话本小说中存在大量诗词
和曲作。

　　宋元话本与明清话本存在许多相似之处，但由于政治、经济等因素影
响，二者之间又有以下明显不同之处。第一，市民形象：从市井小民到
"平民圣人"。宋元话本中的主要人物多是各色市民，该时期市民阶层政
治、经济地位的相对低下造成话本中鲜有正面光彩的市民形象；而如"三
言"中的拟话本多创作于明代中期以后，经济的进一步繁荣和新生产关
系的萌芽，造就了一系列引人注目的平民形象。第二，思想倾向：从宣扬
社会伦理到肯定"血肉之躯"。在中国封建社会中长期占统治地位的儒家
思想重社会而轻个人，其纲常礼教影响着社会的方方面面。宋元话本故事
多以封建礼教、社会伦理匡正市民形象的个人欲望或真性情；而"三言"
中的故事则不再像宋元话本那样，完全否定个人私欲和本能。相反，作者
表现出更多的理解、同情与肯定。第三，审美艺术：从追逐奇异故事到重
视"情"的表达。宋元时期，话本中的故事情节多以追求奇异性和趣味
性为主；明清时期商品生产和交换日益频繁，人们愈发感受到真情的可
贵。故事创作者不再一味追求奇异的故事情节，而更加注重引导人们感受
真情。[1]总体来看，明清拟话本是对宋元话本的进一步发展，体现出一定
的进步性。

　　白之曾坦言自己被话本小说中流露出的真情所吸引，这正是他热衷于
研究和译介话本小说的重要原因。白之凭借《明代短篇故事选集》，很快
就在汉学界初露锋芒。

---

〔1〕张念馥：《从宋元话本到"三言"中的拟话本》，载《中国文学知识》2000年第3期。

二、"情教观"的求索与碰撞

在过去很长一段时间里，中国话本小说的译介在英国一直是以单篇形式存在的。1735 年，由法国耶稣会传教士杜哈德（Duhalde Jean-Baptiste S. J.）编著的《中华帝国全志》出版，该书收录有《吕大郎还金完骨肉》《庄子休鼓盆成大道》《怀私怨狠仆告主》三篇中国古典小说，至此，中国明代话本小说在英国开始受到关注。此三篇小说均选自《今古奇观》，由法国耶稣会传教士殷弘绪（P. Franciscus-Xaverius d'Entrecolles）译介，其中《庄子休鼓盆成大道》在英国产生的影响力最大。它们被认为是迄今所知最早被译为外文的中国古典小说。[1]

进入 19 世纪后，中国古典短篇小说在英国的翻译呈现出更加活跃的景象。单独以短篇小说形式出现的译本就有托姆（Tomes）的《宋金郎团圆破毡笠》、斯洛施（Schloss）的《王娇鸾百年长恨》、白之的《杜十娘怒沉百宝箱》和《羊角哀舍命全交》、韦伯斯特（Webster）的《俞伯牙摔琴谢知音》、道格斯（Daugs）的《女秀才移花接木》和《夸妙术丹客提金》、赫斯特（Hearst）的《三孝廉让产立高名》和《两县令竞义婚孤女》，以及巴尔福（Balfour）的《灌园叟晚逢仙女》等。[2]英国读者对中国话本小说浓厚的阅读兴趣一直延续到第二次世界大战前后。

冯梦龙作为中国第一位通俗文学的编辑家、理论家和研究家，致力于对中国古代小说、戏曲和民歌等通俗文学的创作、搜集与整理编辑，在中国文学史上占据了独特地位。他收编文言和白话小说成集，尤其以"三言"与《情史》为著。冯氏将"以情为本"的思想上升到理论高度，并提出

---

〔1〕1735 年，杜哈德编著的《中华帝国全志》洋洋四大卷由法国巴黎勒梅尔西埃出版社（Chez P.G. Le Mercier）出版，其中第三卷收录了殷弘绪从《今古奇观》中选译的三篇中国古典小说。这三篇译文仅在 1738—1742 年的短短四年间被数次转译为英文，之后又被转译为其他语言，可见其影响力之大。
〔2〕张弘：《中国文学在英国》，花城出版社 1992 年版，第 225 页。

060

"情教观"，为丰富中国古代文学理论出了特殊贡献。在集中体现冯氏文学思想的《叙山歌》"序言"中，其直白地提出"要借男女之真情，发名教伪药"的文学主张，表达自己文学创作的最终目的是借描写男女之真情来揭露封建礼教的虚伪。白之看重的正是冯氏"唯情尚真"的文学观。

在中国文学史上，李贽、三袁和汤显祖等大家倡导"以情反理"，认为"理有者情必无，情有者理必无"，"情"、"理"二者不相容。而冯氏则坚持"情理相融"，他在《情史·序》中提出"世儒但知理为情之范，孰知情为理之维乎"。这正是冯氏情理融合思想的体现，较之李、袁、汤等更进一步，其独特的通俗文学功用观超越了前人见解，在思想上体现出一定的进步性。

《喻世明言》（又称《古今小说》）是冯氏最具影响力的作品之一，与《警世通言》和《醒世恒言》合称"三言"，被认为是明代通俗小说的代表作。"三言"的出现标志着古代白话短篇小说整理和创作高潮的到来，在中国文学史上占有重要地位。[1] 冯氏"三言"之后的拟话本创作，"虽然某些作者在形式上和内容上都做了一些局部革新，使之趋于文人化、雅化，但很少能够超越'三言'中优秀之作的作品"。[2] 冯氏尤为关注并尊重人性，提倡真情，和以往创作者相比，他身上体现出了对人的认识和态度的巨大变化。因此，"三言"中的人物形象具有"血肉之躯"，而不再是单纯用以宣扬封建伦理纲常的工具。白之对冯梦龙作品中蕴含的人伦情怀推崇备至，并在《明代短篇故事选集》中发现与探讨"三言"作品的独特性。

三、《喻世明言》系统性英译第一人的眼界与译境

《明代短篇故事选集》收录了白之从冯梦龙《喻世明言》中选译的六

---

〔1〕游国恩等主编：《中国文学史》（第4卷），人民文学出版社1964年版。
〔2〕张念穰：《从宋元话本到"三言"中的拟话本》，载《中国文学知识》2000年第3期。

篇作品，它们并非前人未译之作，选译的篇目数量也不算多，但每篇译作都是建立在他对原作谙熟的基础之上的，充分展示了白之深厚的文本细读功力。白之选译的六个故事均具有一定的代表性，译介篇目制表如下：

《明代短篇故事选集》篇目		对应的《喻世明言》篇目
The Lady Who Was a Beggar	第二十七卷	《金玉奴棒打薄情郎》
The Pearl-sewn Shirt	第一卷	《蒋兴哥重会珍珠衫》
Wine and Dumplings	第五卷	《穷马周遭际卖𬪩媪》
The Journey of the Corpse	第八卷	《吴保安弃家赎友》
The Canary Murders	第二十六卷	《沈小官一鸟害七命》
The Fairy's Rescue	第三十三卷	《张古老种瓜娶文女》

　　白之在《明代短篇故事选集》的"导言"里引用了原作"序言"，除了对冯梦龙的个人生平、影响力，以及有关话本小说的形式和特点等方面做了细致阐释，每一篇译文前面均附有一张单列的、与故事主题相关的插图。在翻译每一则故事之前，他都会介绍情节梗概、故事发生的背景及其发展脉络、人物的性格特征和作品产生的文学影响等，同时亦有白之自己对故事的解读与评论。除了导言，白之还提供了93个注释，对故事中可能会给读者带来疑惑的词汇和句子形式做了较为详尽的解释，丰富的副文本信息极大地便利了西方世界读者对故事的理解和认知。

　　书中的第一个故事"The Lady Who Was a Beggar"，译自《喻世明言》第二十七卷《金玉奴棒打薄情郎》。白之认为，南宋时期，话本已产生爱情故事的专门形式，包括两个类型，即劝谕故事和罗曼史。[1]《金玉奴棒打薄情郎》属于后者，是以大团圆结尾的典型罗曼史（Romance）。该故事

---

[1] 张弘：《中国文学在英国》，花城出版社1992年版，第227页。

以道德为主题，这在当时仍属老套模式，因为相较于《卖油郎独占花魁》《杜十娘怒沉百宝箱》等其他小说，《金玉奴棒打薄情郎》在反映时代思想等方面显得逊色得多，但白之赞赏作者不加任何粉饰地借由金玉奴和莫稽的故事，无情地撕开市井社会中人生现实的一幕，并成功地呈现出城市市民的艺术形象。小说集中体现着"中庸之道"和"中和之美"，即便负心汉莫稽恩将仇报且心狠薄情，但传统的贞操和女德观念，使玉奴选择了委曲求全地去维持固有婚姻的道路，故事仍以大团圆结局收尾。由于结局对小说主题有所削弱，因此，这样的大团圆结局是作者在艺术上的败笔。从表面上看，这是一个团圆结局，但从更深层次来看，结局的背后带有某种悲剧色彩。究其创作原因，一种可能是由当时社会中的"中庸之道"及儒家"中和之美"的美学理想所决定的；另一种可能是为了凸显女主人公的善良，故而用一种近乎违背常理的行为方式来反映当时社会民众的优良品德。在白之看来，后者显然不具可信度。

在翻译这个故事的过程中，与西方传教士、外交官以及其他汉学家有所不同的是，白之将话本小说的"入话"部分、原作中的诗词和俗谚语等一一译出，这样既保留了原作的完整体例形式，也可看出他对中国古代历史与文化的深刻理解。总体上看，译文通达流畅，可读性极强。尤为值得一提的是，白之将"他者"视阈巧妙而充分地融入了翻译过程，"白之的译文还有一个非常有趣且特别之处，即用西方的视野审视中国特有的文化现象，具体来说，就是使用'添译法'使之本土化"。[1]以原著中"临安虽然是个建都之地，富庶之乡，其中乞丐依然不少"[2]为例，他在译介故事发生地"临安"时，将其译为"The magnificence of Lin-an is attested a little later by Marco Polo, who knew the city as Kinsai and declared that it

---

〔1〕庄群英、李新庭：《英国汉学家西里尔·白之与〈明代短篇小说选〉》，载《长春理工大学学报》（社会科学版）2011 年第 7 期。
〔2〕〔明〕冯梦龙：《喻世明言》，沈阳出版社 1995 年版，第 319 页。

made Venice look like a fishing-village"（临安非常美丽，马可·波罗去过后，惊讶于它的繁荣，认为威尼斯与之相比，简直就是一个小渔村）。在此，白之使用了一个定语从句用来评论马可·波罗在杭州的旅行见闻，即增加了原作中所没有的内容。"这种添译法是其他汉学家翻译'三言'时所不曾有过的创举，与中国翻译家林纾翻译外国文学时，所采取的添译法如出一辙，有异曲同工之妙。"[1]

需要注意的是，译文中存在几处误译：一处是，白之将标题《金玉奴棒打薄情郎》译为"The Lady Who Was a Beggar"，与故事中玉奴的身份不相符。玉奴之父虽为乞丐团头子，但玉奴本人并非乞丐，而题目被译为"The Lady Who Was a Beggar"显然欠妥；另一处是，白之将"一女不受二聘"[2]译为"One bride may not receive two sets of presents"，即"一个新娘可能收不到两份聘礼"，这显然与原文不符，若改译为"A bride should accept wedding presents once only"则更为妥当。

"The Pearl-sewn Shirt"译自《喻世明言》第一卷《蒋兴哥重会珍珠衫》，作为晚明短篇白话小说全盛时期极为出色的作品，它是一个劝谕爱情故事。该故事保留了话本的特色，除了话本本身喜闻乐见的形式，作者围绕婚姻爱情这一主题，体现了"善恶报应"观。白之本人对故事给予了很高评价，认为这是《喻世明言》中最长且写得最好、最受欢迎的小说，代表了明代说书艺人的最高水平。在对《蒋兴哥重会珍珠衫》的翻译和研究中，白之注重运用文本细读法和比较研究法，对这两种方法的运用主要体现在以下三个方面：

首先，白之敏锐地注意到小说中主人公蒋兴哥休妻文契上的年份为明

---

〔1〕庄群英、李新庭：《英国汉学家西里尔·白之与〈明代短篇小说选〉》，载《长春理工大学学报》（社会科学版）2011年第7期。
〔2〕庄群英、李新庭：《英国汉学家西里尔·白之与〈明代短篇小说选〉》，载《长春理工大学学报》（社会科学版）2011年第7期。

064

成化二年，即公元 1466 年，这是判定小说是明代作品的有力佐证。此外，
经比较研究发现，"诱奸巧计"这一故事情节占据了全文约三分之一的篇
幅，这同样也是很多话本小说故事情节设置的特点。例如，在中国古代白
话世情小说《金瓶梅》中，作者花费大量笔墨描写西门庆是如何通过中间
人王婆的阴谋实现对潘金莲的勾引诱惑。但在《蒋兴哥重会珍珠衫》中，
作者对此情节的设计更为复杂，也更加微妙。

　　其次，在对故事进行整体把握时，白之注意到，在明清话本小说中，
男主人公大多来自小商贩和下层官吏阶层，并且故事往往围绕小商贩的行
商过程展开。针对几乎所有爱情故事类小说里的人物都属于流动商贩或下
层官吏阶层这一现象，白之解释说，这是由于当时除了士兵和土匪这类很
少出现在爱情故事中的群体，这些人是唯一有出远门机会的普通市民群体。
在《蒋兴哥重会珍珠衫》中，蒋兴哥与引诱王三巧的陈大郎都是行商。作
为商人的蒋兴哥需要离家经商，这为妻子王三巧与陈大郎的"巧合"会面
作铺垫；蒋兴哥远赴广东采购商品，陈大郎则来往于新安、苏州和襄阳之
间，整个故事都建构在商旅之上；如果蒋兴哥不在广东病倒久久不归，王
三巧就不会因思夫心切而中圈套；陈大郎不去襄阳做买卖，就没有机会认
识王氏；之后，蒋兴哥在返乡途中见到穿珍珠衫的陈大郎而知奸情，并与
王氏偶然相遇，抱头痛哭；蒋兴哥、陈大郎以及王三巧的后一任丈夫吴县
令都过着流动生活，因此他们在旅途中的偶然会面就有了可能性。[1]故事
中一系列情节的发展看似顺理成章，但在对情节设置进行仔细考察后，作
者的巧思便跃然纸上，读者不禁惊叹于波澜不惊之下暗藏的跌宕起伏。白
之认为这个故事行云流水般的情节叙述和逼真的故事细节，"既是某个作
者高度叙事才能的结果，但是更有可能的是因为面对熟悉说话艺人的讲述

---

[1] Cyril Birch, *Stories from a Ming Collection*, London: Bodley Head, 1958, pp.39-40.

而品位不俗的听众反复叙述这个故事的结果"。[1]

第三，白之在文本细读的基础上发现，尽管该故事情节复杂，但在作者的巧妙安排下，一切都变得合情合理。例如，小说开头描述蒋兴哥模样生得极好，且聪明伶俐，他的父亲怕遭人嫉妒，便说他不是自己的嫡亲儿子，而是内侄罗小官人。这段文字看似多余，却与后面情节的发展息息相关。蒋兴哥在外行商，一直以"罗小官人"这一名号与人交往，所以在旅途中碰见陈大郎与吴县令时没有被认出来就完全合乎逻辑。另外，蒋兴哥去广东做生意，中途生病延误归期，这是陈大郎引诱计划成功的关键。甚至于蒋兴哥发烧生病这样的情节设置也并非多余，而是为了表达其在外的劳累奔波和食无定时等艰辛。[2]白之十分赞赏作者对情节的巧思和利用，肯定其高超的故事创作技巧。

总体而言，白之对《蒋兴哥重会珍珠衫》作出的评价客观而全面，将其定位为明代话本小说成熟时期的精品。然而，需要指出的是，白之疏忽了心理描写技巧在明代话本小说成熟阶段的运用，这是该时期话本小说的重要特点之一，与南宋话本小说工于白描的手法形成了较为鲜明的对比。"南宋时期的话本小说"往往通过动作、语言来展示人物性格，但到了明代的话本小说，则开始剖析人物的内心世界，虽然仍相当简略，却是艺术技巧的长足进步。[3]遗憾的是，这方面的相关问题并未引起白之充分关注。

白之对该作品的翻译可以说已达到"信""达""雅"的标准。为了尽可能地追求翻译的忠实性，译文使用的注释达到 12 个，详细介绍了"西施""南威""水月观音"等故事中出现的人物。并将中国传统婚姻礼仪"六礼"译为"six preliminaries"[4]，同时通过注释的形式做了专业阐释。另

---

〔1〕Cyril Birch, *Stories from a Ming Collection*, London: Bodley Head, 1958, p.40.

〔2〕Cyril Birch, *Stories from a Ming Collection*, London: Bodley Head, 1958, p.40.

〔3〕张弘：《中国文学在英国》，花城出版社 1992 年版，第 230 页。

〔4〕Cyril Birch, *Stories from a Ming Collection*, London: Bodley Head, 1958, p.48.

066

外，他将"七出"译为"seven grounds for divorce"，亦附有精当的解释。值得注意的是，故事的结局是蒋兴哥与王三巧重归于好，纳之为妾，但这对习惯一夫一妻制的英国读者来说是难以接受的，为此白之特意介绍了古代中国的夫妻制度，并说明它在古代中国的合理性。[1]译文中还有一个例子可以证明白之为了忠实原作而下的苦功：原文多次提到主人公的年龄，中国人习惯说虚岁，外国人习惯讲周岁，白之皆按照西方习惯一一给予改译。这样的翻译细节，必须建立在译者对中国文化深刻理解的基础之上。白之如此精益求精的学术态度和高超的翻译技巧着实令人折服。[2]

"Wine and Dumplings"译自《喻世明言》第五卷《穷马周遭际卖𩚦媪》，白之指出，此篇目与《吴保安弃家赎友》一样属于英雄传奇，是对真实历史人物生活际遇的虚构性描述。在当时，英雄传奇故事的说书人从数量和受欢迎程度来说，仅次于爱情故事的说书人。白之提醒读者，英雄传奇通常从以往的朝代中取材，就像《穷马周遭际卖𩚦媪》中的故事发生在7世纪的唐朝，但流传下来的版本则带有六七个世纪之后的晚宋或蒙古时代特征。[3]

在白之的心目中，《穷马周遭际卖𩚦媪》是《喻世明言》中篇幅最短的，同时也是最吸引人的一个故事，其文风幽默活泼，且故事中人物性格突出。白之在该作品的译研过程中，明显使用了文本细读法和比较研究法。例如，经过对不同文献的考察和比较，白之发现《新唐书》和《旧唐书》中均有对马周故事的记录，便进一步摘录了与其选集中译研的《穷马周遭际卖𩚦媪》相关的材料。白之亦指出，《穷马周遭际卖𩚦媪》中描写的故事与史料记载几乎相差无异，仅存在两处细微的不同：第一，话本中描写

---

[1] Cyril Birch, *Stories from a Ming Collection*, London: Bodley Head, 1958, p.25.
[2] 庄群英、李新庭：《英国汉学家西里尔·白之与〈明代短篇小说选〉》，载《长春理工大学学报》（社会科学版）2011年第7期。
[3] Cyril Birch, *Stories from a Ming Collection*, London: Bodley Head, 1958, p.99.

常何只收到了绢布一百匹，而史料记载的则是常何获赐三百匹锦帛；第二，更具戏剧性的是，话本小说里的马周，在第一次面见皇帝时即被任命为监察御史，而非史书上所记载的第二年。此外，白之还发现，除了史籍中所记载的内容，故事还增加了对马周和卖蒸饼的王媪之间爱情奇遇的介绍。王媪是新丰客店老板王公的外甥女，正在被常何追求（神相袁天罡说她是一品夫人的贵相，因此常何吩咐下人每天以买饆之名来劝王媪嫁他做妾）。白之则认为，王媪不太可能是历史上真实存在的人物。即便确实有这样一位人物存在，其功劳只是将马周举荐给了常何，助其功成名就。另外，故事提及王媪某天夜里梦见一条白龙到其店中，翌日，马周便着白衣携王公之信而来。白之提醒读者，这是故事中唯一不切实际的描述。[1]

　　就译文而言，通篇译文读来令人感到轻松幽默。此篇译文体现了白之高超的译介水准，几处改译尤为精彩：他将题目译为 "Wine and Dumplings"，成功引发了读者的阅读兴趣，让人欲探 "酒与蒸饼故事" 之究竟。"wine" 指代马周其人，性喜饮酒，且有以酒洗脚之奇举；"dumplings" 指代王媪，嫁给马周前在长安卖饼。这样的译题引人入胜，又紧扣主题。与其他篇目一样，白之将文中大部分谚语、诗歌一一译出，对文化信息量大的词语做了专门的注释，这样做有助于读者理解故事背后的文化意涵。[2]

　　"The Journey of the Corpse" 译自《喻世明言》第八卷《吴保安弃家赎友》。该作品讲述的是大唐开元年间，吴保安于蛮夷手中赎出好友郭仲翔的故事。故事中前有吴保安十年弃家赎友，后有郭仲翔背骨千里迁葬，二人情义可歌可泣，感人至深，并成为后世赞颂友谊的典范，在社会上起到了良好的教化作用。就主题而言，《吴保安弃家赎友》是对崇高友谊的

---

[1] Cyril Birch, *Stories from a Ming Collection*, London: Bodley Head, 1958, pp.100-102.
[2] 庄群英、李新庭：《英国汉学家西里尔·白之与〈明代短篇小说选〉》，载《长春理工大学学报》（社会科学版）2011 年第 7 期。

赞颂，反映了儒家忠、孝、节、义精神。通过白之的译研，他向广大英语
世界读者传递了中国古代社会中的伦理价值观。

在译研过程中，白之同样采用了文本细读法和比较研究法。《吴保安
弃家赎友》是《明代短篇故事选集》中白之唯一采用两个不同版本并置比
较的篇目。除了《喻世明言》中的《吴保安弃家赎友》（"The Journey of
the Corpse"），另一个版本是唐代牛肃《纪闻》中的《吴保安传》（"The
Story of Wu Pao-an"）。白之表示，此做法旨在通过对两个不同版本的比
较，让读者更好地了解唐明两朝小说艺术的变化和发展情况。与《新唐
书·吴保安传》中的史料相比，白之指出，两个版本的共同之处有以下几
点：第一，把《新唐书·吴保安传》里吴保安直接面见郭仲翔要求保荐改
为写信；第二，增加了郭仲翔被俘虏期间被钉穿脚板的细节；第三，郭仲
翔背负吴保安夫妻尸骨回原籍时，在每个骨节上做了记号，以防下葬时有
错漏，该情节也是《新唐书·吴保安传》中所没有记载的；第四，吴保安
赎回郭仲翔，得到姚州都督杨安居的帮助，之后郭仲翔购十名蛮女相赠，
这一点在《新唐书·吴保安传》中亦无记载。[1]需要指出的是，白之引以
为据的史料《新唐书·吴保安传》据考证并非史实。《新唐书·吴保安传》
应当是根据牛肃的《吴保安》一文写成的。[2]牛肃写下吴保安的故事大约
三百年后，即到了北宋年间，他的事迹便被《新唐书》的编者注意到，而
将其编入这本官修的正史之中，从此这篇小说被"正史化"。[3]另据考证，
在《新唐书·吴保安传》中，吴保安也是写信给郭仲翔而非面见，并非白
之在阐释时指出的，"把《新唐书·吴保安传》里吴保安直接面见郭仲翔
要求保荐改为写信"。值得注意的是，通过比较，白之指出两个版本的最
大差别是明朝话本小说在叙事技巧方面的进步，增添了对某些场景生动而

〔1〕张弘：《中国文学在英国》，花城出版社1992年版，第232页。
〔2〕赖瑞和：《小说的正史化——以〈新唐书·吴保安传〉为例》，载《唐史论丛》2009年卷。
〔3〕赖瑞和：《小说的正史化——以〈新唐书·吴保安传〉为例》，载《唐史论丛》2009年卷。

真实的描写，如唐朝征伐南蛮的战争场面等。除场景描写较之《纪闻》更
为丰富，前者的故事结构亦更加合理。例如，对吴保安出场的安排和郭仲
翔被扣押为俘虏的一系列经历，都显得自然且真实，这一点是《纪闻》所
欠缺的。另外值得一提的是，话本小说对人物性格的刻画也大大加强了，
进一步深化了吴保安妻子和儿子等次要人物形象。[1]

　　"The Canary Murders"译自《喻世明言》第二十六卷《画眉命案》（原
名为《沈小官一鸟害七命》），此篇出自《宝文堂书目》著录的《沈鸟儿
画眉记》。与白之选择翻译《喻世明言》中其他篇目不同的是，由于该故
事是用直接切入主题的方式来展开故事的，因此没有"入话"部分，故事
的结尾也没有用来交代故事的结局。白之评价该小说具有很高的艺术性，
是现实主义小说的雏形。白之指出，《沈小官一鸟害七命》是12世纪说书
人的一个真实话本。早在冯梦龙将它编入《喻世明言》的八十年前，该故
事就以《沈鸟儿画眉记》收藏在《宝文堂书目》中。冯梦龙刊刻这篇小说
时，并未对其做太多改动。白之强调，该作品未带有明显"修饰"痕迹，
既无开场语，亦无明代话本惯用的结尾。故事用穿插在叙述中的简短诗句，
而非长篇大论告诫人们要崇尚道德，即"避恶"。在白之看来，《沈小官
一鸟害七命》是19世纪侦探小说的先驱，但他提醒，也许使用"侦探"
一词并不恰当，更确切地说，它是一桩"公案"。白之对《沈小官一鸟害
七命》的艺术性给予高度评价，认为作为现实主义小说的雏形，《沈小官
一鸟害七命》是无与伦比的。就译文而言，白之一如既往地表现了高超的
译介水平，对一些较为生涩难懂的词句做了专门注释，基本做到准确无误。

　　"The Fairy's Rescue"译自《喻世明言》第三十三卷《张古老种瓜娶
文女》。此为民间流传的道教故事，属神仙志怪小说。白之指出，《喻世明
言》中约有三分之一的内容为神仙志怪故事，既有生死轮回故事，也有神

―――――――――――――――――――――

[1] 赖瑞和：《小说的正史化——以〈新唐书·保安传〉为例》，载《唐史论丛》2009年卷。

070

话传说，均不同程度地反映出了一定的社会现实。值得注意的是，该故事
并未完全采用民间传说"张古老"的传奇趣事，而是借用雪天种香脆甜瓜
导引趣论，在"雪"上做足了文章。故事讲述的是萧梁武帝年间，八十岁
种瓜老叟张古老爱上谏议大夫韦恕年方十八的女儿文女，并娶其为妻。原
著作者将这个神仙志怪小说世俗化，把张古老这一人物形象刻画得惟妙惟
肖。白之认为《张古老种瓜娶文女》是最接近西方神话小说的一个故事，
并指出，故事中道家意味浓重，情节生动，幽默感十足。故事以升仙作为
结局，体现出当时道教的传播以及市民阶层的美好愿望。

　　通过文本细读，白之发现，在讲述韦家因一匹脱缰的马而巧遇张古老
这一情节时，说书人实则已经在进行小说创作，他们不时地掺入一些唐朝
故事中所没有的幽默元素，使内容更加引人入胜。[1]就译文而言，《张古老
种瓜娶文女》原文中涉及多个俗语和谚语，是《喻世明言》所有篇目中翻
译难度最大的一篇。白之共使用了 35 个注释来帮助读者理解故事内容。译
文通篇读来畅晓通达，完整清晰地展现了故事脉络和具体情节，具有很高
的可读性。

　　白之对话本小说的翻译和研究，得到了西方汉学界的高度评价。他在
对中国话本小说的译研实践活动中，十分倚重对文本细读法与比较研究法
的运用，此为白之汉学研究生涯早期较为常用的研究方法和手段。

　　美国汉学家柯润璞认为，白之的《明代短篇故事选集》对西方汉学，
特别是对中国明代短篇小说领域不熟悉的学者提供了极大帮助。其亦肯
定了白之的译文带有鲜明的中国传统文化特色，巧妙地将口语化的汉语
转化为口语化的英语，为语言增添了多样性和新颖性。例如，译文中的
"smallholding""sell up"等均为白之创新的合成词。[2]1961 年，汉学家利

〔1〕Cyril Birch，*Stories from a Ming Collection*，London: Bodley Head，1958，p.176.
〔2〕James I. Crump，"Review of *Stories from a Ming Collection*"，*The Journal of Asian Studies*，Vol.18，No.4（Aug.，
1959），pp.499-500

奥内洛·蓝觉迪（Lionello Lanciotti）评价《明代短篇故事选集》中的每一个故事都非常忠实于原作，这样的译文对西方读者十分友好，同时也提出了一些修改意见。[1] 1962 年，麦克利维在《伦敦大学亚非学院通讯》中对白之的《明代短篇故事选集》做了详细介绍，并且对白之的翻译水准给予了较高评价，认为译文"保持了原著的文学性和趣味性，并采用图画和故事穿插的排版模式，更能吸引读者的阅读兴趣"。[2]

"三言"作品充分展现了"中和之美"，这一艺术形式是冯梦龙在晚明时期对当时文坛的一种匡正与革新，为通俗世情小说的发展增添了新力量。"三言"脱离单纯的伦理说教或情色描写，"进而成为一部儒雅与情俗、艺术真实与生活真实高度融合的杰作"。[3] 作为一名文化"他者"，和西方其他汉学家一样，白之将能反映中国传统的忠、孝、节、义等儒家思想作为自己选择翻译篇目的最主要标准。作为文化的摆渡者，他将中国古代白话小说呈现在英语世界读者面前，加深了外国人士对中国伦理道德、文化心理的了解与认知。

《明代短篇故事选集》是白之在英国期间取得的最重要的汉学成果，其出色的翻译能力得到了英国汉学界的肯定。1956 年至 1960 年，白之被任命为伦敦中国学名誉秘书。在此期间，他亦成为洛克菲勒基金会研究员，获得洛克菲勒基金奖学金（Rockefeller Foundation），并受邀担任美国斯坦福大学中文讲师。

［1］Lionello Lanciotti, "Review of *Stories from a Ming Collection*", *East and West*, Vol.12, No2/3, *The Work and Life of Rabindranath Tagore*（June-September 1961）, p.213.

［2］Henry. McAleavy, "Review of *Stories from a Ming Collection*", *Bulletin of the School of Oriental and African Studies*, University of London, Vol.25, No.1/3, 1962, pp.418-419.

［3］肖东发主编、秦贝臻编著：《小说经典：著名古典小说的魅力》，现代出版社 2015 年版，第 35 页。

072

第二节　《明代精英戏剧选集》：首次译研探析
　　　　　 "精英戏剧"

　　在明代理学复兴的历史文化语境中，精英文人逐步回归戏剧传统艺术领域。西利尔·白之特别关注明代戏剧文学，在西方学界首次将其定义为"中国明代精英戏剧"并致力于该领域的翻译与研究实践，开创了西方译研中国古典戏剧的比较视阈与方法路径，被誉为"西方发现'明代精英戏剧'第一人"，为中国故事的域外传播做出了特殊贡献。在华盛顿特区伍德罗威尔逊国际学者中心（Woodrow Wilson International Center for Scholars，Washington，d.c.）和香港中文大学中文研究所的支持下，白之的《明代精英戏剧选集》于 1995 年由哥伦比亚大学出版社刊行，之后被列入《亚洲经典翻译系列丛书》（*Translations from the Asian Classics*），并于 1999 年再版。《明代精英戏剧选集》被誉为"欧美汉学史上第一部较为详细地介绍中国明代精英戏剧的著作"。

　　在该书中，白之评介并翻译了其认为明代最具代表性的六部戏剧的节选，大部分作品为晚明时期剧作家所作。这六部戏剧分别为：《白兔记》（"THE WHITE RABBIT AND THE NEGLECTED WIFE: *The White Rabbit Plays*"）《浣纱记》（"XI SHI AS INNOCENCE: Liang Chenyu's *The Girl Washing Silk*"）《蕉　帕　记》（"XI SHI AS EXPERIENCE: Shan Ben's *The Plantain Kerchief*"）《牡丹亭》（"THE PLIGHT OF THE AMOROUS GHOST: Tang Xianzu's *The Peony Pavilion*"）《绿　牡　丹》（"A QUIZ FOR-LOVE: Wu Bing's *The Green Peony*"） 以 及《燕 子 笺》（"BIGAMY UNABASHED: Ruan Dacheng's Comic Masterpiece，*The Swallow Letter*"），它们均为当时杰出的南传奇。纵观全书，白之除了对戏剧重点场景进行通俗易懂的译介，亦向西方读者提供了必要的文化背景介绍，以及相关戏剧创作流派评论。针对为何采用节选翻译方式的这一问题，白之明确指出，

尽管其关注的焦点是重点场景本身而非整部剧，但所选译的每一个独立场景均需放置在整部剧作的大背景之中，加之所选译剧目本身就具有很强的情节连贯性，节译的方式能够极大地减轻读者的阅读负担。

一、白之的明代戏剧研究

明代戏剧具有中国古典戏剧成熟而精致的特征，凭借优美的唱腔、令人如痴如醉的音乐、巧妙的情节设置及精致的舞蹈编排在中国古典戏剧有着特殊地位，但与其取得的文学艺术成就极不相符的是它在西方世界受到的关注度。当时，西方课堂上供教学使用的、介绍明代戏剧的相关英文著述屈指可数。在这样的历史文化语境中，白之敢于另辟蹊径，坚持对明代戏剧进行深入研究，且考察视角独特、探究方法全面。就中国传统戏剧的西传史来看，除了以白之为代表的一些专业汉学家将中国传统戏剧介绍给西方世界，还有一批学者出版了专门性的翻译选集，较具代表性的选集有：司各特（A.C. Scott）的《中国传统戏剧·第一卷》（*Traditional Chinese Plays，Volume* Ⅰ, 1967）、《中国传统戏剧·第二卷》（*Traditional Chinese Plays，Volume* Ⅱ, 1969）和《中国传统戏剧·第三卷》（*Traditional Chinese Plays，Volume* Ⅲ, 1975）、杜维廉的《中国古今八剧》（*Eight Chinese Plays: From the* 13ᵗʰ *Century to the Present*, 1978）、白之于 1995 年出版的《明代精英戏剧选集》、奚如谷与伊维德（Wilt L. Idema）共同编撰出版的《和尚、土匪、眷侣和神仙：早期中国十一剧》（*Monks，Bandits and Immortals: Eleven Early Chinese Plays*, 2010）、《战争、背叛和兄弟情：早期的三国题材戏剧》（*Battles，Betrayals and Brotherhood: Early Chinese Plays on the Three Kingdoms*, 2012）、《杨家将：早期中国四剧》（*The Generals of the Yang Family*, 2013）和《赵氏孤儿与其他元杂剧：现存最早的版本》（*The Orphan of Zhao and Other Yuan Drama: the Earliest Known Versions*, 2015）等。

074

　　白之不仅著有《明代精英戏剧选集》，还发表过多篇该领域的研究专文。尤为值得一提的是，其早年发表的《早期传奇剧中的悲剧与情节剧：〈琵琶记〉与〈荆钗记〉》《西施的戏剧潜力：〈浣纱记〉与〈蕉帕记〉》和《明传奇的几个课题与几种方法》三篇学术性极强的论文，均以几部不同的明代经典传奇剧[1]为研究和比较对象，皆为明代戏剧研究领域的扛鼎之作。白之以文化"他者"身份，对明代戏剧展开深入而精细的阐释，亦是其戏剧观和文学观的集中体现。

　　在《早期传奇剧中的悲剧与情节剧：〈琵琶记〉与〈荆钗记〉》中，白之对元末明初戏剧家高明的《琵琶记》和南戏《荆钗记》做了细致入微的考察和比较。白之在《明代精英戏剧选集》的序言中也曾赞誉《琵琶记》是第一部赢得广泛声誉的长篇南戏作品，被誉为传奇之祖。他指出，高明创作成功的一个重要因素是他将词与旋律进行了紧密融合。由于《琵琶记》已有很优秀的英译本，因此白之未将其收录进《明代精英戏剧选集》中。在悲喜剧问题上，白之则认为，"从关汉卿的《窦娥冤》到《红楼梦》这一长串中国文学作品名单中，还可以加入《琵琶记》。这些作品呈现出的矛盾和冲突，以及它们给出的解决方式，都倾向于悲剧性。"[2]而《荆钗记》在情节模式、音乐韵律等方面对《琵琶记》做了效仿。但白之也注意到，《荆钗记》的作者通过对素材的处理和重组，创造出一种"情节剧式的（melodramatic）"的作品样本，对之后出现的明传奇产生了重要影响。[3]具体而言，白之首先从"平行场面的比较"层面对两部剧进行比较，并以《琵琶记》第九出与《荆钗记》第十八出、《琵琶记》第二十四出与《荆钗记》第二十七出为例，分别从唱词时歌者的思绪与形象、唱词

---

〔1〕《荆钗记》的作者说法不一，一说为元代柯丹邱所作，另一说为明太祖第十七子宁王朱权所作。为了利于比较时的统一性，笔者将其划入明代戏剧范畴。
〔2〕［美］西利尔·白之：《白之比较文学论文集》，微周等译，湖南文艺出版社 1987 年版，第 1 页。
〔3〕［美］西利尔·白之：《白之比较文学论文集》，微周等译，湖南文艺出版社 1987 年版，第 1–2 页。

中的意象、典故和曲牌模式等方面进行比较和阐释，揭示两部剧在情节结构、音乐韵律等方面均具有相似之处。基于文本细读，白之从"《琵琶记》中的对比意象与复现意象"层面探讨该剧所涉及的意象及其语言的出色之处，并用实例确证这些出彩的语言与剧中出现的丰富食物和音乐形象密切相关。此外，白之强调，由于《荆钗记》包含了分离、不忠和死亡等悲剧主题中通常会出现的因素，因此被排除在喜剧范畴之外。但包括悲剧《琵琶记》在内的所有传奇剧，在悲喜剧的界定问题上，都有折中倾向，这一特征体现于它们的戏剧情节存在喜剧性插曲。

此外，白之还关注到《荆钗记》中蕴藏的彻底的道德观和塑造的非纯恶即纯善的主人公特征，这些共同决定了该剧无法真正接近悲剧模式（the tragic mode）。相比之下，《琵琶记》中的主要人物基本被塑造成了"无害之人"，因此，主人公所遭遇的两难境地通常是由自身"悲剧性格分裂"（tragic dividedness）造成的。在对《琵琶记》最后几出做阐释时，对于日本汉学家青木正儿认为它们的存在是画蛇添足这一观点，白之提出了不同看法。在他看来，从本质上而言，它们和中国戏剧最严谨的规范是相契合的。这几出戏中的团圆是在经历磨难与考验后才实现的，而非"天降救星"等生硬制造出的结局。即便此类戏剧的构局形式中往往被嵌入了某个渐弱情节，但这并未削弱结局的悲剧性。[1]

白之发表于1981年的《西施的戏剧潜力：〈浣纱记〉与〈蕉帕记〉》，可被视为《明代精英戏剧选集》中第三章《浣纱记》和第四章《蕉帕记》的早期研究成果。正如他在《明代精英戏剧选集》中所阐述的那样，明朝剧作家们偶尔会对早期的故事和主题进行修改和补充。比如，不同的剧作家对西施这个人物的刻画和分析存在很大差异：她可能是某位剧作家笔下的"红颜祸水"，也可能是另一位剧作家作品中惹人怜爱的主人公。白

---

[1]［美］西利尔·白之：《白之比较文学论文集》，微周等译，湖南文艺出版社1987年版，第29页。

之对不同版本中的西施形象做了探讨，使读者了解到不同版本迎合了不同
阶层的审美趣味，揭示了时代价值观的变化。具体而言，在《西施的戏
剧潜力：〈浣纱记〉与〈蕉帕记〉》一文中，白之指出，由于晚明时期的
传奇剧既有着冗长的篇幅，也有着别致的情节，因此，他倾向于将它们作
为"书案剧"（Closetdrama）来研究。清初戏剧家李渔提出的"填词之设，
专为登场"[1]引起了白之的重视，他对此表示认同，并指出，虽然当时鲜有
剧作家在创作剧本时就将之后的表演要素考虑进去，但仍无法回避剧本自
身质量的好坏是决定其能否最终搬上舞台的重要因素。白之进一步从音乐
性、抒情性、传奇性、模仿性、喜剧性和观赏性六个方面对两部戏剧进行
比较研究，旨在揭示剧本自身的品质对舞台表演产生的重要影响。

　　第一，从音乐价值（musical value）角度看，较之《蕉帕记》，《浣纱
记》在音乐方面具有明显的优势。白之援引张岱在《陶庵梦忆》中对晚明
时期昆曲大会上《浣纱记》中曲子演唱盛况的描述来说明该剧在当时的影
响力。[2]相反，与《浣纱记》在当时受到追捧的盛况相比，《蕉帕记》则
备受冷落，甚至"几乎没有一个批评家屑于一顾其音乐价值"。[3]

　　第二，从诗艺价值（lyrical value）角度看，白之明确指出："曲作为
音乐价值与其诗的价值不可分，甚至可以说诗歌价值决定了音乐价值。"[4]
白之以张岱在虎丘所听《浣纱记》中的曲段为例，采用跨文化的比较视
阈，将其与莎士比亚的剧作《安东尼亚与克丽奥帕特拉》作比较，以此展
示《浣纱记》在诗歌方面的价值。较之《浣纱记》的精致优雅，《蕉帕记》

---

〔1〕〔清〕李渔：《闲情偶寄·演习部》，诚举等译注，云南大学出版社 2003 年版，第 56 页。
〔2〕原文为：虎丘八月半，土著流寓、士夫眷属、女乐声伎、曲中名伎戏婆、民间少妇好女、崽子变童，及
游冶恶少、清客帮闲、傒僮走空之辈，无不鳞集。自生公台、千人石、鹤涧、剑池、申文定祠，下至试剑石、
一二山门，皆铺毡席地坐。登高望之，如雁落平沙，霞铺江上。天暝月上，鼓吹百十处，大吹大擂，十番铙
钹，渔阳掺挝，动地翻天，雷轰鼎沸，呼叫不闻。更定，鼓铙渐歇，丝管繁兴，杂以歌唱，皆"锦帆开""澄
湖万顷"同场大曲。
〔3〕〔美〕西利尔·白之：《白之比较文学论文集》，微周等译，湖南文艺出版社 1987 年版，第 34 页。
〔4〕〔美〕西利尔·白之：《白之比较文学论文集》，微周等译，湖南文艺出版社 1987 年版，第 34 页。

则显得十分粗俗，剧中的对话虽然自然流畅，但总体读来，"要末好像是对话的延续，要末就好像一堆陈腐典故的堆砌"。[1]

第三，从传奇价值（mythic value）角度看，白之认为，传奇性和模仿性是明代南戏情节价值的两个方面。就传奇性而言，《浣纱记》拥有吴越争霸这样一个强烈而突出的传奇因素，相比之下，《蕉帕记》中主人公的身份则显得相当普通，传奇性微乎其微。

第四，从模仿价值（mimetic value）角度看，白之非常注重将剧作还原至其创作和表演时的历史文化语境中，并提出应探讨两部剧与明代社会现实的关系，以及它们承载和反映当时人们思想观念和价值取向的方式。他认为，《浣纱记》中的西施倾注了梁辰鱼的浪漫主义同情心，所以为其设置的结局是将她从"万恶之源"的处境中救赎出来；而《蕉帕记》中的西施则被赋予了满足自己肉体需要的权利，这与当时流行阅读《西厢记》的社会风气有很大关系。换言之，《蕉帕记》和《浣纱记》均刻画了西施这一女性形象，但西施被塑造成极为不同的两种形象。前者展现给读者的是西施烂漫天真的一面；后者展现的则是西施自私自利的一面。显然，白之意识到明代传奇剧作家为满足不同阶层的阅读喜好，往往会对戏剧主题进行不同程度的修改。而剧本发生的改变既体现了剧作家的创作倾向，同时也可从中了解到当时社会中普遍存在的价值观念。

第五，从喜剧价值（comic value）角度看，《蕉帕记》的价值远大于《浣纱记》。白之认为《浣纱记》中的喜剧场面十分马虎，故事中缺少丰满的喜剧人物，仅用"病西施"这样的角色勉强营造出些许喜剧氛围。而《蕉帕记》中的人物身上带有鲜明的喜剧色彩，他们共同营造出生动活泼的戏剧氛围。

第六，从观赏价值（spectacular value）角度看，尽管白之肯定了《浣

---

[1]［美］西利尔·白之：《白之比较文学论文集》，微周等译，湖南文艺出版社 1987 年版，第 37 页。

纱记》中极具美感的剧情片段，但他亦提醒，真正被搬上舞台的《浣纱记》远远逊色于《蕉帕记》，因为在他的心目中，"在《六十种曲》里，《蕉帕记》的舞台指示之详细，超出其他任何一剧"。[1]

综上，白之认为虽然《蕉帕记》在音乐和诗歌价值方面与《浣纱记》相去甚远，但因其在喜剧性和欣赏性上的突出表现，从而展现出后来者居上的态势。然而不能忽略的事实是，《蕉帕记》"试图取悦一般群众的努力不足以使这部剧长期留在舞台上"。[2]白之揭示造成这一结果的根本原因在于"传奇本身还是一种高雅歌剧形式，每部剧的命运取决于其音乐和诗歌价值，而不是满足下层群众粗俗兴趣的程度"。[3]

在另一篇文章《明传奇的几个课题与几种方法》的开头部分，白之标明了该文所要考察和探讨的三部传奇剧的学术研究意义和价值：其一，由于《青衫记》在很大程度上是对元杂剧《青衫泪》的改写，因此为研究者提供了同时比较两种不同戏剧形式的可能。其二，《鸣凤记》是一部以时事为题材的剧作，这在传奇剧中是十分罕见的，对它的研究，有助于揭开卷入社会政治生活的明代剧作家的生存情况和创作面貌。其三，对《牡丹亭》的研究，旨在用这部"传奇最伟大的剧作之一"[4]来衡量明代剧作所取得的成就，而传奇技术和程式方面的问题，则不在讨论范围之内。

首先，在对《青衫记》和《青衫泪》这两部剧做阐释和对比时，白之将自身的文化"他者"身份与中国的历史文化语境进行了高度融合，在文本细读的基础上，更加倚重探究明代戏剧家所关心的诸种问题。针对《青衫泪》，白之认为尽管马致远的创作有损主人公白居易的形象，但该剧仍作出了两点创造性贡献：一方面，尽管《青衫泪》展示出的伦理道德有悖

---

[1]［美］西利尔·白之：《白之比较文学论文集》，微周等译，湖南文艺出版社 1987 年版，第 42 页。
[2]［美］西利尔·白之：《白之比较文学论文集》，微周等译，湖南文艺出版社 1987 年版，第 43 页。
[3]［美］西利尔·白之：《白之比较文学论文集》，微周等译，湖南文艺出版社 1987 年版，第 43 页。
[4]［美］西利尔·白之：《白之比较文学论文集》，微周等译，湖南文艺出版社 1987 年版，第 44 页。

于传统，但不可否认的是，它向浪漫主义抑或人道主义伦理迈进了一步；另一方面，某些粗鄙的情节，并不影响它作为一部戏剧产生的舞台表演效果。再加之上乘的曲词，因此并不能完全忽视该作品的戏剧价值。作为改编自《青衫泪》的传奇剧《青衫记》，作者顾大典稍微扶正了主人公白居易的形象，但也存在剧作结构不紧凑和传奇剧自由形式利用不充分等问题。原本是对旧剧进行改造或创新，但面对这样一部甚至"功"补不了"过"的《青衫记》，人们难免不对其存在价值产生怀疑。针对这一问题，白之提出了自己独特的见解。他认为，《青衫记》的学术价值应从小说角度而非戏剧角度进行评估，这是基于晚明时期小说艺术取得了巨大成就的文化语境考量的。为证明自己的观点，白之对该剧契合小说重视探索日常生活、注重探索人际关系等特征逐一进行了分析。此外，白之还细致阐释了顾大典在剧中使用的一种技巧，即"让大部分情节围绕一个具体物而展开，从而使这具体物得到一种象征力量"[1]，并且肯定了该技巧既能够引发情节，又能够指明形态，"不仅加强了他对这部剧的结构，也使此后的戏剧和小说得益匪浅"。[2] 白之揭示，白居易的那件青衫被剧作家赋予了象征力量，在后世的文学创作中，如冯梦龙《古今小说》中的珍珠衫、曹雪芹《红楼梦》中的通灵宝玉、汤显祖《牡丹亭》中的丽娘画像，甚至现代作家赵树理《传家宝》中的旧针线盒，均是对顾大典这种创作技巧的借鉴和延续。对此，白之提出"我们可以把这件青衫也看作明剧发展史上的一个象征：它是一种新的文学构造取代杂剧的简单统一结构的标记"[3]的论断。

其次，在对《鸣凤记》和《牡丹亭》的阐释中，白之详细论述了《鸣凤记》情节规模之大、人物背景之显赫及语言形式之丰富等特点。在他看来，取材于明代社会政治生活的《鸣凤记》，是"绝佳的例子说明戏剧如

---

〔1〕〔美〕西利尔·白之：《白之比较文学论文集》，微周等译，湖南文艺出版社1987年版，第52页。
〔2〕〔美〕西利尔·白之：《白之比较文学论文集》，微周等译，湖南文艺出版社1987年版，第52页。
〔3〕〔美〕西利尔·白之：《白之比较文学论文集》，微周等译，湖南文艺出版社1987年版，第53—54页。

何处理沉重地压在观众心头的问题"[1]，这也是该剧最重要的文学价值之一。在白之的心目中，《牡丹亭》始终占据着"最伟大的一个剧本"[2]的地位。他极大地肯定了汤显祖利用剧中陈最良和石道姑这两个人物形象取得"一种震惊使人醒悟的效果（shock-restorative effect）"[3]，这与莎士比亚在《麦克白》中使用喝醉的差役产生了异曲同工的戏剧效果。[4]在白之看来，《牡丹亭》值得称道的是剧中的诸多细节能够让读者"易于接受此剧最有名的一些场次如'惊梦''寻梦'之中社会的和心理的真理"[5]，乃至"接受丽娘复活中的诗意的和精神的真理"[6]。他亦强调，在丽娘与父亲的冲突中所完美体现出的"情"与"理"间的哲学冲突，是《牡丹亭》所取得的最重大的胜利。[7]

以上三篇论文较为集中地展现了白之中国戏剧研究的基本路数，其文化"他者"的跨文化比较视阈为中国古典戏剧研究提供了两点启示：

其一，白之在中国古典戏剧研究中，充分运用比较文学思维，展示出其比较文学的学者气质。在白之的汉学实践活动中，对比较文学思维和方法的运用，既是他的研究手段，又是其研究目的。值得关注的是，白之通常将比较文学的思维和方法与跨文化视阈进行高度融合，以增强研究的系统性和全面性。

其二，如果从创作与接受角度划分，一般可以将戏剧分为精英戏剧和大众戏剧。"精英戏剧"代表的是高雅文化，"大众戏剧"则代表通俗文化。白之是西方学界首位将中国明代戏剧划分出"精英戏剧"这一类目的

---

[1]［美］西利尔·白之：《白之比较文学论文集》，微周等译，湖南文艺出版社 1987 年版，第 60 页。
[2]［美］西利尔·白之：《白之比较文学论文集》，微周等译，湖南文艺出版社 1987 年版，第 61 页。
[3]［美］西利尔·白之：《白之比较文学论文集》，微周等译，湖南文艺出版社 1987 年版，第 65 页。
[4]［美］西利尔·白之：《白之比较文学论文集》，微周等译，湖南文艺出版社 1987 年版，第 65 页。
[5]［美］西利尔·白之：《白之比较文学论文集》，微周等译，湖南文艺出版社 1987 年版，第 65 页。
[6]［美］西利尔·白之：《白之比较文学论文集》，微周等译，湖南文艺出版社 1987 年版，第 66 页。
[7]［美］西利尔·白之：《白之比较文学论文集》，微周等译，湖南文艺出版社 1987 年版，第 68 页。

学者。他从戏剧欣赏者的视角出发，以戏剧创作的内外两重因素切入，剖析决定戏剧生命力的重要因子。

　　鉴于明传奇篇幅冗长，白之在《明代精英戏剧选集》中采用选译的方式对戏剧中的经典片段进行译介。他表示，这种方式不仅在实践层面上是合理的，而且符合当时戏剧表演的实际情况。明末清初的戏剧表演以选段居多，到了清中期，这种做法则更为常见。白之引导读者想象自己是观众中的一员，正在明朝某位大官员的私家花园中观看一场戏剧表演。如此一来，即便西方读者对明代戏剧知之甚少也不会影响他们对戏剧的欣赏，因为白之通过译文前的"宣传单"在观众耳边低语，耐心地指导他们应该如何理解剧中的故事，这种有趣有益的方式极大地拉近了中国古典戏剧与域外读者之间的距离。同样值得关注的是，白之在序言中向读者明确表示，《明代精英戏剧选集》欲解决的难题并非其他学者通常会关注的重点，比如对场景布置、音乐、服装和表演等艺术形式的具体阐释和评介。因为，白之充分相信读者拥有能够通过戏剧线索填补一切必要场景的能力，旨在通过译研明代精英戏剧，引导读者思考到底是什么力量主宰着故事中主人公的命运，进而让读者感受到中国故事的戏剧性和诗意性。

二、"他者"视阈下的中国南传奇

　　《明代精英戏剧选集》包含七个章节，第一章是白之所作的序言，第二至第七章则是选译的戏剧场景，每章均涉及对剧本场景的翻译，并按照剧本创作时间排序，白之对书中的文字分配和布局结构做了精心规划。全书共 262 页，译介的内容约占一半篇幅，其余部分则是他对明代戏剧和故事表演艺术进行的深度解读，极大地方便了西方读者理解中国戏剧故事的丰富内涵。白之对每一个故事的译研均建立在文本细读基础之上，既把戏剧视为一种文学体裁，亦将其视为一门故事表演艺术。他十分注重为读者提供必要的注释，旨在阐释剧中对西方读者而言颇具理解难度的典故、修辞和表演风俗等。

　　该译本目录的前一页印有"致喜爱戏剧的多萝西，及同样热爱戏剧的我们的孙辈艾莉森、本和迈克"（For Dorothy，who has loved to watch these plays，and for our grandchildren Alison，Ben，and Michael，who surely will.）。书中的每一个剧目都配以一帧精致的木版画，这些珍贵的木版画来自白之执教的加利福尼亚大学伯克利分校的东亚图书馆、台北故宫博物院（Palace Museum，Taipei）、扬州广陵书社、台北学生书局及明文书局。

　　书中六部戏剧故事的重要场景信息如下表所示：

戏剧	《白兔记》	《浣纱记》	《蕉帕记》	《牡丹亭》	《绿牡丹》	《燕子笺》
作者	（元）永嘉书会才人	（明）梁辰鱼	（明）单本	（明）汤显祖	（明）吴炳	（明）阮大铖
介绍		第二十三出：迎施	第六出：赠帕	第二十八出：幽媾	第三出：谢咏	第十二出：拾笺
		第二十五出：演舞		第三十二出：冥誓	第五出：社集	第四十二出：诰圆
		第二十六出：寄子			第十八出：帘试	
		第三十出：采莲				
全译	第二十七出：李三娘磨坊产子	第二十五出：演舞	第十六出：觇婚	第二十七出：魂游	第五出：社集	第十一出：题笺
		第三十出：采莲	第十七出：闹婚	第二十八出：幽媾	第十八出：帘试	第十二出：拾笺
				第三十二出：冥誓		第四十二出：诰圆

（一）《白兔记》

由永嘉书会才人所编"四大南戏"之一的《白兔记》，又称《刘知远白兔记》，共二十九出。《明代精英戏剧选集》中所选的六部戏剧大多成型于明末，唯《白兔记》写于元代，讲述的是刘知远和李三娘悲欢离合的故事。该剧反映了"贫者休要轻相弃，否极终有泰时"的思想，这在宋元动乱时代产生较为深远的影响。《白兔记》在艺术上富有民间文艺特色，文字质朴，刻画人物、编排情节生动自然。白之对第二十七出《李三娘磨坊产子》的不同版本进行了完整译介，并表示，之所以选译该故事场景，原因在于其不但包含悲剧元素，亦不乏怪诞元素，并且这些特色在早期故事版本中尤为明显，而在之后的版本中则表现出语言被弱化和美化，以及情节冲击力有所减弱等趋势。[1]

在对故事的论述过程中，白之着重对"李三娘"这一人物形象进行了分析。他指出，早期剧作家热衷于以李三娘为原型来刻画女性形象，李三娘已经在中国戏曲舞台上度过了七八百年的痛苦岁月，而三娘在石磨上分娩的场景均是所有版本的高潮部分。其中，《缀白裘》选录《白兔记》中的分娩场景最为生动。《缀白裘》是清代刊行的戏曲剧本选集，收录了当时剧场经常演出的昆曲和花部乱弹的零折戏。其收录的场景都是从现实舞台表演中逐字转录下来的，表演时的感叹词，甚至丑角的即兴表演都被完整地保存下来了[2]，对后世传奇剧本的表演研究具有重要参考价值。白之指出，在最早版本的故事表演片段中，舞台上只有一个两边凸出的中国式红漆大鼓和一根竹竿，大鼓与竹竿构成一个精巧的道具来代表巨大而沉重的石磨。白之提醒说，舞台上并未使用真正的石磨，因为三娘家恶毒的嫂子

---

〔1〕Cyril Birch，*Scenes for Mandarins: The Elite Theater of the Ming*，New York: Columbia University Press，1995，p.17.

〔2〕Cyril Birch，*Scenes for Mandarins: The Elite Theater of the Ming*，New York: Columbia University Press，1995，pp.22−23.

084

总是刁难她推磨，而表演时三娘无法时不时地推动真石磨。三娘之嫂在剧中是个丑角，由一个肩膀宽厚、脚大且粗俗的男人扮演。恶嫂的束腰外衣和裙子均由颜色鲜亮的上等丝绸制成。而三娘是青衣，身着黑色或深蓝色镶有银边的拖地长裙，并用深蓝色头巾裹住头部，以示贞洁。

　　白之对戏剧场景的早期民间版本和之后出现的官方版本进行比较，这样做能够让读者从中了解南戏从 13 世纪到 17 世纪的演变历程，并让读者明白官方版本是如何改造民间版本中的元素而使之更加符合晚明大众的审美标准。

　　（二）《浣纱记》

　　《浣纱记》是明代中晚期作家梁辰鱼的代表作。梁辰鱼首创运用昆曲"水磨调"来演绎传奇剧《浣纱记》，从而使昆曲得到广泛传播，为昆剧的发展起到了极大的推动作用。《浣纱记》共四十五出，由明传奇《吴越春秋》改编而来，讲述的是春秋时期吴越争雄的故事。此剧打破才子佳人这一通俗题材的桎梏，对清代洪昇创作《长生殿》及孔尚任创作《桃花扇》均产生了一定影响。

　　白之首先探讨了西施在故事中既象征美好又代表危险的双重性质。白之由中式名菜"西施乳"引出该故事：河豚是一种珍馐美味，但因具有致命的毒性而在烹饪时需尤为小心。河豚的白肚皮柔软多汁，中式名菜"西施乳"便是用河豚的白肚皮制作而成，因其白嫩细滑而被赋予了这个香艳的名字。这就为描绘和刻画西施形象提供了某种恰当的象征：一方面，西施是可爱、美丽的代表；另一方面，她亦是"红颜祸水"的代名词。白之指出，几个世纪以来，明代戏剧《浣纱记》和《蕉帕记》用不同视角分别塑造了两种截然不同的西施形象。梁辰鱼版本的《浣纱记》取材于公元前 5 世纪，讲述了春秋时代吴越兴亡的故事。正如"夫差"这一名字所暗示的那样，吴王在被西施迷惑后对其言听计从。值得关注的是，为了将故事结构安排得恰到好处，梁辰鱼以古代苏州作为故事创作的主要地点，并将

文人清唱的昆曲搬上舞台，奠定了昆曲的主流地位。自此，精英戏剧风格
延续了三个多世纪，至今仍备受古典戏剧爱好者青睐。[1]

　　另外，白之还说明了自己从《浣纱记》全剧四十五出中挑选其中四出
进行介绍的理由。首先，西施的处境既是该剧关注的中心，同时也极具讽
刺意味，而这种讽刺性在第二十三出《迎施》中体现得淋漓尽致，白之对
该剧的评论也是从这出戏开始的；其次，对第二十五出《演舞》进行了全
译，是由于《演舞》充分展现了梁辰鱼的戏剧审美水平；再次，第二十六
出《寄子》中的内容虽与西施这个角色无关，但《寄子》在昆曲舞台上具
有经久不衰的魅力，因此同样值得关注；最后，第三十出《采莲》集中体
现了西施作为暴君宠妃的魅力和辛酸，具有较强的现实震撼力。[2]

　　白之的编译理由直观地反映出他对中国古典戏剧的整体认知和敏锐把
握，亦是其中国文学观和文化观的体现。

（三）《蕉帕记》

　　在白之看来，在涉及西施人物原型的众多剧作中，《蕉帕记》对西施
形象的刻画最为与众不同。《蕉帕记》的主题内容丰富，糅合了"人—
狐—人"三角恋、神仙道化以及政治斗争，对观众颇具吸引力。白之对
《蕉帕记》巧妙的结构、流畅的对话和异常丰富的舞台编排表示赞赏。此
外，他尤为看重该戏剧故事背后所蕴含的思想内涵，认为其远远超出一般
爱情剧的范畴，展现出更为深远的社会意义。白之在文本细读的基础上，
对《蕉帕记》做了细致且专业的阐释。

　　首先，就故事情节设计的真实性而言，白之表示，胡章、龙骧等均为
南宋朝廷的忠臣，而西施是汉唐以前的人物，胡、龙生活的时代与西施所

---

[1] Cyril Birch, *Scenes for Mandarins: The Elite Theater of the Ming*, New York: Columbia University Press,
1995, p.61.

[2] Cyril Birch, *Scenes for Mandarins: The Elite Theater of the Ming*, New York: Columbia University Press,
1995, p.64.

086

处时代相隔长达几百年之久。显然，剧作家有意弥合了岁月的缝隙，将三者聚首于戏剧中。另外，针对单本将龙、胡等人设定为杭州人的这一细节，白之解释说，杭州之所以备受剧作家青睐，一方面是由于自然环境的吸引力；另一方面则是因为在当时持续不断的民族危机中，杭州涌现了大批爱国者。[1]

其次，就故事的舞台表演而言，白之提出，剧作在被搬上舞台时，剧作家就面临是否由一个演员扮演弱妹和西施两个角色，抑或是另寻他法的问题。他认为，假设用同一个演员饰演弱妹和西施，则无法处理两个人物同时出场和退场等情况，并且旦角还不得不一人承担两个角色的唱词。面对这些棘手问题，白之揭示，剧作家采取的解决办法是让传统舞台服装和妆造发挥作用，因为即使是在一个小剧团里，找到两个身高和体型相似的旦角并非难事。以两位女性表演者为例，如果让她们穿上相同样式和颜色的绣花裙，并用妆容来掩盖个人的面部特征，再加之用翠鸟羽毛和珍珠精心制作而成的相同发饰，这些足以达到"欺骗"观众的效果。但白之提醒说，虽然妆扮使两位女主角在外貌上几乎一模一样，但在弱妹低垂腼腆的目光以及得体优雅举止的衬托下，观众还是能够通过活泼的仪态一眼认出究竟哪一位才是自由奔放的西施。[2]

最后，白之强调，尽管《蕉帕记》和《浣纱记》均围绕西施展开刻画，但她被塑造成两种极为不同的形象。前者展现给读者的是西施烂漫天真的一面；后者展现的则是西施自私自利的一面。显然，白之意识到明代传奇剧作家为满足不同阶层的喜好，往往会对故事主题进行不同程度的修改。而剧本发生的改变，既体现了剧作家的创作倾向，人们同时也可从中

[1] Cyril Birch, *Scenes for Mandarins: The Elite Theater of the Ming*, New York: Columbia University Press, 1995, pp.108-109.
[2] Cyril Birch, *Scenes for Mandarins: The Elite Theater of the Ming*, New York: Columbia University Press, 1995, pp.108-109.

了解到当时社会中普遍存在的价值观念。

（四）《牡丹亭》

尽管白之在 1980 年刊行的《牡丹亭》全译本中已经对该剧做过深入研究，但在十五年后出版的《明代精英戏剧选集》中，他又对该剧展开进一步探讨，并提出新的观点。例如，针对《牡丹亭》第十出《惊梦》中的唱词，白之进行了颇为引人关注的分析。

唱词原文为：

> 花神：
>
> （鲍老催）
>
> 单则是混阳蒸变，
>
> 看他似虫儿般蠢动，
>
> 把风情煽，
>
> 一般儿娇凝翠绽的魂儿颤。
>
> 这是景上缘，
>
> 想内成，
>
> 因中现，
>
> 怕淫邪展污了花台殿。

白之将关注点放在唱词的最后一句"怕淫邪展污了花台殿"上。他表示，尽管唱词表达得十分晦涩，但将其译为英语并不难。令人困惑的是，汤显祖为什么要将最后一句唱词表达出来呢？白之认为，要回答这个问题，则需对剧中花神一角的表征及内涵做解读。花神在剧中共出现两次，第一次出现在第十出《惊梦》中，为了确认丽娘在梦中与柳梦梅行云雨之事带来的愉悦体验；第二次出场则在第二十三出《冥判》中，用来帮助丽娘摆脱指控，并助其重返人间。白之强调，虽然花神在剧中出现的次数屈指可

088

数，但她却是推动戏剧情节发展的重要角色。此外，白之亦提及，在佛教因果报应的教义中，有一根无穷无尽的链条连接着所有的生命和行动，凡事皆有因果。花神提醒读者此刻的欢愉并不是真实的，只不过是"想内成，因中现"（no fruitful effect/but an apparition within the cause），这也预示着这对恋人是命中注定要在一起的。[1]

（五）《绿牡丹》

《绿牡丹》为明末优秀戏剧家吴炳的代表作。吴炳，江苏宜兴人，字可光，号石渠，自号粲花斋主人。其现存传世作品有《绿牡丹》《画中人》《西园记》《情邮记》《疗炉羹》，合称《粲花斋五种曲》。清代著名戏曲理论家李渔赞称："吾于近剧中，取其俗而不俗者，《还魂》而外，则有《粲花五种》，皆文人最妙之笔也。"[2]

吴炳的剧作不仅主题鲜明、结构精巧，而且关目独运、语言本色，代表了明末清初传奇剧主情思想、日渐精简的趋势和晚明戏剧家对舞台演出效果及戏剧娱乐功能等方面的重视。《绿牡丹》名列《中国十大古典喜剧集》，为越剧保留剧目。该剧突破以往传奇剧"一生一旦"的模式，开创二元模式，即"双生双旦"。白之赞赏吴炳沿用巧合、误会、双关等喜剧手法，并注重从人物的不同处境和性格特征出发，不断挖掘人物之间可能产生的喜剧冲突。

在白之的心目中，《绿牡丹》中的《帘试》（"The Alcove Quiz"）是该剧最为有趣的一出，白之说他之所以将它完整译出，是为了向读者充分展现《绿牡丹》中的喜剧色彩，并进一步将吴炳的《绿牡丹》和莎士比亚的《无事生非》（*Much Ado About Nothing*）进行比较。白之认为，《无事生非》是英国智慧决定爱情的经典文学作品，尽管《绿牡丹》与《无事生非》存

---

[1] Cyril Birch, *Scenes for Mandarins: The Elite Theater of the Ming*, New York: Columbia University Press, 1995, pp.142–144.
[2] 〔清〕李渔:《闲情偶寄》，上海古籍出版社 2000 年版，第 36 页。

在相似之处，但从本质上而言剧中男女主人公相结合的前提和基础，有着明显差异。较之《无事生非》，《绿牡丹》是以具有中国古代特色的科举考试为创作背景的，剧作家恰当运用误会巧合，使剧情既一波三折又生动有趣，让作品具有了较高的文学艺术价值。

（六）《燕子笺》

白之在选集中收录的最后一部剧是阮大铖《石巢四种曲》中最有名的《燕子笺》。尽管在白之看来，该剧在某些方面存在肤浅和失真之嫌，但其中包含的现实主义成分仍代表着明代喜剧的真正高潮。阮剧令当时"梨园弟子争演唱之"，亦可见其剧作艺术魅力之大。

白之早在《桃花扇》全译本的序言中，就已向读者介绍过阮大铖，在他的笔触下，呈现的多是阮氏在政治上的污浊和卑劣。但白之亦客观地指出，政治上的丑陋并不能遮蔽阮氏作为戏剧家的光辉。《燕子笺》全剧分为上下两卷，共四十二出，讲述了唐朝才子霍都梁、青楼红颜华行云及官家小姐郦飞云三人间的情爱离合故事，作品以燕子衔笺为关目，其中小人拨乱，又牵涉安禄山叛乱之事以增加曲折回环。白之认为，阮氏对剧中主角形象的设置符合观众的审美需求。阮氏刻画的霍都梁是一个才能出众、多情又守约的风流才子。与以往的文人士子相比，霍都梁除却才华亦具谋略。在对待出身低微、旧有誓约的华行云时，他为其争得了应有的身份，可谓文人才子的理想形象。阮氏对华行云和郦飞云这对女主角的形象塑造可谓各具特色，前者是千娇百媚的行首，热烈任性，感情真挚，后者则为身份尊贵的闺阁千金，恬静贤淑，贞洁守礼，二者均代表了古代社会中男性对女性形象的幻想。白之选译的《题笺》和《拾笺》，呈现出剧中角色之间关联程度越高，则矛盾冲突越复杂，剧情也随之越精彩的特点。剧情自错拿画像起，郦飞云便对霍都梁产生情愫，之后又因燕子衔笺之事，二人相思成疾。幸有孟妈妈的牵引，霍、郦虽素未谋面却已生爱恋，也给鲜于佶留下了陷害霍都梁的把柄。故事情节环环紧扣，相互呼应。针对戏剧结局，白之指出，按照晚明传奇的标准模式，该剧亦于最后一出《诰圆》中以"有情人终成眷属"圆满剧终。

纵观白之对六部精英戏剧中重要场景的解读，可以看出其十分善于把握剧作家创作的核心要旨，并通过对经典场景的译研向西方读者呈现独具特色的中国古典戏剧精髓，为西方世界展示中国古典精英戏剧魅力与价值的同时，亦为中国古典戏剧研究领域提供了新的视野。

三、《明代精英戏剧选集》的影响

《明代精英戏剧选集》一经出版便引来汉学界的诸多关注。该书向西方汉学界证明了中国古典戏剧研究的重要性，并提供了新的学术视野，向西方展示了该领域的独特风貌。白之以清晰流畅的文字呈现了明代精英戏剧的审美价值和艺术成就，通过再现独特的文化细节，巧妙地追溯了几个世纪以来中国戏剧风格的流变轨迹。在书中，他围绕六部明代精英戏剧中的精彩片段展开论析，为英语世界的读者提供了必要的历史文化语境，有利于他们把握明代精英戏剧的特质。尽管书中不乏概括性陈述，但白之始终没有给出关于明传奇的最终结论，显然其目的不是为了改变人们对这些戏剧的看法，而是旨在通过自己的译研来提高读者的阅读兴趣。

具体而言，《明代精英戏剧选集》的研究特色和影响有以下四个方面：

第一，在戏剧介绍的引入方式上有所创新，白之采用节选翻译的方式值得借鉴。该书首先对所选取的翻译内容做了简要说明，译文占了这本书的一半篇幅，剩下的一百五十余页则是白之对剧目的深度介绍。他不仅将戏剧视为一种文学体裁，还把它当作一门表演艺术。他将自己当作一个受邀参加某位地位显赫的官吏生日庆典的小官吏，与读者进行对话，这种有趣有益的带入方式，能够极大地拉近西方读者与中国古典戏剧之间的距离。虽然有些学者对这种译介方式表示质疑，但节译法的确能够让读者集中关注戏剧中的主要人物，利于他们更好地把握戏剧核心。例如，白之选择"李三娘磨坊产子"这一幕，极易引发读者的同情心，而这正是这部剧试图达到的目的。

第二，在中国古典戏剧的研究过程中，白之在文化"他者"视阈之下，着重使用比较研究法，为其他学者的相关研究提供了宝贵经验。例如，在讨论《白兔记》的第二章里，白之比较了其中一个选段的民间版本和之后才出现的精英版本，旨在让读者了解后一个版本是如何"驯化"前一个版本中的民间元素，而使之更加符合晚明观众的审美；在第三章和第四章中，白之译研了关于美人西施的两个不同版本，目的在于揭示西施在不同剧作中被刻画成全然不同的两种形象；第五章论析了《牡丹亭》中的几个重要场景，白之进一步将其与莎士比亚的《冬天的故事》进行比较。

第三，就译介策略和译介风格的选择来看，《明代精英戏剧选集》为相关专著的译介模式提供了参考。在当时，质量上乘的明代戏剧英译本甚少，以至于白之在著作附录的"推荐读物列表"中仅列出两部。中国古典戏剧对于西方读者来说，无疑是一门精深晦涩的艺术。即便一些戏剧译本已提供有助于理解的大量注释，但即使是中国本土读者，要真正理解戏剧唱段中成堆的典故和密集的意象亦非易事，更何况西方读者。而《明代精英戏剧选集》最显著的特点之一在于，其风趣易懂的行文风格贯穿全书，译文甚至可以被直接搬上英语表演舞台。

第四，白之在《明代精英戏剧选集》中对明代精英戏剧的译研，拓展了西方学界对中国是否有悲剧的讨论视野。学界始终存在对中国戏剧中是否存在"真实"悲剧的争论。从辩证的角度看，这种争论是否必要取决于"悲剧"的定义。但可以肯定的是，中国戏剧能够唤起人们对苦难，尤其是对女性所遭受苦难的同情。白之在篇目的选择上打破了西方学界的固有思维模式，有助于摆脱对中国古典戏剧"非喜即悲"的划分桎梏，而将更

多的关注点转向戏剧作品本身。并且，白之的论述能够使西方世界注意到
中国戏剧与西方悲剧截然不同的一个特征：即便是悲剧，中国戏剧仍带有
某方面的喜剧性。这一论题引发了西方学界对中国古典戏剧"是否有真正
的悲剧"的思考。

1996 年，澳大利亚汉学家马克林（Colin Mackerras）肯定了白之的《明
代精英戏剧选集》是对研究明代戏剧文学的一个精彩补充，并指出《明代
精英戏剧选集》集中呈现了女性在精英戏剧中的地位。马克林赞誉白之精
湛的翻译技巧和丰富的文学思想，称其不仅是文学评论大师，也是翻译和
研究领域的杰出代表。[1] 1997 年，加拿大汉学家史恺悌在《中国季刊》上
发表专文评析《明代精英戏剧选集》，赞扬白之渊博的学识体现在对戏剧
场景的精彩阐释中。在解读文本时，白之注重从剧作家的视角考量情节设
计，如对吴炳《绿牡丹》中的复杂情节做了合理解释。史恺悌还强调，尽
管白之在书里只讨论了精英戏剧，但不可忽视的是，白之为读者提供了大
量有关传奇剧的文化历史和美学艺术信息。《明代精英戏剧选集》是一本
向西方读者介绍中国传奇剧的最好的英文读本之一。另外，其内容紧凑，
具有很强的可读性，十分适合供教学使用。[2] 同年，汉学家罗茂锐在《亚
洲历史》（*Journal of Asian History*）发表书评评介《明代精英戏剧选集》，
解释白之在书中选取不同戏剧版本的原因。罗茂锐在肯定白之译研明传奇
为学界做出宝贵贡献的同时，也指出白之将重点放在题材和故事内容本身，
而忽略了这些剧目在当时产生的社会意义，未能利用戏剧研究来呈现中国
历史和文化研究。[3]

---

〔1〕Colin Mackerras, "Review of *Scenes for Mandarins: The Elite Theater of the Ming* by Cyril Birch", *China Review International*, Vol.3, No.2, 1996, pp.364-366.

〔2〕Catherine Swatek, "Review of *Scenes for Mandarins: The Elite Theater of the Ming* by Cyril Birch", *China Quarterly*, Vol.151, 1997, p.688.

〔3〕Morris Rossabi, "Review of *Scenes for Mandarins: The Elite Theater of the Ming*", *Journal of Asian History*, Vol.31, No.1, 1997, pp.68-69.

在西方学界，《明代精英戏剧选集》因其独特的视角、专业的阐释、精当的翻译成为该领域的典范之作。该著作集白之对中国古典戏剧的精妙解读与社会文化透视于一体，在西方学术史上具有特殊地位。

第三节　《中国文学流派研究》：中国文学格局的整体观

通过编译两卷本《中国文学选集》，白之对中国文学史以及中国文学中形式各异的体裁有了更为深刻的了解和认知，加之对中国各大文学流派的研究兴趣，他随即开启了对中国文学流派的分类和编纂工作。1974 年，白之主编的《中国文学流派研究》由加利福尼亚大学出版社刊行出版。该著作集合了欧美汉学界研究中国文学颇具影响力的 11 篇论文，且作者均为欧美汉学界杰出的专家学者，一经出版便引起学界高度关注。

白之表示，《中国文学流派研究》是为纪念 1971 年去世的同道好友陈世骧而编撰。该书也是 1967 年 1 月在美国百慕大举行的中国文学体裁研究会取得的成果，出版时得到了美国学会理事会及中国文明研究委员会的联合支持。本节以白之编选本《中国文学流派研究》为研究对象，首先从中国文学研究框架提供者的视角，肯定体裁在文学研究中的首要地位，考察和发现代表一代西方汉学翘楚研究的集大成者《中国文学流派研究》是如何发挥跨文化视阈下文学批评的示范作用，并探讨该论文集中采用最广泛、最重要的比较研究方法和跨文化研究方法；再从中国文学流派阐释家的视角，解析西方学者如何通过对中国文学流派的理解与阐释而向英语世界读者建构中国文学的整体知识体系。通过对该选本的研究，以期探索白之在中国文学流派研究领域的观点和方法。

一、肯定体裁在文学研究中的首要地位

　　《中国文学流派研究》共收录论文 11 篇，内容涵盖从《诗经》到南宋的词、元明戏剧，再到清通俗小说等中国文学类型。这些文章的鲜明特色之一是主题具有高度选择性。《中国文学流派研究》并非仅仅是 11 篇学术性极强的论文合辑，亦是白之对该类作品编选理念和编选方法的集中体现。针对该书的编选范畴和内容，白之表示，书中论文的研究对象包含了中国最主要的文学流派，但并不等于所有文学类型都悉数在列，如赋、碑文、悼词、散文以及高度复杂的说明文等体裁均未在该书中体现。正是因为白之在有限的篇幅和特定体裁中建构起了中国文学流派的基本框架，才凸显他高超的汉学研究能力。

　　针对《中国文学流派研究》的内容，白之特意说明了文章大致按文学体裁形成的时间顺序排列，书中涉及的文学体裁以《诗经》中的早期诗歌和 19 世纪的小说研究为始末，均是对特定体裁整体或部分的专门研究。在序言中，白之对书中的文章做了概括性介绍。通过编选《中国文学流派研究》，白之为读者提供了一个简明清晰且系统完备的中国文学研究框架，为西方世界读者厘清中国文学流派脉络发挥了重要作用。他强调，《中国文学流派研究》的出版是基于一种共同信念，即"由于各种文学类型在中国文学中的不断演变，因此，我们必须谨慎审视中国文学实践中形成的大致的约定规范"。[1]白之深刻地认识到体裁在文学研究中的首要地位，这一理念贯穿编著行为始终。对此，白之做了一个生动而有趣的比喻：文学体裁好比是一个舒适的鞍，而作为骑手的作家一旦装上鞍，就有把握完全控制自己的坐骑了。作为随行的骑手，读者也就不必担忧颠簸摇晃了。[2]他表示，在阅读任何一部文学作品时，读者在知晓并了解体裁形式之后，

---

〔1〕Cyril Birch，*Studies in Chinese Literary Genres*，Berkeley: University of California Press，1974，p.7.
〔2〕Cyril Birch，*Studies in Chinese Literary Genres*，Berkeley: University of California Press，1974，p.1.

才能做出更大努力去思考文学作品的整体意义。例如，十四行诗的第十四行就是诗的结尾；在律诗中，第四句与第三句的句法和语义应对仗工整。同样的，第六句与第五句也应如此。又如，中国"公案故事"展现在世人面前的是代表正义的地方官，追查到读者已然发现的证据，而接手案件的昏官最终却对此视而不见，认为不足为据……体裁确定后，作品便在大致固定的框架中"演绎"。[1]白之揭示，体裁即为一个系统，读者可以通过这个系统感知和判断单部作品的价值。

从白之的选编行为可以清楚地看到，他将文学进行分类，是把中国文学视为一个统一系统的尝试。具体而言，是将中国文学视为一个完整的系统，并将其分为诗歌、戏曲和小说三个子系统，那么，进一步细分的话，则又出现了子系统下设的如乐府、词、杂剧以及传奇等更为细小的系统，它们共同构成了中国文学这个大系统。在《中国文学流派研究》中，研究者们在各自的论述中为读者展示了"约定俗成"的体裁，实际上是提供了认识中国文学最本质和最原始面貌的线索。一种体裁代表一个体系，读者可以大致通过对这个体系的认知，来欣赏和评介此类文学作品。因此，该著作既可以让读者对中国文学类别有更加具体的认知，又可以帮助读者逐步构建起中国文学的整体知识体系。白之在《中国文学流派研究》中采用的选编方式，被认为更加契合西方汉学专业学生和相关学者的思维习惯。

除此之外，白之还对当时的中国文学流派研究状况做了说明。他指出，实际上，自20世纪以来，或者说，至少自王国维借助叔本华悲剧理论视角重新研究《红楼梦》以来，中国文学批评的发展就取得了历史性进步。加之中西方传统文学的定义，以及各文学的分支学科不尽相同，因此，近几十年来，中国学者对西方的研究实践方法越来越感兴趣，以至于西方的实践方法在该领域逐步占据主导地位。[2]白之强调，但在研究诸如悼念、

---

[1] Cyril Birch, *Studies in Chinese Literary Genres*, Berkeley: University of California Press, 1974, p.1.
[2] Cyril Birch, *Studies in Chinese Literary Genres*, Berkeley: University of California Press, 1974, pp.3-4.

096

颂词和各种形式的历史哲学作品时，情况正好相反。虽然传统批评家对此类作品给予高度评价和密切关注，但它们仍不属于创造性文学的范畴。或者像大多数现代批评家和历史学家所认为的那样，这些作品仅属于边缘文学。值得注意的是，《中国文学流派研究》亦未对此类作品进行探讨，与其说这是编选安排上的设计，不如说这反映出当时研究者与读者对这些体裁的作品兴趣并不高。[1]

通过对中国文学流派相关理论和研究方法的梳理与阐析，白之表示，必须认真审视中国文学实践中形成的规范。历代批评家和历史学家对文学作品体裁做了精确区分，且已确立特定的创作规范，因此，了解体裁的特征是至关重要的。同一体裁作品的共性特征，在很大程度上限定了作者创作的范围。在白之看来，任何一种新艺术形式的产生都需要打破旧的限制。中国文学研究在很大程度上必须依赖于体裁研究，因为对体裁的研究能够更加清楚地阐释限制被打破的过程，此亦为白之《中国文学流派研究》的编撰初衷。[2]

《中国文学流派研究》极好地展示了文学批评和比较文学两个重要领域的基本研究方法。正如耶鲁大学东亚语言文学系教授、东亚研究所主任孙康宜所指出的那样，该书在"文学批评"和"比较文学"这两个重要的文学领域均发挥着良好的示范作用，并且它是站在比较的视阈揭示特殊的文化传统以及人的价值的基本问题，其意义远远高于简单或随机的文学作品或人物的比较。[3]具体而言，一方面，在体裁研究领域中，《中国文学流派研究》指导我们尝试找到几种不同的研究方法。例如，刘若愚总结并揭示了一种体裁区别于其他体裁的特质，即通过对不同文学体裁之间做对比来说明某种文学体裁的特征，再从该文学体裁的独特性延伸至对其他类型的影响。夏志清

〔1〕Cyril Birch，*Studies in Chinese Literary Genres*，Berkeley: University of California Press，1974，pp.3-4.
〔2〕Cyril Birch，*Studies in Chinese Literary Genres*，Berkeley: University of California Press，1974，pp.6-7.
〔3〕Cyril Birch，*Studies in Chinese Literary Genres*，Berkeley: University of California Press，1974，pp.6-7.

研究了体裁变化的历时性，即借助对几种主要作品的研究，得出某种文学体裁在不同阶段的特征与演变趋势。另一方面，在比较文学的方法论领域中，书中的某些尝试为比较文学研究指明了正确方向，即从跨文化视阈来研究人类的某些基本经验。例如，陈世骧和傅汉思通过对西方叙事传统的比较，来寻找中国民间诗歌的一般特征；韩南则对西方叙事理论进行了检验，以探讨它们是否具有普遍适用性。可以说，《中国文学流派研究》恰似中国文学流派研究的引渡人，发挥着跨文化视阈下文学批评的示范作用。

二、构建中国文学的整体知识体系

11 位汉学家分别通过在"诗""词""戏剧"和"小说"四个流派中对各体裁的阐释，为西方读者构建起中国文学的整体知识体系。下文对白之《中国文学流派研究》中的 11 篇文章做了简要梳理与阐释。

笔者将白之对中国文学流派研究的整体框架制表如下：

体裁		篇目	作者
诗	1	《〈诗经〉：在中国文学史与诗学上的体类意义》	陈世骧
	2	《求宓妃之所在》	大卫·霍克思
	3	《乐府诗》	傅汉思
	4	《陶潜诗歌中的典故》	海陶玮
词	5	《词的某些文学特性》	刘若愚
	6	《吴文英词之新解》	叶嘉莹
戏剧	7	《元杂剧的规律及技巧》	柯润璞
	8	《明传奇的几个课题与几种方法》	白之
小说	9	《城市中心：话本小说的起源》	雅罗斯拉夫·普实克
	10	《中国的早期短篇小说》	韩南
	11	《军事传奇：中国小说的一种类型》	夏志清

第一部分：诗

1. 陈世骧：《〈诗经〉：在中国文学史与诗学上的体类意义》（ *"The Shih-ching* : Its Generic Significance in Chinese Literary History and Poetics"）

白之将陈世骧的《〈诗经〉：在中国文学史与诗学上的体类意义》作为该书的开篇之作。早在1951年，陈世骧就发出"寻找中国文学批评源头"的呼吁，该文则是对这一观点的重申。陈世骧表示，该文研究目的在于探寻《诗经》的形成过程，进而发现其在艺术方面的成就，以及对后世传统文学批评标准所出的贡献。他在文中围绕"兴"字展开探讨，其首先明确"兴"的基本含义，并向读者阐释《诗经》中的"兴"，可译为"motif"。从诗学上来讲，其或有"复沓"（burden）、"叠覆"（refrain），尤其是"反复回增法"（incremental repetitions）的效用。陈世骧称，假使能够详尽地研究出"诗"和"兴"二字的意义，并将二者结合起来加以讨论，揭示出"兴"发展成为中国传统诗学核心概念的过程，则有可能求得《诗经》的本来面貌。他进一步指出，"任何一种文学类型，即使在全盛时期特别表现出来某一时代某一环境所孕育的风尚，都可以回溯到它最初的面貌"。[1]他在文中呼吁重新评估《诗经》，认为应将其视为上乘抒情诗歌的结集，并强调要以当时的历史文化语境为基准加以审视，以期发掘它"绝对是最上乘的"[2]的学术与美学价值。

2. 大卫·霍克思：《求宓妃之所在》（"The Quest of the Goddess"）

在《求宓妃之所在》一文中，大卫·霍克思通过考察《楚辞》中"巡游"（itineraria）和"忧郁"（tristia）的原型来探讨文学原型。其研究不仅为讨论古代诗歌的总体意义提供了线索，还为探究汉赋提供了重要借鉴。

---

〔1〕［美］陈世骧：《陈世骧文存》，辽宁教育出版社1998年版，第145页。
〔2〕［美］陈世骧：《陈世骧文存》，辽宁教育出版社1998年版，第175页。

在文章中，霍克思观点鲜明，他不认为"辞"最初就被人们看作一种文学体裁，原因在于"辞"即"字"，亦即从事艺术创作所用的字，无论是诗歌还是散文，口头的或者笔头的艺术创作均包含在内。[1]霍克思指出，"楚辞"和中世纪的"不列颠纪"（Matière de Bretagne）一样，属于笼统的集体名词。"不列颠纪"是中世纪围绕亚瑟王及其武士们的传奇和寻圣杯的故事所创作的散文与诗歌传奇文学的总称。因此，"楚辞"即为"楚纪"（Matière de Ch'u）。值得关注的是，在文章中，霍克思提出，在汉代的楚辞研究中，王逸是该研究领域最为出色的一位，其独具慧眼，且见解颇有心得。霍克思赞誉王逸所持《九歌》是对传统宗教素材文学性的再创造的这一观点，"很可能成为求得对于全部《楚辞》的更好的理解的一把钥匙"。[2]

3. 傅汉思：《乐府诗》（"Yüeh-fu Poetry"）

傅汉思在《乐府诗》一文中，从历史的维度阐述了乐府诗的主要特征。鉴于中国歌谣具有的抒情和叙事这两大特征，傅汉思将前者注重简洁与后者专注细节的不同倾向进行了对比，讨论揭示了歌谣以及其他诗歌形式的整体意义。文章中所探讨的体裁，是中国学者非常重视但欧美汉学家关注较少的一种类型，甚至在白之的《中国文学选集》中，乐府诗也未被纳入编译范围。此外，傅汉思不但讨论了乐府诗在中国民谣中的重要地位，亦探讨了乐府诗对其他诗歌形式的影响。傅汉思认为《乐府诗集》是口语化的诗集，具有民歌特色，朴实、生动、表现力强，充满浓郁的生活气息，这与中国许多批评家的观点相同。

4. 海陶玮：《陶潜诗歌中的典故》（"Allusion in the Poetry of T'ao

---

[1]［英］霍克思：《求宓妃之所在》，丁正则译，见尹锡康、周发祥主编《楚辞资料海外编》，湖北人民出版社1986年版，第160页。
[2]［英］霍克思：《求宓妃之所在》，丁正则译，见尹锡康、周发祥等主编《楚辞资料海外编》，湖北人民出版社1986年版，第160页。

100

Ch'ien")

　　海陶玮专注于研究中国诗歌中的典故。东晋南北朝诗人陶渊明擅长用
典，其作品堪称用典方面的典范，因此，海陶玮以陶渊明诗作中的典故运
用情况为研究对象进行阐发，旨在论证典故在中国诗歌中所发挥的总体作
用，并揭示它是如何提升诗歌品质的。海陶玮在文中强调，他所研究的典
故来源仅限于陶渊明的诗歌，而非其所写的赋。海陶玮对典故的运用情况
进行研究，并不意味着他将典故视为创作手段中的最优者，因为典故并非
必用手段，并且它还容易具有被滥用的风险。[1]

　　在文中，海陶玮以典故在陶潜诗歌中所起作用的大小为依据来划分类
型等级，具体有以下七种：（1）作为一首诗的题材的典故；（2）用来理解
某一句诗内容和所蕴含思想情感的典故；（3）为诗句提供另一种解释，使
之成为全诗中不可或缺组成部分的典故；（4）使读者联想到诗句言外之意
的典故；（5）他人对典故的使用对读者理解与欣赏此诗无任何帮助，或使
读者无法确定诗人在使用该典故时是否能联想到其他人也曾用过它的典故；
（6）对于读者或诗人到底是根据字典，抑或其出处来领会含义均无关紧要
的典故；（7）在纯属巧合的情况下，诗中的某个词在字面上与某个典故相
似，不能硬当作典故去理解的典故。此外，海陶玮对在诗歌中所起作用最
大，且最容易被读者所察觉的典故类型，即第一类型的典故以举实例的方
式进行了重点阐释。在论文末尾处，海陶玮提醒说，该文的研究范畴限制
了其为典故作出某种更为适用的分类。白之评介指出，如果能够运用海陶
玮在文章中所展示的分类方法去研究另一个时代文学作品中的典故，将会
是一件很有意义的事情。

---

〔1〕［美］詹姆斯·阿·海陶玮：《陶潜诗歌中的典故》，张宏生译，载《九江师专学报》（哲学社会科学版）
1990年第2期，第44页。

第二部分：词

5. 刘若愚：《词的某些文学特性》（"Some Literary Qualities of the Lyric"）

刘若愚在文章开篇便明确指出，写作目的在于去审视作为一种文学样式的词的不同特性，并且重点是与诗作比较。他还依据词人对待音乐传播媒介的态度，将其分为"将词作为局限的主题及思想倾向服务的一种文学形式，同时对文字的听觉性质给予充分注意""把词完全当作另一种诗歌形式，在创作里自由地表现自己的思想感情，而对自己的作品是否适合演唱却很少关心""吟唱诗人以及过分注意词的音调、音节，对意在鼓励严谨地运用音节、音调的词乐理论缺乏了解"这三大类型。[1] 在文章中，刘若愚对词中"境"的界定，显示了词作为文学体裁而存在的局限性。他对词人措辞、句法和意象的讨论，以及对词和诗的简短比较，以深刻的见解拓展了通用区分的概念。他还以张沁、顾复、柳永、秦观、晏殊和姜夔等人的词作来确证词人是如何以多种方法去探索爱情世界的，而非采用相类似的韵律形式。他认为，没有任何词能与杜甫反映战乱的诗或白居易的新乐府相比拟。在语言探索上，词这一文学形式极大地拓宽了中国诗歌的疆域，从而缔造出千变万化、精微庞杂的文字结构，并且完善与丰富了诗歌的听觉效果。

6. 叶嘉莹：《吴文英词之新解》（"Wu Wen-ying's Tz'u: A Modern View"）

古典诗词研究专家、加拿大籍华裔女学者叶嘉莹在《吴文英词之新解》一文中，将自己在文学批评方面擅长融合中西的特点表现得十分明显。她指出："梦窗词之遗弃传统而近于现代化的地方，最重要的乃是他完全摆脱了传统上理性的羁束，因之在他的词作中，就表现了两个特点：其一是他的叙述往往使时间与空间为交错之杂糅；其二是他的修辞往往但

---

[1]［美］刘若愚：《词的文学特性》，赵祖堃、赵祖武译，载《安顺师专学报》2000 年第 2 卷第 3 期。

102

凭一己之感性所得，而不依循理性所惯见习知的方法。"[1]对于前者，叶嘉
莹进一步解释说，在中国旧文学中，这是极为新异而背弃传统的，然而在
今日现代化之电影、小说及诗歌中，可以说已经是极为习见的了。[2]对于
后者，作者亦从中西方两个角度加以阐释：一方面，她从"用典"和"出
处"两种修辞出发，指出梦窗喜用冷僻之典，又喜用字创新，而表现出其
异于传统写法的一面；另一方面，她以英国诗人艾略特的《荒原》和《普
鲁佛克底恋歌》为比较对象，来说明梦窗背弃传统，对某些感性修辞的运
用与西方诗人存在相似点，因而"是合于现代化的一种写作途径"。[3]值
得一提的是，叶嘉莹所提"现代化"，实质上是一种属于西方文学艺术的
表现手法，并且她"将结论归结于现代化，并不只是从现代的角度来反观
梦窗词，而且也比照于中国古代的诗文创作方法，殊途同归"。[4]另外，
叶嘉莹对诗歌审美价值的新诉求，实际上是对张燕等传统词评家观点的挑
战。在吴文英创新的诸多观点中，叶嘉莹特别指出，吴文英对诗歌结构所
采取的不是基于逻辑顺序，而是基于"联想联系"的结构这一与众不同的
处理。白之认为，叶嘉莹对相关问题的阐发视角和研究方法在中西方学界
产生了较为广泛的影响。

　　第三部分：戏剧

　　7. 柯润璞：《元杂剧的规律及技巧》（"The Conventions and Craft of
Yuan Drama"）

　　白之以美国元杂剧研究鼻祖柯润璞的《元杂剧的规律及技巧》作为该
书戏剧部分的开篇。文章论述了元杂剧剧作家在歌曲集与歌唱角色单一的

---

〔1〕［加］叶嘉莹：《迦陵论词丛稿》，上海古籍出版社 1980 年版，第 144 页。
〔2〕［加］叶嘉莹：《迦陵论词丛稿》，上海古籍出版社 1980 年版，第 144 页。
〔3〕朱巧云：《馨香不泯梦窗词——叶嘉莹对吴文英词之新解》，见《第十三届世界华文文学国际学术研讨会
论文集》2004 年版，第 788-789 页。
〔4〕朱巧云：《馨香不泯梦窗词——叶嘉莹对吴文英词之新解》，见《第十三届世界华文文学国际学术研讨会
论文集》2004 年版，第 789 页。

限制下，是如何进行自由创作的。在文中，柯润璞分别从"元杂剧的曲律
及其对曲文的影响"和"规律限制下具体发展的路线"等几个方面展开了
专业的论析，他将研究重点更多地集中在应如何克服体裁的严格限制，而
不是形成新的文学惯例。白之表示，柯润璞在这一方面的研究，为探索元
杂剧的规律和技巧提供了崭新的路径。

8. 白之：《明传奇的几个课题与几种方法》（"Some Concerns and
Methods of the Ming Ch'uan-ch'i Drama"）

本章第二节《明代精英戏剧选集》：首次译研探析'精英戏剧'中已
对该文进行了较为详尽的阐析，故在此不再赘述。

第四部分：小说

9. 雅罗斯拉夫·普实克：《城市中心：话本小说的起源》（"Urban
Centers: The Cradle of popular Fiction"）

《城市中心：话本小说的起源》探讨的是城市环境发展变化和宋代说
书艺术兴起之间的关系。普实克认为，以白话文为主的说书艺术首先起源
于唐朝，随着宋朝社会经济进步、商品经济繁荣及城市人口剧增，民间文
学得以发展流行。他指出，宋代说书艺术的大众化和专业化与唐代叙事文
学形成了鲜明的对比。自宋代以来，形成于民间并逐渐趋于成熟的民间艺
人演艺圈——"书会"活跃于各地。虽然宋代小说的内容以反映大众生活
为主，但在当时的社会环境中，书会的蓬勃发展使小说在社会最高阶层中
也大受欢迎。而说书人运用"几乎包括当时的所有以自己特有的生活的、
思想的和工作的形式，并借助这些形式去接近并且深入老百姓，与他们同
呼吸共命运"。[1]白之强调，普实克在文章中解释了大众文学的起源，展
示了大众元素与精英元素混合交融的特征。

---

[1]［捷克］普实克：《来自中国集市的传奇故事——〈中国话本小说集〉捷克文版前言节译》，李梅译，载
《国际汉学》2010 年第 1 期。

104

10. 韩南:《中国的早期短篇小说》("The Early Chinese Short Story: A Critical Theory in Outline")

韩南被视为欧美"中国明清小说研究第一人",其论文将中国早期的白话小说当作一种"体裁",从叙述方式、叙述结构、人物形态三个方面进行区分,分析中国早期白话小说的特性及发展轨迹。当时绝大多数对中国短篇白话小说的讨论,几乎都是从文学史家的角度加以阐析,且只探究源流问题,而韩南则首次将短篇小说作为一种体裁,"把中国故事文学全部加以解析,指出短篇小说与其他类作品不同之处"。[1]韩南在文章脚注处特意强调,在研究中国短篇小说的西方作品中,只有白之的《话本小说形式的几个特点》直接论及体裁问题。韩南将文章分为"白话小说与文言小说""公元 1550 年前的小说""公元 1550 年前短篇小说的种类"、"公元 1550 年前以布局为主的小说""几点历史看法"和"本论文及小说篇名一览"六个部分,采取了与普实克不同的研究方法。他认为古典小说和白话小说的区别在于它们不同的叙事方法,即二者之间存在"隐性修辞"与"显性修辞"的不同。他亦提出,"我们若把体裁看作文学作品的一种类,并根据一套与形式有关及无关的特征别于其他种类,则必须考虑体裁在时间上的演变"。[2]韩南将中国早期,即1550年以前的五十余篇小说按照"形式"(formal)和"非形式"(non-normal)的标准进行分类。按照"形式"标准,故事的组织原则是"单一情节"或"关联情节系统";"非形式"标准则对源于生活和高于生活的英雄形象进行了区分。正如其本人所言,"唯一可以确定的是:任何对后期小说的分析,必定与本文的结论迥然不同"。[3]针对韩南在文中提出的种种观点,有学者指出,即便他的某些观点或会招致批评意见,但其对中国短篇小说的研究可谓具有里程碑式的意

〔1〕〔美〕韩南:《韩南中国小说论集》,王秋桂等译,北京大学出版社 2008 年版,第 1 页。
〔2〕〔美〕韩南:《韩南中国小说论集》,王秋桂等译,北京大学出版社 2008 年版,第 11 页。
〔3〕〔美〕韩南:《韩南中国小说论集》,王秋桂等译,北京大学出版社 2008 年版,第 37 页。

义。[1]

11. 夏志清：《军事传奇：中国小说的一种类型》("The Military Romance")

在《军事传奇：中国小说的一种类型》一文中，夏志清所指的"军事传奇"，是一种以战争为中心的历史小说，而非那类严肃认真记录历史人物和事件的作品。这类小说中加入了传说、幻想等元素，具有一定的虚构性。夏志清考察了《水浒传》《封神演义》《五虎平西》和《万花楼》等作品，指出这类传奇小说对战争的程式化呈现是其未能成为主流小说类型的主要原因。到了清末，这类小说逐渐呈现出一种怪诞的、滑稽的表演形式，之后被武侠小说所取代。有学者指出，夏志清关注的是军事小说题材的发展，但他可能对其局限性过于敏锐，因而不愿将它视为一种有价值的文学形式。

前文已述，纵观白之一生的汉学研究成果，他对于中国文学的选本编译贡献显著。这些编译选本既有对中国古典小说戏剧的翻译与研究，也涉及白之在中国现当代文学领域的文论等，集中体现了他对中国文学、文化的整体把握和富有洞见性的理念，是其中国文学史观、诗学观及汉学思想的突出展示。这在本章所评述的白之学术生涯早期、中期和晚期的三部译作中，同样有清晰体现，从中可见他的汉学研究观念及基本方法。在跨文化的比较文学视阈之下，白之十分倚重对文本细读法与对比研究法的运用，二者是贯穿其汉学研究生涯始终的两种极为重要的方法，在三部编选著作中均得到了充分体现。同时，作为一名文化"他者"，和其他西方汉学家一样，白之将能反映中国文化传统的忠、孝、节、义等儒家思想作为自己编选和翻译文本的最主要标准。特别应该指出的是，白之深刻地认识到体裁在文学研究中的首要地位，在编选《中国文学流派研究》时，以诗、词、

---

[1] C. H. Wang, "Review of *Studies in Chinese Literary Genres*", *Comparative Literature*, 1977, pp.355-359.

106

戏剧和小说四大部分展开论述，为读者提供了一个简明清晰且系统完备的中国文学研究框架。通过这些选本的译文，我们还可以看到，白之能够根据阅读对象的不同，在翻译过程中适时采用满足阅读群体需求的翻译方法和风格。平实易懂、晓畅清晰的译文给读者带来了良好的阅读体验，同时也拉近了西方世界读者与原本晦涩深奥的中国古典文学的距离。更重要的是，作为一名文化摆渡者，白之用灵活多变的译笔，不仅将中国古代白话小说和戏剧呈现在英语语系读者面前，还尽最大可能地帮助读者感知和了解中国的伦理道德、文化心理和社会文化语境。

　　小而言之，白之在编选和翻译过程中，充分展现出深厚的汉学研究功力。本章所涉及的白之三大编译选本，既是其个人汉学研究的突出成就，同时也是西方汉学研究领域中宝贵的译研成果，为中国文学、文化走进西方世界，以及加深西方世界对中国文明的探索和了解产生了积极的影响。

第四章　白之《中国文学选集》的编译思想及其经典化进程

　　选集英译作为引入异质文化因素、建构与重塑异域文学经典的重要手段之一，在跨文化交流过程中发挥着举足轻重的作用。中国文学西传进程中出现了多部具有较强综合性的中国文学英译选集，它们在现代文化场域中扮演着至关重要的"桥梁"角色。白之选集作为其中最重要的选本之一，被西方学界视为具有开创性意义的编译著作，对中西文学、文化之间的互识、互鉴做出了突出贡献。编译两卷本《中国文学选集》亦为白之最具代表性的汉学成就之一。

　　本章拟以历时性和共时性相结合的阐释思路，结合中国文学选集英译的西方历史文化语境，以微观到宏观的切入视角，将白之选集的编译思想和翻译实践置于整个西方汉学研究的大背景之中进行考察和研究。笔者通过对白之、梅维恒和宇文所安三位汉学家编译的三部不同选集进行比较，试图展示白之选集的特质。同时借助文本细读法，详尽解读白之这一文化"他者"视阈中的中国文学史链条及其如何完成以"史"为鉴的美学重塑；并从内部与外部两方面因素着手，厘清白之选集所受意识形态操控的痕迹和成因；再从"他者"视阈出发，阐释白之选集编译时所展现的西方视角；最终围绕赞助人、专业人员和市场三要素论析白之选集的经典化成因。通过以上剖析，旨在探究白之如何通过编译中国经典文学作品来实现对中国经典文学形象的"异域重生"与"生机再现"。

108

第一节　20 世纪后期英语世界中国文学选集编译概况

本节拟以"全面的历时性描述"原则为指导，以历时性眼光简要概述
中国古典文学选集英译在西方世界，尤其是在北美的流变轨迹，并以梅维
恒和宇文所安编译的中国文学选集为考察和比较对象，以期对白之中国经
典文学编译活动及其选集在英语世界选集编译历史进程中的地位和价值给
予客观和准确的定位。

一、中国文学选集英译的西方文化语境

在中国文学选集英译的发展流变过程中，最先是以中国古典文学选集
英译为起点的。随着中国古典文学选集英译的日臻成熟与完善，编译者才
逐步将选编和英译的内容拓展到中国经典文学。

中国古典文学在西方世界的传播历经了一个由衰微到繁荣的漫长过
程。19 世纪中后期，英国汉学家理雅各（James Legge）历时五年完成并刊
行的《中国经典》五卷本（*The Chinese Classics*），标志着真正意义上的中
国经典选集在英语世界传播的开始。值得关注的是，在中国文学选集英译
过程中，由于其他一些中国文学体裁的英译本不尽如人意，导致学界无法
编译出较为完整的文学选集，这也解释了为何在英国汉学家翟理斯（H.A.
Gelis）的《古文选珍》（*Gems of Chinese Literature*, *Prose and Verse*, 1883）
面世之后，无人再敢尝试系统编译中国文学选集。自 19 世纪中后期至 21
世纪初，在漫长的近一个半世纪里，中国文学选集英译经历了滥觞、发展
和成熟三个历史阶段的洗礼，并分别于 20 世纪 60 年代和 90 年代迎来了两
次重大转折。[1]笔者以初启阶段、发展阶段和成熟阶段为分期，简要回顾

---

[1] 陈橙：《文选编译与经典重构——宇文所安的〈诺顿中国文选〉研究》，上海外语教育出版社 2012 年版，
第 19 页。

中国文学选集英译在西方历史文化语境中的发展流变历程。

（一）初启阶段：19 世纪中后期至 20 世纪上半叶

与其他国家的汉学发展水平相比，当时的英国汉学处于领先地位，中国文学的英译选集集中出现在英国，尽管它们表现出数量少、主题和体例单一等不足，但是"这一阶段的英译选集开启了中国古典文学英译选集的风气"。[1] 由于尚处初始阶段，英译选集中所涉及的内容十分有限，能够集中代表中国传统文化的"四书"和"五经"等儒家经典很自然地成为当时的首选对象。

19 世纪末期至 20 世纪初的西方世界，翟理斯扛起了中国古典文学英译的大旗。他先后出版了包含诸篇首次被英译到西方世界的中国经典散文片段集《古文选珍》、集合数量众多的英译中国古诗集《古今诗选》（*Chinese Poetry in English Verse*，1898）和《中国文学史》（*A History of Chinese Literature*，1901），以及两卷本《中国文学瑰宝》（*Gems of Chinese Literature*，1923），均为西方世界经典的英译著作。其中，《中国文学史》作为英语世界中的首部中国文学史，被认为是"19 世纪英国汉学界研究和翻译中国文学的总结"。

19 世纪末期的中国古典文学，在诸多历史因素的综合作用下，通过英译本开始流入西方，儒道经典及中国四大古典小说等名篇名著成为选家和翻译家们追捧的对象。到 20 世纪上半叶，中国古典文学英译在西方世界呈多点开花局面，如英国汉学家威尔逊（Epiphanius Wilson）的《中国文学》（*Chinese Literature*，1900）、美国著名诗人和文学评论家埃兹垃·庞德（Ezra Ponud）的《神州集》（*Cathay*，1915）、爱德华兹（E.D. Edward）的《龙书》（*The Dragon Book*，1938）、白英（Robert Payne）的《白驹

---

〔1〕陈橙：《文选编译与经典重构——宇文所安的〈诺顿中国文选〉研究》，上海外语教育出版社 2012 年版，第 19-20 页。

110

集：中国古今诗选 》(*The White Pony: An Anthology of Chinese Poetry from the Earliest Times to the Present Day*，1947）皆为不可多得的中国古典文学英译范本。可以说，19 世纪英译世界里的中国古典文学译介成果，正如黄鸣奋所指出的那样，比以往任何一个世纪都来得丰硕，而与 20 世纪的成果相比，则又显得逊色得多。[1] 显然，从 19 世纪末期至 20 世纪上半叶，西方学者已经完成对中国古典文学由零散译介到系统译介的重大转变，诸多颇具影响力的综合性选集相继出现。

（二）发展阶段：20 世纪下半叶至 90 年代

随着二战的结束，政治意识形态的变化和调整是英国社会面临的一大问题。"日不落帝国"在亚洲事务上屡次受挫，迫使英国政府不得不作出反思。如何处理中英两国关系成为政府内部研究的重大议题，如何加大对东方学的支持和投入更是题中之义。而美国，为满足国家利益以及社会意识形态调整的需要，政府对汉学研究也给予了鼎力支持，因而美国汉学在这一时期亦得到快速发展。尤其是 1958 年《国防教育法》的颁布让美国汉学迎来了历史上的黄金发展期，美国一跃成为世界汉学研究中心。20 世纪 60 年代是美国高等教育发展历程中具有重大转折意义的一个时期。在该阶段，美国政府对高等教育实施了一轮意义深远的改革，改革的初衷主要是为适应当时社会政治经济的发展。大刀阔斧的改革是卓有成效的，美国高等教育大众化体系最终确立下来，与此同时，改革亦在客观上为美国汉学的发展创造了极为有利的外部条件。

这一时期涌现的代表性英译选集有狄百瑞的《中国传统资料选编》(*Sources of Chinese Tradition*，1960)、巴龙迪斯（R. de R. Barondes）的《中国：神话、传说与诗词》(*China: Lore, Legend and Lyrics*，1960)、美籍华裔汉学家吴百益（Pei-yi Wu）的《中国文学作品选集・第一卷》(*Selected*

---

〔1〕黄鸣奋：《英语世界中国古典文学之传播》，学林出版社 1997 年版，第 26 页。

Works of Chinese Literature, Volume Ⅰ, 1963）、中国台湾学者周道济的《中
国 文 学 选 读 · 第 二 册》（*Selected Works of Chinese Literature*, Volume Ⅱ,
1964）、美籍华裔学者翟楚（Ch'u Chai）和翟文伯（Winberg Chai）合编
的《中国文学瑰宝：散文新集（含小说与戏文）》（*A Treasury of Chinese
Literature: A new Prose Anthology, Including Fiction and Drama*, 1965） 等，
它们均为该时期中国古典文学在美国传播的重要载体。与此同时，以某
一体裁或文体为主的专门性译著亦相继出现，如霍克思的《楚辞》（*The
Songs of the South*, 1959）、海陶玮的《北山移文》（*Proclamation on North
Mountain*, 1959）、华兹生的《史记》（*Records of the Grand History*, 1961）
以及柯润璞的《李逵负荆》（*Li K'uei Carries Thorns*, 1962）等。不过，在
20世纪六七十年代的西方中国古典文集英译世界中，最受人瞩目的成果当
属白之于1965年和1972年先后出版的《中国文学选集·第一卷》和《中
国文学选集·第二卷》。白之选集的诞生，一方面得益于20世纪60年代
上半期出现的诸种优秀选集，它们为白之选集的刊行提供了宝贵借鉴和经
验；另一方面则源于白之本人对中国古典文学的深切热爱及深厚的汉学
素养。白之选集因其丰富的文体类型、精当的内容选编和上乘的译介水
准，被认为是欧美汉学界译研中国古典文学的集大成者，代表了当时西方
学界汉诗英译的最高水平，被西方学术界公认为具有开创性地位的优秀
选集。之后，又相继出现了美国汉学家麦克诺顿（William McNaughton）
的《中国文选：从初始阶段至今》（*Chinese Literature: An Anthology from the
Earliest Times to the Present Day*, 1974）、英籍华裔汉学家张心沧（Hsin-
chang Chang）的《中国文学之一：通俗小说与戏剧》（*Chinese Literature
1: Popular Fiction and Drama*, 1973）、《中国文学之二：自然诗》（*Chinese
Literature 2: Nature Poetry*, 1977）和《中国文学之三：神话故事集》（*Chinese
Literature 3: Tales of the Supernatural*, 1983）、美籍华裔学者柳无忌（Wu-chi
Liu）与罗郁正（Irving Yucheng Lo）合编的《葵晔集：中国诗词三千年》

112

（ *Sunflower Splendor*: *Three Thousand Years of Chinese Poetry*，1975），以及华兹生（Burton Watson）的《哥伦比亚中国诗选：从早期至 13 世纪》（*The Columbia Book of Chinese Poetry*: *From Early Times to the Thirteenth Century*，1984）等一批编译质量上乘的中国古典文学选集。

（三）成熟阶段：20 世纪 90 年代至今

20 世纪 90 年代，进入新时期的中国，无论是政治、经济还是文化软实力均得到了巨大发展，在国际舞台上也扮演着越来越重要的角色。西方世界对中国文学、文化的研究亦进入一个全新阶段。与前一个时期相比，20 世纪 90 年代以后的北美英译世界涌现出一批凸显编译者主体意识的优秀选集，其中较具代表性的是由中国香港学者刘绍铭（Joseph S.M. Lau）与英国汉学家闵福德（John Minford）合力编译的《含英咀华集》（*Classical Chinese Literature*: *An Anthology of Translations*, 2000），该选集是一部长达一千三百余页的鸿篇巨著，涵盖的内容十分丰富，被西方高校列为中国文学研究重点书目。此外，梅维恒于 2001 年出版的《哥伦比亚中国古典文学选集》和宇文所安凭借一己之力于 2003 年编译出版的《诺顿中国文选》均在学界产生了较大影响。前者收录了一百多位译者四百余篇的译作，被认为是"一部从中国文学宝库中提炼出精品的必备参考书"；后者则涵盖了包括诗歌、散文、传奇、中国传统文论和书信、戏剧等在内的诸多经典篇目，被列为西方各大学东亚文学和文论研究的指定书目，亦为英语世界研究中国古典文学的权威选本之一。

中国文学选集英译在漫长的历史流变中逐步走向完善，在中西文学、文化交流中发挥着极为重要的作用，成为东西互学互鉴和彼此照亮的重要媒介。笔者以梅维恒的《哥伦比亚中国古典文学选集》和宇文所安的《诺顿中国文选》为考察对象，采用平行比较法，将两者与白之选集作比较，旨在揭示白之选集的特质。

二、梅维恒的尝试：经典颠覆与经典重构

梅维恒，1943年生于美国，1976年获哈佛大学中国文学博士学位，精通汉语、日语、藏语和梵语等多种语言，被公认为当代西方汉学界最具开拓精神的学者。因在中国敦煌学领域取得的突出成就，梅维恒亦被冠以"北美敦煌学第一人"的美誉。

在汉学研究领域中，梅维恒充分发挥自身的语言优势，在比较文学与文化研究、中国语言文学，尤其是中印文化交流领域取得了不俗的成绩。其著述《唐代变文：佛教对中国白话小说及戏曲产生的贡献之研究》《绘画与表演：中国的看图说话和它的印度起源》《敦煌通俗叙事文学作品》等均为卓越的汉学代表作，在中西学界颇具影响力。论及梅维恒的汉学成就，人们无法忽略由哥伦比亚大学出版社于1994年刊行的《哥伦比亚中国古典文学选集》。华兹生的《哥伦比亚中国诗选：从早期至20世纪》（*The Columbia Book of Chinese Poetry: From Early Times to the Twentieth Century*，1984）和齐皎瀚（Jonathan Chaves）的《哥伦比亚中国晚期诗歌》研究的均是中国诗歌，梅维恒将英译的范围拓展到了中国诗歌以外的文体，较大程度地增强了选集的丰富性和学术性。梅维恒选集长达1355页，收录了一百余名译者的四百余篇译作，其规模之大令人赞叹。

梅维恒选集以文类作为划分标准，全书共分为"基础知识和释义"（Foundations and Interpretations）、"韵文"（Verse）、"散文"（Prose）、"小说"（Fiction）、"说唱文学与表演艺术"（Oral and Performing Arts）五个部分。选集以一篇长达十页的序言开头，书的最末附有一张中国各个朝代的起止时间表。与其他大多数英译选集相同的是，编者对每个部分的内容做了进一步细分。值得注意的是，在对子部分内容做划分时，梅维恒仍旧以文类为标准分门别类。为了让读者能够在共时与历时的对比参照中更为清晰地厘清中国文学脉络，梅维恒对下一级文类按照时代和作者再次

进行编排。他解释说，这么做可以避免让读者误认为中国文学是一堆由陌生的名字和题目混糅在一起的杂锦。从总体上看，梅维恒对选集的编排问题始终保持着理性而清醒的认识，最终采用年代与主题兼取的方式。仔细研读梅维恒选集，以下三个特点尤为突出：

第一，与其他汉学家相比，梅维恒主攻敦煌学，并对与此相关的，诸如印度和中亚对中国文学、文化造成的影响等问题特别感兴趣，他将自己的学术旨趣很自然地带入了选集编译活动中，编者的主体性得到了很大程度的体现。统观选集，除了散文、诗歌、小说和戏曲等常规正统文一一在列，读者还能够领略到敦煌变文、佛经故事、契约、八股文、前言与后记等其他并不常见的文体类型，显然，这与编者主体自身的文学审美和兴趣有着密切联系。

第二，梅维恒的编译观恰好集中体现在其对"中国文学"概念本身的认知上。梅维恒指出，在中国文学选集的编译活动中，遇到的最大问题和挑战是如何准确界定什么是中国文学，什么不是中国文学。这个问题和挑战的出现，是基于梅维恒主体意识中"我们现阶段所具有的中国传统文学图景并非完整而全面的"这一认识产生的。所以说，这个问题和挑战既是客观的又是主观的。就主观性而言，它为编译者发挥主观能动性留有了较大空间。例如，梅维恒选集致力于淡化乃至竭力祛除西方中心主义观念操控的意图被凸显出来，这也契合其努力拓展中国文学版图，力求最大限度地填补中国传统文学残缺图景的文学史理念。梅维恒亦坦言，选集编译的主要目的在于从尽可能广泛的文献材料中提炼并呈现一套系统完善的专业化译文，将其集合在一本方便携带的集子里，以此便于读者随时认识中国文学全貌。可以说，在编者主体意识得到充分发挥的有利条件下，梅维恒在一定程度上实现了对中国传统文学的颠覆与重建。

第三，在对"中国文学"概念重新"修正"之后，梅维恒还对"中国经典文学"理念提出了自己的观点，并将这一颠覆性理念融入选集编译实践中。他不仅仅是一名中国传统文学版图的"拓疆者",亦是中国经典文学疆域的"跨界者"。他颠覆"经典"的编译观体现在以下两个方面:

　　一方面,选集收录了由多种地方性语言写成的文学作品,广东话、北京话、客家话等作家作品均受到关注。梅维恒对"经典"的突破与颠覆行为,是基于其认为此类作品反映了浸染于中国传统且植根于日常生活的真正审美。从本质上而言,梅维恒颠覆"经典"的行为是建立在对"中国传统文学"的概念做了"修正"和拓展的基础之上。换言之,在梅维恒对中国文学经典进行重构的过程中,他的"颠覆""修正"和拓展等行为是相辅相成,相伴相生的。"修正"和拓展是"颠覆"的前提,"颠覆"是"修正"和拓展的升华,它们共同帮助编译者达成了经典重构的目的。

　　另一方面,选集的另一大特色是对中国少数民族文学的重视和采纳。藏族史诗《格萨尔》、蒙古族经典著作《蒙古秘史》、维吾尔族代表作《福乐智慧》,以及六世达赖喇嘛仓央嘉措广为人知的诗词均被收录在选集中。这一编译选择完全契合梅维恒对中国文学的整体认知和未来期冀,即"对于构建未来的中国文学的学者来说,再现重要的地方文学和区域文学具有极其重大的意义……我们需要重新整理中国文学的整个文库,不管作品是在哪里找到的,都应该用多元性的眼光而非单一性的视角去看待它。"[1]无论是对中国本土学者,抑或是域外学者而言,梅维恒的这种理念对中国文学选集的编译,都具有重要的启发意义。

　　梅维恒选集出现在白之的《中国文学选集·第二卷》刊行二十二年之后,在这期间,美国汉学家麦克诺顿(William McNaughton)的《中国文选:从初始阶段至今》、张心沧的《中国文学之一:通俗小说与戏剧》《中国文学之二:自然诗》和《中国文学之三:神话故事集》,以及柳无忌与

---

[1] 陈橙:《文选编译与经典重构——宇文所安的〈诺顿中国文选〉研究》,上海外语教育出版社2012年版,第172页。

116

罗郁正合编的《葵晔集：中国诗词三千年》等中国文学英译选集相继出版，
它们各自不同的编译特色为梅维恒提供了宝贵的参考和借鉴。任何一部选
集的编译过程，都是吸纳"他者"与自我融合的过程，梅维恒选集的特质
也正是在与"他者"的相互观照之下得到凸显的。

　　综合来看，梅维恒选集因其对中国经典文学范围的扩展及对"经典"
的颠覆等学术特质，在学界赢得了自己应有的地位。《中西部书评》（*The
Midwest Book Review*）高度评价该选集"作为一部基本的参考书，就算在
放置着琳琅满目书籍的书架上，也将会有属于它的位置，这是几十年来出
版的首部严肃的中国选集"。[1]《新亚洲评论》（*New Asia Review*）赞誉称，
"译者名单像是一张西方汉学名人谱。翻开选集中的任何一页，读者便很
快被其丰富多彩、妙趣横生的内容吸引，该选集是一部从中国文学这座巨
大宝库中提炼出精美绝伦之作的必备参考书，必定会把阅读的乐趣传递给
读者"。[2]梅维恒选集的学术价值在西方汉学界得到了普遍认可。但选集
编排在充分体现编译者在中国文学重构过程中的主体性作用的同时，"由
于过分依赖编者个人的艺术品味和美学诉求，选集为了打破经典而特意制
造'反经典'，因此抛弃了众多翻译文学的经典之作，并且选入了诸多即
使是中国本土读者亦不熟知的生僻作品"[3]等局限性也引起研究者和读者
的注意。对此，陈橙提醒说，"由于这类选集通常用作英语读者学习中国
古典文学的教科书或入门读物，因此读者不一定能够意识到选集所构建的
中国文学传统主要是基于编者独特的个人视野，也因此难免在某种程度上

---

〔1〕Mair, Victor H, ed., *The Columbia Anthology of Traditional Chinese Literature*, New York: Columbia
University Press, 1994, back cover.
〔2〕Mair, Victor H, ed., *The Columbia Anthology of Traditional Chinese Literature*, New York: Columbia
University Press, 1994, back cover.
〔3〕陈橙：《文选编译与经典重构——宇文所安的〈诺顿中国文选〉研究》，上海外语教育出版社 2012 年版，
第 174 页。

'矫枉过正'，让英语读者难以接近中国文学的真实面貌"。[1]

三、宇文所安的沿革：经典反思与经典重构

　　生于1946年的宇文所安，是北美汉学界第三代汉学家。从其颇具特色的中文名字便能感受到他对中国文学、文化特殊的情缘。在中国古典文学研究领域，宇文所安是美国汉学界首屈一指的唐诗研究专家。其著述颇丰，《孟郊与韩愈之诗》《盛唐诗》《中国传统诗歌与诗学：世界的象征》《追忆：中国古典文学中的往事再现》《迷楼：诗与欲望的迷宫》《诺顿中国文选》《中国早期古典诗歌的生成》及《晚唐：九世纪中叶的中国诗歌（827—860）》等均在北美学界产生了较大影响。1996年，宇文所安刊行的《诺顿中国文选》列入"诺顿文选系列"，与其他诺顿西方文学经典选集齐名。作为北美大学东亚系和汉语言文学系的指定书目，《诺顿中国文选》同时也是汉学界用于研究中国古典选集的权威文献，被视为中国古典文学选集英译领域的里程碑之作。

　　就选集编排而言，宇文所安以文学主题思想作为分门别类的标准。其选集的一个突出特点是，编译者将中国文学史、文学翻译及文学批评这三者自然地融于一体，这亦是对白之及梅维恒选集的革新。此外，宇文所安选集还具有以下三个特征：

　　第一，与梅维恒选集相似的是，宇文所安对"中国文学"概念的边界作了一定延展，这与白之选集强调凸显中国"纯文学"形成了一定反差。宇文所安对"中国传统文学"概念有着自己的理解："中国古典文学研究的学术传统需要保持，但是它需要补充，需要一个开放的空间，一个欢迎

---

[1] 陈橙：《文选编译与经典重构——宇文所安的〈诺顿中国文选〉研究》，上海外语教育出版社2012年版，第174页。

118

来访的想法的接待站……传统不仅仅意味着对过去的保存，它还是连接
起过去和现在的一种方式。传统总是在变动当中，总是在寻找新的方法
来理解过去，使得对过去的思考仍然触动现在的神经。"[1]他将这一理念带
进编译实践中，十分倚重中国文学传统的历史性和连贯性，同时也注意
捕捉不同时期和不同阶段的文学特点。对此，宇文所安进一步阐释了自己
的观点：

> 尽管文学传统是一个统一的力量，却绝非单一一块。从广义
> 上说，中国文学为它的人民展示了一个广阔范围内人性的可能与
> 回响。文学可以确立社会价值，可以扭曲社会价值，甚至可以一
> 举颠覆社会价值。……如果一个人十分豪爽，那么他可以读李白
> 的诗歌；如果一个人渴望过简单的生活，那么他可以读陶潜和王
> 维的诗歌；如果一个人恋爱了，那么他可以读李商隐的诗歌或者
> 汤显祖的戏曲《牡丹亭》。白话文写成的通俗文学，尤其是散文
> 化小说，也可以再现这个文化中被压制的动力。[2]

　　基于对中国文学经典的反思，宇文所安以"文化经纪人"[3]的身份将尽
可能丰富与多元的中国文学、文化带进西方世界。值得一提的是，在《诺
顿中国文选》中，除了三个文本非宇文所安本人译介，其他均凭其一己之
力完成，这与白之选集和梅维恒选集均由众位学者合力完成的情况大为不
同。"一己之力"使得宇文所安能够实现对编译者自我的完全"调度"，

---

[1]陈橙：《文选编译与经典重构——宇文所安的〈诺顿中国文选〉研究》，上海外语教育出版社2012年版，第43页。
[2]陈橙：《文选编译与经典重构——宇文所安的〈诺顿中国文选〉研究》，上海外语教育出版社2012年版，第44页。
[3]宇文所安坚持认为，对于中国本土以外的域外读者而言，中国传统文学需要代言人将其传播到英语世界。因此，他将中国文学翻译的译者和学者都称为"文学经纪人"。

从而做到"并非简单地将'里程碑'式的作品按照时间顺序做静态的编排，而是为了组成一个文本家族（a family of texts），在文本的相互关联之中确认各自的身份和特性，从而再现文学传统。"[1]而从辨证角度来看，宇文所安的"一己之力"，一方面有利于选集各方面的统一和连贯，但另一方面也难免存在"译者中心主义"的嫌疑，不利于译文风格的多样化呈现。

　　第二，宇文所安坚持以作品为中心来展开文学史的编排，以此探索中国文学流变历程，这与其倡导关注流变中的"文本家族"的理念相一致。宇文所安不但主张加强对"文本家族"的重视，亦同时倚重剖析"文本家族"的发展流变轨迹。例如，他通过"将那些虽处于不同历史时代但却在中国传统中有着共鸣的文本串联起来"，[2]并且"试图揭示这些文本的内部关联，进而大致循见文学潮流的演进发展过程"。[3]在选集中，宇文所安将文学史的焦点重新转移到文本上，而并非只是用文本加强固有的判断，但他"并未抛弃经典文本，而是充分运用各种方法丰富选集的形式，使文学史结构变得更加开放，使选集变得更加有趣，从而使之既能在英语环境中运作，又能传达出阅读中国文学时所必须的社会历史语境"。[4]此外，宇文所安精心书写选集中引言和序言等副文本信息，源于他认为文学文本的生成、接受与传播均离不开所处的社会历史文化语境，引言和序言等副文本则是还原相关背景的重要途径。

　　第三，宇文所安善于采用有效的方法实现对中国文学史的重构。具体而言，这一特点体现在以下三个方面：首先，通过主题编排来展现文学关

---

〔1〕陈橙：《文选编译与经典重构——宇文所安的〈诺顿中国文选〉研究》，上海外语教育出版社2012年版，第43页。
〔2〕陈橙：《文选编译与经典重构——宇文所安的〈诺顿中国文选〉研究》，上海外语教育出版社2012年版，第45页。
〔3〕陈橙：《文选编译与经典重构——宇文所安的〈诺顿中国文选〉研究》，上海外语教育出版社2012年版，第45页。
〔4〕陈橙：《文选编译与经典重构——宇文所安的〈诺顿中国文选〉研究》，上海外语教育出版社2012年版，第45页。

122

可以说，白之以"他者"身份在中国文学史的基本框架内重塑了中国经典文学之美。但需要强调的是，其异文化学者身份难以避免"他者"视阈造成的某些误读，这亦是中国经典文学在异质文化因子影响下的另一种显形，有其存在的合理性。

白之身兼作品编选与翻译的双重角色，怀揣着促成中西文化沟通交流的初心，最大限度地还原与传递中国经典文学之美是其编译活动的主要目的。基于对"他者"文化的尊重，加之自身对中国文学、文化怀有的强烈情感，白之始终将凸显译文的文学性置于重要位置。通过以"史"为鉴的美学重塑，受到以"他"为我的诗学操控，以及坚持以"美"为纲的文学翻译，白之引领那些热爱中国文化的西方读者走进了一条异彩纷呈的中国经典文学长廊。

一、以"史"为鉴的美学重塑

在着手《中国文学选集·第一卷》的编纂时，白之邀请了 22 位当时享有盛名的汉学家、翻译家共同完成。[1]白之采用以时间为纲、兼取年代与主题的编排方式，选集的视野从中国文学发轫期一直延伸至中国现当代文学。从《中国文学选集·第一卷》收录篇目的时间上看，前后跨度长达两千余年。在总的介绍性"引言"（Introduction）之后，白之设置了"周朝"（Chou Dynasty）、"汉代"（Han Dynasty）、"分裂时期"（Period of Division）、"唐朝"（T'ang Dynasty）、"宋朝"（Sung Dynasty）和"元朝"（Yuan

---

[1] 这 22 位汉学家、翻译家是：阿瑟·韦利、庞德、霍克思、伯顿·沃森（Burton Watson）、陈世骧（Shin-hsiang Chen）、威廉·埃克（William Acker）、葛瑞汉、白思达（白一平）（Glen W.Baxter）、海陶玮、Sam Houston Brock、许芥昱（Kai-yu Hsu）（K.Y.Hsu）、杰拉尔德·布赖特（Gerald Bulleter）、唐纳德·基恩（Donald Keene）、布迈恪（Michael Bullock）、C.H.科沃克（C.H.Kwock）、威特·宾（Witter Bynner）、文森特·麦克休（Vincent McHugh）、C.J.Chen、莱德敖（J.K.Rideout）、初大告（Ch'u Ta-kao）、加里·斯奈德（Gary Snyder）、柯润璞（J.I.Crump）。

Dynasty）六个历史分期，每一个分期又设不同文体类别的子栏目。选集收录时间跨度之长和内容覆盖之广，在北美中国文学选集英译史上尚属首例。值得一提的是，作为韦利后学之一的白之，为表达对恩师的感谢之情，特将此选集题献给韦利。在第一卷中，专门留有一页印有 "To Arthur Waley"，并且选集中所收录的韦利译文也比其他译者的更为丰富。

（一）《中国文学选集·第一卷》的编选及翻译

选集以《诗经》（*Book of Songs*）中的 33 首作品作为开篇，然后依次介绍和阐释从上古至元朝具有代表意义的作品。

笔者将《中国文学选集·第一卷》目录制表如下：

《诗经》		三十三首
周朝（公元前1046—221）	先秦散文	《左传·成公十年》（晋景公之死）
		《国语·晋语·骊姬谮杀太子申生》
		《战国策》三篇
	贾谊	《过秦论》
	楚辞	屈原 《离骚》
		屈原 《湘君》《湘夫人》《东君》《国殇》《礼魂》（选自《九歌》）
		屈原 《哀郢》《橘颂》（选自《九章》）
		宋玉 《九辩》节选
		屈原 《招魂》
		淮南小山 《招隐士》
	庄子和道家哲学	庄子 《庄子》三篇
		《文帝遗诏》
		王充 《论衡·论死篇》

续表

汉朝（公元前206—公元219）	《史记》	司马迁	《报任少卿书》《伯夷列传》《荆轲传》《项羽本纪》（节选）《李将军列传》
	汉赋	宋玉	《风赋》
		贾谊	《鵩鸟赋》《吊屈原赋》
		司马相如	《上林赋》（节选）
分裂时期（220—589）	两信、一梦、一讽	杨恽	《报孙会宗书》
		嵇康	《与山巨源绝交书》
		陶潜	《桃花源记》
		孔稚珪	《北山移文》
	隐士之歌	张衡	《髑髅赋》
		阮籍	《咏怀诗》六首
		陶潜	《归园田居》二首；《饮酒》《读山海经十三首·其一》《咏贫士七首·其五》《拟挽歌辞三首·其二》《责子》《己酉岁九月九日》
		鲍照	《拟行路难》三首，《芜城赋》
		寒山	《寒山子诗集序》及寒山诗24首
	赋	陆机	《文赋》
唐朝（618—907）	一代诗人（1）：盛唐诗人	王维	《山中与裴秀才迪书》
		王维、裴迪	《华子岗》《鹿柴》《宫槐陌》《临湖亭》《栾家濑》《孟城坳》（选自《辋川集》）
		王维	《送元二使安西》《酬张少府》
		李白	《山中问答》《春思》《寄远·其十一》《夜泊牛渚怀古》《邯郸南亭观妓》《题元丹丘山居》《流夜郎赠辛判官》《战城南》《月下独酌四首》《与韩荆州书》
		杜甫	《秋兴八首》《野望》《旅夜书怀》《石壕吏》《兵车行》
	随笔散文	韩愈	《送穷文》《祭十二郎文》《讼风伯》《论佛骨表》《祭鳄鱼文》《原毁》
	随笔散文	柳宗元	《种树郭橐驼传》

续表

唐朝 （618— 907）	一代诗人 （2）：中唐 诗人	韩愈	《枯树》《石鼓歌》
		白居易	《长恨歌》《京兆府栽莲》《游悟真寺诗一百三十韵》《红鹦鹉》《嗟发落》《赠谈客》《酬和元九东川路诗十二首·骆口驿旧题诗》
		元稹	《行宫》《梦井》
		李贺	《苏小小墓》《北中寒》《公出无门》《长平箭头歌》《相和歌辞·铜雀妓》《神弦》
		卢仝	《月蚀诗》（节选）
	唐传奇	元稹	《莺莺传》
		白行简	《李娃传》
		杜光庭	《虬髯客传》
	晚唐诗人	李商隐	《无题》七首；《马嵬·其二》《嫦娥》《霜月》《牡丹》《碧城三首》
宋朝 （960— 1279）	词	温庭筠	《菩萨蛮》五首，《更漏子》三首
		韦庄	《菩萨蛮》四首，《归国谣·春欲晚》《谒金门·空相忆》《天仙子·深夜归来常酩酊》《小重山·一闭昭阳春又春》
		薛昭蕴	《女冠子·求仙去也》（节选）
		顾敻	《杨柳枝·秋夜香闺思寂寥》
		孙光宪	《风流子·其二》
		鹿虔扆	《临江仙·金锁重门荒苑静》
		阎选	《河传·秋雨》
		毛熙震	《定西番·苍翠浓阴满院》《后庭花·其三》
		李煜	《菩萨蛮·蓬莱院闭天台女》《喜迁莺·晓月坠》《蝶恋花·遥夜亭皋闲信步》《望江梅二首》《乌夜啼·林花谢了春红》《相见欢·无言独上西楼》《浪淘沙·往事只堪哀》《浣溪沙·转烛飘蓬一梦归》《望江南·多少恨》《虞美人·春花秋月何时了》

126

续表

		无名氏	《醉公子》
宋朝 （960— 1279）	词	李存勖	《忆仙姿》
		苏轼	《江城子·十年生死两茫茫》《水调歌头·明月几时有》《念奴桥·赤壁怀古》
		李清照	《点绛唇·蹴罢秋千》《减字木兰花·卖花担上》《蝶恋花·上巳召亲族》《永遇乐·落日熔金》《武陵春·春晚》《一剪梅·红藕香残玉簟秋》《好事近·风定落花深》《如梦令·常记溪亭日暮》
	散文 两大家	欧阳修	《释秘演诗集序》《秋声赋》
		苏轼	《上神宗皇帝书》《赤壁赋》《后赤壁赋》
	南宋诗人	范成大	《四时田园杂兴》五首
元朝 （1280— 1367）	元杂剧	康进之	《李逵负荆》
		马致远	《汉宫秋》
	元小说		《水浒传》第十四—十六回

　　第一部分"周朝"包含四个子部分，分别为"诗经""先秦散文""楚辞"及"庄子和道家哲学"。白之指出，两千年多前的中国文学亦是以诗歌民谣选集《诗经》作为开端的。作为最早的一部诗歌总集，《诗经》收集了西周初年至春秋中叶的诗歌 311 首，也称《诗》或《诗三百》。白之认同汉学家高本汉（Bernhard Karlgren）对《诗经》的赞颂："纵观横看中国文学史，没有任何一部著作能比《诗经》更重要，更具有影响力。"[1]白之强调，《诗经》中的诗歌通常以三个诗节为主，包含重章叠唱之句，并且这种现象在前两个诗节中尤为明显，它们曲调风格易变，往往令读者捉摸不透。白之收录的是阿瑟·韦利和埃兹拉·庞德的译文，其中，韦利

---

[1]Bernhard Karlgren, "Glosses on the Kuo Feng Odes", *BMFEA*, XIV, p.71.

翻译了第 1—3、6—8、15、18—20、24、28、31 和第 33 首诗，庞德则翻译了第 4—5、9—14、16—17、21—23、25—27、29—30 和第 32 首诗。在白之看来，他们的译文均以最佳方式呈现出了原文的美感。

　　在"先秦散文"一节中，收录的前两篇作品分别节选自《左传·成公十年》和《国语·晋语·骊姬谮杀太子申生》，反映"进谏、规劝"主题的三篇文章源自《战国策》，另有一篇为贾谊的《过秦论》。白之认为这些作品在中国早期文学史上占据着举足轻重的地位。他认为，《战国策》所记载的政治主张和言行策略能够体现当时的历史人物和事件，但与其将它视为历史著作，还不如把它当作古人为辅佐国君提出政治谋略和计策的合集。白之提醒读者，《战国策》中的三篇文章不仅充分体现了全书特征，亦展现出比早期散文更为高超的文学水平。对于《过秦论》，白之看重的是贾谊提出"仁义不施而攻守之势异也"这一中心论点。作为史论，贾谊较为深刻地总结了秦的兴起、灭亡及其原因，白之欣赏贾谊将《过秦论》作为改革政治借鉴献给汉文帝的胆识和勇气。但值得注意的是，白之将贾谊（公元前 201—前 169 年）的《过秦论》置于《楚辞》（公元前 4 世纪—前 3 世纪）之前，这显然是个错误。

　　在"楚辞"一节中，白之重点关注屈原，认为他是伟大且富有浪漫主义文学精神的诗人。选集收录了屈原的《离骚》《湘君》《湘夫人》《东君》《国殇》《礼魂》《哀郢》《橘颂》《招魂》等作品。白之敏锐地注意到《诗经》的最后一首诗和《楚辞》的主要作品之间不仅仅存在三四个世纪的时间差，而且还有较大的地理文化差异：公元前 4 世纪至公元前 3 世纪，以长江流域为中心孕育出楚文化，并流传到当时中国疆土的南境地区。有趣的是，单从作品对植物的描绘中便能明显地感受到二者之间的差异，较之《诗经》，楚国诗人笔下的植物具有浓厚的象征意味。[1] 此外，白之强

---

[1] Cyril Birch, *Anthology of Chinese Literature*, *Volume I: From Early Times to the Fourteenth Century*, New York: Grove Press, 1965, p.49.

调，《哀郢》和选自宋玉《九辩》的文段基调和主旨均体现出一个共同特点，即尽管作者深受排挤，但他们依然能够做到忠贞耿直、洁身自好。与之类似的是《离骚》，这部中国早期长篇叙事诗亦将这种高尚的气节表现得淋漓尽致。收录的《离骚》译本来自霍克思，白之在介绍时还专门提及霍克思本人对《离骚》的解读和看法，并对霍克思倾向于屈原"效法彭咸"（join P'eng Hsien）是为了受到神灵洗涤的这一看法表示认同。另外，楚辞部分还收录了淮南小山的《招隐士》。

在"庄子和道家哲学"一节中，选集收录了《庄子》三篇、《文帝遗诏》以及王充的《论衡·论死篇》。白之强调，该选集有意排除了一些哲学家及其所宣扬的政治主张。对此，白之给出了自己的解释：删减这方面的内容或将折损选集的价值，但如果要全面再现"百家争鸣"（hundred schools）的景象，不仅将占据大量篇幅，并且需要读者具备较为全面的中国文化背景知识，显然，这在现实中的可行性很低。

第二部分"汉朝"，包含"史记"和"汉赋"两个子部分。在这部分中，白之仅收录了司马迁《史记》中的《报任少卿书》《伯夷列传》《荆轲传》《项羽本纪》（节选）和《李将军列传》五篇作品，宋玉的《风赋》、贾谊的《鵩鸟赋》和《吊屈原赋》，以及司马相如的《上林赋》（节选）。在中国文学史上占据重要地位的《汉书》和政论散文均被忽略。此外，乐府诗中的长篇叙事诗《孔雀东南飞》，以及汉代五言诗的最高成就《古诗十九首》亦未被选集收录。

第三部分"分裂时期"分为"两信、一梦、一讽""隐士之歌"和"赋"三个子部分。在第一个子部分，"两信"之一是杨恽的《报孙会宗书》，另一则是嵇康写给山涛的《与山巨源绝交书》。前者描述了作者遇祸归乡后置田闲居的自由生活，表达其超脱的精神境界；后者充满了道家思想和乐道闲居之意，嵇康还列举了渴望踏入上流社会所要遭受的各种苦难。白之提及，从陶潜的一些诗作中可以看出他已开辟出一条属于自己的精神道路，其名篇《桃花源记》成为后人不断引用的经典，常用于表达对理想世界的美好向往。[1]在向读者介绍孔稚珪及其作品时，白之则表示，隐居生活有时不过是惺惺作态之人的伪装手段，这一点在孔稚珪的《北山移文》中便能明显感受到，该文大肆嘲讽了隐士周颙的自命清高。[2]在"隐士之歌"部分，白之指出，前一时期的作家作品为本节所要展示的内容埋下了伏笔。白之的选择体现出其对张衡、阮籍、陶潜、鲍照和寒山等此类作家作品的推崇和喜爱，其收录了张衡的《髑髅赋》、阮籍的《咏怀诗》六首，陶潜的《归园田居》二首、《饮酒》《读山海经十三首·其一》《咏贫士七首·其五》《拟挽歌辞三首·其二》《责子》和《己酉岁九月九日》，鲍照的《拟行路难》三首和《芜城赋》，以及《寒山子诗集序》及寒山诗 24 首。在对"赋"的论述中，白之指出，在之前的章节实际上已经展示了"赋"这一文类，此节收录陆机的《文赋》对仗工整、豪迈奔放且意境深远，不失为一篇佳作。身为残酷权力斗争的受害者之一，陆机于死前三年写下了《文赋》。白之赞赏其以气势恢宏、一针见血的文字将世人对艺术的坚守、文学创作时的喜忧参半表达得淋漓尽致。[3]

　　遗憾的是，在对这部分内容编译的过程中，白之对三国时期文学并没有做出详细介绍，对具有代表性的"三曹"以及"三曹"的代表作亦只字不提。此外，该部分存在三个明显失误：第一，白之选译了杨恽的《报孙会宗书》，杨恽为西汉政治家，弘农华阴（今属陕西渭南）人，将其作品置于此章显然与朝代不相符；第二，张衡是东汉辞赋家代表，他以《庄子》"髑髅"命名的《髑髅赋》是汉赋中首次仿庄子寓言而作的抒情赋，白之

---

[1] Cyril Birch, *Anthology of Chinese Literature*, *Volume I: From Early Times to the Fourteenth Century*, New York: Grove Press, 1965, pp.157-158.

[2] Cyril Birch, *Anthology of Chinese Literature*, *Volume I: From Early Times to the Fourteenth Century*, New York: Grove Press, 1965, p.158.

[3] Cyril Birch, *Anthology of Chinese Literature*, *Volume I: From Early Times to the Fourteenth Century*, New York: Grove Press, 1965, p.203.

130

将其划入"三国两晋"时期显然不妥；第三，《寒山子诗集》收录的是号"寒山"的唐代僧人所作诗歌，世传《寒山子诗集序》为唐贞观年间台州刺史间丘胤所撰，白之将其划入"隐士之歌"部分与真实朝代不相符。

第四部分"唐朝"分为"盛唐诗人"、"随笔散文"、"中唐诗人"、"唐传奇"和"晚唐诗人李商隐"五个子部分，该部分内容十分丰富。

在"盛唐诗人"中，白之介绍具体作品时指出，《辋川集》记载的是王维与友人裴迪之间的诗歌交流，选集收录了其中的《华子岗》《鹿柴》《宫槐陌》《临湖亭》《栾家濑》《孟城坳》六首诗歌。此部分另收录有王维的《山中与裴秀才迪书》《送元二使安西》《酬张少府》。《山中与裴秀才迪书》本为书信，因具有诗歌美感与韵律而成为散文名作，其描绘了辋川的春色及冬色、月光下的夜色、隐约的城郭等景物，静中有动、动中有静，烘托出春日的轻盈和冬夜的幽深。在白之看来，无论是王维的绘画抑或是诗歌，都并非是单纯用来记录或探索自然的手段，王维与自然的融合程度可谓是前无古人，后无来者；而李白的诗作，前一秒呈现给世人的还是"山顶"的绝世风光，下一秒却将人引入"举杯消愁愁更愁"的忧郁之中。白之对李白的才情极为欣赏，选集收录其《山中问答》《春思》《寄远·其十一》《夜泊牛渚怀古》《邯郸南亭观妓》《题元丹丘山居》《流夜郎赠辛判官》《战城南》《月下独酌四首》《与韩荆州书》等多篇作品的译文。白之认为，杜甫描写战争的诗作对后世影响深远，并赞誉其诗歌内涵极其丰富，如同包裹着坚硬外壳的宝石，往往让译者无从下手。相反其边塞诗则一目了然，较为通俗易懂。[1] 选集收录了《秋兴八首》《野望》《旅夜书怀》《石壕吏》《兵车行》五篇极能体现杜甫创作特点的诗作译文。其中，《秋兴八首》以忧念国家兴衰的爱国思想为主题，以夔府的秋日萧

---

[1] Cyril Birch, *Anthology of Chinese Literature*, *Volume I: From Early Times to the Fourteenth Century*, New York: Grove Press, 1965, p.218.

瑟，诗人晚年多病、身世飘零，特别是对国家前途命运忧虑的沉重心情为
基调。每一首均以独特的表现手法，从不同角度表现诗人的思想感情，八
首诗形成一个完整的乐章。白之对该诗尤为看重，为全诗感物伤怀，借深
秋衰败的寂寥之景抒写人之暮年、知交零落、漂泊无依、空怀抱负的悲凉
心境深深动容，选集中收录的该诗译文来自葛瑞汉。

　　在之后的"随笔散文"中，白之向读者展示了韩愈和柳宗元的代表
作，并指出，韩柳古文运动是对散文文体、文风的改革。自内容而言，是
明道载道，将散文引向政教之用，这与当时的政治形势密切相关；自形式
而言，反对魏晋以来的骈文，主张学习先秦两汉的散文语言，破骈为散，
扩大文言文的表达功能，主张文以载道。韩柳二人在创新的基础上，建立
新的散文美学规范，并将浓郁的情感注入散文之中，把古文提高到了真正
意义上的文学境地。但白之亦强调，在当时的历史文化语境中，有朝廷官
员介入的古文运动不可能保持纯文学性，因此，韩愈才发出了对当时道德
的哀叹，这种哀叹流露于《进学解》和《论佛骨表》等作品之中。韩愈
在思想上是中国"道统"观念的确立者，是尊儒反佛的里程碑式的人物。
《论佛骨表》是韩愈于元和十四年（819年）向唐宪宗上的一篇奏表。白
之阐释称，该表中心论点为"佛不足事"。韩愈抨击的并不是佛教本身，
而是那些迎合宪宗皇帝和追求长生不老的宦官佞臣。韩愈坚决反对唐宪宗
拜迎佛骨这一迷信行为，充分彰显其反佛明儒的坚定立场及英勇无畏的斗
争精神。白之对韩愈的才华与勇气表示高度赞赏，并强调其创作体裁并非
局限于古文，还包括辞赋。因其古文成就显赫，韩愈的辞赋受到的关注相
对较少，现存辞赋有九篇，分别为《明水赋》《感二鸟赋》《闵己赋》《别
知赋》《复志赋》《送穷文》《进学解》《讼风伯》《祭田横墓文》。白之
不仅关注到韩愈的古文成就，也对其辞赋等文体给予了重视，选集收录有
韩愈的《送穷文》《祭十二郎文》《讼风伯》《论佛骨表》《祭鳄鱼文》《原
毁》等作品。其中《送穷文》和《讼风伯》两篇赋，虽然主题对"以文

为哭"有所表现，表达了作者内心的忧郁，但由于这两篇赋分别虚构了"五穷鬼""风伯"这样的人物，白之认为其"恃其绝足，往往奔放"的"以文为戏"的态度，应得到重视。

在此节内容中，选集亦收录有柳宗元的《种树郭橐驼传》。这是一篇兼具寓言和争论色彩的传记文。该文针对当时繁政扰民的现象，通过对郭橐驼种树之道的叙述，得出"养人"的道理，呼吁为官治民不能"好烦其令"，批评当时唐朝地方官吏扰民、伤民的行为，深刻表达了柳宗元对百姓的同情及对改革弊政的美好愿望。该文以老庄学派的无为而治及顺乎自然的思想为出发点，借由郭橐驼之口，由种树经验引出为官治民的道理。白之对这一创作技巧表示肯定。

在"中唐诗人"一节中，白之首先为读者呈现了韩愈的《枯树》和《石鼓歌》。前者寄寓了诗人深刻的人生感悟，表达了诗人虽有世态炎凉之感，却能坦然处之。后者从石鼓的起源论及它的价值，其创作目的是呼吁朝廷予以重视与保护，全诗表达了韩愈对古代文物的珍视之情，亦对朝中重臣和"陋儒"进行了无情的嘲讽。白之欣赏该诗章法整齐、辞严义密，音韵铿锵，并指出诗人在描绘石鼓文书法的妙处时，运用多种比喻进行淋漓尽致的渲染，感染力极强。收录的《枯树》和《石鼓歌》分别源自葛瑞汉和怀特·宾的译文。

从"中唐诗人"一节收录的作品及篇目数量上，可以看出白之对白居易的推崇，《长恨歌》《京兆府栽莲》《游悟真寺诗一百三十韵》《红鹦鹉》《嗟发落》《赠谈客》《酬和元九东川路诗十二首·骆口驿旧题诗》七篇作品被收录其中。除了《长恨歌》译自威特·宾纳，其他译文均出自韦利之手。白之提及，许多中国诗人均是通过阿瑟·韦利的英译文出现在西方读者的视野。《长恨歌》作为一首长篇叙事诗，故事虽取材于民间传说，但在情节叙述和人物塑造方面，白居易将叙述、写景及抒情有机地结合在一起，形成诗歌抒情上回环往复的特点，具有较高的艺术审美价值。诗人对故事情节的巧妙安排给白之留下了极深的印象。该诗题材相当复杂，从杨贵妃入宫起，直至唐玄宗返回长安之后，时间跨度长达几十年之久，又涉及安史之乱、马嵬驿兵变等重大历史事件，亦吸收了唐玄宗遣道士访求杨贵妃魂魄这一民间传说，从人间描述到天上，构思规模之宏大在古典叙事诗中实属罕见，其语言之精美更是令人折服。白之亦强调，元杂剧《唐明皇秋夜梧桐雨》、明传奇《惊鸿记》、清传奇《长生殿》等一系列中国古典戏剧经典之作，在构思方面均受《长恨歌》影响，其影响可见一斑。

　　元稹为白居易挚友，二人之间的友情持续了一生，成为千古流传的佳话。此部分收录了元稹的《行宫》和《梦井》，前者视角独特，语言却具有相当高的概括力，精警而不失委婉，留给读者无尽的想象空间，白之对此赞赏有加；后者较之元稹的其他作品，在名气和受重视程度上显得逊色得多，但却是一首内容和艺术俱佳的作品。白之亦发现其所具有的文学价值，该诗的译文来自韦利。值得注意的是，"梦"这一意象在诗歌意象中具有一定的独特性，元稹的《梦井》在"梦"意象的表达方面与西方意象表达形式存在较多契合之处，因此被韦利作为悼亡诗代表作来翻译。在对李贺及其作品的介绍中，白之称李贺为中国文学史上的一大怪才。他白天骑马出门，后面跟着个小仆人，身背锦缎做的袋子，一旦想到心仪的诗句，便将其写下，置于袋中。晚归后，研好墨，叠好纸，便把这些零散的诗句补足成完整的诗。李贺的诗作想象力极为丰富，常借用神话传说托古寓今，世人称他的诗文为"鬼仙之辞"。白之将其《苏小小墓》《北中寒》《公出无门》《长平箭头歌》《相和歌辞·铜雀妓》《神弦》收录选集。此外，在白之心目中，卢仝是一位名不见经传的诗人，但认同葛瑞汉称其与李贺均为"善用隐喻的怪才"。卢仝的长诗《月蚀诗》创作于公元810年的月食之夜，作者借月食之景来暗指皇帝听信奸臣谗言，讽刺宦官弄权。本小

134

节以该诗两段节选内容的译文作为结尾。[1]

在"唐传奇"部分，白之收录了元稹的《莺莺传》、白行简的《李娃传》和杜光庭的《虬髯客传》，这些均为文言短篇小说。白之在介绍中提及，鲁迅曾言，小说艺术创作始于唐朝文人，并指出唐小说使用的语言是典型的叙述性语言，常令人有读历史传记之感。唐小说朴实无华，虽未使用过多修辞手法，却往往有着极佳的表达效果。如在《虬髯客传》的高潮片段中，虬髯客瞥了李世民一眼，"虬髯默然居末座，见之心死"。原文仅用"见之心死"四字叙述，震慑力却从文字中直逼而出。[2]白之看重《莺莺传》于叙事中注重刻画人物性格和心理的特色，赞赏其语言充满了诗意的美感，是唐传奇中带有诗化倾向的佳作。尽管研究者普遍认为《莺莺传》是一篇艺术水平很高而思想上存在明显缺陷的作品，因为元稹一方面污蔑崔莺莺是"妖孽"和"尤物"，另一方面又将其刻画得美好动人，存在着思想和艺术的冲突。但在白之看来瑕不掩瑜，仍将这部具有很高艺术生命力的作品收录于选集中。白行简创作的《李娃传》，成书于唐代，收录在《太平广记》中，故事情节波澜曲折，充满戏剧性，但结构十分完整。小说中的主要人物李娃，性格较之其他传记作品中的人物显得丰富得多，且既有继承又有变化。白之对这部中唐时期传奇繁荣阶段的代表作甚为推崇。《虬髯客传》为唐末杜光庭所作，亦收录于《太平广记》中。小说以歌妓红拂与李靖私奔的爱情故事为线索，描写隋朝末年虬髯客在李世民面前折服，并出海自立的故事，表达了作者期待天下太平的美好愿望。白之指出，作者生活在昔日鼎盛的唐朝即将分崩离析、一片混乱之际，杜光庭以初唐为故事的起点，刻画其心目中的英雄形象。虬髯客这一人物完全是虚构的，

[1] Cyril Birch, *Anthology of Chinese Literature, Volume I: From Early Times to the Fourteenth Century*, New York: Grove Press, 1965, pp.260-261.

[2] Cyril Birch, *Anthology of Chinese Literature, Volume I: From Early Times to the Fourteenth Century*, New York: Grove Press, 1965, p.288.

只是冠以张姓，是儒家美德"让"的化身。

在"晚唐诗人"一节中，白之略过了被誉为"唐诗革新先驱者"的陈子昂，也未提及"边塞诗"这一重要的诗歌类型，只选择了李商隐的作品，而忽视了与李商隐合称"小李杜"的杜牧。白之提及葛瑞汉对李商隐的评介并予以认同。葛瑞汉认为，李商隐实属中国诗歌发展的鼎盛时期的中心人物。中国古典文学中以爱情之痛和女性之美为创作主题的作家为数不多，李商隐正是其中之一，其作品独树一帜，开创了诗歌之新风格、新境界。李商隐较少使用明喻，而对典故极为偏好，并注重文辞对偶。译者通常会回避他的作品，因其作品之"复杂"，在翻译时极易流失原作韵味。[1]白之在选集中收录了《无题》七首、《马嵬·其二》《嫦娥》《霜月》《牡丹》和《碧城三首》，译文均来自葛瑞汉。

白之将第五部分"宋朝"，分为"词"、"散文两大家"、"南宋诗人"三个子部分。纵观全书，不难发现，白之在对待词史时采用了"于唐选诗、于宋选词、将唐宋两代词史合为一体"的做法。他将李白、温庭筠、韦庄、薛昭蕴、顾敻、孙光宪、鹿虔扆、阎选、毛熙震、李煜、李存勖等词人词作均归于"宋朝"部分，分别收入了李白的《菩萨蛮·平林漠漠烟如织》，温庭筠的《菩萨蛮》五首、《更漏子》三首，韦庄的《菩萨蛮》四首、《归国谣·春欲晚》《谒金门·空相忆》《天仙子·深夜归来常酩酊》《小重山·一闭昭阳春又春》，薛昭蕴的《女冠子·求仙去也》节选，顾敻的《杨柳枝·秋夜香闺思寂寥》，孙光宪的《风流子·其二》，鹿虔扆的《临江仙·金锁重门荒苑静》，阎选的《河传·秋雨》，毛熙震的《定西番·苍翠浓阴满院》《后庭花·其三》，李煜的《菩萨蛮·蓬莱院闭天台女》《喜迁莺·晓月坠》《蝶恋花·遥夜亭皋闲信步》

---

[1] Cyril Birch, *Anthology of Chinese Literature*, *Volume I: From Early Times to the Fourteenth Century*, New York: Grove Press, 1965, p.323.

136

《望江梅二首》《乌夜啼·林花谢了春红》《相见欢·无言独上西楼》《浪淘沙·往事只堪哀》《浣溪沙·转烛飘蓬一梦归》《望江南·多少恨》《虞美人·春花秋月何时了》，李存勖的《忆仙姿》等作品。而在对宋词的选择上，白之收录的是苏轼和李清照的作品。苏轼作为北宋的文学家、书法家、画家，与其父苏洵、其弟苏辙并称"三苏"，选集收录其《江城子·十年生死两茫茫》《水调歌头·明月几时有》《念奴桥·赤壁怀古》三篇名作。而有着"千古第一才女"之称的宋代婉约派代表词人李清照，自然是白之重点关注的对象，其《点绛唇·蹴罢秋千》《减字木兰花·卖花担上》《蝶恋花·上巳召亲族》《永遇乐·落日熔金》《武陵春·春晚》《一剪梅·红藕香残玉簟秋》《好事近·风定落花深》《如梦令·常记溪亭日暮》八首词作被收录其中。

从选集收录情况来看，白之尤为重视李煜和李清照的作品，展现出他对中国文学史敏锐的眼光和犀利的判断，这一做法也为后来的选家们因袭。尽管白之选集为宋词走进西方世界拓宽了道路，但不能忽视的是，宋代文学以词最盛，宋代也被认为是词体繁荣的时代，但白之仅收录了苏轼和李清照的作品，在一定程度上表明他对中国词史的认识有待进一步提升。另外值得注意的是，"念奴娇""江城子""水调歌头"，再加之"西江月"，四个词牌名共同勾勒出了苏轼的一生，而在此部分中，白之错将苏轼的《江城子·十年生死两茫茫》这首词归入"念奴娇"词牌之下。

在之后的"散文两大家"中，收录了欧阳修的《释秘演诗集序》和《秋声赋》及苏轼的《上神宗皇帝书》《赤壁赋》和《后赤壁赋》。而在"南宋诗人"部分，仅收录了范成大的《四时田园杂兴》五首。白之认为杰拉尔德·布赖特（Gerald Bullett）的译文着实是个典型译例，其在翻译范成大诗歌的过程中，成功地将押韵技巧运用到了中文诗歌的英译之中。

　　第六部分分为"元杂剧"和"元小说"两个子部分。在"元杂剧"部分，白之仅收录了康进之的《李逵负荆》和马致远的《汉宫秋》。入选篇目之所以少，是由于当时包括白之在内的汉学家对元杂剧缺乏关注，元杂剧在当时的学术研究中属于不受重点关注的文学体裁。白之在"元小说"部分仅收录了《水浒传》第十四至十六回，并由其亲译。

　　（二）《中国文学选集·第二卷》的编选及翻译

　　《中国文学选集·第二卷》囊括了从 14 世纪至今（辛亥革命之后）的中国文学，包括元代诗歌、明代鬼怪故事、16 世纪佛教寓言、传统诗歌、当代诗歌、古典和现代戏剧、随笔、小说、自传等题材。除了白之本人，参与该选集翻译工作的还有另外 18 位汉学家。[1]与当时英语世界流行的其他选集不同的是，白之不仅选编了代表性强的中国古典文学作品，亦对中国现当代文学采取了兼收并蓄态度，甚至还专门介绍了当代知名的台湾诗人的作品。这一做法极大地增强了选集的多样性，使不同层面的西方读者能够对中国文学有更深的了解和认知。白之收录中国现当代文学的用意，一方面旨在彰显中国文学传统的持续性，另一方面意在展现这一传统的历史嬗变。较之第一卷，白之在本卷中增加了自己译介篇目的数量。在每篇作品之前，白之均专门撰写了或长或短的"小序"，用来向读者介绍作家生平和作品生成背景，有利于加强读者对文化意涵的把握。

　　《中国文学选集·第二卷》目录制表如下：

---

[1] 18 位汉学家分别为：阿瑟·韦利、威廉·麦克唐纳德（Willam L. Macdonald）、雪莉·布莱克（Shirley M. Black）、牟复礼（F.W.Mote）、翟楚、T.T. 桑德斯（Tao Tao Sanders）、翟文伯、施文林（Wayne Schlepp）、傅静宜、舒威霖（William Schultz）、葛瑞汉、埃德加·斯诺（Edgar Snow）、海陶玮（James R.Hightower）、夏志清（C.T.Hsia）、王际真（Chi-chen Wang）、杰雷米·英加尔斯（Jeremy Ingalls）、姚莘农（Yao Hsin-nung）、叶维廉（Yip Wai-lim）。

元朝 （1280— 1367）	元曲	佚名	《那吒令过鹊踏枝寄生草》（节选）《折桂令·浪花中一叶》
		关汉卿	《新水令·搅闲风吹散》（驻马听选段）《一半儿·题情四首》《一枝花·不伏老》《乔牌儿》
		胡祗遹	《喜春来·春思》（节选）
		马致远	《落梅风·云笼月》《落梅风·烟寺晚钟》《天净沙·秋思》
		张养浩	《山坡羊·潼关怀古》
		邓玉宾	《叨叨令·道情·一个空皮囊包裹着千重气》 《叨叨令·道情·白云深处青山下》
		徐再思	《折桂令·春情》
		白朴	《醉中天·佳人脸上有痣》
		周文质	《叨叨令·悲秋》
		乔吉	《水仙子·重观瀑布》
		张可久	《红绣鞋·天台瀑布寺》
明朝 （1368— 1644）	志怪小说及 其他	佚名	《碾玉观音》
		瞿佑	《三山福地志》
		马中锡	《中山狼传》
	明初诗人	高启	《青丘诗词序》《晚出城东门闻橹声》《青丘子歌并序》《见花忆亡女书》《召修〈元史〉将赴京师别内》《京师苦寒》《出郊抵东屯·其一》《出郊抵东屯·其三》《出郊抵东屯·其四》
	神魔小说	吴承恩	《西游记》第二十三回
	明代戏剧杰作	汤显祖	《牡丹亭》第7、10、14、20折
清朝 （1644— 1911）	早期清词	陈子龙	《少年游·春情》《点绛唇·春日风雨有感》 《山花子·春恨》
		吴伟业	《满江红·蒜山怀古》《临江仙·逢旧》 《贺新郎·病中有感》
		金堡	《满江红·大风泊黄巢矶下》
		王夫之	《清平乐·咏雨》《玉楼春·白莲》《蝶恋花·铜关戍火》

续表

清朝 （1644— 1911）	早期清词	陈维崧	《水调歌头·咏美人秋千》
		朱彝尊	《消息·度雁门关》《满江红·吴大帝庙》《夏初临·天龙寺是高欢避暑宫旧址》《长亭怨慢·雁》
		纳兰性德	《如梦令·万帐穹庐人醉》《长相思·山一程》《忆江南》四首，《天仙子·梦里蘼芜青一剪》《采桑子·谁翻乐府凄凉曲》《采桑子·谢家庭院残更立》《采桑子·当时错》《金缕曲·亡妇忌日有感》《金缕曲·赠梁汾》《齐天乐·塞外七夕》
	生活的艺术	李渔	《闲情偶寄》节选五篇
	志怪小说	蒲松龄	《聊斋志异·罗刹海市》《聊斋志异·婴宁》
		袁枚	《子不语·蝴蝶怪》《子不语·陈州考院》《子不语·成神不必贤人》
		李汝珍	《镜花缘》第三十三回节选
	乾隆时期的诗人	袁枚	《倪素峰归棹图》《钟》《瘦梓人诗》《舆夫叹》《过柴桑乱峰中，蹑梯而上观陶公醉石》《新正十一日还乡六首·其三》《偶然作·开卷见古人》《灯下理书不能终卷自伤老矣》《五十岁生日舟中作》（节选）《除夕》《栽树自嘲》《书所见·其一》《笔不老·赋诗如开花》《恶老八首·其一》《东风（丁巳）》
	红楼梦	曹雪芹	《红楼梦》第六十三回至第六十九回
	自传新文学	沈复	《浮生六记》
		沈从文	《从文自传·一个大王》
	晚明清词	蒋士铨	《水调歌头·舟次感成》
		左辅	《浪淘沙·水软橹声柔》《南浦·夜寻琵琶亭》
		蒋春霖	《柳梢青·芳草闲门》《虞美人·水晶帘卷澄浓雾》《浪淘沙·云气压虚栏》《鹧鸪天·杨柳东塘细水流》
		王鹏运	《念奴娇·登旸台山绝顶望明陵》《摸鱼子·莽风尘、雅音寥落》
		黄兴	《为林义顺书词三首·其三·四门泥》《为林义顺书词三首·其二·油葫芦》
		毛泽东	《沁园春·雪》《水调歌头·游泳》

续表

	现代小说	鲁迅	《祝福》
		茅盾	《春蚕》
	新诗	徐志摩	《我所知道的康桥》《再别康桥》《石虎胡同七号》《雪花的快乐》《落叶小唱》《半夜深巷琵琶》《海韵》《常州天宁寺闻礼忏声》
		闻一多	《死水》《静夜》《红烛》《你指着太阳起誓》《末日》
		艾青	《出发》《手推车》《北方》《赌博的人们》《老人》
辛亥革命之后（1911—　）		冯至	《十四行诗》七首
	历史剧	姚莘农	《清宫苑》
	人民文学	王铁	《摔龙王》
	流亡小说	张爱玲	《北地胭脂》
	台湾新诗人	周梦蝶	《行到水穷处》《穿墙人》
		洛夫	《石室之死亡》（节选）《初生之黑》
		商禽	《天河的斜度》《不被编结时的发辫》《龙舌兰》《逃亡的天空》
		痖弦	《盐》《在中国街上》
		叶维廉	《花开的声音》《赋格》（三首）
		叶珊	《水仙花》《夏天的草莓场》《变奏》《伤痕之歌》

在选集的第一部分"元曲"中，白之选取了具有代表性的作家作品作为译介对象，它们多为元朝初期北方曲作家的作品，其内容具有通俗化和口语化的特点，文风则粗犷奔放、淳朴自然。白之指出，选集中收录的曲子皆为散曲，即独立的、并非为戏剧而作的曲子，且多以散套和小令为主。佚名作家的《那吒令过鹊踏枝寄生草》（节选）和《折桂令·浪花中一叶》具有较为深厚的民俗渊源。元曲四大家之首的关汉卿为白之的重点关注对象，其《新水令·搅闲风吹散》（驻马听选段）《一半儿·题情四首》《一枝花·不伏老》《乔牌儿》被收录选集中。白之认为马致远的《天

净沙·秋思》巧妙地运用了押韵手法，将多种景物并置，组合成一幅秋郊夕照图，语言凝练，意蕴深远，该作品由白之亲译。此外，选集亦收录了马致远的《落梅风·云笼月》和《落梅风·烟寺晚钟》。张养浩的《山坡羊·潼关怀古》由景怀古，兼具议论之辞，将苍茫的景色、深沉的情感和精辟的论述完美结合，具有强烈的感染力。白之对《叨叨令·道情·一个空皮囊包裹着千重气》和《叨叨令·道情·白云深处青山下》的作者邓玉宾在作品中充分展现拟声词魅力的能力表示赞赏，并将作品所蕴涵的道家思想展示给读者。白之为元代散曲作家徐再思的一句"平生不会相思，才会相思，便害相思"所动容，收录其《折桂令·春情》。与关汉卿、马致远、郑光祖并称"元曲四大家"的白朴，白之收录其小令《醉中天·佳人脸上有痣》。此曲描摹佳人之情态惟妙惟肖，开头以杨贵妃作比，展示出佳人容貌之美，之后戏说佳人脸上的黑痣为杨贵妃在为李白赋诗托砚时被墨点染所致。白之称赞全诗精巧的构思及生动的谐趣。选集的此部分还收录有周文质的《叨叨令·悲秋》、乔吉的《水仙子·重观瀑布》以及张可久的《红绣鞋·天台瀑布寺》，译文均来自施文林。

白之将第二部分"明朝"分为四个子部分："志怪小说及其他""明初诗人""神魔小说"和"明代戏剧杰作"四个子部分。

在"志怪小说及其他"中，白之提醒说，选集中涉及的明晚期传奇故事延续着古典散文风格，仍采用文言文形式。但在这一阶段，小说和戏剧等使用通俗语言的文学体裁得到迅速发展，古典风格浓郁的短篇小说则"变质"成为精彩纷呈的志怪小说。宋元时代早期话本的代表作《碾玉观音》，是在市井说书人口述的基础上创作而成的，但故事内容从创作之初起便没有发生过太大变化。白之揭示，《碾玉观音》遵循了话本小说以序言作为开篇的习惯。鉴于冗长的序言会引起读者反感，因此，白之认为译

142

者省略对序言的译介亦合情合理。[1]在该部分内容中，选集还收录有瞿佑的《三山福地志》和马中锡的《中山狼传》。尽管明代文学最显著的特点之一是正统诗文逐渐走向衰落，小说和戏曲等俗文学逐渐受到追捧，但该时期亦不乏特征鲜明的诗人诗作。在"明初诗人"中，白之将高启作为明初诗人的代表，选集收录有牟复礼（F.W. Mote）译介的《青丘诗词序》《晚出城东门闻橹声》《青丘子歌并序》《见花忆亡女书》《召修〈元史〉将赴京师别内》《京师苦寒》《出郊抵东屯·其一》《出郊抵东屯·其三》《出郊抵东屯·其四》九篇作品。在"神魔小说"中，收录有白之本人译介的代表明代神魔小说最高成就的《西游记》第二十三回。白之对中国"四大名著"之一的《西游记》颇为推崇，称其使得像班扬（Bunyan）《天路历程》（*Pilgrim's Progress*）那样的伟大作品都黯然失色。在"明代戏剧杰作"中，选集则收录有白之亲译的《牡丹亭》第七折《闺塾》、第十折《惊梦》、第十四折《写真》和第二十折《闹殇》。这四出剧恰好构成《牡丹亭》发生、发展、高潮和结局的完整脉络，白之认为它们能够让西方读者在有限的篇幅内了解和领略到《牡丹亭》的全貌。

第三部分收录的是"清朝"时期的作品。白之将其分为"早期清词""生活的艺术""志怪小说""乾隆时期的诗人""红楼梦""自传新文学"和"晚期清词"七个子部分，所涵盖的内容相当丰富。

白之将清词分为"早期清词"和"晚期清词"，并予以介绍和阐释。正如陈水云、晁圣骞所指出的那样，白之选集尤其展现出编者之卓识之处在于清词在全书中颇占有一席之地。陈子龙、吴伟业、金堡、王夫之、陈维崧、朱彝尊以及纳兰性德等作为清初词人，蒋士铨、左辅、蒋春霖、王鹏运等作为晚清词人入选，基本符合清词发展"两头大"的史实。[2]在"早

〔1〕Cyril Birch, *Anthology of Chinese Literature, Volume II: From the Fourteenth Century to the Present Day*, New York: Grove Press, 1972, p.27.
〔2〕陈水云、晁圣骞：《北美地区中国词学研究动态述评》，见武汉大学中国高校哲学社会科学发展与评价研究中心组编：《海外人文社会科学发展年度报告2013》，武汉大学出版社2014年版，第249页。

期清词"中,陈子龙作为婉约词名家和云间词派盟主,被誉为"明代第一词人"、清词中兴的开创者,白之收录其《少年游·春情》《点绛唇·春日风雨有感》《山花子·春恨》。吴伟业为娄东诗派开创者,长于七言歌行又工词,白之认为其作品尊崇唐人格调,兼取苏轼、陆游之风,其《满江红·蒜山怀古》《临江仙·逢旧》《贺新郎·病中有感》被收录于选集中。金堡原为南明旧臣,后出家为僧,法号今释,字澹归,工诗文,尤精于词。白之认为其作常抒兴亡之感、家国之恨,收录其《满江红·大风泊黄巢矶下》,并由其亲译。王夫之亦为前明遗民,白之认同其"不以一人疑天下,不以天下私一人"的思想主张,收录其《清平乐·咏雨》《玉楼春·白莲》《蝶恋花·铜关戍火》。在白之看来,阳羡派词之代表者陈维崧的词作颇有苏轼、辛弃疾之风,豪放大气,兼有清真娴雅之韵,尤为欣赏其作《水调歌头·咏美人秋千》,将此篇收录选集。而朱彝尊作为浙西词派开山之祖,与陈维崧并称"朱陈",白之称朱、陈二人皆为不肯落俗的"江南布衣文人"。白之看重朱彝尊清丽高洁的词风,收录其《消息·度雁门关》《满江红·吴大帝庙》《夏初临·天龙寺是高欢避暑宫旧址》《长亭怨慢·雁》四首。被誉为"满清第一词人""第一学人"的清初词人纳兰性德,词作尽是佳品,自然引起了白之的格外关注,其《如梦令·万帐穹庐人醉》《长相思·山一程》《忆江南》四首、《天仙子·梦里蘼芜青一剪》《采桑子·谁翻乐府凄凉曲》《采桑子·谢家庭院残更立》《采桑子·当时错》《金缕曲·亡妇忌日有感》《金缕曲·赠梁汾》《齐天乐·塞外七夕》十三首作品被白之收录选集中。

在"生活的艺术"一节中,白之着重论述了自明清时期起开始大量涌现的随笔这一体裁,并提及现代学者林语堂在《吾国与吾民》和《生活的艺术》等书中延续了这一传统,并将其发扬光大。该节亦收录明末清初文学家、戏剧家、美学家李渔的代表作《闲情偶寄》节选五篇。《闲情偶寄》是养生学的经典著作,在中国传统雅文化中享有很高声誉,被誉为古代生

144

活艺术大全，名列"中国名士八大奇著"之首。作品论述了戏曲、歌舞、服饰、修容、园林、建筑、花卉、器玩、颐养、饮食等艺术和生活中的各类现象，并阐发了作者李渔自己的主张，内容极为丰富多彩。作品中没有任何思想羁绊的散漫式记述方式，李渔对艺术和生活中美学现象和美学规律的挖掘对白之产生了很深的吸引力，引发了他极大的研究兴趣，并亲译了《饮馔部》《种植部》《居室部》和《颐养部》中的部分段落。

在随后的"志怪小说"一节中，白之收录了蒲松龄、袁枚和李汝珍的作品译文。白之颇为欣赏《聊斋志异》中的小说故事或揭露封建统治的黑暗，或抨击科举制度的腐朽，或反抗封建礼教的束缚，具有丰富的思想内容。选集中收录的《聊斋志异·罗刹海市》和《聊斋志异·婴宁》由汉学家翟文伯和翟楚共同翻译，两篇译文带有较为明显的现代语言风格。白之认为，通过此前翟理思（Herbert Giles）的《聊斋志异选》译本，西方读者早已熟知了蒲松龄作品中鬼魂、狐妖和龙女等形象。[1]《子不语》是清代文学家袁枚撰写的文言短篇小说集，这个令人啼笑皆非的书名源自《论语·述而》中的"子不语怪力乱神"，即君子不谈论怪异、勇力、叛乱及鬼神之事。后来袁枚发现元人说部有同名者，遂改为《新齐谐》，源自《庄子·逍遥游》中的"齐谐者，志怪者也"。但元人说部之同名书早已失传，故后人仍多沿用《子不语》之名。该小说集仿照六朝志怪小说和《聊斋志异》而写，作品大都言鬼神，谈怪异，其中因果报应、荒诞迷信成份较多，部分篇章从偶然、猎奇的角度写不畏惧鬼怪的故事。[2]白之赞赏全书文字简练、语言自然、亦庄亦谐，并对作品展现的光怪陆离的世间百态颇感兴趣。白之认为，袁枚用幽默风趣且隐晦的方式揭示了当时社会的诸多恶弊之处，体现了袁枚对理学思想的批判和对封建迷信的怀疑。选

---

〔1〕Cyril Birch, *Anthology of Chinese Literature*, *Volume II: From the Fourteenth Century to the Present Day*, New York: Grove Press，1972，p.159.
〔2〕翁长松：《清代版本叙录》，上海远东出版社 2015 年版，第 389-393 页。

集收录了《子不语》中的《蝴蝶怪》《陈州考院》《成神不必贤人》。《镜花缘》是清代文人李汝珍创作的长篇小说。小说前半部分描写了唐敖、多九公等人乘船在海外游历的故事，包括他们在女儿国、君子国、无肠国的经历。白之称，故事中的人物经历让人容易联想起斯威夫特的《格列佛游记》。小说的后半部分描写的是武则天科举选才女，由百花仙子托生的唐小山及其他各花仙子托生的一百位才女考中，并在朝中有所作为的故事。白之看重作者用神幻诙谐的创作手法数经据典，巧妙地勾勒出一幅绚烂斑斓的天轮彩图。[1]该作品对妇女问题的讨论亦引起了白之的关注，较具代表性的例子有《镜花缘》第三十二至三十八回中对《女儿国》的叙述。作者描绘了理想中以女性为中心的"女儿国"，男子反穿衣裙，作为妇人，以治内事；女子反穿靴帽，作为男人，以治外事。女子的智慧、才干均不弱于男子，从皇帝到辅臣皆为女子，深刻反映出作者追求男女平等的美好愿望。选集收录了由白之本人翻译的《女儿国》第三十三回节选。

随后一节之所以被命名为"乾隆时期的诗人"，白之给出的解释是，由于本节所收录的作品均出自袁枚，其成年后的创作时期与乾隆统治时期几乎重合。乾隆年间，中国古代文化受到西方文化强势影响后，呈现出最后一次"百花齐放"的景象。乾隆十四年（1749年），袁枚辞官隐居于南京小仓山随园，广收弟子，女弟子尤众。他倡导"性灵说"，主张诗文审美创作应抒写性灵，要写出诗人的个性，表现其个人生活遭际中的真情实感[2]，与赵翼、蒋士铨合称为"乾隆三大家"，也称"江右三大家"[3]，又与赵翼、张问陶并称"性灵派三大家"，为"清代骈文八大家"之一。白之在欣赏袁枚作品的同时，亦对其归隐后自由不羁的生活方式颇感兴趣，收

〔1〕〔清〕李汝珍：《镜花缘》，人民文学出版社1995年版，第1—2页。
〔2〕李天道、唐君红：《"性灵说"之"贵情"美学精神及其学理溯源》，载《青海师范大学学报》（哲学社会科学版）2018年第4期。
〔3〕朱则杰：《蒋士铨题寄袁枚、赵翼的若干集外诗文辑考》，载《广州大学学报》（社会科学版）2006年第9期。

146

录其《倪素峰归棹图》《钟》《瘗梓人诗》《舆夫叹》《过柴桑乱峰中，蹑
梯而上观陶公醉石》《新正十一日还乡六首·其三》《偶然作·开卷见古人》
《灯下理书不能终卷自伤老矣》《五十岁生日舟中作》（节选）《除夕》《栽
树自嘲》《书所见·其一》《笔不老·赋诗如开花》《恶老八首·其一》《东
风（丁巳）》十五首诗歌。

　　到了晚清，中国长篇小说大放异彩，其中的世情小说《红楼梦》在中
国文学史上独占鳌头。白之将《红楼梦》单独列出，并予以亲译。他评价
《红楼梦》"是世界文学史中真正意义上的一部巨著，其内容丰富细腻，情
节复杂深刻，影响极为深远，在中国传统小说史上独树一帜。"[1]同为四大
名著之一的《西游记》，较之《红楼梦》，白之给出的评介则相对平淡。
针对《红楼梦》的译文，白之指出，此前译本普遍存在不断压缩文本内容
以加快情节叙述进程的现象，这与曹雪芹在原文中所擅长的，即用娓娓道
来的方式探讨和推进情节的细枝末节是不相符的。因此，白之采取了译文
遵循原作者叙述步调的方式，让故事在各种丰富的情节中逐步展开。[2]

　　在"自传新文学"一节中，白之提醒读者，从严格意义上说，自传在
中国并不是一门新兴文学。在他看来，沈复"自传"的首要成就无疑是对
其妻子，即林语堂所称的"中国文学史上最可爱的女人"芸娘的深刻描写。
在白之眼中，《浮生六记》的价值在于作品本身所蕴藏的美好情感。[3]由
于沈复的作品并非是按照年份记录的自传，因此有人认为，"自述"这一
说法或更为贴切。该节还收录有沈从文的《从文自传·一个大王》。白之
尤为关注沈从文那些虽不伤感，却又透露出一种莫名悲情的篇目，它们彰

〔1〕Cyril Birch, *Anthology of Chinese Literature, Volume II: From the Fourteenth Century to the Present Day*, New York: Grove Press, 1972, p.201.

〔2〕Cyril Birch, *Anthology of Chinese Literature, Volume II: From the Fourteenth Century to the Present Day*, New York: Grove Press, 1972, pp.201-202.

〔3〕Cyril Birch, *Anthology of Chinese Literature, Volume II: From the Fourteenth Century to the Present Day*, New York: Grove Press, 1972, p.259.

显了沈从文的作品特质。[1]

在最后的"晚期清词"一节中，白之收录了蒋士铨的《水调歌头·舟次感成》、左辅的《浪淘沙·水软橹声柔》《南浦·夜寻琵琶亭》、蒋春霖的《柳梢青·芳草闲门》《虞美人·水晶帘卷澄浓雾》《浪淘沙·云气压虚栏》《鹧鸪天·杨柳东塘细水流》。蒋春霖与纳兰性德、项鸿祚并称"清代三大词人"，其所作《水云楼词》有"词史"之称，但传世仅数十首，称《水云楼烬余稿》。该节亦选取了王鹏运的《念奴娇·登旸台山绝望明陵》《摸鱼子·荠风尘·雅音寥落》，它们为当时的变革者敲响了警钟。另外，白之用简要的文字对黄兴和毛泽东做了概述性介绍，收录了前者的《为林义顺书词三首·其三·四门泥》《为林义顺书词三首·其二·油葫芦》和后者的《沁园春·雪》《水调歌头·游泳》。[2]

选集的最后一部分，白之将其命名为"辛亥革命之后"，并把它划分为"现代小说""新诗""历史剧""人民文学""流亡小说"和"台湾新诗人"六个子部分。与英语世界流行的其他选集不同，白之不仅选编了代表性强的中国古典文学作品，亦对中国现当代文学采取了兼收并蓄的态度，甚至还专门介绍了当代知名台湾诗人的作品。这一做法在很大程度上增强了选集内容的多样性，让不同层面的西方读者都能够对中国文学有更深的了解。白之表示，其收录20世纪中国文学作品的用意，一方面用来显示中国文学传统的持续性，另一方面也要展现这一传统的历史嬗变。

在"现代小说"一节中，白之对鲁迅文学作品的地位和影响做了较为客观中肯的评价，认为共产主义评论家对鲁迅的赞誉达到了几近神化的地步，但实际上只是强调了鲁迅作为"中国现代文学之父"这一地位的事实

---

[1] Cyril Birch, *Anthology of Chinese Literature*, *Volume II: From the Fourteenth Century to the Present Day*, New York: Grove Press, 1972, p.259.

[2] Cyril Birch, *Anthology of Chinese Literature*, *Volume II: From the Fourteenth Century to the Present Day*, New York: Grove Press, 1972, p.287.

150

时期的作品均选自台湾。"〔1〕自此以后，与之类似的编选策略反复出现，相
似的言论就像不证自明的"知识"一般见诸于后来编者的笔端，白之也是
其中之一。白之选集在"新诗"部分介绍了四位大陆诗人，他同时另辟本
节"台湾新诗人"，入选的台湾诗人多达六人。白之认为，台湾曾展开过
一场"诗的复兴"，其生命力及其诗人的创作才华足以让人联想到整整一
代人。

　　生于 1920 年的周梦蝶是白之提及的六位台湾诗人中最为年长的一位，
选集收录其《行到水穷处》和《穿墙人》。和周梦蝶一样，洛夫（原名莫
洛夫）、商禽（原名罗燕）和痖弦（原名王庆麟）均是从中国大陆移居台
湾的诗人。白之分别收录了洛夫的《石室之死亡》（节选）《初生之黑》、
商禽的《天河的斜度》《不被编结时的发辫》《龙舌兰》《逃亡的天空》和
痖弦的《盐》《在中国街上》。此外，叶维廉也是从中国大陆去往台湾的
诗人，与前几位不同的是，他自己翻译诗歌，选集收录有他的《花开的声
音》和《赋格》三首。在他们之中，只有生于 1940 年的叶珊（原名王靖
献，又名杨牧）出生在台湾本土，其《水仙花》《夏天的草莓场》《变奏》
《伤痕之歌》四部作品被收录选集中。上述收录的六位台湾诗人的作品译
文均来自叶维廉。白之认为解读他们的诗歌作品几乎都不"轻松"，往往
都极度清晰地反映了现实生活处境，正如叶维廉所述的那样："被中国人
支离破碎的世界观、噩梦般的现实以及他们周遭可怕的荒谬所压垮"〔2〕；用
洛夫的话来说则是："我们在镜子里看到的不是现代人的形象，而是他们
无情的命运，写诗是一种报复。"〔3〕白之捕捉到叶维廉对他们的写作过程进

〔1〕何敏：《翻译选集与民族文学形象的建构——中国现当代文学翻译选集在美国：1931—1990》，载《外语
教学理论与实践》2021 年第 3 期。
〔2〕Cyril Birch, *Anthology of Chinese Literature*, *Volume II: From the Fourteenth Century to the Present Day*, New
York: Grove Press, 1972, p.449.
〔3〕Cyril Birch, *Anthology of Chinese Literature*, *Volume II: From the Fourteenth Century to the Present Day*, New
York: Grove Press, 1972, p.449.

行了深入的分析，"痖弦和洛夫力求将生命和节奏融入每一个经历、行为和情境的片段中，并让这些充满活力的片段形成自己的体系"。[1]白之表示，这些台湾诗人显然从西方现代作家身上汲取了许多创作经验，但从他们作品的英译文中，也仍能够识别其中国诗人的身份。白之认为，在他们的诗歌中，中国传统文化的深度与广度在"尘土飞扬的平原""向日葵"及"燃烧的城市"等意象中展露无遗，尽管创作语言完全是现代的，但使用的格律却与传统形式相呼应。例如，商禽在《逃亡的天空》中运用的重叠比喻，很容易让读者想起元杂剧中"梅花酒"的曲调形式。

　　合而观之，尽管作为一名文化"他者"，白之却始终能够将自身置于中国广阔而深远的历史文化语境中，以其对中国文学、文化敏锐且准确的把握，为广大中西方学者及读者还原和呈现中国文学、文化发生发展的脉络，为中国文学走进西方作出了突出贡献。

二、以"他"为我的诗学操控

　　中国文学选集的编译是语料重置的过程，其中所涉及的翻译语料重置，则意味着对异质因子的引进，对原有中国文学翻译子系统形式库内容的新旧更替，以及对中国经典文学的整体重构。然而，任何一部中国文学选集都受到篇幅局限，这一因素决定了并非所有中国经典文学作品都能够被编译者囊括进选集中。这个"变量"因素也避免了不同选集之间的"同质性"可能，加之编译者所处的社会历史文化语境、学术背景经历、诗学观等其他因素的差异，决定了西方学界中的中国文学选集的多样性。此外，当一部选集被读者逐步接受以后，往往能够达到在读者心中展现中国文学

---

〔1〕Cyril Birch, *Anthology of Chinese Literature*, *Volume II: From the Fourteenth Century to the Present Day*, New York: Grove Press, 1972, p.449.

152

整体样貌的目的，进而构建相应翻译文学子系统的基本范式。那么，后续选集想要获得生存空间，则需在已经构建完成的范式中引入异质要素，抑或彻底颠覆原有范式而建立全新的模式。白之选集就对后续出现的英译选集产生了重大影响。

　　一部理想的翻译选集应该以原作在文学发展史上的代表性为选择标准，选择那些具有重要文学史意义的作品，这就要求编者应力求克服自己的个人偏好和理解，尽可能地为读者展示源语国文学真实的形象。但在实际操作中，这却是一种难以企及的理想状态。原因在于，选者首先是读者或曰接受者，总是从自己的视角出发，基于自己对源语国文学的认识来选择作品，再以选本的形式呈现给读者。选家对原作的择取既勾连着源语国文学的发展现状，更与自己的编选动机、对源语国文学的认知和态度，以及所处的历史文化语境密切相关。可以说，翻译选集最终展示出的往往是选家自己心目中源语国文学应该有的模样。[1]

　　翻译选集编纂中亦偶有"改写"发生，编者的审美好恶、文学观念、对源语国的文化立场，均在一定程度上影响其对作家作品的选择和安排。[2]如鲁迅所言，"选本所显示的，往往并非作者的特色，倒是选者的眼光"[3]，该论断可谓切中肯綮。尽管白之恪守研究传统，也难掩20世纪70年代这一特定时代背景对其编译选择的影响。在第二卷的前言中，白之坦言，由于篇幅所限，如果该作家的政治影响大于其文学影响，则会对他的作品"弃之不用"。从白之所选作品数量和作家分布来看，不难看出，他以诗歌为正统文学，正如其在序言末尾处所指出的那样，他认为中国文学如果没有诗歌的声音将会是不可想象的。与诗歌相比，现当代小说的地位

―――――――――――――――――――――

〔1〕何敏、吴赟：《美国视野中的中国现当代文学选择与阐释——基于文学选集的考察》，载《外语教学与研究》2019年第1期，第135页。

〔2〕何敏、吴赟：《美国视野中的中国现当代文学选择与阐释——基于文学选集的考察》，载《外语教学与研究》2019年第1期，第135页。

〔3〕鲁迅：《鲁迅全集》（第7卷），人民文学出版社2005年版，第138页。

则显得低得多。此外，"先秦文学"部分唯一被选译的篇目是《庄子》，而《论语》《孟子》和《春秋》等儒家经典均被排除在外。对此，白之解释称："因为如果要鉴赏这些作品，首先要向读者大量阐释关于早期中国的道德观念和政治理论。"[1] 一方面，这体现出白之在篇目选择上偏向于在主题和内容方面不需要做太多解释的作品，这样，英语世界的读者就不需要改变他们已经形成的文学观念和文化认知；另一方面，白之"尊道弃儒"的编译策略明显受到 20 世纪 60 年代美国反越战这一时代背景的影响。道家所尊崇的"无为而治"理念符合美国当时的主流意识形态。反之，倡导"入世精神"的儒家则与当时的意识形态背道而驰，因此，儒家的那些经典作品自然就被排除在外了。可见，白之选集为了抵制与美国当时社会意识形态格格不入的某些思想观念，在一定程度上对作家作品做了删减或改编。[2]

又如，在"隐士之歌"部分中，斯奈德译介的寒山诗多达 24 首，在数量上远超杜甫和李白，斯奈德的译诗和间丘胤的序文长达 9 页。在白之选集中，诗人寒山一跃成为主流诗人，奠定了寒山在英语翻译文学中的地位，这与其在国内长期被边缘化的情况形成了鲜明对比。"对于当时的美国民众来说，由于对社会现实的不满，希望通过疏离社会与亲近自然的方式来实现对自我的拯救，这与寒山诗中体现的诗意和禅境、对大自然的亲近与对人类心灵自由的渴望，是不谋而合的。"[3] 显然，白之对寒山及寒山诗的推崇顺应了美国 20 世纪 60 年代的嬉皮士运动潮流。白之肯定了寒山对 20 世纪 60 年代初的美国存在特殊意义的事实："我觉得斯奈德将寒山

---

[1] Cyril Birch, *Anthology of Chinese Literature*, *Volume I: From Early Times to the Fourteenth Century*, New York: Grove Press, 1965, p.xxv.

[2] 陈橙：《文选编译与经典重构——宇文所安的〈诺顿中国文选〉研究》，上海外语教育出版社 2012 年版，第 162－163 页。

[3] 刘册：《关于"中华文化走出去"的思考 以〈寒山诗〉在美国的译介为例》，载《中国宗教》2017 年第 8 期。

154

视为一位中国中世纪货真价实的嬉皮是完全合理的，这是 20 世纪 60 年代初期世界的一个新发现。"[1]白之选集收录寒山作品，从此开启了寒山研究作为美国汉学中的一门显学的时代。可以说，白之对寒山及寒山诗的选择是白之受当时主流意识形态影响的产物。同样，20 世纪初，"婉约词宗"李清照能够进入美国读者的视野，源自其别具一格的"易安词"契合了 20 世纪至今的美国诗学传统。正如孙康宜所称赞的那样："易安词是音乐的文学样式，主抒情，重感性，攻修辞，其'曲尽其妙'之境完全合乎美国抒情诗百转千回的诗风。"[2]白之选集收录了李清照词译作 8 首，其中 5 首由克沃科译介，另外 3 首则译自许芥昱，从翻译数量上可见白之对李清照词作的欣赏和看重。

　　值得探讨的还有毛泽东写于 1936 年的《沁园春·雪》和 1956 年的《水调歌头·游泳》，在白之选集中被作为"晚清诗词"的结尾。作为专业学者的白之，不可能对具有重大时代影响力的毛泽东及其作品不了解而造成误编，有学者分析白之这样做的原因有两点：第一，由于毛泽东出生于清末，所以白之把毛泽东的作品归入"晚清诗词"部分。尽管这种划分法并不符合一般文学史划分惯例，却体现出白之将毛泽东诗词视为旧体诗词典范，并把毛泽东作为旧体诗词终结者的倾向；第二，该选集编选的时候是 20 世纪 70 年代，这一时期正值中美外交关系逐渐趋于正常化，中美两国互相对立的态势也逐渐缓和。鉴于当时社会左翼思潮以及时局变化，白之将毛泽东的两首旧体诗收录其中。在选集的序言中，白之亦特意提及选入了毛泽东的作品，以吸引读者的注意。因此，其将毛泽东作品归为"晚清诗词"这一看似怪异的编选做法，在某种程度上折射出意识形态对白之选

---

[1] 钟玲：《史耐德与中国文化》，首都师范大学出版社 2006 年版，第 182 页。
[2] ［美］孙康宜：《词与文类研究》，李奭学译，北京大学出版社 2006 年版，第 163 页。

集编译行为的影响。[1]合而观之，白之的编译选择反映出传统汉学对其影响之深。

　　多年来，包括白之在内的诸多汉学家，在文学史的编撰实践中，均为尝试建构符合本国文学发展实际情况的文学史范式而付出努力。但受限于一定的历史文化语境，与中国本土产生的选集相比，白之选集仍存在某些不足。究其原因，正如勒菲弗尔所指出的那样："无论译者的动机是什么，均在某种程度上反映了其意识形态与诗学观念，且以此达到操控文学的目的，并在特定的社会中以某种特定的方式运行。"[2]白之选集中出现的诸如排除儒家经典《论语》《孟子》等，将诗人寒山的文学地位提高超过当时大部分主流诗人，以及把毛泽东诗词划入"晚清诗词"一节等编译行为，显然不符合中国文学史的实际，而具有明显的异域意识形态操控痕迹，容易导致西方读者对中国文学、文化的误读和偏见，这需要引起足够的重视和警惕。

三、以"美"为纲的文学翻译

　　白之邀请了 22 位知名汉学家、翻译家参与选集第一卷的编撰工作。正如白之在序言中写的那样，"……我们也试图尽可能地把某些作家和翻译家一一对应地联系起来，这样沃森就成了司马迁的代言人，韦利成了白居易的代言人，莱德敖（J.K. Rideout）成为韩愈的代言人，布赖特成为范成大的代言人"。[3]由于译者的译介风格各不相同，因此，西方读者往往能够

---

〔1〕陈橙：《文选编译与经典重构——宇文所安的〈诺顿中国文选〉研究》，上海外语教育出版社 2012 年版，第 163 页。

〔2〕Lefevere, Andrew, *Translation, Rewriting and the Manipulation of Literary Fame*, Shanghai: Shanghai Foreign Language Education Press, 2005, p.vii.

〔3〕Cyril Birch, *Anthology of Chinese Literature, Volume I: From Early Times to the Fourteenth Century*, New York: Grove Press, 1965, p.xxv.

158

将译诗再译回中文如下：

> 最近的霜冻比黎明还长，
> 宣告秋天已经到来。
> 绿色的树林被染色，
> 只有在橘园里，景色不同，
> 橙色的树林看起来好像一万块金子。

针对以上的译文，沙迪克认为布赖特的无端添加限制了读者的想象力，给读者带来的是一首18世纪的英国田园诗，而非范成大的《晚春田园杂兴十二绝》。[1]

白之选集尽管存在某些翻译方面的问题，但从总体上看，其译介水准在当时实属上乘。在整个编译实践活动中，白之始终恪守自己一以贯之的思想和原则，坚持以"美"为纲的文学翻译，在最大限度内为西方读者呈现中国文化、文学精髓，为中西文化交流作出了应有的贡献。

第三节　白之《中国文学选集》的编译与经典化

作为北美学界具有首开先河之功的中国文学选集，白之为中国经典文学走向西方、走向世界作出了重要贡献。编译者的文学观和文学史观往往体现在一部文学史的编写体例之中，白之选集展现的文学观和文学史观均有创新之处。此外，白之选集的编译过程及最终实现经典化与接受语环境

---

[1] Harold Shadick, "Review of *Anthology of Chinese Literature*, *Volume I: From Early Times to the Fourteenth Century*", *The Journal of Asian Studies*, Vol. 26, No.1, 1966, pp.102–103.

中的赞助人因素、专业人员因素、市场因素等均有密切关系。

一、"传统"的编译体例与不庸常的编译思想

三千余年的中国文学资源，加上白之个人独特的文学品味，他编译的
《中国文学选集》为西方读者提供了大量素材、欣赏空间与探索路径。他
明确指出，希望该选集能够为外国读者提供一次近距离接触中国文明的机
会，每一个读者的身边都应该有像格鲁塞、富路特、艾伯华这样的汉学家，
帮助他们了解中国文化和社会历史。白之亦强调，该选集所收录的文学作
品具有十分强烈的时代精神。在编译过程中，其并未使用小说和摘录的剧
本填满书页，而是提供了丰富多样的文学体裁。尤为令人欣喜的是，第二
卷中的后五分之二篇幅留给了包罗万象的中国现当代文学。可以说，翻译
选集对文本的选择本身就是一种文学接受的表征。[1]"选"作为文集编译活
动极为重要的一方面，体现编译者对原语国文学接受倾向的另一方面是翻
译选集的副文本。副文本主要包括序言、引言、跋语和正文前对作家作品
的介绍性文字。选集中的副文本，一般会直接阐述编选的缘由、宗旨及文
本的选录标准等。然而，翻译选集的目标读者和原作之间存在的文化距离，
不可避免地会造成接受障碍，因此与非翻译选集相比，翻译选集通常借助
副文本对收录文本、乃至对整个中国文学作出一己的阐释。编者的阐释看
似以冷静的"观察"为基础，但在"观察"之前，往往有某种"观看之
道"先行在场，并促使编者"提醒了他之以为然，而默杀了他之以为不然
处。"[2]体现在选集副文本中的特定阐释逻辑会支配选者对作品的选择，而

---

[1] 何敏、吴赟：《美国视野中的中国现当代文学选择与阐释——基于文学选集的考察》，载《外语教学与研究》2019年第1期。
[2] 鲁迅：《鲁迅全集》（第7卷），人民文学出版社2005年版，第139页。

160

如此选择的作品又必然会反过来印证这种阐释的合理性。[1]

清人焦循在其所撰《易馀籥录》中曾言："夫一代有一代之所胜，舍其所胜，以就其所不胜，皆寄人篱下者耳。余尝欲自楚骚以下，至明八股，撰为一集，汉则专取其赋，魏晋六朝至隋则专录其五言诗，唐则专录其律诗，宋专录其词，元专录其曲，明专录其八股，一代还其一代之所胜，然而未暇也。"[2]王国维认为每一代人都有属于自己时代的文学，"四言敝而有《楚辞》，《楚辞》敝而有五言，五言敝而有七言，古诗敝而有律绝，律绝敝而有词"。[3]浦江清因此认为："焦、王发现了中国文学演化的规律，替中国文学史立一个革命的见地。"[4]这也确立了一个以朝代先后为顺序、以各代典型文体与代表作家为内容的中国文学史的编写体例。此后的百余年，这一模式在中国文学史编撰中得以延续，其"地位"极少受到过挑战或撼动。显然，白之也采用了这一传统编译体例来完成选集的编译工作。

白之十分重视体现中国传统文学的连贯性，同时亦关注与凸显中国文学传统中不同体裁的特质。为此，他以时间为纲，从选集所收录文学作品的时间上来看，前后跨度长达三千余年之久。在对作家作品的选择上，他将侧重点放了周朝、汉朝、三国魏晋南北朝、唐朝、宋朝和元朝主流学派的经典作品上，其中又尤为突出唐诗、宋词、六朝文学以及唐传奇。置于每一节前面的介绍和编者导言似乎在说服读者去经历一次激动人心的"文学探险"。白之以时间为维度将中国文学分文类进行展示，是对以往中国文学史相关书写体例的一大突破，在西方汉学史上具有里程碑式意义。另外，从编译内容上来看，白之选集的独特之处在于，它收录了一些散落于期刊或不易获得的译文，如有陈世骧翻译的《陆机文赋》，以及白思达、

---

〔1〕何敏、吴赟：《美国视野中的中国现当代文学选择与阐释——基于文学选集的考察》，载《外语教学与研究》2019年第1期。
〔2〕徐德明、吴平主编：《清代学术笔记丛刊》第37册，学苑出版社2005年版，第45页。
〔3〕王国维：《人间词话》，江苏凤凰科技出版社2019年版，第112页。
〔4〕刘扬忠：《且喜青山依旧住：刘扬忠文选》，贵州人民出版社2018年版，第334页。

葛瑞汉、海陶玮和莱德敔等翻译的散文或诗歌译本。

　　尽管白之选集一经出版便赢得各方好评，但也有一些学者从专业角度指出选集中存在的一些问题。例如，孙迪克指出，读者可能会对白之选集感到失望的一点是，作为中国美文重要组成部分的随笔、书信、序言、墓志铭等文体形式未在选集中得到充分展示。余光中的《庐山面目纵横看——评丛树版英译〈中国文学选集〉》、蒋坚松和刘超先的《西利尔·白之〈中国文学作品选集〉的翻译问题》[1] 均为国内较具代表性的批评性文章。他们指出的问题主要集中于以下四个方面：第一，翻译的准确性、忠实性有待进一步提高，即存在一些误译现象；第二，翻译风格与原作风格偶有出入；第三，体裁和作品选译类型比例存在失衡嫌疑；第四，作者和作品被归入的时代偶有不妥。这些问题的提出，对促进选集的进一步完善具有建设性意义，值得编译者重视。

　　就选集编译目的而言，韩高年指出："中美大学在文学教育方面存在很大的差异。中国的文学史编写，首要目的是充当教材。这就决定了撰写者将工作的重点放在对于中国文学史基本知识框架和文学演变轨迹的叙述上，从而悬置了对一些时代的文学现象、作家、作品的争论。目前通行的中国学者所编写的中国文学史，注重向读者提供最基本的中国文学史演进的知识框架，不以呈现和汇聚最新的研究成果为主要书写目的。"[2] 这一观点在白之选集的编译活动中得到了证实。白之在每一个子栏目前面均用精当的阐释性文字对即将介绍的文类及代表作做了必要说明，这些文字在向异域读者传递文化信息和背景知识的同时，亦体现出编译者对作家作品或文学现象的观点与看法。

　　文学史的书写是一种历史想象的方式，是文学、社会、时代、读者期待

---

〔1〕蒋坚松、刘超先：《西利尔·白之〈中国文学作品选集〉的翻译问题》，载《娄底师专学报》1998年第3期。
〔2〕韩高年：《他山之石，可以为错——评梅维恒主编〈哥伦比亚中国文学史〉》，载《文艺研究》2007年第9期。

162

和文学生产等诸多因素斡旋的结果。编译一部较为完备的文学史，其难度可想而知。任何一位史家都不可能书写出一部完美的文学史，所能做的仅是如白之那样，以各自的方式、立场和角度，不断地去走近和走进文学史。[1]

二、突破常规的文学史观

一部中国文学选集英译本能够折射出编译者的文学审美能力和文学鉴赏水平，两卷本《中国文学选集》正是白之作为一名卓越汉学家和优秀翻译家品第及能力的集中体现。尽管白之选集并非中国文学史专著，但不可否认的是，其充分发挥了重构中国文学史理论与实践的双重借鉴作用，它对西方世界了解中国文学、文化亦有着重大学术意义，极大地影响着西方世界理解与言说中国文学的方式和方法。

白之选集由数十位知名汉学家及专业翻译学者合力完成。作为一部由西方学者编译的中国文学史，它在编译目的、涵盖内容、关注重点、编排体例、阐释方式和批评立场等诸多方面，均与我国学者所编写的中国文学史存在着较大不同。中西方语境之下生成的那些诸多"不同"，既可以被描述成"横看成岭侧成峰"式的视角转换，也可被视为可以攻玉的"他山之石"。必须肯定的是，白之选集中所蕴藏的大多数特质恰是中国学者难以领略到的独特景观，正所谓"不识庐山真面目，只缘身在此山中"。对中国国内的该领域研究而言，这部编译著作的价值之一在于编译者对中国文学史问题的把握较之中国本土学者更具有整体性优势；而于西方学界来说，作为首部较为系统地将中国最具代表性的经典作家作品编译成集的专著，白之选集建立起了中国文学选集的基本模型，对后续出现的选集产生了较大影响，这也正是该选集一经出版即引起海内外学界广泛关注的重要

[1] 季进：《多元文学史的书写——海外中国现代文学研究论之一》，载《文学评论》2009 年第 6 期。

原因。

　　编译者的文学观和文学史观往往体现在一部文学史的编写体例之中。
白之选集展现的文学观和文学史观均有创新之处，与英语世界中其他较具
代表性的选集相比，有较为鲜明的特质。在选集的序言中，白之明确指出，
该选集对文学的定义是现代西方的，而非中国传统的；是具有排他性的，
而非全面的。[1]中国古代文人将古籍按内容划分为经、史、子、集四大部
类。值得注意的是，原本"集"不包括小说和戏剧，但白之选集所秉持的
是纯文学理念，同样重视小说和戏曲等体裁的文学价值，故而将其兼收并
蓄。选集中的大部分篇目，至少是第一卷中的篇目，均来自"集"这一部
类。在收录儒家经典著作的"经"部分中，选集只从《诗经》中选取了相
关文本。此外，选集对"子"部类采取了几乎完全忽略的态度。对此，白
之作出的解释是，他并非认为《孟子》《列子》《朱子语类》等缺乏文学
价值，而是倾向于排除这些首先要求读者了解中国古代伦理观念和政治理
论才能理解作品内涵的篇目。白之能够成功地将中国经典文学编译成集，
正是基于其稔知中国文学史发展进程，在他的文学史观中，中国文学传统
从未中断过。

　　针对选集并未收录一些杰出文人的作品这一情况，白之作出的解释
是，由于他们作出的主要贡献超出了西方学界所定义的"文学"范畴，这
一现象在哲学家王阳明身上体现得尤为典型。又如，王士祯的作品则因寓
意深刻，翻译起来难度极大而未入选。此外，选集还排除了那些曾经备受
中国学界追捧的八股文。[2]

　　文学选集的集中体现编译是编译者整体文学史观的一项创造性活动。

---

[1] Cyril Birch, *Anthology of Chinese Literature*, *Volume I: From Early Times to the Fourteenth Century*, New York: Grove Press, 1965, pp.xxiv.

[2] Cyril Birch, *Anthology of Chinese Literature*, *Volume II: From the Fourteenth Century to the Present Day*, New York: Grove Press, 1972, p.xxv.

白之个人的中国文学史观、诗学观、编译思想等在编译工作中得到了较为充分的体现。白之以一位西方汉学家的身份，从"他者"视阈切入，通过对中国文学史的重新表征、阐释和重构，在凸显中国文学传统连贯性与多元化的同时，亦擅于把握其丰富性与特异性。通过选集第一卷和第二卷的总序言，以及每小节导言中那些精当到位的阐释性评述，可见白之以文本为中心，充分体现出他对中国文学、文化的深刻理解和尊重。白之对中国经典文学历史文化语境的还原，在重新建构中国文学史方面发挥了重大作用，展示出他对中国传统文学历史遗留样态的倚重及其敏锐的史家分析精神。

三、实至名归：内外力量的结晶

选集编译过程及最终实现经典化与接受语环境中的赞助人因素、专业人员因素、市场因素等均有密切关系。编译者及其作品在与市场的良性互动和信息的有效交换过程中，逐步实现经典化。笔者从赞助人、相关人员和市场三个因素切入，探讨白之选集在英语世界如何实现经典化并最终确立其权威性和影响力。

（一）赞助人因素

勒菲弗尔（Lefevere）在其著作中指出，专业人员、赞助人和主流诗学是制约翻译在文学系统中运作、生产与消费的三大因素。赞助人是指"某种权力（个人或者机构），它能促进或阻碍文学作品的阅读、创作以及改写，它包括有影响或有权力的个人、团体、出版商、媒体、政党或政治阶层等，以及规范文学和文艺思想流通的机构，如国家学术机构、学术期刊，特别是教育机构。"[1]赞助人通过发挥经济利益、意识形态和社会地位三方

---

〔1〕陈橙：《文选编译与经典重构——宇文所安的〈诺顿中国文选〉》，上海外语教育出版社 2014 年版，第34 页。

面的作用，在翻译活动走向、翻译文学的兴衰以及译者地位上具有决定性
影响。白之选集能够在英语世界实现经典化，赞助人因素发挥着重大作用。

　　首先，从经济利益角度看，提供一定数额的资助基金是赞助人为编译
者提供财力保证的重要手段之一。白之选集受到亚洲协会的亚洲文学项目
（the Asian Literature program of the Asia Society）资助，这为白之能够全
身心地投入编译工作提供了有利的外部支持。

　　其次，从机构角度看，谢天振指出，"权威的出版社，有良好品牌的
丛书等，也是图书能赢得市场的一个重要因素。（而能赢得市场，也就意
味着译介有可能取得成功）"〔1〕白之选集由美国知名出版社丛树出版社刊
行，其知名度和影响力为白之选集实现经典化起到了至关重要的外部推动
作用。该选集之后被联合国科教文组织列入中国文学系列译丛，选集的影
响力得到了进一步增强，也因此确定了该选集在英语世界的地位。另外，
白之在第一卷长达一页多的"致谢"〔2〕中提及了多家权威出版社、知名大

---

〔1〕谢天振：《谁来向世界译介中国文学和中国文化？》，载《文景》2005 年第 5 期。
〔2〕笔者将选集中的"致谢"翻译如下：

　　我们谨向白思达、萨姆·布罗克（Sam Houston Brock）、柯润璞、葛瑞汉、海陶玮、K.Y. Hsü、伯顿·沃
森（Burton Watson）对这部选集所作出的宝贵贡献致以最诚挚的谢意。

　　此外，以下机构及个人许可我们对其出版图书进行使用，对此，我们表示衷心的感谢：台湾故宫博物院
联合管理局，同意我们将赵孟頫的书法作为卷首再版；伦敦乔治艾伦昂温出版有限公司与麦克米兰出版公司
出版的阿瑟·韦利的译作《诗经》《中国古代三大思想方式》《郊庙歌辞及其他》《中国古诗选译》《中国
古诗选译续集》《李白的诗歌与生平》以及《白居易的生平及其时代》；哈佛大学出版社与费伯 - 费伯出版
社出版的埃兹拉·庞德的译作《论语》；哥伦比亚大学出版社出版的伯顿·沃森的译作《古代文学史》《中
国传统资料》《司马迁：伟大的中国史学家》以及《史记》；牛津大学出版社出版的大卫·霍克思（David
Hawkes）的译作《楚辞：南方之歌》；《亚洲专刊》和《华裔学志》刊发的海陶玮的译作；亚伯拉德·舒曼
有限公司出版的陈志让（C.J. Chen）与布洛克（Michael Bullock）合译的《孤独之诗》；泰晤士与赫德逊公司
以及先锋出版社出版的艾惟廉的译作《陶隐士》；感谢陈尚惠（S.H.Chen）和格罗夫出版社对加里·斯奈德
（Gary Snyder）在《常青评论》发表的译作的翻译协助；安腾森出版社出版的《陆机文赋》英译本；金山出
版社出版的库克（C.H. Kwock）与文森特·迈克休（Vin-cent McHugh）合译的《我为什么住在山上》（Why
I Live on the Mountain）、《易安居士》；亚飞诺普出版社出版的威特·宾纳（Witter Bynner）与江亢虎（Kiang
Kang-hu）合译的《群玉山头》；感谢莱维散夫人允许我们印刷出版已故的莱维散先生的译作；剑桥大学出
版的初大告（Ch'u Ta-kao）的《中华隽词》；杰拉尔德·布赖特夫人允许我们使用已故的杰拉尔德·布赖特
先生的译作《范成大的黄金岁月》；感谢密歇根大学中国研究中心允许我们使用柯润璞的译作《李逵负荆》。

　　感谢亚洲协会亚洲文学项目对本书出版的支持。

166

学和颇具影响力的机构，它们为选集编译工作提供有效帮助的同时，亦作为宣传媒介，在选集实现经典化过程中发挥了不可忽视的作用。

最后，从媒体反应的角度看，《中国文学选集·第一卷》一经出版即引来学界高度关注，其丰富的文类、高质量的译介水准赢得欧美汉学界一致好评，许多精英媒体对白之的这一汉学成果予以了高度评价。美国知名杂志《纽约客》(*The New Yorker*)作为精英媒体的代表之一，在北美乃至全球读书界都有较大影响力和权威性，盛赞白之选集"是一桌罗列珍馐百味的中国筵席，从饮酒诗到功德行状，从语带讽刺的爱情故事到情词缤纷的传统戏曲，从探讨人生哲理的友朋信札到意味深长的宗教短文，每一则都给读者带来了美好的喜悦和无尽的享受"。[1]美国《图书馆杂志》(*Library Journal*)在知识分子群体中颇具影响力，其高度评价白之选集"是第一部真正的中国文学英译选集，让人倍感愉悦、增长见识，不仅适合学生学习，并且也适合一般读者阅读"。[2]可以说，具有广泛社会权威性和影响力的公共媒体对著作的外部宣传与传播是任何一部作品最终实现经典化的必备条件之一。显然，多方精英媒体及大众媒体的助力推广，是白之选集逐步经典化的重要因素。

（二）专业人员因素

主要包括评论家、教师和翻译者在内的专业人员是勒菲弗尔提出的文学系统中的另一个重要因素。专业人员要素中的三大类人员在白之选集经典化过程中发挥着各自不同的作用。具体而言，著作面世之后，评论家引导着阅读群和市场接受，其观点和评论往往影响甚至决定着著作在接受市场的整体舆论走向。著作的经典化在很大程度上取决于被使用的领域和群

---

[1] Cyril Birch, *Anthology of Chinese Literature*, *Volume I: From Early Times to the Fourteenth Century*, New York: Grove Press, 1965, back cover.
[2] Cyril Birch, *Anthology of Chinese Literature*, *Volume I: From Early Times to the Fourteenth Century*, New York: Grove Press, 1965, back cover.

体，最大辐射面的流通是实现经典化的助推要素之一。翻译者，即著作书
写及后续生命的主宰者，翻译者的主体性集中反映在著作所表现的诗学观
念和翻译思想、翻译策略等方面。总体来说，评论家、教师和翻译者这三
方共同构成的专业人员要素，是任何一部著作实现经典化的内部因素，亦
为最重要的因素之一。

　　首先，白之作为西方学界的专业汉学家，其在学界的名气和影响是促
成选集经典化的隐形因子。诸多汉学家和学者对白之本人及其研究成果给
予过颇高的评价。美籍华裔学者张洪年在对白之的介绍中写道："白之教
授，是饮誉国际的中国文学专家……他翻译多本中国文学名著，文字优美，
堪为翻译界经典之作。"[1]美国汉学家卜立德则表示，广大读者应该感谢白
之在中国文学英译方面所做的了不起工作，否则那些作品则可能仍只是历
史书中的书名而已，甚至不为读者所知。[2]

　　其次，白之本人对选集的编译工作非常看重。面对如此庞杂艰辛的工
作，白之组织、协调众位翻译大家合力完成对选集的编译。第一卷和第二
卷出版相隔的七年时间里，白之从未停止过一线教学活动。作为编译者的
同时，他还始终是一名从事中国文学教育的高校老师，这一特定的职业角
色赋予了他天然的编译优势，即在教学实践活动中有充分的时机考察第一
卷的流通情况，为第二卷的编译工作积累经验和提供借鉴，并能够在体例
选择与安排方面作出适当调整，以便更好地适应高校群体的阅读习惯和需
求。此外，从选集的副文本信息来看，第一卷和第二卷中均有内容较为丰
富的序言，便于向读者提供相关社会文化背景信息。选集中的注释，虽然
在条目数量上并不是非常庞大，但每一条均合理地出现在必要的地方，亦
彰显编译者高超的能力。

---

[1]［美］李元华主编：《逸步追风：西方学者论中国文学》，学苑出版社 2008 年版，第 1 页。
[2] D.E. Pollard, "Review of *Anthology of Chinese Literature, Volume II: From the 14th Century to the Present Day*", *China Quarterly*, Vol.54（jun., 1973）, p.376.

168

　　再次，白之选集的出版，得到的不仅是社会公共媒体的关注，同时还赢得了专业汉学界的广泛好评，赞誉之声多以书评形式展现。王绍平指出，书评是"对图书的介绍评论，多从思想观点、科学价值和实际意义等方面进行分析和评介，是揭示图书内容的基本形式之一"[1]，并且"对推动出版工作、繁荣学术研究，对推荐优秀图书、指导读者阅读等都有积极意义"。[2]汉学家沙迪克评论白之选集标志着"一种结合了全面性、准确性和可持续性的新的标准由此确立了"。[3]汉学家傅汉思首肯白之选集本身就是一项非常了不起的成就，在将来很长的一段时间里，它一定会为广大中国文学爱好者带去乐趣和享受，并使越来越多的人爱上中国文学。[4]汉学家毕晓普（Jone L. Bishop）称赞白之选集是当时类似选集中最好的一部，它犹如一座小巧而精致的图书馆。[5]哥伦比亚大学的李祈则赞誉白之选集"代表了我们这个时代在翻译领域所作出的最大努力，也许，五十年后的译者们将用它与时下的翻译作品进行比较，为实现他们的翻译理想而继续努力。届时，该选集将成为一座有意义的丰碑"。[6]学界一致认为，某位作家的作品能否入选权威文学选集，是检验其是否具有文学经典地位最直接的方法。钟玲亦强调，"一位作家如果能被收入像白之所编这样重要的选集，他长远的文学地位可谓稳如泰山"。[7]白之选集在学界的权威性和影响力可见一斑。

---

〔1〕王绍平等编著：《图书情报词典》，上海大词典出版社 1990 年版，第 160-161 页。

〔2〕王绍平等编著：《图书情报词典》，上海大词典出版社 1990 年版，第 161 页。

〔3〕Harold Shadick, "Review of *Anthology of Chinese Literature*, *Volume I: From Early Times to the Fourteenth Century*", *The Journal of Asian Studies*, Vol.26, No.1, 1966, p.101.

〔4〕Herbert Franke, "Review of *Anthology of Chinese Literature*, *Volume II: From The 14th Century to the Present Day*", *Journal of American Oriental Society*, Vol.86, No.2,（Apr.-Jun.1966）, p.255.

〔5〕Jone L. Bishop, "Review of *Anthology of Chinese Literature*, *Volume I: From Early Times to the Fourteenth Century*", *Books Abroad*, Vol. 40, No. 3（Summer, 1966）, p. 358.

〔6〕Li Chi, "Review of *Anthology of Chinese Literature*, *Volume I: From Early Times to the Fourteenth Century*", *Pacific Affairs*, Vol.39, No.1/2,（Spring-Summer, 1966）, p158.

〔7〕钟玲：《史耐德与中国文化》，首都师范大学出版社 2006 年版，第 182 页。

（三）市场因素

此部分内容所涉及的"市场"专指预设的阅读群体。白之在第一卷序言中就明确指出希望自己的选集可以为外国读者提供一次近距离接触中国文明的机会。正是怀着这样的编译宗旨，所以选集的预设读者很自然地锁定在尽可能广泛的群体上，它既可以是具有一定学术背景知识的专业学者和高校教师与学生，也可以是普通读者。白之选集具有上乘的编译水准，这一特质与美国当时的历史文化语境，以及倡导学生通过研习世界智慧遗产核心文本获得博雅教育的"伟大的书"教育的改革背景相契合，因此，白之选集成为当时美国高校的首选教材。研究表明，任何一部著作实现经典化都是以被收录进有较大权威性和影响力的选集或者高校通用教材为重要依托的。勒菲弗尔亦明确指出："高等教育的普及使得文学经典化以最为显著、最为有效的方式呈现出来。一旦出版机构和高校机构协同合作的时候，经典化就是其最具有表现力的模范。"[1] 显然，白之选集与这些情况完全吻合。

因此，无论从内部因素抑或外部条件评估，白之选集基本契合英译选集实现经典化需同时兼具的内外双重条件，它在学术界得到广泛认同并具有持久的生命力就不足为奇了。

综上所论，白之身兼作品编选与翻译双重角色，始终秉持促成中西文化沟通交流的虔诚信念，在最大限度内还原与传递中国经典文学之美是其编译活动的题中之义。这首先是基于其对中国文学、文化所怀有的深层次情感，以及对中国经典文学多样性、丰富性和特异性的关注和尊重，但不能忽视的还有白之以服务美国自身文化需求为中心的编译初衷。由此决定了白之选集必然受到国家意识形态以及编译者自身主体性、诗学观、文学

---

〔1〕Lefevere，André，ed.，*Translation / History / Culture: A Sourcebook*，Shanghai: Shanghai Foreign Language Education Press，2004，p.22.

鉴赏能力等因素的操控。白之以文化"他者"的身份解读及重构中国文学史，通过这部被西方学界视为具有开创性的两卷本编译著作《中国文学选集》，为西方世界展示了一幅规模宏大、内容丰富、思想精深的中国文学全貌图，向西方读者揭示了中国文学的核心特质，极大地影响了西方世界理解与研究中国文学的方式和方法，为中国传统文学经典在西方世界的阐释与传播作出了应有的贡献。

第五章 白之中国戏剧三大全译本的翻译策略及其影响

　　纵观白之一生的汉学成就，戏剧翻译和研究是其中最重要的一项。分别于 1976 年、1980 年和 2001 年刊行的《桃花扇》《牡丹亭》及《娇红记》全译本是白之汉学译研生涯中极为重要的几笔，在英语世界产生了重大的学术影响，为中国文学、文化走进西方作出了突出贡献。从《桃花扇》到《牡丹亭》，再到《娇红记》全译本，白之始终秉持"'从心所欲'而不逾矩"的翻译观，做到灵活且准确地把握原著精髓，并适当调整翻译策略，从整体上呈现出不俗的翻译风格，从而保持《桃花扇》和《牡丹亭》等全译本在英语世界经久不衰的生命力。

　　本章在对白之《牡丹亭》全译本做常规性探讨的基础上，倚重从意识形态操控角度切入，对《牡丹亭》全译本中的诗学操控问题做详尽阐释，旨在能拓宽白之汉学研究的广度与深度。白之、阿克顿及陈世骧所著的《桃花扇》合译本被视为中国古典戏剧中最出色的译作之一。就《桃花扇》原著本身而言，其充满政治意味的戏剧演绎为它注入了源源不断的舞台生命力。难能可贵的是，作为文化"他者"的三位译者，主动融合历史文化语境，准确把握和解读原著背后的思想意涵。尤其是白之对中国南戏和北戏的解读，充分展示了他深厚的学养与高超的汉学水平。白之学术生涯后期的译著《娇红记》全译本亦是中国悲剧译研的重要一笔，发现并彰显了"为爱而死"的艺术典型。

第一节 《牡丹亭》全译本：20 世纪伟大的文化盛事

白之是首位将中国文学史上最绮丽的"文学之花"《牡丹亭》55 折进行全文译介的汉学家，学界称其为"20 世纪伟大的文化盛事"之一。在很长一段时间内，白之的《牡丹亭》译介水准被认为无人出其右，被西方学界视为能够和《罗密欧与朱丽叶》（*Romeo and Juliet*）媲美的中国传统戏剧经典名作，对中国古典文学在海外的传播发挥着积极的示范作用。尽管宇文所安也出版过类似译本，即在《诺顿中国文选》中对其中的《惊梦》《玩真》《幽媾》进行了再译，但白之的《牡丹亭》英译本因其上乘的翻译水准，始终是英语世界读者的首选译本，与霍克思的《红楼梦》译本，并列为中国戏剧与中国小说英译的"双璧"。

一、白之对《牡丹亭》翻译的"情有独钟"

最早传入西方的中国戏曲是元杂剧《赵氏孤儿》，由法国传教士马若瑟（Fr. Joseph de Prémare）以节译的形式呈现在西方读者面前。1735 年，该译文被收录进由杜哈德编著的《中华帝国全志》，由此拉开中国戏曲翻译序幕。相较于元杂剧，明传奇在西方世界的传播情况则逊色得多，就连在中国"家传户诵，几令《西厢》减价"的《牡丹亭》亦无人问津。直到 20 世纪 20 年代末期，《牡丹亭》的译文才陆续开始出现在西方世界。

关于《牡丹亭》的摘译和相关介绍最早出现在徐道邻（Hsū DauLing）于 1929 年以德文撰写的《中国的爱情故事》中，该文载于 1931 年刊行的《中国学》（*Sinica*）第 4 卷。学界认为，"徐道邻的译介，标志着汤显祖剧作在西方的传播真正开始"。[1] 1931 年，德国汉学家、北京大学德语系教授洪涛生（Vincenz HundhauSen）与 Dschang Hing 用德文合译《牡丹亭·劝农》。之后，洪涛生又翻译有《肃苑》《惊梦》《寻梦》和《写真》等单折剧目。1937 年，他最终完成《牡丹亭》德文全译本，书名为《还魂记：汤显祖浪漫主义剧作》（*Die Rückkehr der seele: ein romantisches Drama*）。1933 年，《牡丹亭》第四折《腐叹》的摘译和评价以法文形式刊载于徐仲年（Hsu S. N）[2]的《中国诗文选》，该书由巴黎德拉格拉夫书局出版。1939 年，载于《天下月刊》（*T'ien Hsia Monthly*）第 8 卷 4 月号的《牡丹亭·春香闹学》（"Chun Hsiang Nao Hsueh"），为《牡丹亭》最早的英译本，出自英国汉学家哈罗德·阿克顿之手。

　　不同译本、编选本和改译本的出现为白之《牡丹亭》全译本的出版奠定了一定基础。在美国安德鲁·梅隆基金会（Andrew W. Mellon Foundation）赞助下，1980 年，白之《牡丹亭》全译本由印第安纳大学出版社刊行，该译本为西方世界首部《牡丹亭》英文全译本。二十二年后，白之在原译本基础上进行精心打磨修订，新版译本于 2002 年由印第安纳大学出版社刊行。值得一提的是，该版本由加拿大汉学家史恺悌（Catherine Swatek）作序。另外，白之还对 1980 年版的序言作了一定修改。在新版前言中，白之专文介绍了汤显祖生平、书中人物形象、《牡丹亭》成书历程、历史地位和对后世的影响，以及该剧舞台表演情况等，亦提及自己译介此书的缘起。

　　白之曾回忆到，"从在伦敦攻读学士学位开始，我就一直对 17 世纪和 20 世纪的中国文学特别感兴趣。我所从事的研究和译介工作几乎都和这两个时期分不开。为什么会对我产生如此大的吸引力呢？一言难尽，主要是

---

〔1〕徐永明、［新加坡］陈靝沅主编：《英语世界的汤显祖研究论著选译》，浙江古籍出版社2013年版，第2页。
〔2〕徐仲年系中国留法学者，其为首位将鲁迅的《呐喊》译为法文的学者。

由于我被这两个时期中大量作品里强烈的自我意识打动了"。[1]他还深情地表达过："……不久，我就发现现代中国文学有一个雄厚的文化背景，在它继承的遗产中，使我感到最有吸引力的是古代白话小说和戏剧。"[2]白之后来在谈起自己翻译《牡丹亭》由来时说："我第一次阅读《牡丹亭》，是在和家人一起前往日本的长途飞机上。等到飞机在东京机场着陆的时候，我已经下定决心把它全部翻译出来，原来拟定的学术休假的研究计划不得不暂且搁置。"[3]字里行间表达着自己对《牡丹亭》的"一见钟情"。白之在翻译《牡丹亭》之余，亦撰写专文《〈牡丹亭〉的建构》和《戏剧浪漫的比较视角：〈冬天的故事〉与〈牡丹亭〉》等对《牡丹亭》做进一步研究，足以见得白之对它的喜爱。正是由于对中国文化怀有深沉的热爱之情这一文化心态影响甚至决定了白之在翻译《牡丹亭》时采取的文化翻译策略，即尽可能保留原著中原汁原味的中国传统文化特色。

二、《牡丹亭》全译本：学养深厚与意识形态操控

《牡丹亭》全译本既显示出白之深厚的学养，亦较为鲜明地显露出其受到意识形态操控的痕迹。

（一）文化"他者"的深厚学养

汤显祖在创作过程中，不仅沿用了戏剧的传统艺术表现形式，还构建了新的模式，这给翻译活动设置了一定障碍。原著中大量的双关语、深奥难解的隐喻以及错综复杂的修辞，对中国本土译者来说尚且不易，更不必说对一位文化"他者"而言是何等的挑战，但白之近乎完美的《牡丹亭》

---

〔1〕［美］西利尔·白之：《〈冬天的故事〉和〈牡丹亭〉》，熊玉鹏译，载《文艺理论研究》1984 年第 2 期。
〔2〕［美］西利尔·白之：《白之比较文学论文集》，微周等译，湖南文艺出版社 1987 年版，第 1 页。
〔3〕［美］西利尔·白之：《〈牡丹亭〉英译第二版前言》，白军芳译，见徐永明、［新加坡］陈靝沅主编《英语世界的汤显祖研究论著选译》，浙江古籍出版社 2013 年版，第 247 页。

全译本恰恰体现了其深厚的学养。

　　《牡丹亭》全译本前后历时八年才完成，白之为此付出的努力和心血可想而知。全译本采用的是现代英语，唱词部分则采用自由诗的形式。白之在《元明戏剧的翻译与移植：困难与可能性》《明传奇的几个课题与几种方法》等文章中较为详细地表达了自己有关中国古典戏剧的翻译观。他明确指出："对于翻译，我最不愿意做的事就是定下几条规划。"[1]他强调素体诗的节奏已属陈套，且都受制于莎士比亚，翻译时只能偶尔一用。[2]译文并未过于注重原文的结构形式，更多的是注重戏剧的内容。相对于《牡丹亭》其他译本来讲，白之译本中使用的押韵较少，却未减弱其节奏感。总体而言，其译文属自由体，不受制于固定格律。与1994年由旅游教育出版社刊行的张光前《牡丹亭》全译本、2000年由上海外语教育出版社出版的汪榕培《牡丹亭》全译本以及许渊冲、许明《牡丹亭》全译本相比较，白之全译本语言更显正式，语言风格更显学术性，用词和句子结构更显复杂，并且较为倚重文学性。此外，白之全译本统共引用了105位诗人的诗作，脚注多达314条，注释数量之庞大，可见白之的博学与勤勉。

　　作为一名文化"他者"，出于对《牡丹亭》原著的喜爱，白之在翻译过程中尽量做到还原和保留原汁原味的"中国味"。他着力通过译文释放出汤显祖独特的文学个性，借助直译和异化等翻译策略，力求最大限度地保留源语特色，旨在"真实地再现中国语言文化从表层结构、思维习惯到文化心理等诸多特质，让西方读者感受到不同于本土价值观的异域特色与'他者'特征"。[3]面对原著中错综复杂的典故、隐喻等修辞手法，白之不

---

[1][美]西利尔·白之：《元明戏剧的翻译与移植：困难与可能性》，见微周等译《白之比较文学论文集》，湖南文艺出版社1987年版，第73页。

[2][美]西利尔·白之：《元明戏剧的翻译与移植：困难与可能性》，见微周等译《白之比较文学论文集》，湖南文艺出版社1987年版，第72页。

[3][美]西利尔·白之：《元明戏剧的翻译与移植：困难与可能性》，见微周等译《白之比较文学论文集》，湖南文艺出版社1987年版，第110页。

但注重修辞的表层意义，亦倚重各种副文本帮助读者了解和把握文字背后的深层含义，充分展现出"化险为夷"的高超功力。总体上看，其译文多采用异化的翻译策略，尽可能保留源语文化，充分体现出白之对原著及异文化的尊重。

（二）文化"他者"的意识形态操控

翻译活动并非在真空中进行，而是在特定的意识形态影响之下产生和发展的。意识形态对翻译诗学的影响不仅体现在一个民族、一个时代的翻译活动中，也体现在译者个人的翻译行为中。

国家意识形态主要由政府等权威机构掌控，个体意识倾向则是与之相对应的概念。具体而言，后者指的是译者的个体意识导向，包含译者个人的文学审美、诗学态度、价值观念和伦理道德观等。国家意识形态和个体意识倾向共同作用影响甚至决定译者的翻译行为，这种影响直接地反映在译者对翻译策略的选择上。翻译策略是译者在翻译活动中处理文本时所使用的具体方式和方法，是译者文学、文化立场和态度的具体体现。意识形态操控在白之《牡丹亭》全译本中也留下了明显痕迹，具体而言，译本受到美国当时的历史文化语境和白之个人意识形态两方面操控，二者共同影响着白之对《牡丹亭》的翻译初衷、翻译策略和翻译目的等具体翻译行为。

1. 白之《牡丹亭》全译本是国家意识形态催生的结果

首先，美国当时的社会历史文化语境为白之《牡丹亭》全译本的出版创造了有利的外部条件。如前文所述，20 世纪 70 年代，美国汉学得到了快速发展。尤其是 1972 年尼克松访华，打破了中美多年来的冷战格局。和平宽松的时代背景和社会环境有力地刺激了中国古典文学在美国的研究与发展。自 20 世纪 60 年代以来，要求科学地重新审视中国的呼声在美国学界日益强烈，研究范围也较旧中国学来得更加宽泛，"这也是英语世界 20

世纪后半叶戏曲研究的重要历史背景"。[1] 在一系列有利政策的扶植下，
"仅仅经过二十年，到 20 世纪 70 年代，英语世界的戏曲研究就已有了巨
大的发展。"[2] 白之亦称，西方老一辈汉学家大多是在二战期间政府资助的
系科开始他们学术生涯的。[3] 除了自身由衷热爱《牡丹亭》，白之选择《牡
丹亭》作为翻译文本显然与当时美国的主流意识形态是相契合的，即迎合
了二战后美国兴起的中国古典戏剧研究热潮。反之，白之《牡丹亭》全译
本的出版在一定程度上亦推动了美国汉学家的戏剧翻译热潮，成为专业学
者和大众读者的首选阅读版本。在很长一段时间内，白之译本作为英语世
界中国戏剧译本的高校通用教材，对美国汉学和高校汉语教育的发展发挥
了不可忽视的积极作用。不难发现，西方世界的戏曲研究成果大多产生
于 20 世纪 60 年代以后，到了 20 世纪七八十年代出现了一批数量和质量
皆可观的中国古典戏剧的相关著述，例如阿克顿、陈世骧和白之的《桃花
扇》合译本（1976）、杜维廉的《中国戏剧史》（1976）、马克林的《京剧
的起源》（1972）、奚如谷的《金代戏剧面面观》（1977）、时钟雯（Shih
Chung-wen）的《元杂剧的黄金时代》（*The Golden Age of Chinese Drama*,
1976）等。

　　此外，就外部资助来看，当时美国有两大代表性学术资助机构，分别
是国家人文基金会（National Endowment for the Humanities，NEH）和非
政府学术机构美国学术团体理事会。前者成立于 1965 年，是独立的联邦政
府机构，"其对翻译研究和翻译活动的资助实际上就代表着美国关于翻译
的行动方案"[4]，并且"一般是选择符合其条件要求的翻译进行资助，这些
条件既是美国对翻译活动的各种规定性要求，也反映了美国对通过翻译所

〔1〕曹广涛：《英语世界的中国传统戏剧研究与翻译》，广东高等教育出版社 2009 年版，第 26 页。
〔2〕曹广涛：《英语世界的中国传统戏剧研究与翻译》，广东高等教育出版社 2009 年版，第 7 页。
〔3〕[美] 西利尔·白之：《白之比较文学论文集》，微周等译，湖南文艺出版社 1987 年版，第 1 页。
〔4〕龚献静、覃江华、沈骑：《1980 年以来美国国家人文基金会翻译类课题立项分析》，载《外语教学与研究》
2015 年第 1 期。

178

输入的文本类型和选择文本的支配性因素"。[1]可以说，两大机构是执行
美国国家意识形态的重要工具。就翻译项目数量来看，从 1971 到 2016 年
间，美国国家人文基金会共资助翻译项目 1652 项，其中 125 项专门服务
于中国文本翻译。该基金会资助的翻译项目数量从 20 世纪 70 年代开始增
长，在 80 年代末达到顶峰，后呈下降趋势。白之的《牡丹亭》全译本出
版于 1980 年，处于国家资助活动的活跃期。美国学术团体理事会成立于
1919 年，作为非政府学术机构，始终是美国中国学研究的倡导者和领导
者。从 1959 到 2016 年间，美国学术团体理事会共资助翻译项目 148 项，
其中 46 个项目涉及中国文本翻译，占据大部分资助份额。就资助文本的
覆盖面来看，二者资助的中文文本十分广泛，从中国的宗教、哲学、历
史、文学到艺术、医学、农学、民族语言文化等均有涉足，涵盖 25 个学
科专业，其中典籍类和文学类文本尤多；从项目主持人的身份及所在机构
状况来看，他们绝大多数均是来自高校的学者。[2]高校及高校学者是资助
项目最主要、最直接的受益者。在政治意识形态操控和国家文化战略推动
之下，两大机构通过赞助大量的中文翻译项目，促进和指导了中国文学作
品在美国的翻译与传播。尽管白之的《牡丹亭》全译本并非这两大机构
的直接资助对象，但其亦诞生于这一有利的社会历史文化语境中。1980 年，
在美国安德鲁·梅隆基金会的赞助下，白之《牡丹亭》全译本由印第安
纳大学出版社刊行。

　　其次，国家意识形态操控影响白之在不同时期对译本细节的调整和
改动。

　　从翻译内容来看，白之最早译介的《牡丹亭》只以单独剧目的形式出
现，即最能代表全剧"发生—发展—高潮—结局"的《闺塾》《惊梦》《写

〔1〕龚献静、覃江华、沈骑：《1980 年以来美国国家人文基金会翻译类课题立项分析》，载《外语教学与研究》
2015 年第 1 期。
〔2〕龚献静：《二战后美国资助翻译中国文化文本的项目特点及启示》，载《中国翻译》2017 年第 1 期。

真》和《闹殇》四出，译文收录于《中国文学选集·第二卷》。应该说，白之在早期以选译而非全译的形式来展示《牡丹亭》，在很大程度上是由当时美国国内的阅读市场决定的。白之认为，"就算根据当下的标准，《牡丹亭》全剧也显得过于冗长"。[1]可见，全译原著并不符合当时阅读市场的整体情况。

　　国家意识形态除了影响着白之对翻译文本内容的选择，亦左右着他对译本文化形式内容的调整和改动。20 世纪 70 年代之前，受制于美国国内有限的接受市场和阅读群体，白之适当调整译本中的文化形式内容，用于应对"美国读者对中国戏剧形式知之甚少，加之明传奇或南戏这种形式在英语世界鲜有出现"[2]的现实情况。与 1972 年刊行的选译本相比，白之在全译本中作出的具体调整有以下几个方面：其一，除了未对曲牌名做出介绍，选译本中没有呈现的"散体对白""押韵诗词"和"唱腔"均完整地出现在全译本中；其二，用五个字符半缩（half-indenting）方式表示诗词部分，十个字符的全缩（fully indenting）表示唱腔部分；其三，先使用罗马数字加以标识，而后在译本附录处使用汉语拼音罗列出唱腔名。如出现重复唱腔，便用罗马数字加上阿拉伯数字以示区别；其四，在全译本中完整地译出每一出末尾部分的集唐诗，并用显眼的"Envoi"作为标题，以示其代表的含义。从总体上看，全译本以更加专业的翻译形式满足了逐步壮大的专业阅读群体的需求。

　　2.《牡丹亭》全译本是白之个人意识倾向选择的结果

　　首先，白之个人的意识倾向决定其选择《牡丹亭》为翻译对象。白之认为，《牡丹亭》的作者旨在赞颂晚明新兴的人文思想和人性的自然之

---

〔1〕Cyril Birch, *Anthology of Chinese Literature*, *Volume II: From the Fourteenth Century to the Present Day*, New York: Grove Press, 1972, p.87.

〔2〕赵征军：《汉学界白之英译〈牡丹亭〉戏剧翻译规范探究》，载《燕山大学学报》（哲学社会科学版）2018 年第 2 期。

180

情——"爱"。他把"情"译作"爱"（love），并强调和这个词相关且更广的引申含义是"情感"（feeling）：欢乐与悲伤、害怕与愤怒、渴望与憎恨，都是情与理二分法所具有的内涵。白之对汤显祖"情""爱"观的认同促使其翻译《牡丹亭》。苏凤指出，译者在选择戏曲文本时，应该尽量选择那些具有人类共同价值取向和某些普遍意义的作品。若所选戏曲文本内容在目的语文化中能具有一定的共同性则尤佳，因为这类文本可以在一定程度上淡化不同文化身份之间的鸿沟，让域外读者能够找到一种认同感。[1] 因而，译者在选择翻译文本的时候，应该优先考虑具有与目的语相似文化价值观的作品。显然，白之对《牡丹亭》的选择是建立在个人诗学观和文学审美情趣基础之上，同时考虑到《牡丹亭》所表达主题在中西文化中具有文化共性，能够得到英语国家读者的普遍认同。

其次，白之的个人意识倾向决定其在翻译过程中倚重异化翻译策略。《牡丹亭》植根于博大精深的中国传统文化，汤显祖擅用独具特色的典故来处理和表现作品中人物之间复杂的思想与感情。典故以简洁的语言来展现历史事件、小说、神话和语言等，是一个国家文化和历史的缩影。通过典故，人们可以更好地了解一个民族社会文化生活的方方面面。大量用典是《牡丹亭》的一大特色，它使戏剧表达更加精当、更加富有文化内涵和历史意义，造就了戏剧语言凝练、瑰丽的特点。白之对原著的钟爱，促使他尽可能地向英语世界的读者传递那些蕴藏在典故背后的中国传统文化意涵。如何达到这一目的，很显然，异化的翻译策略无疑是最佳选择，白之在具体方法上表现为直译加注释。如书中第二章所阐释的那样，在译本中，白之努力地使源语系统和译语系统达到折中、杂合与平衡，并充分考虑译入语读者的阅读习惯和需求，因此在必要时，也不乏对归化策略的运用。

综合来看，白之的《牡丹亭》全译本是当时美国国家意识形态和白之

---

[1] 苏凤：《戏曲文本译介：中西方文化的会接》，载《中国戏曲学院学报》2016 年第 3 期。

个人意识倾向共同作用下的产物，带有鲜明的意识形态操控痕迹。

三、白之《牡丹亭》全译本的影响

近些年来，国内外学者针对白之的《牡丹亭》全译本开展了不少学术研究，与之相关的学术论文和专著相继发表，从不同视角对译著给予评价。就译作的翻译风格而言，美国汉学家宣立敦盛誉白之《牡丹亭》全译本是美国文化系统内"中国古典文学研究的盛事"，他亦评价白之"风格变幻的绝技将译介推上了新高度"，并表示，从评论者角度来看，白之译介的《牡丹亭》足以和霍克思译介的《红楼梦》相提并论，它们分别筑起了中国戏剧和中国小说译介的丰碑，该译本值得每一位学者和中国文学爱好者拥有。[1]英美汉学界领军人物杜维廉、奚如谷和芮效卫等则从译文水平进行评介。杜维廉在书评中用具体例子证明白之的高标准译介研究具有独创性，亦强调白之付出极大耐心处理原著中错综复杂的措辞，并善于把握中文和英文语言上的差别，肯定他在译作中所做的脚注能够很好地帮助英语世界的读者鉴赏原著的精髓，同时指出白之译本的大获成功体现了汉学家专业的学术态度和高超的专业技能。[2]奚如谷表示，白之原本可以选择简单而传统的方式译介原著，但他却选择以自身对文本的深刻理解引领读者靠近中国文学原貌，使读者能够领略到中国传统文化深厚的底蕴。[3]芮效卫则提到《牡丹亭》中大量的典故、隐喻、双关等修辞是翻译的难点，并分析白之在翻译过程中是如何逐一克服种种困难的，他认为"白之一次又

〔1〕Richard Strassberg, "Review of *The Peony Pavilion* by Tang Xianzu, translated by Cyril Birch", In *The Romance of the Jade Bracelet and Other Chinese Operas* by Lisa Lu, *Chinese Literature: Essays, Articles, Reviews*, Vol.4, No.2, 1982, pp.276-279.

〔2〕William Dolby, "Review of *The Peony Pavilion*", *Bulletin of the School of Oriental and African Studies*, Vol.45, Iss.01, 1982, pp.202-203.

〔3〕Stephen H. West, "Review of *The Peony Pavilion*", *The Journal of Asian Studies*, Vol.4, No.4. 1983, p.945.

182

一次能够在英语中找到与原文对等的双关语，成功完成挑战，这简直是个奇迹"。[1]国内学者张洪年评述称，"《牡丹亭》是明代汤显祖的传奇名著，全书五十五折，男欢女爱、痴情至诚，而曲辞风流跌宕，乃传奇中精品。中英转译，本非易事，而白教授妙笔生花、文采亮丽，一字一词拿捏之间，最能捕捉汤显祖原文的真情逸致。译者若非对中国文化传统、戏曲艺术有精深的了解和体会，根本无从着笔"。[2]

尤为值得关注的是，白之《牡丹亭》全译本的出现还带动了西方舞台出现"牡丹热"。白之在 1980 年版《牡丹亭》全译本前言结尾处表示，他对《牡丹亭》被搬上现代舞台不抱任何希望。他目睹过许多昆曲表演，然而只有完整版《牡丹亭》才是他心中真正的杰作。此前，他未曾想到自己的这一愿望能够在 1998 年得以实现。美国先锋派歌剧"怪才"导演彼得·塞勒斯（Peter Sellars）在白之译本的基础上执导《牡丹亭》，由谭盾作曲，昆曲演员华文漪和美籍华裔、欧裔话剧、歌剧舞蹈演员等联袂主演，全剧长达三个小时。1998 年 5 月 12 日，塞勒斯版《牡丹亭》在维也纳首演，随后又在巴黎、伦敦和罗马等地巡演，并于 1999 年 3 月在白之执教的美国加利福尼亚大学伯克利分校的塞洛巴赫剧场连续售票公演三天，受到包括从旧金山湾特地赶来的许多热心观众捧场，观看人数共计六千余人。塞勒斯版《牡丹亭》最突出的特点是塞勒斯对原著进行了十分大胆的解构和再创造，美国汉学家桑梓兰称其为"后现代杂凑"版《牡丹亭》。观众对塞勒斯版《牡丹亭》褒贬不一，"野性""原始""性爱"成为观众给塞勒斯版《牡丹亭》的主要标签，它们与汤显祖要表达的人性与爱情之唯美大相径庭。另外值得一提的是，华裔导演陈士争执导的《牡丹亭》舞台剧于

---

〔1〕David T. Roy，"Review of *The Peony Pavilion*"，*Harvard Journal of Asiatic Studies*，Vol.42，No.2，1982，p.694.
〔2〕[美]张洪年（Hung-nin Samuel Cheung）：《白之教授简介》，见[美]李华元主编《逸步追风：西方学者论中国文学》，学苑出版社 2008 年版，第 2 页。

1999 年 7 月在美国纽约林肯中心首映，"标志着汤显祖的剧作在西方的舞台演出真正开始"。[1] 陈士争版《牡丹亭》最突出的特点是汤显祖原著中的五十五折被悉数演绎，这为西方观众全面了解《牡丹亭》，了解中国戏剧提供了宝贵机会。从舞台设计到演员服饰，陈士争都坚持使用地地道道的中国货，以此更好地展现中国传统，旨在让观众更好地体验具有浓浓中国民间风情的艺术风味。尽管陈士争版《牡丹亭》赢得了不少好评，但也存在认为其犹如勉强"讲述"完《牡丹亭》中的故事等质疑。引起最大轰动的当属白先勇青春版《牡丹亭》。2004 年 4 月，青春版《牡丹亭》首演，开启全球巡演至今青春依旧，传承不息。2006 年，青春版《牡丹亭》在美国上演之后，加利福尼亚大学伯克利分校东方语言文学系和音乐系连续两个学期开设了昆曲课，还专门聘请昆曲专家李林德教授讲授这门课，在广大师生中好评如潮。2008 年 6 月，青春版《牡丹亭》陆续在英国伦敦和希腊雅典上演，受到当地观众热烈欢迎，并引起良好的社会反响。《泰晤士报》《卫报》《每日电讯报》等英国知名媒体竞相报道青春版《牡丹亭》的上演情况，并给予了高度评价。

　　在文化和历史的选择中，一系列因素促使白之的《牡丹亭》全译本逐步走向经典化。在此过程中，译本亦受到来自外界的批评，芮效卫就曾在文章中指出译文中多达五十处的错误或值得商榷之处，并提出自己的译文。[2] 对此，白之在 2002 年版本中修改了其中的 28 处，并且修改内容与芮效卫提供的译本大体一致。

　　合而观之，白之《牡丹亭》全译本在英语世界产生了巨大影响，成为中国经典戏剧《牡丹亭》在英美文化系统的象征。该译本陆续被收录进专业人士编撰的各类中国文学史、中国文学选集和中国文学研究工具书中，

---

〔1〕徐永明、〔新加坡〕陈靝沅：《英语世界的汤显祖研究论著选译》，浙江古籍出版社 2013 年版，第 5 页。
〔2〕David T. Roy, "Review of *The Peony Pavilion*", *Harvard Journal of Asiatic Studies*, Vol.42, No.2, 1982, pp.697–702.

成为美国大学生，甚至中学生的必读经典之一。白之及其译作极大地推动了《牡丹亭》在英美文化体系内的传播，对 20 世纪 90 年代在世界范围内掀起的那股"牡丹热"起到了极大的推动作用。

第二节　《桃花扇》合译本：中国古典戏剧的精彩传播

清代，传奇剧得到长足发展，其中洪昇、孔尚任集文人传奇创作之大成，有"南洪北孔"之说。《桃花扇》是孔尚任创作的传奇剧本，创作历经十余年，期间三易文稿，于清康熙三十八年（1699 年）六月完稿，康熙四十七年（1708 年）刊成初版。全剧共四十出，因剧中所写多为当时民众耳闻目睹之事，故引得旧臣遗老常灯灺酒阑，唏嘘而散。但由于英译本的缺乏，西方读者鲜有机会领略到这部中国古典戏剧的精彩。直至 1976 年 3 月，由英国汉学家哈罗德·阿克顿、美籍华裔汉学家陈世骧和白之合译完成的《桃花扇》全译本问世，才将该剧完整地呈现给西方世界。2015 年 7 月 21 日，全译本由《纽约书评》（ New York Review Books ）再版，新版全译本中增加了美国汉学家蔡九迪（Judith T. Zeitlin）撰写的引言。《桃花扇》全译本为英语世界的读者呈现出一把精美绝伦的"桃花扇"，被视为"中国古典戏剧中最出色的译作之一"。

一、《桃花扇》译介缘起

《桃花扇》全译本的译者之一哈罗德·阿克顿在欧美学界有着"一手写诗，一手写历史"的美誉。他对中国和中国文学怀有特殊情结，发自内心地热爱中国和中国文学，并将这种情愫倾注于中国文学研究的实践活动中。1932 年，阿克顿来到中国寻求精神家园，受聘于北京大学，教授英国文学课程。在此期间，他与一批中国青年学者成为朋友，并结识了当时年仅二十几岁的陈世骧。之后，阿克顿与陈世骧（当时为北京大学大三学生）两人联合编译了《中国现代诗选》（*Modern Chinese Poetry*，1936），该诗选是中国白话新诗诞生以来的首部英译本，亦是西方世界首部中国现代诗英译本。诗选一经出版便赢得了广泛好评，白之也对这部诗选给出了自己的评价，他对两位编译者不俗的编选和翻译能力表示高度赞赏。

阿克顿在自传《一个爱美者的回忆录》（*Memoirs of An Aesthete*，1984）中回忆自己对中国现代诗的认识和了解得益于自己的学生，同时也是学术合作伙伴的陈世骧。阿克顿甚至说，正是由于陈世骧，他才得以进入中国文学的殿堂。1939 年，二战爆发，阿克顿被迫离开北京，移居意大利。而陈世骧于 1941 年赴美专注于学术研究，后加入美国加利福尼亚大学伯克利分校东方语言文学系，主讲中国古典文学和中西比较文学。在此期间，陈世骧与白之既是同事，也是好友，两人之间的学术交流十分频繁。离开北京的阿克顿始终对给予他一生最美好岁月的中国念念不忘，而身处异域的陈世骧亦怀揣着拳拳家国情怀，这为他们的再次合作提供了共情基础，而且二人均为《桃花扇》蕴含的极高文学价值所动容。于是，二人对合译《桃花扇》之事一拍即合。对于译介《桃花扇》这件事，阿克顿坦言："20 世纪 30 年代，我和已故的陈世骧教授在北京第一次合作翻译了一些中国现代诗歌。二十多年前的一个夏天，我们开始翻译《桃花扇》。于我而言，这是一种愉快的消遣，可以让我从繁琐的工作中解脱出来——这是一项假日任务，是一种精神上的回归，因为那时我已经没有机会回到中国。世骧当时执教于加州大学伯克利分校并致力于中国早期诗歌与批评的研究。我们心甘情愿为《桃花扇》的翻译工作投入了不少时间——为了这部优秀作品本身，而不是为了出版，尽管我们希望它最终能

186

够出版。"[1]在阿克顿的心目中，对《桃花扇》的翻译虽是一项十分艰辛的劳动，但这总能唤起他对中国岁月的美好记忆。因此，对他而言，这是一件非常值得自己去努力完成的幸事。陈世骧亦怀揣着和阿克顿一样单纯美好的心理去从事《桃花扇》的译介工作。不幸的是，1971 年 5 月 23 日，陈世骧突发心脏病逝世，全剧的翻译还差七幕未完成。作为陈世骧的好友兼同事，白之受陈世骧夫人之托，决定完成陈世骧教授的遗志，继续完成未完成的部分，并整理、修改和完善阿克顿和陈世骧已完成的译稿。1976 年 3 月，《桃花扇》全译本付梓，成为该剧在西方世界的首部英文全译本。

二、一把精美绝伦的"桃花扇"：悲剧精神与政治解读

《桃花扇》全译本由阿克顿做序，白之撰写引言。他们为读者将历史的影像资料回放至《桃花扇》中故事发生的年代：明朝末年，中原灾荒连年，内忧外患，农民纷起暴动，使得原本就不牢固的明朝政权更加风雨飘摇。农民起义从陕北蔓延至陕西，过河南入四川。1643 年，李自成在襄阳称新顺王，次年正月建立大顺政权，年号永昌，4 月攻占北京，推翻明王朝，明皇帝自缢于煤山。后吴三桂引清兵入山海关，满族随之入主中原。在此期间，前明凤阳总督马士英在南京拥立福王为皇帝，取年号"弘光"建立南明。但南明皇帝耽于声色，朝臣卖官鬻爵，武将拥兵自重，结果不到一年，南明王朝便土崩瓦解。在白之的引言之后，附有译者为读者专门提供的一份剧本中人物出场顺序清单（Principal Characters）及一系列副文本，有利于西方读者更好地赏析戏剧。

---

[1] Chen Shih-hsiang, Harold Acton, Cyril Birch, *The Peach Blossom Fan*, Berkeley, Calif: University of California Press, 1976, p.vii.

　　尽管孔尚任在剧中对某些史实和时间做了一些戏剧化处理，但剧中大多数人物均为真实的历史人物。可以说，《桃花扇》既是对明末清初真实历史的生动写照，也是社会政治问题的高度戏剧化，这对作为文化"他者"的汉学家在文学作品中探讨中国明代社会政治制度具有重大的学术参考意义。

　　首先，就《桃花扇》历史题材中的政治性而言，译者认为，中国的剧作家热衷于从历史取材，以史为鉴，孔尚任亦不例外。《桃花扇》是"一个王朝的兴亡史"，孔氏以年轻学者侯方域和歌妓李香君的悲欢离合为主线，叙述了南明弘光政权兴废的完整过程。蔡九迪赞誉《桃花扇》是历来重视历史的中国文学史上最杰出的历史剧。[1]孔氏在《试一出 先声》中写道："昨在太平园中，看一本新出传奇，名为《桃花扇》，就是明朝末年南京近事。借离合之情，写兴亡之感，实人实事，有凭有据。"[2]剧中故事的发生地为南京，是一个失志之人的聚集地。白之解释说，孔尚任之所以将故事的发生地选在南京，是由于这个城市所承载的文化意涵十分符合剧情发展的需要。[3]

　　其次，在译者看来，就《桃花扇》作者自身的政治经历而言，该剧作是孔氏一生政治见闻的缩影与感怀。孔氏家族德高望重，其血统可追溯至孔子。作为孔氏家族的一员，孔尚任生于 1648 年，时值明朝覆灭不久，南明弘光遗事对其影响颇深。1684 年，康熙南巡，途经曲阜孔庙前往祭拜，孔尚任因在御前讲解儒学受到褒奖，被任命为国子监博士，开始了他的宦海生涯。1686 年，孔氏奉命随工部侍郎至淮扬一带治河，重建后的扬州再

---

〔1〕Chen Shih-hsiang, Harold Acton, Cyril Birch, *The Peach Blossom Fan*, Berkeley, Calif: University of California Press，2015，p.vii.

〔2〕孔尚任：《试一出 先声》，见王季思主编《中国十大悲剧古典悲剧集》(下)，上海文艺出版社1982年版，第 779 页。

〔3〕Chen Shih-hsiang, Harold Acton, Cyril Birch, *The Peach Blossom Fan*, Berkeley, Calif: University of California Press，1976，p.vii.

188

次成为古代中国最繁荣的城市之一。在扬州的几年间，孔氏着手研究晚明历史，并结识了一批明朝遗老，从他们那里了解到诸多明末清初的重要史实。孔尚任最终于 1699 年完成《桃花扇》全稿。阿克顿指出："由于朝廷对这部明末挽歌的政治解读，导致孔尚任在《桃花扇》初版的第二年春天就被罢官了。"[1] 对阿克顿的这一观点，蔡九迪提出了自己的反对意见，他认为，直到 1708 年，也就是孔尚任罢官回到山东老家的几年之后，《桃花扇》才刊成初版。这一史实与阿克顿在序言中所述相佐，并且孔尚任被罢官与其撰写《桃花扇》无任何关系已在学界达成共识。[2]

　　孔氏自言："借离合之情，写兴亡之感，实事实人，有凭有据。"[3] 梁启超对《桃花扇》评价甚高，熟读成诵，在不同时期、不同场合多次慷慨诵读剧中曲文。他评价该剧"是一部极凄惨、极惊艳、极忙乱的书"，且"结构之精研，文藻之壮丽，寄托之遥深论之，窃谓孔云亭之《桃花扇》冠绝古今矣"![4] 王国维亦称："吾国之文学中，其具有厌世解脱之精神者，仅《桃花扇》与《红楼梦》耳。"[5] 在其中一个译者白之看来，《桃花扇》是《牡丹亭》《长生殿》乃至所有南曲中最为有趣的那部作品。[6]

　　对于戏剧的结局，白之提醒读者，在中国传统思想及儒家中庸之道的影响下，大团圆是中国古典戏剧的主流结局，而《桃花扇》则是为数不多

〔1〕Chen Shih-hsiang, Harold Acton, Cyril Birch, *The Peach Blossom Fan*, Berkeley, Calif: University of California Press, pp.xi-xii.

〔2〕Chen Shih-hsiang, Harold Acton, Cyril Birch, *The Peach Blossom Fan*, Berkeley, Calif: University of California Press, p.ix.

〔3〕孔尚任：《试一出 先声》，见王季思主编《中国十大悲剧古典悲剧集》（下），上海文艺出版社 1982 年版，第 779 页。

〔4〕梁启超：《小说丛话》，见毛效同编著《汤显祖研究资料汇编》（下），上海古籍出版社 1986 年版，第 703 页。

〔5〕王国维：《静庵文集续编》，贵州教育出版社 2014 年版，第 61 页。

〔6〕Chen Shih-hsiang, Harold Acton, Cyril Birch, *The Peach Blossom Fan*, Berkeley, Calif: University of California Press, 1976, p.xvii.

的，将悲剧精神贯彻到底的剧作。[1]对此，白之解释说，孔尚任首先考虑的是确保故事呈现的历史真实性，因此，《桃花扇》不可能有一个圆满的结局。侯方域和李香君二人在张道士为崇祯帝所作的法会上相遇，而后放下儿女私情，各自入山修道。其余那些效忠明朝的遗老亦决心隐居山林，誓死不为新朝廷效劳。《桃花扇》呈现出来的明末朝廷，是一个充斥着腐败、残酷和懦弱的朝廷，就算在紧迫的局势之下，明朝统治者依然沉醉于纸醉金迷的生活而无法自拔。白之认为，恰是在这种对比中，人们更能够感受到一股强烈的辛酸，并对侯方域、柳敬亭和史可法等坚持以各自的方式追求信念的人产生深深的敬意。

三、中国古典戏剧中最出色的英译本之一

　　《桃花扇》是中国古典戏剧中最璀璨的明珠之一，阿克顿、陈世骧和白之的《桃花扇》合译本，被视为中国古典戏剧中最出色的英译本之一。
　　首先，就译者对《桃花扇》原著思想内涵的把握来看，三位译者对戏剧创作时的历史文化语境进行了较为深刻的还原，并根据语境选择了适宜的翻译策略。《桃花扇》全剧共四十出，看似冗长令人生畏，但其犹如一部伟大的小说，将一个丰富逼真的现实社会带到了读者面前，阅读者可从多方面对该剧进行解读。它糅合了细腻的情感和隐晦的幽默感、个人英雄主义和懦弱的背叛，以及崇高的政治理想和苟且的政治腐败。孔氏向我们呈现了一部传统歌曲编年史，《桃花扇》开创了中国戏剧史上一个史诗般的时期。[2]在翻译这样一部反映时代交替、特殊历史的中国古典戏剧时，陈世骧、阿克顿和白之的译文风格不仅契合了原著所展现的历史背景，亦

〔1〕柳小利：《〈桃花扇〉悲剧研究》，北京语言大学硕士论文，2006年。
〔2〕Richard John Lynn，"Review of *The Peach Blossom Fan*"，*Journal of Asian History*，Vol.11，No.1（1977），p.85.

190

反映了源文本中多样的语言特色。

其次，就译文对原著音律特色的呈现来看，三位译者在最大限度内谙熟与把握中国古典戏剧中唱词的韵律节奏，为西方读者带去了中国古典戏剧口头表演艺术的深层次美感。《桃花扇》原著畅达明晰的对白与节奏分明的唱词融合在一起，为读者提供了愉悦的阅读体验。原著唱词的丰富性与复杂性，以及剧本本身具有的极强表演性，给异域学者的翻译带来了很大的挑战。作为文化"他者"，译者将文本翻译建立在对源语文化深层次的理解和把握之上，在翻译过程中，三位译者采取"以诗译诗"的翻译策略，较好地呈现了原著特色。

就译者采用的翻译技巧来看，三位译者根据原著中的语言和表达特色，适时适当地对翻译策略作出了调整，以达到在尽可能的限度内忠实原文。在修改陈世骧和阿克顿的译稿时，白之参考了北京人民文学出版社于 1959 年刊行的版本，并查阅了王季思和苏寰中所做的大量注释。他还适当采取了删译策略，以确保三个人译文风格的协调和统一。例如，在第三十二出《拜坛》中，白之删去了祭文仪式中老赞礼的指示词"跪下！起来！跪下！"等。他认为，在戏剧表演时，这些提示词会打断精心编排的舞蹈，即使在读者的阅读过程中，此类提示词也会增加莫名的无聊感。[1] 此外，由于明清戏剧的一个突出特点是对典故的频繁使用，剧中的典故往往晦涩难懂，如何让西方读者或观众能会其真意是长期困扰译者的难题。对这一问题的处理，三位译者在译本中尽量借助脚注来阐释典故中蕴含的文化意涵，但为了译本的可读性，亦适当省去了对部分典故的翻译。

汉学家葛浩文在 1976 年发表的书评中对《桃花扇》全译本给予了充分肯定，他赞扬译文具有很强的可读性，是一部生动、易读且忠实于原作

---

[1] Chen Shih-hsiang, Harold Acton, Cyril Birch, *The Peach Blossom Fan*, Berkeley, Calif: University of California Press, 2015, pp.xxvii-xxviii.

的译本。[1] 1977 年，刘君若（Chun-Jo Liu）在书评中比较了三位译者对原文唱词的译介，并指出三位译者不同的译介风格和特色。[2] 汉学家林理彰（Richard John Lynn）肯定了阿克顿在译本序言中对《桃花扇》所涉历史文化语境的概述，并赞赏白之对《桃花扇》原著的文学特质以及在中国文学史上地位的准确阐释和定位。[3]

　　值得注意的是，就《桃花扇》译本本身而言，它既是一部全译本，也是一部合译本。合译行为带来译文风格的些许差异是难以避免的，反映出三位译者不同的文学背景和审美旨趣，但也在一定程度上造成译作统一性的欠缺。比如，陈世骧和阿克顿在译本的第 63 页中，将"端午"翻译为"Summer Festival"，白之则在第 308 页中将其译为"Midsummer Festival"，此类翻译不一致的现象，将分散那些不愿或不能将译文与原著进行核对的西方读者的注意力。[4]

　　《桃花扇》作为中国文学宝库中的一颗璀璨明珠，无论从它所具备的文学价值，还是从其所蕴含的政治历史意义来讲，在中西文学研究领域中均是一部不可多得的经典剧作。基于自身对中国文学、文化的热爱，以及对该剧历史人文价值的欣赏和推崇，三位译者深刻理解和把握了作品中的文化意涵。三位译者采用"以诗译诗"的方式，最大限度地还原了原著特色，为西方世界呈现出一部高水准的中国经典南戏译本，成为中国古典戏剧中最出色的译作之一。

---

〔1〕Howard Goldblatt, "Review of *The Peach Blossom Fan*", *Books Abroad*, Vol.50, No.4（Autumn 1976）, pp.951-952.

〔2〕Chun-jo Liu, "Review of *The Peach Blossom Fan*", *The Journal of Asian Studies*, Vol.37, Iss.01,（Nov., 1977）, pp.97-99.

〔3〕Richard John Lynn, "Review of *The Peach Blossom Fan*", *Journal of Asian History*, Vol.11, No. 1（1977）, pp.84-85.

〔4〕Chun-jo Liu, "Review of *The Peach Blossom Fan*", *The Journal of Asian Studies*, Vol.37, Iss.01,（Nov., 1977）, p.99.

第三节 《娇红记》全译本：西方世界的首部英译本

明传奇《娇红记》改编自元代宋梅洞的中篇文言小说《娇红传》，由孟称舜所作，讲述的是王娇娘和书生申纯因爱情受挫而双双殉情的悲剧故事。随着当时经济的发展和社会的进步，男女青年对婚姻自由的向往已是元明时期戏曲中的常见主题。值得称道的是，《娇红记》并未停滞于之前同类作品已达的高度，而是在多方面取得了突破。在剧作中，孟称舜对作品主题思想的刻画更为深刻，对人物形象的塑造更为立体，对社会问题的思考亦更为深入，因此这部剧作被学界列为"中国古典十大悲剧之一"。

2001 年 3 月，白之的《娇红记》全译本由哥伦比亚大学出版社出版，全书共 363 页，为《娇红记》在西方世界的首部英译本。该译本是白之作为一名文化"他者"对中国古典戏剧的解读，对中国古典戏剧中"为爱而死"主题的发现作出了贡献，也是立足于跨文化交流语境对中国古典悲剧译研的重要译笔。

一、挖掘古典戏剧中的历史文化语境

孟称舜，今浙江绍兴人，明清时期戏曲作家和戏曲理论家，字子塞、又作子若或子适，号小蓬莱卧云子、花屿仙史。这些别称表达了他对世俗束缚的蔑视，暗含一种温和的自嘲。孟称舜被明末书法家倪元璐称为"我朝填辞第一手"，被世人认为是"临川派"继汤显祖之后最重要的作家。《娇红记》的问世奠定了孟氏在戏剧史上的重要地位。为了让读者对孟氏有更为深入的认知，白之在全译本中特意用大量笔墨介绍与孟氏交好的徐渭、祁彪佳和陈洪绶，意在通过阐述他们各自的人生经历来还原当时的历史文化语境。

　　《娇红记》全名为《节义鸳鸯娇红记》，取材于北宋宣和年间的一个真实故事，并根据元代宋梅洞的《娇红记》改编而来，是中国宋代以后现存的最早的一部中篇文言小说。该剧围绕男女主人公之间的感情线展开，讲述的是宋徽宗宣和年间，博学多才却未能及第的申纯与表妹王娇娘相爱之事。申王两人爱情遭王父侍妾飞红挑拨，波折不断。后申纯登第，王父终于许婚，却又遭豪门帅子向王家求婚，王父迫于威势，又贪于钱财，遂毁申王婚约。王娇娘忧伤至极，终含恨而死，申纯忠于誓言亦自缢身亡，死后申王合冢化为鸳鸯比翼双飞。吴志达在《中国文言小说史》中高度赞扬《娇红记》："篇幅之长大，达二万余言，情节之宛曲、文笔之细腻、艺术形象之生动感人，可与唐人传奇媲美而自有其特色。"[1]他认为此书"不得不说是文言小说史上的一个奇迹"[2]。薛洪勣在《传奇小说史》中亦赞誉《娇红记》取得的艺术成就，评价其"为后来的中篇小说创作树立了一个范式"。[3]李剑国、陈洪则认为《娇红记》"堪称元代文言小说中的一颗明珠"，甚至盛赞称"一篇《娇红记》却能够抵上一部元代文言小说史"。[4]1935年，郑振铎将其收录进《世界文库》第三册，之后便引来学者们更多关注与研究。

　　孟称舜在《娇红记·附录》中题词曰："天下义夫节妇，所为至死而不悔者，岂以视为理所当然而为之邪？笃于其性，发于其情，无意于世之称之，并有不知非哭之为非哭者而然焉。"[5]此言清晰地阐明其至情观，而以文化"他者"身份解读作品的白之，凭借其对中国文学、文化的深层次理解和把握，不仅认识到作品本身的文学价值，亦挖掘到戏剧文学作品背后深厚的文化和政治情怀，旨在最大限度地还原中国古典戏剧中蕴含的

〔1〕吴志达：《中国文言小说史》，齐鲁书社1994年版，第638页。
〔2〕吴志达：《中国文言小说史》，齐鲁书社1994年版，第638页。
〔3〕薛洪勣：《传奇小说史》，浙江古籍出版社1998年版，第257页。
〔4〕李剑国、陈洪主编：《中国小说通史·唐宋元卷》，高等教育出版社2007年版，第807页。
〔5〕〔明〕孟称舜：《娇红记》，欧阳光注释，上海古籍出版社1988年版，第271页。

194

历史文化语境。针对孟氏在传奇剧均以歌颂至死不渝的爱情为主题这一现象，白之指出该主题在晚明时期盛行至少有两个原因：其一，前几代折衷主义哲学家们所营造的氛围将人们从压抑的传统中解放出来。他们颂扬真挚的情感，助力青年群体表达向往理想生活的愿望；其二，一旦结合当时的政治背景，另一个原因便显而易见，即恋人间的忠诚可被视为人们对政治上某种承诺的隐喻。对此，白之用阐释性文字为读者揭开当时历史的帷幕：1644 年明清易代之际，有识之士皆处于进退两难的境地。他们终其一生都在努力尝试为朝廷效劳，但可能未曾得到过一官半职。即使在朝廷中站稳脚跟，一旦遇到外敌入侵、改朝换代的动荡局势，他们又将面临何去何从的抉择。正如人们从孟称舜及其同僚的经历中所看到的那样，知识分子的世界充斥着忠诚和苟且的痛苦抉择：或忠君死节，或倒戈变节，抑或隐迹山林。在白之的心目中，孟氏戏剧作品中那些忠贞的、誓死要生死与共的恋人在一定程度上象征了当时的那个群体。他们选择默默无闻，或是潦倒一生，甚至以身殉国，而无论如何，皆是出于对明朝政权的忠诚与敬畏。

二、倚重文化"他者"视阈中的比较研究

《娇红记》全译本所附的十二页译者序言，是白之以文化"他者"身份对中国古典戏剧作出的深刻解读。序言内容精简凝练且比较意识鲜明。在序言中，白之为广大读者还原了与作品相关的重要历史文化语境，细致阐释了作品中"为爱而死"主题形成的背景，以及这一主题在剧中的具体表现。尤为值得注意的是，白之将原著中的文化细节问题通过对中西经典著作的对比予以凸显和深化。

（一）主题比较研究

首先，在白之看来，尽管作为中国十大古典悲剧之一的《娇红记》并

非最著名的传奇剧，但它在中国文学发展史上有着十分特殊的地位。基于文本细读法和比较研究法，白之在分析《娇红记》和《红楼梦》这两部作品以及申纯、王娇娘和贾宝玉、林黛玉这两组人物时，充分展示了其广阔的比较视野。他提出，《娇红记》的主人公申纯和王娇娘是贾宝玉和林黛玉爱情故事的最佳典范，并且曹雪芹创作《红楼梦》深受《娇红记》影响，即曹雪芹在撰写小说之前已熟知《娇红记》并受到其中情节设计的启发和影响。正如读者看到王娇娘与申纯之间紧张的、近乎神经质的误解场面时，则必会联想到《红楼梦》中的精彩章节，这在《红楼梦》的第二十三回"西厢记妙词通戏语，牡丹亭艳曲警芳心"以及第四十五回"金兰契互剖金兰语，风雨夕闷制风雨词"中体现得尤为明显。为此，白之还对这两处片段做了具体说明，并指出作者在片段中通过对宝、黛二人生活细节的展现生动刻画出二者的性格特点。白之评价说，曹雪芹是一位非凡的天才作家，擅于准确拿捏恋人心理。和《红楼梦》中的人物一样，孟称舜剧本中的男女主人公同样拥有自己独特的个性，其各自鲜明的个性使其有别于传统才子佳人题材小说中老套的人物形象。

在白之眼中，《娇红记》虽有情节和意象老套的嫌疑，如女主人公常对花浩叹，怀有担心青春易逝、年华虚度的忧愁，封建父母在子女婚姻问题中表现出的愚昧守旧，男主人公对仕途的绝望无力，以及豪门公子的强取豪夺等情节设置皆属陈年俗套。但该剧的出彩之处在于这对年轻恋人自身所彰显的魅力，孟氏对男女主人公之间情感互动的细腻描写尤为令人称道。例如在第九出《分烬》中，申纯与王娇娘含情交换眼神，申纯唱道："曾傍妆台画出螺黛巧，曾入鸳帏照见双凤小，曾陪笑靥特地把繁花爆，曾照朱颜闲将绣枕描。"他向娇娘乞求一部分"烬"用来给他远方的父母写信，娇娘害羞地点头答应，却在分烬时不小心弄脏了手指，申纯则大胆

196

地用衣角将娇娘手指的污渍拂去，并笑说："敢不留以为赘。"[1]对此，白之
认为此般描写并非陈词滥调，相反，在孟称舜笔下，"烬"成为才子佳人
的象征。娇娘略施粉黛，是美丽的化身；申纯蘸取灰烬作诗写信，则是才
学的化身。书法、绘画、诗歌以及女性之美都与"烬"有着千丝万缕的联
系。此外，作为文化"他者"的白之还解读到，当娇娘在申纯的衣袖上留
下乌黑指印时，"分烬"亦为肌肤之亲的先兆。[2]在他看来，这段文字生
动地表达了爱情萌动时的渴望和痛苦，并称赞这一出剧充满了动感，人物
形象刻画得相当饱满，亦为下一出《拥炉》做了完美铺垫。因此，白之揭
示说，宝、黛和申、王爱情故事均展现在作者对生动互动情节的描写之中，
并认为这是二者十分重要的共同特征。

　　其次，白之强调，《娇红记》对后世的影响还体现于王娇娘将"情"
确立为有情人生的最高境界。他表示，剧中申、王之间所表现出的至深情
感，正是这部戏剧区别于与其他同类"才子佳人"故事的关键。比起其他
传奇剧，《娇红记》更专注于对年轻主人公及其不幸爱情的刻画，这一特
征在该剧的前半部分体现得尤为明显。较之《牡丹亭》，该剧缺少《牡丹
亭》中人物和事件的广泛性。[3]具体而言，在《牡丹亭》中，华丽场景营
造出的浪漫被偶有的低俗闹剧、学究式的讽刺冲淡了，《娇红记》则始终
将描写的重心放在男女主人公身上，作者运用极多的笔墨渲染和烘托申、
王二人的爱情，旨在凸显他们对爱情的忠诚和执着。白之指出，娇娘勇敢
追求纯真的爱情，在认定申纯就是自己梦寐以求的意中人之后，便"全不
顾礼法相差"，毅然与申纯结成事实婚姻。显然，这对传统包办婚姻的道
德观念提出了挑战，但《娇红记》获赞并非仅仅因为它是一场为自由选择

〔1〕Chen Shih-hsiang, Harold Acton, Cyril Birch, *The Peach Blossom Fan*, Berkeley, Calif: University of California Press, 2015, p.xvii.

〔2〕Chen Shih-hsiang, Harold Acton, Cyril Birch, *The Peach Blossom Fan*, Berkeley, Calif: University of California Press, 2015, p.xvii.

〔3〕Cyril Birch, *Mistress & Maid（Jiaohongji）*, New York: Columbia University Press, 2001, pp.xviii-xix.

婚姻而进行的斗争，而在于男女主人公对待爱情从一而终的态度。孟称舜
在作品中设置了反复循环的思念与离别情节，这对于悲剧力量的增长有积
极的作用，亦使王娇娘将"情"确立为有情人生的最高境界这一主题得到
增强，展现出极强烈的至情观。

（二）译名比较研究

白之将《娇红记》剧名翻译为 Mistress and Maid，其中"Mistress
（女主人）"指的是王娇娘，"Maid（女仆）"则指侍女飞红。为了帮助
读者区分剧中的男女角色，他将"娇娘"的名字翻译为"贝拉（Bella）"，
将"飞红"译为"花瓣（Petal）"，而对剧中男性角色的名字，则采取
音译（罗马化）的方式进行翻译。[1]针对原著中人物名字的翻译问题，
白之作出了以下解释："无论是在原作中，抑或是在我的译文中，王娇娘
及其表哥申纯都是剧作的中心人物，而书名'娇红记'却在'娇娘'与
侍女'飞红'的名字中各取一字而成。这看起来似乎很奇怪，但又有其
合理之处，原因在于孟称舜着意赋予飞红一定的独立性，旨在塑造一个
迥异于女主人公的、个性鲜明的女性形象，以此寄托自身对于女性的人
性化关照。"[2]作为一名文化"他者"，白之对源文本的解读始终触及源语
中的文化内涵，并巧妙地通过"他者"视角，最优地处理源文化与异文
化之间的关系。

显然，无论是对剧作主题内涵的解读，抑或是对剧作翻译的处理，
白之始终自如切换于文化"他者"与文化传播者的身份之间，在跨文
化交流语境中，通过比较研究将中国经典文学、文化展现在西方读者
面前。

---

〔1〕Cyril Birch，*Mistress & Maid*（*Jiaohongji*），New York: Columbia University Press，2001，pp.xi-xii.

〔2〕Cyril Birch，*Mistress & Maid*（*Jiaohongji*），New York: Columbia University Press，2001，p.xii.

三、《娇红记》全译本的影响

　　白之在《娇红记》全译本的序言中不仅介绍了该剧"为爱而死"主题的历史文化背景，还向读者介绍了《娇红记》在文学史上的演变过程，以便让西方读者更好地了解该剧的相关历史文化语境。他向读者介绍《娇红记》所讲述的爱情故事是发生于宋代宣和年间的真人实事，故事中这对表兄妹之间诚挚的爱情在当时的"才子佳人"主题之中是独树一帜的。[1]他还提醒读者，"为爱而死"是晚明作家热衷的主题。"为爱而死"这一主题备受追捧的原因在于，一方面，当时腐败黑暗的政治氛围和社会环境使人对纯粹美好的事情或情感有较深的渴望；另一方面，传统儒家思想始终影响着作家的创作思想。[2]在当时普遍采用大团圆结局来寄托作家美好愿望的历史文化语境中，孟称舜试图跳出这个框架，以男女主人公双双殉情这样的悲剧形式结局，表达对同封建礼教苦苦抗争的青年男女的同情和惋惜，这种思想意识在当时是难能可贵的。

　　（一）关注中国古典戏剧中的"悲喜剧"之争

　　中国古典戏剧在揭露现实矛盾和悲剧情节时，往往最终难以跳出"和解"这一主题的藩篱，因此引发了学界对中国古典文学中是否存在真正悲剧的探讨。二战结束后，西方世界陆续诞生了多种中国文学选集，它们是西方较为专业翻译中国传统戏剧并产生较为深远影响的综合性、系统性文学选集，其共同特点是高度宣扬了中国传统戏剧的文学价值和提高了中国传统戏剧的文学地位。但由于历史文化背景的差异，中国传统戏剧仍难以避免成为西方世界想象的对象，且往往具有较为浓厚的"东方主义"色彩。例如，杜哈德坚持认为中国传统戏剧和欧洲已臻完善的剧诗时代还相去甚

〔1〕Cyril Birch, *Mistress & Maid*（*Jiaohongji*），New York: Columbia University Press，2001，p.xiv.

〔2〕Cyril Birch, *Mistress & Maid*（*Jiaohongji*），New York: Columbia University Press，2001，p.xx.

远。[1]翟理斯则指出，在中国传统戏剧中，很大一部分剧作结构简单、剧情单调，属于类似打油诗一般的、没有厚度且孱弱的文学艺术形式。[2]即便到了 20 世纪五六十年代，某些西方学者仍坚持认为中国传统戏剧缺少基本的悲剧观，就算是喜剧，也常落入闹剧的窠臼之中，这些因素导致中国传统戏剧难以与欧洲戏剧平起平坐。[3]对此，有中国学者提出辩驳："正是从这些否定的结论出发，我们认为中国悲剧恰恰是以情感中和性作为审美特征之一……中和，既可以看成是一种现象，又可以看成是情感的秩序，规律和组合原则。"[4]

从西方学界对中国悲喜剧问题的言论中可以看出，西方世界关于中国古典戏剧的研究成果绝大多数来自于 20 世纪 60 年代以后，而这绝非偶然，此为诸多社会历史因素综合作用的结果。在此之后，中国学者注意到，"在研究指导思想上，英语世界的学者也逐渐摆脱欧美中心论的影响，这有利于客观、公正地理解和评价中国古典文学作品。英语世界的大多数学者因此能够摒弃过去常见的以欧美戏剧为标准而指摘戏曲的做法，丢开诸如'中国无悲剧'等不公正的结论，进而尊重中国悠久的民族戏曲传统，探索戏曲艺术的特征，恰当地评价中国戏曲在世界戏剧中的地位"。[5]白之对中国悲喜剧这一问题的认识，从其《娇红记》的相关阐释中清晰可见，他始终用一种超然而理性的态度对待中国文学、文化，在这一问题上给出了自己客观、公允的观点和看法。

---

〔1〕Du Halde，J.B，*The General History of China*，Brookes，R.（trans）.（4 vols），London，John Watts，1739，p.195.

〔2〕Giles，Herbert A，*A History of Chinese Literature*，New York and London: D. Appleton and Company，1924，p.258.

〔3〕Hightower，James Robert，"Chinese Literature in the Context of World Literature，" *Comparative Literature*，Vol.5，No.2（1953），p.120.

〔4〕赵庆元：《中国古代戏剧史论》，安徽人民出版社 2002 年版，第 238 页。

〔5〕曹广涛：《英语世界的中国传统戏剧研究与翻译》，广东高等教育出版社 2009 年版，第 26 页。

（二）对"为爱而死"主题的密切关注及翻译风格的转变

《娇红记》全译本作为白之汉学生涯晚期的代表作之一，既有对之前翻译风格的延续，也有转变与突破。白之准确把握戏剧所彰显的思想主旨，对《娇红记》中"为爱而死"的主题给予了密切关注。白之认为，人们有充分的理由去阅读和欣赏这部已问世数百年之久的剧作。以《娇红记》为代表的元明早期中篇传奇小说，在内容、语言和篇幅体制等方面为延续四百余年的此类小说框定了大致的发展走向。它具有以下几个方面的开创性和示范性：第一，庭院式言情情节范式在家庭的层面上描写才子佳人的一见钟情却备受挫折的情感过程，表达作者在现实和理想之间的审美抉择。第二，一般以闺阁、庭院作为情节的展开空间，看似小情小爱，实则至情至爱。第三，往往以情取胜，如申、王的以死殉情，卒藏鸳鸯冢，充满浓郁的悲剧色彩。正是基于白之个人对《娇红记》作品本身及其所蕴含思想主题的欣赏和推崇，他才在汉学生涯晚期重拾译笔，为西方读者带去"为爱而死"这一主题鲜明的剧作。显然，白之对中国古典戏剧的选择在很大程度上反映出他本人的文学观、人生观和世界观，并以文本内外的话语方式来展现他对中国文学的品味和见地。此外，白之译本所选择和运用的翻译策略也正是他向中国与世界这两个既相关联又相区别的文化语境表达自己的一种方式。

《娇红记》全译本属于白之晚年的译著，相较于之前译著，其译笔更加成熟老道，为白之一生的翻译成就增添了重要一笔。在译研过程中，白之紧紧把握作品主题生成的历史文化语境，确立相对超然且理性的文化"他者"立场，并以一种相对中立的纯文学态度审视中国文学，从而做到较为客观公允地看待和评介中国文学作品与文学现象。

总体而言，《娇红记》全译本的译文自然流畅，且在译者尽可能把握的范围内忠实于原著。白之通俗晓畅的译笔及其清晰质朴的翻译风格使读者能够近距离地赏析剧作并领略到中国古典戏剧的风采。白之将译本中的注释数量保持在较少的范围内，对原著中的典故、修辞等尽量进行了简单化处理，使译本能够更加适合不具备专业知识的普通读者阅读。白之这一翻译策略的选择与他对该译著的读者预设有密切的关系。英语京剧开创者魏丽莎（Elizabeth Wichmann-Walcazk）对白之能够突破以往惯用的译介模式而对典故和修辞创造性地进行简化翻译的这一转变表示赞赏。

第六章　白之论中国五四文学的比较视阈及阐释框架

产生于五四新文化运动和文学革命之中的五四文学精神是五四精神在文学方面的全面体现。陈独秀于 1915 年在上海创办《青年杂志》，正式开启了五四新文化运动的篇章。随着反对旧文学、提倡新文学，以及发展"人的文学"等具有开创性历史意义主张的提出，深刻展示了五四文学精神对人道主义、个性主义与个性解放等的呼吁和推崇。通过对白之该时期中西文学的研究，本章就五四文学在中国文学史框架中的地位问题、白之本人的五四小说教学实践及其对徐志摩诗歌研究展开研讨，以探寻和揭示白之文化"他者"视阈中的五四文学精神谱系。

第一节　五四文学在中国文学史框架中的地位问题

白之认为，要评估五四文学在中国文学发展史上的作用，则必须将这一时期的作品同中国近代文学作品及延安文艺座谈会之后的作品做深入比较，发现中国小说的继承与变化问题以及中国传统文学中的"悲剧—反讽"模式。为进一步揭示五四文学对现代中国作出的独特贡献，白之从比较视阈出发，以茅盾的《子夜》为例对五四作品的特征做了深入探讨。

一、中国小说的继承与变化

　　白之选择性地比较了三个世代的三部作品所塑造的三幅肖像，它们不
但能够揭示五四文学对现代中国的独特贡献，并且能够呈现晚清至新中国
成立这段历史时期中国小说的继承与变化。白之同时强调，"继承"指的
是对中国小说丰富传统的继承，"变化"则重点体现西化的趋势。从白之
所选李伯元的《文明小史》（1906）、茅盾的《子夜》（1933）和浩然的
《金光大道》（1972）可以看出，它们在篇幅、范围和艺术质量方面均具有
较强的可比性，并且三者的社会内容就广度而言同样具有可比性。白之在
三部作品中选择展示的三幅肖像分别代表了晚清、民国以及新中国成立后
的权势阶层，这些形象的成功塑造均是通过对抗实现的。对此，白之指出，
这恰恰体现出五四时期作家倚重主观感受以及个人主义的创作特点。

　　从研究的方法和手段上看，白之尝试用批评实验法来阐析不同作品里
的同一类型人物。第一幅肖像是《文明小史》中的傅知府，白之将画面锁
定在第四十一回，傅知府高一脚低一脚地躲藏在乱民之中，有意思的是，
他只穿了一只鞋；第二幅肖像是《子夜》中的周仲伟，画面停滞在第十六
章，他在自家厢房摆弄一整套"小设备"，形成鲜明对比的是，他厂子里
的工人在他居所外罢工示威；第三幅是《金光大道》中的张金发，白之将
镜头定格在张金发恼怒地盯着自己手里握着的犁之上。白之讨论比较了三
幅肖像存在的前后三个时期，并揭示了其中的继承与对抗关系。他强调，
即便是对抗也只是表面上的，甚至是人为制造的，而变化出现在继承过程
中是十分常见的。白之敏锐地捕捉到，尽管众多五四作家在创作过程中有
意识地摈弃之前的某些形式而广泛运用西方技巧，但作品中的语言风格、
典故和方言运用、人物性格刻画、叙述模式，包括对抒情表达的偏爱，皆
能体现出他们并未完全脱离中国文学传统。白之赞许五四作家在很大程度
上拓宽了小说的读者面，虽然一些作品未得到广泛流传，但为延安文艺座

204

谈会后文学作品获得全国范围内的读者认同做好了充分准备。

夏志清的《中国现代小说史（1917—1957）》使现实主义在小说研究中占据了绝对优势，白之在此研究领域亦展现了个人的研究特色，他创造性地将五四小说准确地归结为"悲剧——反讽"模式，这是一种介乎于晚清作品的"滑稽——讽刺"（comic-satiric）传统与产生于"文化大革命"高潮的浩然小说高度教化的政治寓言之间的模式。白之的这一论断在当时的西方学界引发了关注。他强调，研究者应将五四时期当作一个分立阶段，这个阶段属于辩证过程中的一个阶段，而非自然演变中的一部分。他称赞五四时期的作家是真正意义上的革命者，因为他们中的一些人不仅把中国文学带进世界文学主流之中，还有力地促进其在国内的继承者对写作技巧进行深一层改进。白之坚持认为新中国作家在这一时期所做的是一个"大回归"（the great return），并称新中国的小说肯定更加"中国化"且更加大众化。他指出，中国的叙述文学和戏剧文学原本拥有强烈的训诫性（exemplary）倾向，并且在由此之后的中国文学中时常显现出来。因此，他得出的结论是，有理由认为欧洲19世纪的现实主义在中国存在的时间不会超过1919年5月4日后的两个十年。白之的这一论断在西方学界引发了讨论热潮。

李欧梵曾撰写专文对白之的观点进行评述，他表示，如果我们回顾白之论文写成之后的过去的十五年，就会发现他关于五四传统的预言似乎太过悲观。因为，不仅文学作品中强烈的训诫性倾向消失了踪影，而且"文化大革命"结束后不久，作为对毛式革命浪漫主义泛滥的反拨，五四现实主义传统再度复兴。文学并没有完成对集体性和民粹性的本土形式的"大回归"，倒是作为五四绝对信条的自我主题和自我解放得到了张扬。李欧梵同时指出，白之坚持认为"公社式"冲动（the communal impulse）和有限的现实主义阶段的论点并不完全是错误的，但他不曾预见到的是更加激进的景象：一九七四年之后的十年，中国大陆年轻一代的作家不再满足于这两种传统，而是希望超越本土和现实领域，以全部的创作开辟新的方向。
李欧梵还提出，在探究这些新现象之前，我们抓住这个关键的转折点，重
新反思中国现代文学的五四传统，重新审视白之对现实主义的看法将会是
非常有意义的。[1]

　　为了凸显白之论断所产生的意义，李欧梵并置阐发了安敏成（Marston
Anderson）与白之观点的相似之处。安敏成在《现实主义的限制》一书
中，借助六位五四作家的小说作品将这些复杂的问题做了细致而巧妙的分
析。在分析小说形式层面的基础上，安敏成认为，五四现实主义本质上可
以追溯到西方的认识论。西方现实主义是西方模仿论的表现之一，而模仿
论建立于一种假设之上，即文字与现实存在着基本的分裂，而"探究这种
分裂正是现实主义的潜在课题"。[2]如果就五四小说而言，要填补这种矛
盾的空间，由于"现实主义也同样既区别于又依赖于其所描述的世界"[3]
而变得几乎是不可能的。对这种局限性的认识，它在形式上既不可能够
"反映"，亦不能够"建构"整个现实，加之一种不断增强的社会激进主
义的意识，最终导致了五四现实主义的衰落："到20世纪30年代，大部
分作家都已认识到批判现实主义并非像提倡者一度坚信的那样，是使社会
改革的简单工具。在这一模式的应用中，中国的作家和批评家已逐渐领悟
到，现实主义本身并不会自然而然地促进激进的情绪和平民化倾向，而这
两点正是中国革命家所感受到的时代的召唤。"[4]因而，这种对"社会障碍"
（social impediments）的认识逐渐为"群众"文学的爆发和胜利，为文学
一体化转变为社会主义现实主义开始的公社化形式铺设了道路，社会主义
现实主义开始抹擦"'我'与'他们'——自我与社会之间的——作为批

〔1〕李欧梵：《论中国现代小说的继承与变革》，季进、时苗译，《当代作家评论》，2008年第1期，第142-
143页。
〔2〕［美］安敏成：《现实主义的限制》，姜涛译，江苏人民出版社2001年版，第200页。
〔3〕［美］安敏成：《现实主义的限制》，姜涛译，江苏人民出版社2001年版，第200页。
〔4〕［美］安敏成：《现实主义的限制》，姜涛译，江苏人民出版社2001年版，第201页。

判现实主义实践不可或缺的基础的划分"，将两者都归之为一个"集体性
的我们"（collective we）。[1]经过一系列分析，安敏成得出了与白之一样的
结论：超越现实主义的旅程，标志着向"公社化"的"大回归"。李欧梵
亦提出，当我们讨论 20 世纪 80 年代的文学时，一个直接的背景是，我们
必须考量产生于"文革"时期的文学所取得的成就并非沈从文，而是浩然
以及革命浪漫主义的"大众风格"，也就是白之称之为英雄传奇模式中对
"公社性"的大回归。在这方面，白之的许多精辟论述仍然有效，如对社
会秩序的全新感受，道德说教的回归，公式化写作，大众的娱乐趣味，以
及农民或干部作为正面主人公的出现。[2]

　　总之，白之认为随着这种向"滑稽——讽刺"模式的大回归，五四文
学的现实主义变体不复存在：

　　　　只有当我们相信黄金盛世（the millennium）已经来到中国大
　　陆，我们才能把一九四二年以后的小说称作为现实主义模式……
　　我们还得相信人性本身发生了根本的变化，才能肯定这样的小说
　　是现实主义的：即人的一切行为模式都由阶级出身决定，正面典
　　型人物的动机只有其他文学中的史诗英雄或圣人才能相比，而光
　　明结尾是强制性的，是形式本身的要求。因此，浩然写的只是一
　　种寓言。[3]

　　从白之的论述可以看出，他认为具有反讽意味的怀疑恰恰是因为随着
对人性定义的变化，小说（虚构）文本中已经不复存在"作为采取独立立

〔1〕［美］安敏成：《现实主义的限制》，姜涛译，江苏人民出版社 2001 年版，第 202 页。
〔2〕李欧梵：《论中国现代小说的继承与变革》，季进、时苗译，《当代作家评论》，2008 年第 1 期，第
143 页。
〔3〕转引自李欧梵：《论中国现代小说的继承与变革》，季进、时苗译，《当代作家评论》，2008 年第 1 期，
第 148 页。

场个体的隐含作者"空间了，即白之提出"作者化身"（authorial persona）
的出现。

二、五四作品特征：以《子夜》为例

白之认为，1917 至 1919 年间中国作家发表的小说最鲜明的、给人带
来最大惊喜的特征，既不是其中运用到的西式句法，也不是抑郁文风，而
是上文所提"作者化身"的诞生。这个阶段的小说，说书人姿态消失殆尽，
取而代之的是叙述者与隐含作者合为一体，而且时常与作者本人合体，白
之认为郁达夫的作品无疑是展现这一特质的最佳范例。例如，《沉沦》就
像郁达夫所做的一次"自我剖析"，甚至可以视为一个浪漫主义叛逆者裸
露癖（exhibitionism）式的暴露。另外，在白之看来，具有杰出反讽性的
《阿 Q 正传》实际上并不如《祝福》和《故乡》那样更能代表鲁迅作品的
特色，但这些小说中的第一人称叙述者具有很突出的自传性质，以化身人
物出现的鲁迅则像个"多余的人"（superfluous man）。此外，巴金的《家》
索性直接取消了第一人称叙述者这一角色，尽管如此，依然表现出鲜明的
自传式风格——读者能够从主人公觉慧身上看到一幅巴金的自画像。白之
认为这类作品将一种新的严肃精神带进了中国小说——它们是痛感到失去
根柢、文化上幻灭的那代人痛苦的心声。与之相反的是，五四时代故事性
较强的作品，往往来自那些避免将作品写成自传的作家之手，例如老舍、
张天翼等人。

就作品的文体结构而言，白之的"他者"视阈呈现出的是五四时期对
统一结构的新要求源自西方文学这一现象。他解释说，当作品真正富于
创造性想象时，其结构能够让小说展示出一个"整体性世界"，但这种
小说世界并非真实的世界。就像高尔基的《公墓》，其结构是让逝者记
录下活着的时候做过的每一件有意义的事情。但不管是包罗万象还是任

意选择，其实都难以实现作者的目的，因为作者必须在"奇"的方向往后退到一定的距离，至少要站到能够看清那些突出的代表性人物的距离，才能够让他在某种程度上选择出典型。在白之看来，五四作家的伟大成就在于塑造了许多令人印象深刻的典型人物，比如茅盾《子夜》中的大亨吴荪甫，鲁迅《祝福》中的老妇人祥林嫂，老舍笔下的骆驼祥子等等，而茅盾几乎做到了将他个人的视野客观化（objectifying）。此外，白之同样赞赏沈从文作品中的抒情性，张天翼顽强的自然主义，以及张爱玲的幽闭恐怖（claustrophobia），因为它们均给读者留下了极为深刻的印象。

　　就作品的总体特征而言，如前文所述，白之认为可以将这一时期的作品特征归结为"悲剧—反讽"型，与传统小说的"喜剧—讽嘲"相区别。他同时指出，当老舍审视他笔下虚伪的慈善家时，或当张天翼塑造小流氓形象时，反讽使他们不至于陷入虚无主义。另外，由于秩序本身已经消失，在当时的社会大环境之下，大团圆是不可企及的，因此，传统小说的秩序破坏或秩序恢复主题也随之消失。对此，白之的解释是，在传统小说中，我们能够分辨出两种基本态度：其一是顺应规范歌颂群体（norm-sharing and communal celebration），例如《珍珠衫》和《儒林外史》；其二则是自我中心相对异化（individual, relatively alienated），例如《霍小玉传》和《红楼梦》，而后者实际上就是五四作家共同的特征。为进一步说明问题，白之以茅盾作为五四时期作家的代表进行阐释。

　　为了更加清晰地呈现茅盾《子夜》的创作特色，白之将其与李伯元的《文明小史》做平行比较。他认为，与枝蔓散乱的《文明小史》形成强烈对比的是《子夜》，《子夜》具有紧密的整体性戏剧结构。第一章便彰显出不凡的气势，既是整部小说的缩影，如《红楼梦》中的真事隐诗楔子，又像是一种比喻，与《老残游记》开头的梦有几分相似。而第二、三章中的老太爷葬礼则构成了人物集合的背景，变化不定的人群之间的谈话预示了之后的情节和次情节。这样的设计，类似于《战争与和平》的开头——

安娜·帕夫洛夫娜举行的那场五光十色的晚会。从白之的阐释性分析中可以看出，在其庞大的中外文学关系网中，一部作品总是能找到另一部与之具有相当可比性的作品，而这种极强的比较能力，正是基于白之广阔的比较文学与世界文学视野和深厚的文化积淀。

　　白之揭示说，茅盾运用现实主义框架来刻画人物性格与行为，旨在能够更加真实地反映 20 世纪 20 年代的社会现实。如小说中的周仲伟是个火柴厂主，作为主人公吴荪甫的一个不成功的竞争对手，在全书的整体构局中是个次要人物，但却是第十六章的主角。茅盾围绕着他设计的各种次情节直接或间接地反映了中国民族工业家所面临的困境。

　　首先，在人物构思和刻画方面，白之认为茅盾在周仲伟这一人物塑造上展现了较高的创作技巧：大概有七千字的一长段情节发生在周仲伟的家里，挤满了等待的工人小巷是外部世界，警察的干预使得工人们越来越焦躁。而周仲伟的厢房里摆满了他的"小摆设"，这原本是他的个人梦幻小天地，现在却有两个金融界的朋友坐在那里，房间的阳台象征了周仲伟试图调和外面的劳工与里面的资本的努力。炎热的天气使气氛更加紧张，工人们坐在滚烫的水泥人行道上，而周仲伟与工人谈判时额头上冒出了大汗珠。可以说，白之对这段情节的戏剧性结构颇感兴趣，认为构思巧妙，并指出其中的几个发展节点：从阳台上传来的一阵大笑宣告周仲伟第一次出场；周仲伟的包车夫急急忙忙进来报告工人们来了；当周仲伟和两位朋友商量大计时，窗口突然冒出工人的头；还有最后一次对抗，即周仲伟终于让工人们进来，他孤注一掷地赌一把，想要哄他们结束罢工。全部情节的进展围绕着两个中心：一方面是周仲伟，另一方面则是工人。在白之看来，茅盾所有的描述都十分客观，叙述者始终未介入任何一个情节，即使需要提供背景材料时，也是用文件方式表现出来，例如周仲伟给他的朋友看火

210

柴行商业业会的函件。[1]

其次，在人物设置的处理问题上，白之认为周仲伟这个次情节的核心人物是被充分个性化了的。通过文字描述和细节刻画，读者知道了他的身高、相貌、步态、嗓音和举止。他是个丑陋的癞蛤蟆似的人，癞蛤蟆是他的一个再现式形象。在第三章中，"徐曼丽的一双高跟鞋现在是顶在矮胖子周仲伟的头上了，这位火柴厂老板曲着腿，一蹲一蹲地学虾蟆跳。"[2]他有个绰号叫"红头火柴"，他从头到尾是个装腔作势的人，表面装作什么都不在乎，内心却十分紧张，呼吸也越来越短促。他的"小摆设"象征了他与现实脱离，不想看到他的企业正在到来的垮台局面，他的做法是躲在他的窝里重建"前清老式排场"。他津津有味地布置这套玩具：火柴匣大小的椅子，三寸高的孝帏，一切是"开丧"的局面，给他的夫人办葬礼演习，而此时他的夫人正躺在隔壁房间的病床上。这种自欺欺人的完美形象，是使周仲伟与小说的核心主人公吴荪甫相区别的最重要象征。因为吴荪甫"他的野心是大的，他又富于冒险的精神，硬干的胆力……他看见有些好好的企业放在没见识、没手段、没胆量的庸才手里，弄成半死不活，他是恨得什么似的"。[3]

为凸显《子夜》的创作特色，白之将其与《文明小史》比较发现：其一，茅盾作品的文字显得质地更加紧密，更富有逻辑性。在此，白之提醒，茅盾在小说中运用了分段这种来自西方的技巧，但是否给茅盾这样的作家带来了一种崭新的思维方式则值得进一步研究；其二，茅盾是在代表团、保险公司和股票经纪人的现代世界里活动，与《文明小史》囿于传统的语汇不同，他的语汇面广、量大，他所用的一些词固然在现在看来似乎已经属于另外一个时代，诸如他称美国人为"花旗人"，称德国人为"茄门

---

[1][美] 西利尔·白之：《白之比较文学论文集》，微周等译，湖南文艺出版社 1987 年版，第 158 页。
[2] 转引自[美] 西利尔·白之：《白之比较文学论文集》，微周等译，湖南文艺出版社 1987 年版，第 158 页。
[3] 转引自[美] 西利尔·白之：《白之比较文学论文集》，微周等译，湖南文艺出版社 1987 年版，第 159 页。

人"；其三，茅盾提供了一个高度个人化的作者化身：他不是狙击手，向大家都能辨认的可笑目标射击。相反，他是个分析家，较为全面地向人们解释了各种社会弊病的症结所在。

概而言之，在白之的比较视阈中，茅盾运用了西方现实主义创作技巧，描绘了世界性大萧条这样一个大的历史语境中上海这个整体性世界。在白之看来，茅盾是五四作家的代表，《子夜》是一部五四时期在某些方面具有革新意义的代表性作品，能够在一定程度上凸显中国五四小说的特质。

第二节　中西模式的求索与碰撞：白之的五四小说教学

作为一位资深汉学家和文学研究者，白之在其职业生涯中曾开设过多门关于中国文学和文化的课程，其中包括中国五四小说教学。他认为，中国五四文学是中国现当代文学的开端，具有十分重要的历史地位和文化价值，应该成为西方中国文学教育的必修课程。在教学过程中，白之擅用实例，并广泛运用比较研究法，深刻凸显中西文学模式之间的相互影响与碰撞。白之的五四小说教学是其在中国现当代文学研究领域中的重要实践活动，具有较高的学术研究意义。

一、五四小说教学设计

20 世纪 70 年代之前的中国现当代文学研究，西方学界首先关注的是文学的政治历史背景，而非文学本身，学者也主要是社会历史学家而非文学家。并且，在冷战背景下，有一些西方学者以政治倾向为标准对作品进

212

行评判。[1]身处这样的历史文学语境中，白之坚持强调，在讲授中国现当代文学的过程中，首先需要教师认真为学生挑选文本阅读材料，应避开带有明显意识形态痕迹，抑或将文学当作社会历史记录的文本。他亦指出，开设这样的课程还需要写一本高度抽象且极具概括性的"教案"，这意味着教师需博览群书，并且具有相当深厚的中国文学研究功底。最终，白之决定从反向着手，找一套现成的阅读材料，然后从这些材料开始外延阅读。

　　1975 年夏，两本关于 1918—1945 年间的小说选集在香港出售，其中一本是由众多作家合力写成的《中国小说集》，由东亚书局于 1959 年在香港出版，并于 1970 年再版。该选集中的小说篇目皆颇有名气，但白之认为其质量不佳且不具代表性而未选其作为授课教材。另一本为香港云逸图书公司于 1971 年出版的《中国现代短篇小说选集》，在白之看来，较之前者，该选集的各方面水准更胜一筹。选集中的 21 个故事包含了许地山的《春桃》，王统照的《小红灯笼的梦》，以及吴组缃的《官官的补品》等。白之表示，当自己阅读或重读这些故事时，"逆流"便开始显现，即这些小说似乎被贴上了文学流派的标签，当读者阅读它们时，其背后所蕴藏的"西方灵感"便自动涌现。考虑到教授的学生大部分是主修汉语或与之相关专业的高年级本科生和研究生，白之将这些故事分类，精心设计成 30 课时、5 个单元课程专门讲授中国五四小说。需要指出的是，白之将长篇小说排除在讲授范围之外，认为长篇小说阅读起来耗时过长，并且该类小说或多或少涉及诗歌和戏剧发展史，它们将分散学生的阅读精力。他的五四文学教学从五四运动的背景、历史、社会和文化环境等方面入手，并以比较视阈切入，介绍和阐析五四文学的主要特点、主题、思想和艺术风格，探讨五四文学与中国现当代文学、世界文学的关系等。十六名学生和前来旁听的同事老师对白之的五四小说课程设计和讲授内容予以充分肯定。

---

〔1〕刘洪涛主编：《海外汉学家视域中的中国当代文学研究》，江西教育出版社 2021 年版，第 130 页。

本章节以白之文化"他者"的身份，在融入历史文化语境的同时，结合其
五四小说教学课程，充分运用比较视阈，在中西视野下，对中国五四时期
具有代表性的部分经典小说进行介绍与阐释。

二、中西视野下的五四小说教学实践

　　白之中西视野下的五四小说教学实践涉及浪漫主义小说、写实主义
小说、心理现实主义小说和自然主义小说等，呈现出较为多元的文学构
成特点。

　　（一）浪漫主义风格和浪漫英雄主义

　　在讲授顺序上，白之选择从浪漫主义风格小说讲起，将其设定为第一
单元课程。他首先讲授歌德（Johann Wolfgang Von Goethe）的《少年维
特之烦恼》（*Die Leiden Des Jungen Werther*）的片段，来展示歌德对自然的
崇拜、对感情的重视以及对社会纲常习俗的蔑视，之后转向郭沫若的《残
春》。在教学中，白之注重培养学生的独立思考和创造性思维，引导学生
从多个角度去分析和理解五四文学，帮助他们更好地掌握中国现代文学的
基本知识和文化内涵。同时，他亦注重与学生的互动交流，鼓励他们积极
参与课堂讨论和辩论，不断提高自己的思辨能力。在这个单元的教学中，
他让学生先逐页阅读《残春》，然后进行评论和提问。白之对学生的提问
中涉及"标题暗示了什么""谁是故事的叙述者""为什么小说的主人公
叫'爱牟'"以及"对护士有着怎样的第一印象"等问题，而后白之组织
学生进行小组讨论。经过研讨，白之引导式地向学生揭示：正如希腊神话
美狄亚中的玫瑰花瓣具有象征意义一样，《残春》中的"梦"是内疚的象
征。而在对比讲解郁达夫的《过去》时，白之首先带领大家分析了小说的
创作背景以及叙述者痛苦的内省，通过对两篇小说分别论析后，又进行了
全面比较，旨在让学生自主发现郁达夫在作品中的自白更加具有真实性，

214

但也存在浪漫主义没能在作品中得到充分体现等缺憾。

第二单元则通过李欧梵的《中国现代作家的浪漫一代》（*The Romantic Generation of Modern Chinese Writers*）和罗曼·罗兰（Romain Rolland）的《约翰·克里斯朵夫》（*Jean-Christophe*）这两部作品来探讨"浪漫英雄主义"形象。在北美汉学界，李欧梵与夏志清在中国现当代文学方面有着相似的研究路数和风格，他的专著《中国现代作家的浪漫一代》运用维特典范及普罗米修斯典范[1]，对五四文人的气质和形象进行深刻呈现，围绕着中国现代文学史上具有强烈浪漫气质的一代作家集中进行阐述，并将重点放在诸位作家的浪漫情感之上。他用大量篇幅介绍作家个人生平，渲染其浪漫性情和浪漫情感，同时对他们的作品做了深刻剖析。显然，李欧梵"想将中国现代文学史上浪漫性情的演化作为中国文学抒情传统与西方浪漫主义发生关联的产物，这种视角可视为抒情现代性的另一种体现"。[2]在新文化运动尚未如火如荼之际，苏曼殊、林纾等人已为中国现当代文学播撒下浪漫的种子。选择做维特似的多愁善感的才子，抑或是普罗米修斯似的英雄，是横亘在中国浪漫派作家面前的两条路。不管是徐志摩、郁达夫，抑或是郭沫若、萧军，都未能从这样的选择纠缠中解开心结。白之向学生揭示李欧梵所描述的"文人是英雄，是上帝在人间的化身"，即"艺术家是英雄"这一论点在书中得到了凸显。白之认为李欧梵强调的作家浪漫情怀一方面由作家生性所致，但更重要的因素是时代对之形成的映射，以及他们对理想、对现代国家、乃至对民族的愿景和祈盼。换言之，他们中大多数人的创作灵感及动力均来自对西方现代性的深层次向往。

白之同样运用比较研究法指出，较之前者，后者所塑造的约翰·克里斯朵夫则是无所不知、无所畏惧的英雄形象。白之向学生揭示，在《约

---

[1]"维特"代表消极的、感伤主义的；"普罗米修斯"代表动力的、英雄式的。
[2]李涛：《抒情中国文学的现代美国之旅：汉学家视角》，复旦大学出版社 2015 年版，第 117 页。

翰·克里斯朵夫》中，莱茵河这条横贯欧洲的巨流是全书的象征。这部"长
河小说"耗时二十余年，围绕构建心明眼亮、蔑视权贵的理想英雄主义为
核心而讲述了一个漫长的故事。在讲解《约翰·克里斯多夫》时，白之同
时向学生介绍并阐释了郭沫若的《初出夔门》，引导学生以《约翰·克里
斯多夫》的解读视角来赏析《初出夔门》，便可发现它实则是成人礼的象
征，而不是一部波澜不惊的回忆录。

    （二）写实主义小说：《包法利夫人》与《手》

    白之选取现实主义风格的小说作为第三单元的教学素材。他将关注点
转向法国 19 世纪现实主义文学大师福楼拜（Gustave Flaubert）的代表作
《包法利夫人》（*Madame Bovary*），并向学生强调在这个单元中，他将带领
大家关注写作手法而非作品本身的内容。白之指出，《包法利夫人》取材
于真人真事——一个乡村医生夫人服毒案。对此，白之颇为幽默地表示，
这可能对中国作家并无吸引力可言，因为他们更看重创作技巧。在《包法
利夫人》中，情感是绝对理性的：尽管查理对爱玛的死感到极度悲伤，但
小说中的他在爱玛的棺材入土之后"感到结束的满足"[1]。白之肯定了福楼
拜对重要细节刻画的精益求精，例如伊波利特的瘸腿和导致爱玛毁灭的债
务均为福楼拜用心良苦的巧妙设计。作者对情节的精心刻画产生了巨大的
暗示力量，例如爱玛的舌头舔着查理先前来访时酒杯中的最后一滴酒，与
爱玛死后将酒倾吐而出相呼应；爱玛、查理、郝麦和莱昂在永镇第一个夜
晚的对话巧妙地引入了人物，从而消除了叙述者介入的需要；作者通过对
学究式药剂师和英俊腼腆的年轻律师的刻画，读者对爱玛别无选择、只能
背叛查理的原因便可窥见一二。

    在对《包法利夫人》进行较为全面的解读之后，白之进而将其与萧红
的小说《手》进行了比较。他认为二者之间的相似性是显而易见的：《手》

---

[1]［法］福楼拜：《包法利夫人》，李健吾译，人民文学出版社 2022 年版，第 293 页。

216

以农村女孩王亚明与其生活条件较为优渥的同学之间的社会差异为背景，并以王亚明同学的视角来叙述故事，且通过点名这一场景引出开头，此为《包法利夫人》开场场景的翻版；暗沉多雪的冬日早晨同福楼拜笔下硕果累累的诺曼底村庄一样，给读者留下了深刻印象；王亚明那双在父亲染坊里被染料染色了的手，和伊波利特的瘸腿一样被细致描绘。于福楼拜和萧红而言，它们均具有重要象征意义。在白之看来，比借鉴手段更为重要的是，《手》客观而超然的整体模式使其在共情性和内涵深度等方面更接近福楼拜小说达到的高度。此外，白之向学生强调说，《手》只能被视为一个在现实主义模式下讲述的故事，必须将其与萧红追求的浪漫主义生活方式区分开来。

（三）形式借鉴与灵感来源：《奥尔拉》与《狂人日记》

莫泊桑的《奥尔拉》和鲁迅的《狂人日记》作为第三单元的讲授教材。在阅读材料的选择方面，白之表示不赞成将长篇小说作为阅读范本，因为长篇小说在实际的阅读和讨论过程中非常耗时。但在西方，小说有一个天然优势，即作者的写作技巧和叙事模式可以清晰地建立起来，比如《包法利夫人》比《一颗简单的心》（Un Coeur Simple）更能展示福楼拜的风格。在进一步追求现实主义模式及其向自然主义演变的过程中，莫泊桑（Guy de Maupassant）的作品为我们指明了新的方向，亦引发了鲁迅等中国作家对他及其作品的探索，白之进而带领大家讨论鲁迅从莫泊桑那里得到的借鉴。他表示，尽管鲁迅的《狂人日记》在形式上借鉴了俄国作家果戈里（Gogol）的《狂人日记》是众所周知的事，但鲜为人知的是，《狂人日记》的创作灵感可能来源于莫泊桑的同名小说或者莫泊桑其他形式相似的故事。在白之看来，鲁迅的《狂人日记》在风格上更加接近莫泊桑的《奥尔拉》（Le Horla）。在《奥尔拉》中，主人公认为有一个无形的人存在，此人可能是"比人类优越的吸血鬼"，便为此人取名"奥尔拉"。为了摆脱奥尔拉，主人公甚至起念自杀。因此，文中类似"呵！秃鹰吞吃鸽子，狼吞吃羊；狮子吞吃带尖角的水牛，人类用刀箭和火药杀死了狮子，可是奥尔拉对待人类将像人类对待牛马一样；它将自己威力无穷的意志强加于人类，使之成为它的工具、它的仆人、它的食物。我们该倒霉了"[1]等文字可能是《狂人日记》第六章的来源。

针对鲁迅作品与莫泊桑作品之间的联系问题，白之猜测，莫泊桑的某些其他作品或为鲁迅创作《祝福》提供了素材。首先，从结构方面来看，莫泊桑笔下的女裁缝科切特虽然没有祥林嫂那么悲惨，但这两部作品的结构却是相同的，即均为"作者与主人公相遇——主人公死亡——由主人公的生平经历得到启示——反映社会现实"这一结构；其次，就情节设置方面而言，在莫泊桑的《短弦》中，一个被诬陷为盗窃犯的老妇人，不断向怀疑她、嘲笑她的听众自证清白，其遭遇与祥林嫂如出一辙。另外，就像对阎王的惧怕加速了祥林嫂的死亡一样，洗衣妇佯装的恶魔加速了《短弦》中老妇的死亡。白之甚至依此断定，莫泊桑多变的艺术创作风格为中国五四时期其他一些作家创作出的作品提供了灵感：人们从沈从文的《柏子》中看到了莫泊桑的《戴丽叶春楼》(*La Maison Tellier*) 中底层人物对待生活的乐观态度，从吴组缃的《官官的补品》中看到了《行政长官》(*Ce Cochon D'un Morin*) 中独特的叙事视角以及强烈的讽刺效果。

白之在本单元带领学生赏析的另一部作品是许地山的《春桃》。在白之的文学审美评价标准中，《春桃》可以称得上是一部令人满意的作品，很大的原因在于作者能够成功地将小说中不同的元素融合在一起。具体而言，在创作过程中，许地山将浪漫主义元素与传统中国故事的写实主义进行了有效杂糅，其中又穿插着福楼拜或莫泊桑式的回忆叙述手法。例如，在故事进行到一半时，主人公春桃与分散多年、被敌人打断了双腿的丈夫李茂重逢，而她已与"生意伙伴"（收破烂行业）同居多年。白之提醒学

---

[1][法] 莫泊桑:《奥尔拉》，桂裕芳译，河北教育出版社 1996 年版，第 136 页。

218

生注意一个作者精心设计的细节，即春桃的丈夫好像要拿什么东西出来，
但他的手忽然停住，眼睛望向春桃，终至把手缩回去撑着席子。[1]这一系
列动作让读者不禁思考，他在想什么？白之为学生作出的解释是，实际上，
在丈夫的腰带上别着他随身携带了多年的结婚证，丈夫潜意识里希望能用
结婚证约束自己的妻子，捍卫自己的婚姻权利，而他的手从腰带回到膝盖
的动作则意味着他放弃了这个想法。白之强调说，这是一种在传统故事中
找不到的电影式的、超然的视角，值得借鉴。同时，白之提醒学生，尽管
在夏志清看来，许地山早期的作品存在缺乏现代短篇小说韵味的问题，但
其在《春桃》中对现实主义技巧的运用着实令人印象深刻。

　　（四）心理现实主义小说：《罪与罚》与《小红灯笼的梦》

　　白之挑选了能够反映心理现实主义的作品来构成第四单元的内容。在
该系列作品中，白之对王统照的《小红灯笼的梦》赞赏有加，甚至视其
为心理现实主义小说中的一颗璀璨宝石。他指出，故事主人公阿宝在上海
街头的旅行让人不禁想起陀思妥耶夫斯基（FyodorDostoevsky）笔下的拉
斯柯尔尼科夫在圣彼得堡的漫游。白之带领学生对《罪与罚》（Crime and
Punishment）第五部分里的第四章，即拉斯柯尔尼科夫试图向真正关心他的
人解释所言所行时的场景进行详细解读并与《小红灯笼的梦》进行对比。
白之认为，尽管这两部作品在规模上存在很大差异，但二者之间的相似之
处亦不可被忽略。首先，在主题方面，它们均以弃儿作为人类孤立的象征。
其次，在叙事概念方面，都以一个中心行为为圆心探索其所有分支。并且，
这一中心行为本身的严重性与作品的规模成正比。在《罪与罚》中，这一
中心行为是拉斯柯尔尼科夫的谋杀事件，在《小红灯笼的梦》中，则是阿
宝破坏了委托给他的珍贵桌子。再次，在创作主旨方面，揭示社会不平等
和不公正是这两部作品的主要内容。《罪与罚》中拉斯柯尔尼科夫的贫困、

---

[1] 许地山：《春桃——许地山经典必读》，文化艺术出版社2012年版，第237页。

索尼娅的妓女身份和卢津的富有形成了强烈的反差；在《小红灯笼的梦》中，贫富之间的对比同样显而易见。但白之提醒，较之前者，《小红灯笼的梦》中贫富之间共同分担痛苦的本质就不那么明显了。阿宝和夫人的情感交融，他们脚下的磨砂玻璃以及灯光下他们脸上的绿色倒影象征性地说明了这一点。白之称赞王统照通过聚焦人物心理成功地刻画出小说中那个在街头漫步的少年形象，并精准地捕捉和呈现出主人公情绪的微妙变化。此外，白之认为，王统照在创作中尝试探索幻觉和遐想、机会和冲动等因素在决定行动中的作用，这是对陀思妥耶夫斯基叙事手法所做的借鉴。

（五）自然主义小说：《萌芽》与《水》

白之专辟第五单元向学生讲解自然主义小说。自然主义文学于 20 世纪 30 年代初风靡中国，白之肯定了爱弥尔·左拉（Émile Zola）对自然主义文学作出的巨大贡献以及对中国作家作品产生的积极影响。他尤为指出，多数人认为丁玲的小说《水》的灵感来源于左拉的短篇小说《洪水》，但他认为《洪水》虽然是一个感人至深的寓言，但它既未突出展示左拉的写作方法和技巧，亦未完全表达他对无产阶级的同情。于是，白之将关注的重点转向了左拉的另一部小说《萌芽》（Germinal），他充分肯定了左拉在处理大型人群场景方面的手法如拍电影般巧妙流畅，并提及巴金借鉴《萌芽》写成的《砂丁》和《雪》。相比之下，丁玲在创作《水》时所犯的错误则显而易见。白之批评丁玲在创作中对某几种单调修辞手法的过度依赖，如重复、拟人（"残酷的洪水"）以及夸张（"数百里"之外的听众）等。此外，白之还毫不留情地批判被丁玲有意或无意无视的创作现实，比如，丁玲将田野上的草地象征性地描述为受尽苦难的人类，而枉顾当时人类正无知地开发滥用自然资源的事实。显然，这在白之看来是不可思议的。相比之下，在《萌芽》中，左拉同情与压迫者进行斗争的矿工，但他在同情矿工艰难处境的同时，仍然能够理性地保持对其某些精神卑劣之处的批评态度。而丁玲的浪漫主义倾向使她把农民理想化，把富人漫画化。因

220

而，在白之看来，丁玲塑造的终究是小说中的人物，而不是现实生活中活
生生的人。与白之所持观点相似的是夏志清，其在著作中对《水》的最后
一幕的描写（饥饿的农民被鼓动起来，吼着生命的奔放，比水还凶猛的，
朝镇上扑过去）进行了抨击，他认为这一幕是令人难以置信的。但白之亦
提醒，基于自然主义方法对作品所做的评论，会比夏志清在单一视角下进
行的抨击更能够深入地揭示丁玲作品中存在的问题。他还强调，尽管如此，
《水》对某些讽刺手法的运用是值得肯定的，如农民对洪水消退的喜悦是
基于他们不知洪水消退的原因是下游堤坝的崩溃和村庄的毁灭。

　　在本单元结束时，白之提及并称赞了吴组缃的《官官的补品》，认为
该作品不仅是其手头现有阅读材料中最成功的故事，也是对整个五四文学
教学所鉴赏和学习的各种写作风格的范例式总结。吴组缃在这部作品中恰
如其分地将各种写作风格结合到了一起。白之指出，《官官的补品》从形
式上来说是一篇自白，其中的浪漫主义成分很少，但在小秃头被斩首的场
景中却有一种"浪漫英雄主义"意味。他不愿丢掉性命，却浑身是血、摇
摇晃晃地站起来指责压迫者，然后大声呐喊"不公平"！而秃头给妻子挤
奶、行刑（那把一次又一次落下的刀被受害者寻求庇护的岩石弄钝了）的
场景则是自然主义的充分体现。白之总结说，吴组缃在《官官的补品》中
利用比讽刺更高一筹的黑色幽默向我们描绘了一个荒谬的世界。

　　对五个单元的阅读文本进行阐析与讨论之后，白之在课程结束之际提
醒学生，尽管大家注意到了中西方文学作品的一些相似之处，但尚未花费
足够的时间进行深入研究与探索，并且应关注的远不止这些个案。他表示，
任何一种写作风格都产生于作家看待世界的一种方式，并以某种特殊的创
作技巧表现出来。自己在所研究的作家中发现了各式各样的写作风格，并
以经典的西方模式为出发点对每种风格进行探究，旨在尝试带领学生更深
层次地理解中国文学所取得的成就。他同时强调，从西方模式出发解读中
国文学作品有可能会削减甚至剥夺其原创性，但其坚信通过密切关注贯穿

中国现代写作的本土叙事元素，并认真思索阅读和研究的每一部作品与中国社会政治生活之间的有机关系，则能够在一定程度上解决这一问题。

通过讲授中国五四文学这门课程，可以看出，较之其他西方学者，白之将主要的关注点放在文学文本本身，并把结构主义分析、人物形象分析、体裁分析等运用于教学实践中。总的来说，从白之讲授的这门课程中可以归纳出以下几点主张：首先，白之强调中国现当代文学研究者或教学者不仅需要具备比较文学与世界文学的学术视野，同时还应具有良好的中国传统文学与现当代文学文本细读能力；其次，要采用中国现当代文学和同时期西方文学的比较视阈，找到二者之间内在的关联；再次，应该清醒地认识到中国现当代文学与世界文学之间密不可分的关系，要将中国现当代文学及其研究置于世界文学及其研究的历史文化语境中。

第三节　　比较视阈中的徐志摩诗歌研究

现代诗歌又称新诗，是指五四运动以来的诗歌。它是适应当时的政治变革需要，使用接近人民群众的白话语言来反映现实生活，表现科学民主的革命内容，以打破旧体诗格律形式束缚为主要标志的新体诗。现代诗歌的出现，才让诗歌真正成为人民大众的诗歌。中国新诗产生后不断成熟和发展，其中鲁迅、胡适、徐志摩、艾青、卞之琳、何其芳等人的现代诗歌写作也引发了英语世界对中国现代诗的关注。百余年来，中国现代诗人的作品被相继翻译和介绍到西方，英语世界对中国现代诗歌的认识与研究也随之深入和广泛。20 世纪 60 年代，夏志清试图激起中国研究领域之外的美国读者对中国现代诗歌的兴趣，不过中国现代诗歌中一以贯之的主观性与晦涩难懂仅偶尔能支撑该研究，而美国的中国文学读者更倾向于欣赏和赞美中国古典诗歌，却极少有人可以理解中国现代诗歌遇到的挑战，及对

白之与徐善增合影

徐善增先生在与笔者的通信中写道："These photos were taken in late November 2015 at Prof Cyril Birch's home in Berkeley. We spent a good part of the day with him. This meeting was nearly 50 years after the first time I met Prof Birch."

白之与徐善增在伯克利的白之家中进行交流

其的翻译遇到的挑战。[1]白之就是勇于应对挑战的一员。白之尤为关注徐
志摩诗歌中的节奏、语言和文化因素，以及这些因素是如何影响徐志摩的
创作和思想。通过对徐志摩的部分代表性诗歌进行详细解读和分析，白之
从中发现了独特的文化特征和艺术魅力，并在比较视阈中将其与西方文学
进行比较与联系。

徐志摩在《吸烟与文化》中声称自己拥有一双神奇的眼睛，并写道：
"我的眼是康桥教我睁的，我的求知欲是康桥给我拨动的，我的自我意识
是康桥给我胚胎的。"[2]20世纪20年代，英国现代主义臻至巅峰之境，在
文学、艺术、思想等铸就的英国文化场中形成独特的井喷现象。也正是
那十年间，徐志摩与英国现代主义文化场结下了不解之缘。英国现代主
义美学和思想的洗礼，促使他在十年间艰难磨砺。放声吟唱，将无形的
思想和理想用有形的诗文，有影响力的"新月"事业巩固下来。[3]徐志
摩是白之唯一仔细研究过的诗人，他甚至还有过专门为徐志摩写传记的
想法。尽管徐志摩被称为"诗哲"，但白之并不觉得徐的思想深刻，吸
引他的是徐特立独行的个性，其表示重读徐的诗作往往让他感到一股温
暖之情。此外，白之认为"徐志摩是一个咏唱的诗人，是新形式的发明
家，因此，研究他的节奏律式或许是有意义的"。[4]白之强调徐志摩对英
国诗人托马斯·哈代（Thomas Hardy）怀有强烈的敬仰之情，但哈代
与徐在各方面存在着巨大的差异，这中间或许能够产生"影响研究"的
效力。

〔1〕[美]耿德华（Edward M. Gunn）：《美国的中国现当代文学研究》，张清芳译，《鲁东大学学报》（哲学
社会科学版），2021年第3期，第80页。
〔2〕徐志摩：《徐志摩全集》，天津人民出版社2005年版，第331页。
〔3〕陶家俊、张中载：《论英中跨文化转化场中的哈代与徐志摩》，《外国文学研究》，2009年第5期，第
158－159页。
〔4〕[美]西利尔·白之：《白之比较文学论文集》，"自序"，微周等译，湖南文艺出版社1987年版，第3页。

224

一、徐志摩诗歌的节奏式研究

20 世纪 20 年代，中国广大青年诗人在创作新诗体的过程中遭遇了诸种技术性问题，白之认为找到合适的节奏构成方式是难中之最。为说明这一问题，白之选取了徐志摩不同节奏形式的诗歌，用以确证徐借用了济慈等人的节奏形式，以及说明即便如此大量的借用仍无法满足新诗创作需求的这一情况。此外，白之还力图阐明实际上徐志摩对借用难以满足创作需求这一事实已有清楚认识，且在创作实践中试图创造一种并非来源于借用，而是由现代汉语音律学所决定的节奏形式。针对这一问题，白之强调说，此种"汉语式"节奏在现实中形式多样、变幻不定，但他在研究中旨在明晰它们与所选取的"英语式"节奏在构成上的不同。

（一）以"英语式"为基础：《落叶小唱》与《无情女郎》

关于徐志摩的诗作忠实地"借鉴"济慈诗歌一事，白之以徐志摩的《落叶小唱》和济慈的《无情女郎》（"La Belle Dame Sans Merci"）为例，比对了二者之间的承袭与借鉴关系。不过相较阿克顿不客气的揭批，白之则说得更为隐晦一些，认可徐志摩的才情与题材上的创新之处，但他又忍不住抛出真心话，"我已说过《落叶小唱》在题材上和诗情上都与《无情女郎》相去甚远。但徐志摩的另一首诗《海韵》再造了济慈诗的意境。《无情女郎》促使徐志摩写了至少二首完全不同的诗，一首借其节奏，一首借其诗情，这倒是诗歌创作研究的好材料"。[1]白之亦在陈世骧对诗歌节奏提供了重要指导意见的前提下，曾细化地展示了他对以徐志摩为代表的、以"舶来节奏形式"初创新诗者的评价。

针对重点研究的《落叶小唱》，白之首先明确其节奏式是以英语诗式为基础的，与其他诗作相比显得更加严谨。为了说明该诗与《无情女郎》

---

[1]［美］西利尔·白之：《白之比较文学论文集》，微周等译，湖南文艺出版社 1987 年版，第 95 页。

之间的承袭与借鉴关系，他以并置的方式对两首诗的第一节与第八节进行
了比较，发现徐志摩诗歌的前四个诗节中的第三行均多出一个音步，两个
诗节在节奏上并非完全一致。白之发现两处多出来的音步是两个寓意"事
后之思"（after thought）的短语，而"梦乡边"与济慈使用的 loitering，
"在这深夜"与 and no birds sing 音节完全一致。白之表示这种情况"使
我们无法怀疑徐志摩的确直接向济慈借来节奏式"[1]。此外，白之分析指出，
《落叶小唱》中的首节及第三节非常接近"普通话"，而该诗歌的朴素构
思给人以巧然天成之感，除了第五节的最后一个韵脚使用的是不完全韵以
外，其他基本全部是闭音节。此外，诗中大量"近义词"（near-synonyms）
的使用为诗歌营造出一种幽怨的氛围，与失恋情人的心情相符。他还强
调说，该诗为研究小品词"着"的语法学家提供了丰富素材。徐在五个
诗节中使用了五次"着"，这种做法在白之看来既强化了韵律，产生了
"潮涌"式效果，又在语义上增强了情境的直接性。白之对诗歌巧妙的结
构安排表示肯定，梦境在第四节下半段达到巅峰，但在最后一节则迎来
变化，中间行被切割为碎句，暗示诗人从失恋中逐渐清醒，体现了作者
的巧思。

　　如果说《落叶小唱》与《无情女郎》在题材和诗情方面均有着明显不
同，那么，徐志摩的《海韵》则再现了济慈诗的意境。白之评价说："徐
诗的幻想比起济慈来更为直接，更为印象主义，没有济慈那种复杂的魔境。
但我认为徐诗的文学渊源在这首诗的开头部分就已经很清楚：全诗首段与
《无情女郎》极为相似，诗的形式也足以佐证。"[2]

　　对白之而言，更重要的发现是尽管《落叶小唱》和《海韵》在节奏式
上不尽相同，但徐诗中"英语式"的痕迹仍然比比皆是。

---

〔1〕［美］西利尔·白之：《白之比较文学论文集》，微周等译，湖南文艺出版社 1987 年版，第 94 页。
〔2〕［美］西利尔·白之：《白之比较文学论文集》，微周等译，湖南文艺出版社 1987 年版，第 95 页。

226

（二）对英语诗节奏的构想：《秋虫》的押韵双行体实践

针对徐志摩的《落叶小唱》和《海韵》，白之总结说，二者的节奏式英语来源相对容易找到，徐志摩的另一首《秋虫》却是不容易弄清英语式节奏的诗歌，但从该诗中可以看出他对英语诗节奏的构想。白之敏锐地注意到作为辩论诗的《秋虫》，为了增强雄辩效果，诗人采用了押韵双行体的密韵形式，双行句贯穿全诗。具体而言，上半段在描写自然界的事物中展开；第四和第五两个对句仰接天空、白云和夜星，至诗歌中部延展到沙漠，之后以优美的形象退场，随之是两个警句；从第十七行开始，又重新描写风景，但不是实物风景，取而代之的是梦魇式的风景，"是灵魂的形而上花园，是基尔刻式变形的危险，最后是全宇宙大灾变，是'人道灭种'的威胁，每一步论辩都是用一个双行完成"。[1]

对于诗歌的形式，白之给出了自己的结论：如果以他的标注为参考的话，那么《秋虫》则是轻重格四音步行的节奏式。徐志摩在诗中很生动地体现了想要创作轻重格诗歌的诗人们所面临的诸种困境。在《秋虫》的全部二十四行中，其中有九行是以"爱情""思想"以及"月亮"这样的重轻格音步起头，但因为时有"这""那"等指示代词的出现而导致情况复杂化。对此，白之强调说，实际上汉语重轻格对诗人面临的最大威胁来自于最末那个音步。对于最后一个音步的处理，"徐志摩有时使用一种特殊的复合词，例如'清闲'，其第二字是补足成份，几乎同等重读。但是他更经常的做法是用一个重读单音节词打尾，这二十四行中，至少有十八行是单音节词作结，每个词当然都有重读并且押了韵。这些词遍布全诗，每个双行几乎都靠它们增强了效果，而在简洁的最后一行中，'钟'的声音形象使这种效果达到最高点"。[2]此外，白之还关注到尽管徐志摩运用的

---

〔1〕［美］西利尔·白之:《白之比较文学论文集》，微周等译，湖南文艺出版社 1987 年版，第 98 页。
〔2〕［美］西利尔·白之:《白之比较文学论文集》，微周等译，湖南文艺出版社 1987 年版，第 100 页。

是结构紧密的舶来节奏形式，但《秋虫》中的语汇非常自然流畅，该诗的创作着实花费了诗人大量的精力和心思。而当读者大声朗读该诗，或看着文本默读时，便会惊叹全诗开头平实，诗行中俚俗语繁多，直至最后一句，日常用语才成为"主流"。

经过对《落叶小唱》《海韵》以及《秋虫》的分析，白之得出的结论是：从本质上来说，可归为英语式，而该节奏式的特点是在诗行中一定位置上的音节构成音步。

（三）意群原则：律读的新方式

白之对徐志摩诗歌的探索并非就此停止，而是继续研究另一种完全不同的节奏式。该节奏式运用的是某些文论家分析英语自由诗（vers libre）所用的原则，白之将其概括性地阐释为：该节奏式由一个或几个音节组成音步，只是重读音节可置于音步中任何位置上。音步的划分不再以首重音或者末重音为标志，而依据"意群"（sense groups），即包含有一个重读音节的最小句法短语。对于这种节奏式，在语言学家看来，该律读因其标准具有较强"表意性"（notional）而显得过于随意，但白之强调："这种方式对于文本来说极为重要，因为它正是闻一多和新月派诗人所用的节奏式，徐志摩对此应当十分熟悉，虽然他本人，至少在他的文章中，从来不屑于讨论这种纯技术问题。"[1]

白之认为凌叔华在其《新诗的未来》中发表的观点对要探讨的问题很具有启发性。作为徐志摩的好友，凌叔华同样也是新月派成员之一。她在文章中谈道：

　　　平日我们构成思想的单位是"意群"，每个意群中至少得有一个"强调点"（stress or emphasis）。说话时是一个意群跟着一

---

[1]［美］西利尔·白之：《白之比较文学论文集》，微周等译，湖南文艺出版社1987年版，第102页。

个意群，总结起来就是说话的句子。有人考查吐音的单位，每族有自己所善用的拍子。中国人吐音，大多是三或四拍的小节。每一小节内，不拘字数多少。有时字数多，便需挤紧一点，如字数少，便须有字拉长一些。据说我们的"神经功能"常有起伏作用，它的作用是被我们自己的脉搏与呼吸所影响。因此我们说话，不必专心去顾到音节。越是自然，越合乎节奏。这种节奏多是相等的，即也是同长的"时隔"（time intervals）有了回复加强的再现，方能成为节奏，这也可以说若没有若干个相等的"时隔"接连在一起，即不能称其为节奏了。故大多数诗句中"时隔"的数目应该是相等的……"时隔"在诗句中称音尺或音步。在一首诗中，普通用相同的音尺居多，杂用数种音尺的还是少见。[1]

除了以上言论，凌叔华还写到音步的划分很可能切割意群，并指出这种切割在英语中尤为严重。对此，白之表示，虽然凌叔华所举的意群律读法实例让人难以认同，但从凌所举的例子可以清楚地看出意群原则对于她所建议的律读中国新诗的方式而言是意义重大的，并且如果就一般原则而言，凌叔华划分音步的方法对用中文创作的诗人来说更为自然，是值得肯定的。白之认为这与闻一多的名作《死水》中运用的节奏式是一样的，后者认为自己的这种节奏式有望成为新诗的一种常规方式。换言之，其提出的律读法正是凌叔华所提倡的"意群律读法"，也可以说是闻一多所使用的方法。但如果将这种律读法用于徐志摩的《秋虫》这一节奏带有明显"英语化"的诗歌，则读起来并不顺口。也就是说，凌叔华的律读法不能用于《秋虫》的节奏式。但是，假使我们已经知道它是轻重格节奏式，即"英语式"，那么，它则表现出技巧娴熟的一面。

---

[1]［美］西利尔·白之：《白之比较文学论文集》，微周等译，湖南文艺出版社 1987 年版，第 102—103 页。

白之对徐志摩诗歌的研究，在次序上的先后给人造成这样一种印象：徐志摩诗歌从英语式节奏开始，之后稳步发展到汉语式节奏。白之称，要想确证其诗歌节奏发展的这一特点仍需要进行更多更深入的探索。为此，白之援引了与徐志摩同时代的杨振声评述徐志摩诗歌的话语：

> 我常想新诗有三个阶段。第一阶段，自然是胡适之先生们打破旧诗的樊笼，促成新诗的雏形，然在这一阶段中作白话诗的都还脱不了旧诗的气味。只在形式上把诗的用字白话化，把平仄的拘束给打破了，而内容上还不能算如何的新。至于志摩，以充分西洋诗的熏陶来写新诗，不但形式一脱旧诗的窠臼，而取材，用字，结构及气味，都不是旧诗而是新诗了。为方便，可说是到了第二阶段。如他初期的《婴儿》《白旗》《毒药》诸篇，具有何等的力量！但这种散文式的诗，到底是丢了诗的主要成份——音乐的美！志摩诗的进展，音节渐渐的西诗化，这是看得出来的。但以单音节字与复音字的不同，中西语调的差异，中国新诗的音节，不是可以整个西洋化的，这必从中国语言中找出他自身的音乐来才使得。所以第三阶段，就是新诗音节的追求。自五年前闻一多先生与志摩在《晨报》所创办的《诗刊》，以至今日新月出版的《诗刊》，都是在这一方向努力的行程。而志摩的《猛虎集》已较《志摩的诗》音节为调谐，仪容也整饬了，虽然我们还盼他不失掉初期的力量。[1]

白之认为即便三十年过去了，人们依然可以从徐志摩诗中看出其不只是一位诗歌技巧专家，亦是一位在当时享有盛誉的重要诗人，并且还是一

---

[1]［美］西利尔·白之：《白之比较文学论文集》，微周等译，湖南文艺出版社1987年版，第117—118页。

230

位对汉语现代诗歌发展作出过重要贡献的人，对艾青等诗人均产生过一定的影响。

二、托马斯·哈代对徐志摩的影响研究

作为唯一仔细研究过的中国现代诗人，白之发现英国诗人托马斯·哈代对徐志摩产生的影响颇深。统观徐志摩一生所翻译的诗歌，不难发现，他对哈代诗歌的翻译尤为引人关注。徐志摩一生共翻译了 20 多位诗歌作者的 80 多首作品，其中哈代的诗就占了 21 首，在数量上远超其他诗人。值得一提的是，这 21 首译作在质量上也值得称道。

托马斯·哈代成为徐志摩诗歌翻译的最主要作家，是有其深层根源的。徐志摩对这位伟大的富有悲剧性的英国诗人极为仰慕，称其为"老英雄"。徐志摩在哈代那里汲取了创作的养分，如在意象、场景、事件和情调方面受益良多。徐志摩不仅翻译过哈代诸多诗作，还撰写了几篇关于哈代的专文。他曾在 1925 年 7 月远赴多塞特乡下拜谒哈代，成为唯一一位见过哈代本人的中国诗人。

（一）"哀克刹脱"思想：影响的端倪

在白之看来，徐志摩发表于 1925 年的《在哀克刹脱教堂前》是一首好诗。这首诗创作于以现代汉语写诗的经验还不到十年的背景之下，当时徐志摩的思想经历和生存状况让这首诗显得愈发独特且具有代表性。该诗格律得体，诗节划分巧妙自如。原诗如下：

这是我自己的身影，今晚间
倒映在异乡教字的前庭，
一座冷峭峭森严的大殿，
一个峭阴阴孤耸的身影。

我对着寺前的雕像发问：

"是谁负责这离奇的人生？"

老朽的雕像瞅着我发愣，

仿佛怪嫌这离奇的疑问。

我又转问那冷郁郁的大星，

它正升起在那教堂的后背，

但它答我以嘲讽似的迷瞬，

在星光下相对，我与我的迷迷！

这时间我身旁的那棵老树，

他荫蔽着战迹碑下的无辜，

幽幽地叹一声长气，象是

凄凉的空院里凄凉的秋雨。

他至少有百余年的经验，

人间的变幻他什么都见过；

生命的顽皮他也曾计数：

春夏间汹汹，冬季里婆娑。

他认识这镇上最老的先辈，

看他们受洗，长黄毛的婴孩；

看他们配偶，也在这教门内，——

最后看他们的名字上墓碑！

232

> 这半悲惨的趣剧他早经看厌，
>
> 他自身痈肿的残余更不沾恋；
>
> 因此他与我同心，发一阵叹息——
>
> 啊！我身影边平添了斑斑的落叶！[1]

在第一节诗中，诗人置身于巨大的教堂前，继而引出问题；在第二诗节中诗人对着雕像发问；在第三诗节中，诗人又转问大星；从第四诗节起，诗人转而关注老树，并在最后一诗行表达的意境中，将诗人的身影与老树及其落叶完全融为一体。这一绝妙的结尾形象，和第一节中巨形的教堂和纤细的人影相列并置的形象一道首尾呼应，主宰全诗，使诗歌达到一种戏剧力量。

在《在哀克刹脱教堂前》一诗中，徐志摩用词极朴实自然，但由于各种手段的运用和调动，使它得到了更进一步的升华。白之分析说，徐志摩别出心裁地采用原词叠字，大胆地使用了"冷峭峭"一词描绘教堂，紧接着又用"峭阴阴"修饰人影，而这两个诗行的平行对称（第一诗节）巧妙地增添了形象的对比效果。第四节的最后一行同样引人注目，它有效地重复了"凄凉"二字，并且空院里的秋雨具有音乐感。对白之而言，以上这些都是一目了然的，但要说清第四节直到末尾出现的那棵歪扭多瘤、落叶纷纷的老树实际就是哈代，却需要一番阐述。如果这说法能成立，那么同样，最后一行诗中的树叶就象征着徐志摩已承认了哈代对自己诗歌的影响。白之推测说，这首诗很可能在徐志摩头脑中一萌发就被立即写了下来。这位英国文学大师时年八十六岁高龄，徐志摩在一篇散文中，为我们描绘了一个令人惊叹（而且更加中国化）的哈代形象，就像"哀克刹脱"诗中这

---

[1] 转引自［美］西利尔·白之：《白之比较文学论文集》，微周等译，湖南文艺出版社1987年版，第120-121页。

棵老树一样：

> 可怜这条倦极了通体透明的老蚕，在暗屋子内茧山麦柴的空缝里，昂着他的皱襞的脑袋前仰后翻地想睡偏不得睡，同时一肚子的纯丝不自主的尽往外吐——得知它到哪时候才吐得完！……命运真恶作剧，哈代他且不死哪！我看他至少还有二十年活。[1]

徐志摩对这位伟大的小说家、诗人仰慕久已，甚至是崇拜，正是这种情感驱策着他当年在英国逗留期间远道直奔多塞特。他曾说《哈姆莱特》和《无名的裘德》是"两株光明的火树"，是英国文学辉煌成就的"两极"。徐志摩曾这样来概括哈代作品的特点：

> 想象的活动是宇宙的创造的起点，但只有少数有"完全想象"或"绝对想象"的才能创建完全的宇宙；例如莎士比亚与歌德与但丁。哈代的宇宙也是一个整的。如其有人说，在他的宇宙里气候的变化太感单调，常是这阴凄的秋冬模样，从不见热烈的阳光欣快地从云雾中跳出。他的答话是他所代表的时代不幸不是伊丽莎白一类，而是十九世纪末叶以来自我意识最充分发展的时代，这是人类史上一个肃杀的季候。
> 　　就在他最烦闷最黑暗的时刻，他也不放弃他为他的思想寻求一条出路的决心——为人类前途寻求一条出路的决心。他的写实，他的所谓悲观，正是他在思想上的真实与勇敢。[2]

---

[1] 转引自［美］西利尔·白之:《白之比较文学论文集》，微周等译，湖南文艺出版社 1987 年版，第 122-123 页。
[2] 转引自［美］西利尔·白之:《白之比较文学论文集》，微周等译，湖南文艺出版社 1987 年版，第 123-124 页。

234

　　白之提及徐志摩在《新月》创刊号上刊登的一篇哀悼哈代的散文，该文还附有一首挽诗。诗的基调十分贴切，开头像是在戏谑一个满腹牢骚的老人："这回再不用怨言，……去了，他再不用露脸。"接着诗人写出哈代乖戾的一面：

　　　　他就爱把世界剖着瞧，
　　　　是玫瑰也给拆坏；
　　　　他没有那画眉的纤巧，
　　　　他有夜鸦的古怪！[1]

　　徐志摩钦佩哈代那毫不畏缩的真诚，转而说明在他那"悲观""厌世"的姿态背后隐藏着一股积极力量：

　　　　这不是完全放弃希冀，
　　　　宇宙还得往下延，
　　　　但如果前途还有生机，
　　　　思想先不能随便。

　　　　为维护这思想的尊严，
　　　　诗人他不敢怠惰，
　　　　高擎着理想，睁大着眼，
　　　　抉剔人生的错误。[2]

---

〔1〕转引自［美］西利尔·白之：《白之比较文学论文集》，微周等译，湖南文艺出版社1987年版，第124页。
〔2〕转引自［美］西利尔·白之：《白之比较文学论文集》，微周等译，湖南文艺出版社1987年版，第124—125页。

　　从白之的视角来看，以上作品足以说明将树象征哈代而栽种在"哀克刹脱"教堂附近，绝不是徐志摩心血来潮的奇思遐想。而且如果我们回忆一下哈代本人爱用树的形象比喻光阴流逝，就会愈加感到这个象征是多么贴切，哈代在《十一月的黄昏》中写道：

　　　　六月，我栽下一棵棵树，
　　　　而今，它们已遮天蔽日。[1]

　　这种例子在哈代诗中屡见不鲜，《在哀克刹脱教堂前》一诗可以说是一篇模仿哈代诗风的习作。徐志摩对雕像和星宿的发问像是哈代《对月》中所提问题的回音，这首诗徐曾十分娴熟地译成过中文：

　　　　"你倒是干脆发表一句总话，月，
　　　　你已然看透了这回事，
　　　　人生究竟是有还是没有意思？"
　　　　"啊，一句总话，把它比作一台戏，
　　　　尽做怎不叫人烦死，
　　　　上帝他早该喝一声'幕闭'，
　　　　我早就看腻了这回事。"[2]

　　因此白之确信"哀克刹脱"的思想受到哈代的启迪，同样，它的形式受到英国诗人格雷的影响。但"哀克刹脱"一诗并不是各种影响的大杂烩，徐志摩独特而又深切敏锐地表达了他和中西方现代诗人萦怀在心的共同感

〔1〕转引自［美］西利尔·白之：《白之比较文学论文集》，微周等译，湖南文艺出版社1987年版，第125页。
〔2〕转引自［美］西利尔·白之：《白之比较文学论文集》，微周等译，湖南文艺出版社1987年版，第125-126页。

236

受：我是谁？我是影子，对于永恒的石头来说我是倏忽即逝的。我自身可能会隐没在古远的生活见证者，即哈代这棵老树的智慧之中，就像树杈上的落叶盖住我的影子一样。但同样的道理，我和树，和哈代一样，不会永生不灭。

在白之心中，世界上没有哪两个诗人像他们这样差异悬殊。当二十多岁的徐志摩初次闯入哈代的生活轨道时，他已是八旬老人了。然而哈代却不只是一个历尽沧桑的诗人，还是一个时代的诗人；他最优秀的诗歌写于七十岁高龄，为感叹岁月蹉跎而作，他那语中含刺、愤世嫉俗的悲观态度，并不来自晚年对生活的幻灭感；他一贯如此。此外，哈代对无名诗人稍有点矜持傲慢，徐志摩显然是归于这类的了。徐志摩能以最婉转的诗调唱出所见之物，其杰出诗篇中有一种绝妙的、轻松活泼的悠扬曲调。哈代却截然不同，他的格律常常处理得很蹩脚，或者很不适合开头引句。在韵脚方面，他曾用"结合"（ordinances）一词与"默许"（acquiesce）相韵，用"瞧着我们"（Look at us）与"无意识"（unconscious）相韵。徐志摩极其自然地将古汉语的词汇和口语中的粗字俗语结合起来，从而极大地丰富了中国新诗的诗歌语言。而哈代"遣词造句没有特色，他写诗几乎全用自己散文中的字词，全靠简朴明了的英语词汇，间或插入一些响亮而怪僻的拉丁文字以及废弃不用、散发古风的盎格鲁—撒克逊词"。

（二）哈代影响的成因

值得注意的是，既然徐志摩对哈代如此迷恋，为何却反而较少注意那些与自己诗风相近的同代诗人，如布里奇斯或豪斯曼呢？对此，白之给出的解释是——首要的原因应归于环境。哈代的《诗选》发表于1919年，即徐志摩初到英国的前一年。哈代以《威塞克斯诗集》正式进入诗坛时就已初露锋芒，直至《诗选》出版时，仍像他的其余作品一样轰动一时。而徐志摩贯有攀附名流高士的癖好，他自己对此亦直言不讳。当时出现在他眼前的，恰恰是再次闯入伦敦文学丛林之中的最凶猛的雄狮——哈代。白之进一步阐释说，尽管两人气质不同、性格迥异，但在英诗传统方面，哈代对自己所处环境所作的反应，却为徐志摩提供了深刻难忘的范式。对此，白之引用塞缪尔·海因斯对哈代技巧所作的评论，而这些话用在徐志摩身上也同样恰如其分：

> 哈代的优秀诗作中几乎没有两首诗的格律是相同的。直至生命的最后一息，他仍在格律方面进行探索。他之所以找不到合适的格律，一方面固然应归咎于他所受的教育，那种极不稳定，又不完整的教育使他在技巧运用方面显得幼嫩天真，胆怯羞涩。但更重要的一个原因，是由于那时传统正日益瓦解，哈代作为一个英国人同时又作为一个诗人，在自己的一生中敏锐地感受到这个变化。像他同时代的诗人一样，哈代缺少一辆合适的运载诗意的车辆，他毕生奋斗，企图以旧零件组装一辆新车。在他的《诗选》中，就堆放着一些无法装配的思想废铁。[1]

　　白之进一步解释说，在教育方面，徐志摩从小受到良好的古文训练，形成了一种普遍为人称道的古典散文风格。但是，他所受的这种教育已被英语、数学和化学蚕食，1911 年后又遭受各种历史事件的严重干扰。不过，任何教育都未能使他轻易地摆脱汉诗传统土崩瓦解的困境。对于文学革命，徐志摩的反应是不停歇地运用各种格律和诗体形式进行试验。从这点上来说，他从哈代身上吸取了巨大的力量。徐志摩的诗包括十四行诗、歌谣和无韵四行体诗，运用抑抑扬格、民歌节奏，采用独特格式的纤细新颖的韵律，创立了格调鲜明的新式对偶句，以重读单音字奏效，并且引进了招

---

[1] 转引自［美］西利尔·白之：《白之比较文学论文集》，微周等译，湖南文艺出版社 1987 年版，第 129—130 页。

238

眼惹目的英国风格。尽管生命短暂，但他也像哈代一样，"至终仍进行摸索"。

（三）影响的"双刃剑"：对诗歌创作的利与弊

白之幽默地称，徐志摩从哈代那儿获取的"贷款"，有时用于"生产"，有时用于"消费"。白之认为，徐志摩最差的一首诗是《两地相思》。全诗四十八行，平均分给诗中的两个人，"他"说前半部，"她"说后半部。"他"忆起她的美貌和她带来的欢乐，因失去她的陪伴而顾影自怜，想象她此刻也在望眼欲穿地思念着，热切盼望重逢之日来临。"她"却形成讥讽的对照，她忏悔往日行为失检，将自己的不慎一半怪罪于酒，一半怪罪于无聊乏味的生活。同时她又想到，他毕竟赤诚真心，而且此时还在为自己辛勤奔波。但她无颜对他明言自己已情迁意变，于是用她对新欢的这几句话作为全诗的结束：

> 我怕，我爱，这来我真是难，
>
> 恨不能往地底钻：
>
> 可是你，爱，永远有我的心，
>
> 听凭我是浮是沉：
>
> 他来时要抱，我就让他抱，
>
> （这葫芦不破的好，）
>
> 但每回我让他亲——我的唇，
>
> 爱，亲的是你的吻！[1]

白之解释称自己的译文之所以读起来显得僵硬，是由于原诗读起来即如此，并且任凭怎样修饰也无法掩盖诗中幼稚和刻薄的思想。最糟的要算

〔1〕转引自［美］西利尔·白之：《白之比较文学论文集》，微周等译，湖南文艺出版社1987年版，第131页。

诗的语气，那是一种迥然不同于徐志摩气质的尖酸味儿。无论是题材、基调、还是形式，这首诗显然都是在模仿哈代。白之批评该诗第一部分写小伙子自我欺骗，第二部分写姑娘水性杨花，思想是贫乏的，写法是拙劣的，全诗令人感到像一个才华横溢的智者在任意玩弄文字游戏。徐志摩偏爱哈代轻浮的一面，也表现在他所选择的一些诗中，包括那首优美动人但却空乏无味的诗《在火车中一次心软》。而对于出现的这种现象，白之解释说是由于徐诗中的文学灵感的程度是随着他诗源质量的不同而变化的。

尤为值得注意的是，白之还提出，如果无视徐志摩对哈代的崇敬仰慕和偶然模仿，就不能解释他诗歌生涯中的一个重要问题，即他的忧郁。翻开徐志摩四部诗集中的任何一部，人们都会发现，在他那想象奔放、才思焕发、恋情炽烈的诗篇中，还夹杂着一类诗，充满惊人而深刻的哀怨。对此，白之并未展开论述，而是只提及《自削》风格的内省散文。白之评价说，徐志摩的诗色调的确驳杂，有明亮的灰色也有呆板的黑色。某些诗，特别是早期的诗，可以说流露出纯粹的文学伤感。它令人感到诗人认清了尘世间痛苦与死亡的现实，以其想象的、优美的长长诗行去进行探测，不过并无个人的哀伤。

白之总结称，一切学习中国现代文化史的学生都已清楚，这位伟大的维多利亚时代的反叛者—哈代，他的思想怎样强有力地影响了这一领域。对徐志摩来说，哈代是现代意识的评说家：

再没有人除了哈代能把他这时代的脉搏按得这样的切实，在他的手指下最微细的跳动都得吐露它内涵的消息。[1]

最后，白之重申自己的观点：由于本国文化的诗歌传统已完全崩溃，

---

[1] 转引自[美] 西利尔·白之：《白之比较文学论文集》，微周等译，湖南文艺出版社1987年版，第147页。

240

如果想要继续创作，徐志摩则必须在形式、形象，甚至情感方面找到借鉴，尽管他与哈代在条件、气质方面差异悬殊，但他仍在哈代身上找到了一个取之不尽的矿藏。

作为一位杰出的抒情诗人，徐志摩所翻译和评介的外国文学，是五四新文化运动和文学革命的一个重要内容，亦为徐志摩文学生涯的重要组成部分。对徐志摩本人而言，译介外国诗歌，为自己的创作实践激发灵感，得到启迪，给诗歌创作带来某些重要的艺术契机。与此同时，他以充满灵气的、优美的笔触翻译了不少英国诗歌，对于借鉴西方文化，以及对我国诗歌译介和新诗发展无疑作出了重要贡献。

综合本章所述，白之认为五四文学是中国文学史上的重要里程碑，代表了中国文化与传统的一次重大转型，是一种反对旧传统、追求新价值和现代性的文学形式，为中国文化现代化开辟了道路，并在中国文学的发展进程中发挥了重要的推动作用。在对中国五四文学的研究和传播过程中，白之始终立足于一个世界文学的参照系，即在世界文学和比较文学的坐标中确立中国五四文学的趋势与特色、分叉与汇流，在错综复杂的文学流派中尝试找到内在渊源、母题的流传和影响痕迹，并进一步在中西方文学的比较研究中找出主题与情节、叙事与手法等方面的异同，亦对文本主题、情节、形式和叙述等多层面进行细致解读。白之擅长从文本细读中发现值得深究的话题，其犀利的比较视阈，敏锐的文学判断力，突出的文学审美力，为西方世界更好地理解中国五四文学的历史地位和文学价值提供了有益的参考。

第七章　白之论中国社会主义文学的他者视阈与意识形态解读

　　1949 年新中国成立至 1966 年之间的中国社会主义文学历程，具有深刻的历史意义和重要的文学价值。白之尤为关注这一时期作品中反映的社会和政治问题，同时十分重视文学对社会和政治变革的反映与作用。他对这段时期的社会主义文学进行了深入探讨和分析，认为其创作特点在于它对社会现实的描写和批判，并具有很强的现实针对性。通过对这一时期文学特质及其成因的探析，以及对不同阶段作家作品的分析，白之旨在揭示这一时期中国文学的风貌及其在中国现当代文学中的地位与作用。

第一节　意识形态影响下的中国文学艺术自由

　　1963 年，白之在《中国季刊》发表《艺术的粒子》（"The Particle of Art"）一文，在文章的开头即指出："我们在思考'他们的'观点前，必须找到能满足'我们的'观点的'粒子'。"[1] 在他的表述中，"我们"指的是西方，而"他们"指的则是当时的中国，包括新中国成立以来的社会主义文学。以白之为代表的西方"他者"，站在白之所指的西方立场，将

---

〔1〕Cyril Birch, "The Particle of Art", *The China Quarterly*, No.13, 1963, p.5.

242

中国社会主义文学作为一种异质"他者"来审视和言说。这种双向"他者"的关系构成了冷战语境中西方解读新中国成立后这段时期文学的基本框架。需要强调的是,"我们"有时候是意识形态意义上的,有时候是根深蒂固的文化层面上的,有时候则是审美观念上的。尽管情况较为复杂,但形成了比较稳定的言说维度和思想逻辑。[1]作为一名文化"他者",白之对将文学视为艺术的文学工作者是如何从写作灵感、意图等方面接近意识形态文学的这一问题十分感兴趣,并予以深入研究,旨在揭示这段时期社会主义文学的特质及其成因,充分体现了其将"批判性距离"作为方法的当代视野。

一、作为方法的"批判性距离":社会主义文学特质

在白之看来,正如夏济安所言,"艺术自由在意识形态的限制下……"即是对中国现代文学两难境地的有力说明,并认为这是对新中国成立后文学本质的公正陈述。他强调,这并非单纯的指导方向或意识形态控制问题,亦不可想当然地认为意识形态对于文学发展来说就一定意味着灾难。白之认为,伟大的文学之所以经久不衰,不是因为文学独立于政治,而是因为它产生的影响远比当下所能预估到的更为深远。对此,白之重申,新中国时期文学的思想本质是由作者为之服务的意识形态决定的。

正是由于"他者"视阈的天然优势,并将"批判性距离"作为研究方法之一,白之往往能够突破传统文学研究的鉴赏和评介这一学术研究范式,而以主题或问题为导引,通过文本细读与理论印证等方法,全面阐释某种文学现象。从他的文章《艺术的粒子》来看,对于"粒子"这个统摄中国

---

[1] 方长安、纪海龙:《1949—1966年美英解读中国"十七年文学"的思想逻辑》,《河北学刊》,2010年第5期,第113页。

某个时期新文学的中心词语，他关注的重点并非是对其进行历史性的描述与评介，而是揭示其作为新文学的局限和出现于创作中的矛盾。对白之而言，"粒子"或可理解为新时期意识形态下的中国文学艺术自由，而这一自由的实现必须依托两个支点：中国知识分子自我意识的深刻觉醒和将文学作为社会改良工具的普遍认同。该时期文学中存在的现实主义，一方面要求作家成为独立而自为的文化批评者，另一方面则要把处于社会底层的诸多"他者"纳入自己的写作体系，成为其中的一部分。然而，当各种高度意识形态化的学说和"主义"介入文学创作之后，作家对现实主义内在的个人主义意识，以及对"他者"的肤浅同情产生了质疑与不定。这一现象在茅盾、张天翼等作家那里表现得尤为突出。这批作家高度融入中国历史文化语境，并试图揭示特殊时期文学作品产生于某种"控制"之下的现象。白之指出，除了"不要""应该"以及"必须"以外，文学创新必然需要一定的刺激。李祈围绕周而复《岩素岩》而展开的探讨正是文学艺术为意识形态"让路"的一个典型例子，由此可见"艺术"确实尝试过追求"自由"，但成效甚微。鉴于此，白之提醒，在这种情况下，文学则可能会走上"另一条路"，人们或许能够从苏联作家帕斯捷尔纳克（Zhivago）的长篇小说《日瓦戈医生》（*Varykino*）中的一段人物日记中得到鼓励：

> 我一直认为艺术不是一个范畴，不是一个涵盖无数概念和衍生现象的领域。相反，它是一种集中的、严格受限的东西。这是存在于每件艺术作品中的原则，一种施加于艺术作品的力量并由此产生的真理。艺术不是一种形式，对艺术的研究应集中在其内容本身……
>
> 原始艺术，埃及艺术，希腊艺术，以及我们自己的艺术——我认为，这些艺术在千百年来都是同一种艺术。你可以把它称为一种想法，一种对生活的陈述，它包罗万象，不能被独立分割：

如果在一件艺术作品中有能够涵盖其他事物的粒子，那么这个粒子就是精华的，是艺术的本质、核心和灵魂所在。[1]

另外，白之指出，作品中独特的语言风格是该时期文学的重要标志之一。他将中国社会主义文学的语言风格分为三种：其一，受白话文影响的"传统"风格，如赵树理作品的语言风格；其二，即为"国语"风格；最后一种，则是"普通话"风格。第一种"传统"风格，由 1917 年"文学革命"后的旧白话发展而来，其句法和词汇深受英语、法语和日语影响。针对第二种"国语"风格，白之解释称，在 1949 年之前，国语是学校通用的教学语言，作家之所以选择使用此种语言风格，其主要目的并非是为了深入大众，而旨在寻找一种比古典文学语言更有效的表达方式。正是这种"国语"风格，唤起了读者对 20 世纪 30 年代小说故事的回忆，比如杨沫的《青春之歌》。相较而言，"普通话"语言风格兴起较晚，在当时尚属一种较新的风格，是过去几十年国语不断发展的结果。尽管这种风格在一定程度上被"欧化"了，但它的出现却为方言表达留出一定空间，为语言风格的多样性发展作出了贡献。由于不论在知识分子群体中，还是农民群众中，"普通话"风格均被广泛使用，可见其被接受程度之高，因此白之确信它带来的是一种可喜变化。

白之指出，语言上的这种过渡式变化在周立波等作家身上表现得最为突出，并认同周立波是一位"战时宣传的艺术家"，努力尝试且成功地将方言融入写作中，但白之也注意到，周立波并非是唯一一位这样做的作家。[2]除了语言风格上出现的变化，白之称，新时期文学中还出现了其他

---

〔1〕Cyril Birch, "The Particle of Art", *The China Quarterly*, No.13, 1963, p.4.

〔2〕夏济安所言原文为：Chou, "a propagandist at war with the artist within him," as T.A. Hsia describes him, has made conscientious and successful efforts to incorporate good material from local dialects into his written style ; and he is not alone in this. 此为笔者译文。

几个值得关注的现象。例如，广大作家对工业题材的故事创作尤为感兴趣。造船厂、钢铁厂等经常出现在作品中，工业生产涉及的技术流程被描述得清晰且生动；又如，在该时期创作的战争题材小说中，作家倾向于选择当时发生的最新冲突作为描述对象，而非时代久远的那些战争。白之进一步表示，当战争规模从抗日游击战争扩大到使用飞机、装甲车等进行战斗的解放战争和抗美援朝战争时，作家便开始借鉴苏联文学模式。

此外，针对新时期中国作家作品的价值问题，白之表现出了较为开放的文学视野与格局。他认为，无论在这一时期的文学中发现多少艺术成分，人们都应该对它所蕴含的能量给予肯定。换言之，意识形态的影响在一定程度上丰富了新文学的文本性，即便它对新文学承担的社会革命重任贡献甚微。与前几十年对文学漠不关心的政权形成鲜明对比的是，20世纪四五十年代的作家被国家"召回"，并为之服务。在白之看来，这种现象并不罕见，因为作家为国家政权服务的现象早已有先例，其任务是有意识地对人民群众进行思想引导。因此，在这一时期的中国，广大作家通过作品引导人们进行社会主义建设是作品大量涌现的重要原因。但白之亦敏锐地觉察到，作品的庞大数量及其社会影响和政治意涵大大增加了寻找其艺术成分的难度。他提出，研究文学问题必须把注意力集中在探求艺术的本质上，只有在对艺术的本质做足详细研究之后，才能对其社会影响和政治意涵做进一步研究。他进一步指出，在进行诗歌研究时，首先要考察诗歌质量，再考虑其他价值，脱离作品质量论价值实属虚妄之谈。显然，白之是以"为'他者'写作"的棱镜来考究中国社会主义文学，并肯定社会主义文学中多姿多彩的文本性特征，这在一定程度上拓展了中国现当代文学的研究视阈与格局。

由于新中国成立后的社会主义文学自带的政治性，白之直言，这往往使学者在研究该时期的作家作品时容易陷入两难境地：要么不耐烦地将其视为一堆教条式的大众宣传材料；要么甚至直接抹杀其文学价值，认为其作品根本不值得阅读。针对这一问题，白之一方面赞同夏志清提出的从西方文学视角对其加以审视的方法；另一方面则敏锐地意识到不同文化身份与历史文化语境可能带来的障碍。对此，他强调域外研究者必须时刻提醒自己厘清作品受众，即这些作品的目标读者是中国大众，且当时的中国作家试图通过这些作品深入到大众之中。白之认为该时期的文学创作既非一种提高大众文学敏感性的教育，亦非一种加深对生活理解的教育，或可称为一种培养必要政治态度的"实践训练"。他同时强调"他者"立场的重要性，即当时的中国学界充斥着诸如党派意识、教育功能、行为模式等评介标准，而异域学者则更应利用自身"脱离"中国社会历史语境的天然优势，找到客观理性的评价尺度，也就是必须找到满足"我们"观点的"粒子"。西方学者选择的批评立场，首先要避免"东方主义"的幽灵再现，杜绝以西方为中心的同质化的文本观念，而要将文学研究放置于中国的历史文化语境中加以考察，发现中国学者不易发现的文本的"脊背"与"面部"。可见，白之看待中国新时期文学中的政治性问题，坚持兼容对差异的体验，将差异作为自我的互构性元素，把批判性距离作为方法，而非刻意寻求对"他者"的距离。

二、白之的当代视野：社会主义文学特质成因

白之清醒地认识到通过文学创作发挥宣传和教育作用是这一时期作家必须要承担的责任。因此，该时期的写作范畴有很大一部分被框定，作家必须在社会主义建设的时代语境中，不断提醒自己创作的作品要有宣传效果。白之认为，中国作家难以做到像当时的英国或美国作家那样，仅需向读者传递现实并使其接受。对此，他援引夏济安谈到吴强写小说《红日》时的一段话，含蓄地说明了这个问题：

作家肩上的重担显然会有周期性的变化。毫无疑问，当中国
作家协会的指导工作由像周扬这样对政治比对创作更感兴趣的人
来承担时，这种负担会更沉重；当对现实的"解读"不必脱离实
际时，则会变得轻松不少，因为对矛盾冲突的刻画无需那么小心
翼翼。[1]

另外，白之指出，巴金于 1962 年 5 月在上海第二次文代会上发表的文
章同样能说明问题。白之从巴金的文章中感受到的不仅有政治热情，亦有
其承受的巨大压力，而这种压力主要来自于作家本人，因为这一时期的作
家必须全神贯注于周围发生的一切。当时，苏联文学传统中的理想社会主
义、爱国主义，通过牺牲小我来顾全大局，甚至是在伟大的事业中自我迷
失等主题，深深吸引着中国革命派知识分子。白之解释称，造成这一局面
的原因在于革命早期苏联文学创作的政治环境相对宽松，但早在 1949 年之
前，中国就已经开始对文学创作方向实施引导。在那些至少相对"自由"
的年代里，苏联文学从传统文学中汲取力量，为创作出高质量的共产主义
文学作品打下了一定基础，但高水平的作品在当时的中国尚未出现，例如
中国作家描写工业生活的小说中没有一部能够达到苏联作家革拉特科夫
《水泥》那样的水准。

新中国成立后，作家们也善于从 20 世纪上半叶的革命年代获取写作素
材。白之意识到这种做法很可能是躲避"创造力枯竭"的一种方式，就像
杨沫之所以仍能够在小说《青春之歌》中自由发挥，正是由于故事旨在反
映中共早期的历史发展，并且小说中的共产主义者被塑造成英雄，较好地
顺应了当时的政治潮流。白之直言，《青春之歌》的创作有利于人们重拾
日渐消退的锐气，但亦能够从中窥见，当时留给作家自由创作的空间是相

---

[1] 笔者译自 Cyril Birch, "The Particle of Art", *China Quarterly*, 13（January-March）, 1963, p.6.

248

当有限的。围绕这一问题，白之在回顾新中国成立后的社会主义文学创作
风格和意图时发现，无论当时的写作表征如何被彻底西化，但其中所蕴含
的价值体系始终与传统文学保持一致。尽管广大作家在本质上欲与传统文
学"决裂"，却常为作品穿上传统"外衣"，以此进行自我"伪装"。并
且，在借用传统文学的过程中，作家往往表现出高度的选择性。不论是屈
原和杜甫的反战诗，抑或《儒林外史》式的讽刺小说，抗议文学在特定的
历史文化语境中具有相当高的文学价值，但却遭到这一时期作家的冷落。
与此相反，类似《吕梁英雄传》和《灵泉洞》这样带有娱乐颂歌式的作品
则大受创作者欢迎。

当然，白之也清晰地注意到，强烈的民族自豪感依旧刺激着中国传统
文学的复兴，经典作品被加以注释并大量重印，作家在传统文学中寻求庇
护，小心翼翼地遵循着传统文学模式进行创作。在重视新文学与中国传统
文学关系的同时，白之亦关注到左翼文学复兴带来的影响。他对被当时正
统文学史家忽视的某些左翼作家作出独具一格的评介，撰写专文对鲁迅等
作家的作品予以阐释。总体而言，白之对左翼作家的赞赏远大于批评，这
与当时美国学界以夏志清为代表的新批评派的观点存在较大差异。从白之
在论文中经常提及，甚至引用夏志清观点的情况来看，白之并未因学派观
点的异同而影响自己客观清醒的文学辨别力。

另外，在作家创作诚意即创作出发点这一问题上，白之同样给予高度
关注。他认为如何判断作家的作品创作诚意，对鉴赏探讨该时期文学的学
者而言是最困难的事。白之以作家周立波为例予以说明。他首先肯定作为
斯大林文学奖得主的周立波身上所具有的黑格尔式的自由，指出周立波在
小说《山乡巨变》中对农民反对集体化的描写是对当时社会困境最具批判
性的场景。尽管如此，人们仍有理由质疑作者构建故事的"诚意"，因为
小说中出现的所有问题最终都得以圆满解决。白之由此强调不管意识形态
问题在作品中如何被处理，这一时期的中国作家都在继续追求更优秀的创

作，并且后来诞生的那些作品均在向人们昭示，不管过程多么曲折，一部真正的文学作品终会出现。

值得关注的是，针对新中国作家的作品研究问题，时钟雯曾指出那些针对"合作社和公社"的论述充分显示了政府政策和作者作品之间的直接关系。白之则表示，在当时它们主要是被当作社会研究文献来进行阅读的，认为没有必要将小说中描绘的社会主义美好生活情景与中国当时的实际情况对应起来，这反映出其理性客观的"他者"格局。

第二节　社会主义文学建立时期的文学解读

白之站在文化"他者"的立场，将新中国社会主义文学作为一种异质的"他者"进行考察与审视。这种特有的"看"与"被看"的对立关系，在一定程度上构成了当时冷战语境中西方解读 20 世纪五六十年代中国文学的基本框架和言说思路。方长安、纪海龙指出，"他者"视角有时是冷战意识形态维度上的，有时是西方文化中心主义层面上的，有时则是文学审美观念上的。不同的"他者"视角呈现出来的中国文学、文化图景亦有所不同，但总体而言，文化"他者"借以阐发其政治意识与文化理念的目的是相同的。[1]白之在费正清主编的《剑桥中华人民共和国史——中国革命内部的革命（1966—1982 年）》中，执笔撰写其中第十一章《共产主义统治下的文学》，用历时性描述的方式对中国现当代文学作出了自己的"他者"解读。

---

[1] 方长安、纪海龙：《1949—1966 年美英解读中国"十七年文学"的思想逻辑》，《河北学刊》，2010 年第 5 期，第 113 页。

250

一、意识形态干预下的文学创作机制

　　1949 年 7 月 2 日，首届中华全国文学艺术工作者代表大会在北京隆重召开，标志着新民主革命时期文学历史的结束和社会主义时期文学历史的开始。此次会议旨在推动新型社会主义文化事业的发展，以及有效建立相应指导机构，毛泽东、周恩来等国家领导人出席会议，郭沫若任中国文联首届主席。1953 年，这一组织被命名为中华全国文学艺术界联合会，下设机构囊括了作家协会、戏剧家协会，以及音乐家、电影家、曲艺家、美术家、舞蹈家、杂技家和民间文艺家等十余个协会。其中，作家协会对新文学的指导和发展始终发挥着领导作用。

　　在会上，毛泽东强调文学艺术既是打击阶级敌人的武器，又是社会主义者建设国家的工具，应向广大工人、农民和士兵提供"人民大众喜闻乐见"的作品。为了满足这些要求，作家或艺术家有责任消除与人民大众之间存在的觉悟差距，使自己成为群众的一员。艺术家必须具有无产阶级和广大群众的立场观点，必须歌颂他们的劳动和斗争，并教育他们。毛泽东进一步指出，艺术标准是必要的，也是重要的，但是像国家生活的其他方面一样，必须优先考虑文艺的政治标准。白之认为，毛泽东的这一观点促使华北地区在较短时间内形成了全新的文学样貌。如周扬当时所汇报的那样，在 177 篇新作品中，与战争题材有关的就多达 101 篇，剩下的作品中，有 16 篇与工业化生产相关，41 篇则是农民生活题材的作品。正是小说创作的某种历史发展进程产生了毛泽东的《在延安文艺座谈会上的讲话》，也引导作家采用现实主义的创作方法。[1] 报告还提到，这些作品的作者已经成功摆脱了五四运动时期知识分子的狭窄道路，率先使用了大众化语言。

---

[1]［美］耿德华（Edward M. Gunn）：《美国的中国现当代文学研究》，张清芳译，《鲁东大学学报》（哲学社会科学版），2021 年第 3 期，第 81 页。

周扬同时对当时民间文化形式的艺术觉醒给予了赞扬，充分肯定了扭秧歌
和民间小曲等新的艺术表现形式。当然，他也不忘提醒广大创作者应意识
到大受欢迎的传统歌剧形式实际上是一种"威胁"，换言之，它的存在意
味着不健康的价值观与风俗习惯会顽固地继续存在，因此，戏剧改革势在
必行。白之强调，周扬鼓励创作者们努力寻求文学新形式，讴歌不断出现
的社会主义新人的形象，"使得文学作品中的反面人物在趣味性和感染力
方面不再超过正面人物"。[1]

二、白之论述社会主义文学的整体性

在对新中国社会主义文学进行整体性论述的过程中，白之从诗歌创
作、小说创作和戏剧创作三个方面对该时期的文学作出系统阐释。

（一）诗歌创作

在诗歌创作方面，白之认为，中华人民共和国的成立促使那些战时或
战后在国民党统治区创作的诗人努力想让作品与新时代精神相契合，这导
致他们不得不改变以往的创作模式而走上一条新的创作道路。比如，郭沫
若在其诗歌中恢复使用热情奔放的顿呼法风格，慷慨激昂地赞颂新时期所
取得的各种成就，或表达美好的愿景。白之评价郭沫若这一时期创作的诗
歌过于简单肤浅，并且感情愈加直白外露，直言《百花齐放》是郭沫若在
该时期毛病最突出的诗作。另外，早期因创作充满灵性的"十四行诗"而
闻名的冯至亦为顺应新时期号召，转而创作土改工作中出现的民间传奇，
或日常琐碎中的短小抒情诗。卞之琳与何其芳等早期声名鹊立的诗人在这
一时期选择转向文学评论和研究。白之称艾青"二十多年在诗坛上销声匿

---

[1][美]白之：《共产主义统治下的文学》，[美]R.麦克法夸尔、[美]费正清编：《剑桥中华人民共和国
史——中国革命内部的革命（1966—1982年）》，谢亮生等译，中国社会科学出版社1992年版，第781页。

252

迹，是中国新诗遭受到的最痛苦的事件。"[1]

　　在众多诗歌创作中，白之尤其看重两部叙事长诗，这就是田间的《赶车传》和李季的《王贵与李香香》。前者由于受苏联革命诗人马雅可夫斯基影响，由此前追求标准化韵律规则改为分行断韵，以直接、浅显的现代口语作为基本语言，构思巧妙，类似于古典民歌风格；后者被视为"开创了中国新诗的一个新纪元"，"这是一首真正来自人民内部的诗，想人民所想"。[2]该诗采用的陕北民歌"信天游"的形式深深吸引着白之，他认为诗中男女主人公之间充满罗曼蒂克的情调，使秉承了中国传统爱情歌谣写法的《王贵与李香香》大获人民群众喜爱。

　　（二）小说创作

　　白之将这一时期的小说分为农民题材小说、战争小说和工人题材小说三大类。就农民题材小说而言，他认为产生较大影响力的当属赵树理的《小二黑结婚》和《李有才板话》，并注意到赵树理在创作《小二黑结婚》的过程中，有效地融入了山西老家农村的说书艺术，语言质朴平实，情节悬念迭出，成功唤醒读者的阅读欲望，这种写作手法成为该时期作家们竞相学习和模仿的典型。对此，白之直言，不论是《小二黑结婚》，还是赵树理本人最引以为豪的作品《李有才板话》，其成功之处在很大程度上源于它们始终贯彻了毛泽东《在延安文艺座谈会上的讲话》精神。对赵树理的首部长篇小说《李家庄的变迁》，白之注意到其风格由作者游刃有余的幽默转变为肃穆冷峻，小说中的叙述也变得客观理性。该小说成为 20 世纪 50 年代的畅销小说，在小说界确立了长期稳固地位，直至丁玲与周立波创作技巧更为娴熟的小说出现，该作品的受追捧热度

---

〔1〕〔美〕白之：《共产主义统治下的文学》，〔美〕R. 麦克法夸尔、〔美〕费正清编：《剑桥中华人民共和国史——中国革命内部的革命（1966—1982 年）》，谢亮生等译，中国社会科学出版社 1992 年版，第 784 页。
〔2〕〔美〕白之：《共产主义统治下的文学》，〔美〕R. 麦克法夸尔、〔美〕费正清编：《剑桥中华人民共和国史——中国革命内部的革命（1966—1982 年）》，谢亮生等译，中国社会科学出版社 1992 年版，第 786 页。

才逐步消退。

　　除此之外，白之还专门阐析了丁玲的《太阳照在桑干河上》和周立波的《暴风骤雨》。他幽默地声称，这两部以土改为创作背景小说的共同之处是均获得了斯大林文学奖。前者阐发了地主就是农民的剥削者这样一个基本道理。白之赞赏丁玲在作品中用现实主义和浪漫主义相结合的创作方式，为新一代作家树立起一个成功范例。同样作为土改小说的《暴风骤雨》，其小说名便是毛泽东之前用于描绘觉悟复苏的广大农民在全国范围内开展运动时的景象。白之敏锐地注意到，"《暴风骤雨》尽管很翔实地描绘了农民生活，这表明他细致地观察了实际生活，但是，作品塑造的人物形象还是缺乏丁玲小说人物的深度和细腻"[1]。

　　在小说题材的选择方面，白之发现一个有趣的现象，即尽管战争时代早已成为过去，但中国作家仍旧对战争题材小说的创作乐此不疲。他们热情讴歌解放军及其领导者在各大战争中表现出的勇敢、智慧，称颂他们如何痛击敌人，赞扬军民一家亲的鱼水情，诸如《新儿女英雄传》《吕梁英雄传》《火光在前》《三千里江山》等均为该类小说中的典型。显然，它们各自的成功都在很大程度上源于"较好地符合了毛泽东1942年在延安文艺座谈会上'讲话'的要求：作家要写出中国人民'喜闻乐见'的作品"[2]。相对于小说内容，白之更加关注创作技术层面的问题，并认为技术问题是此类作品创作者所面对的共同问题。因为，他们需倾注更多的精力来呈现急剧变化的战争场面，如从振奋人心的战斗而非孤立的游击战，转向规模更加宏大的战争等，此类描述对作家的创作技巧提出了更大的挑战和更高的要求。对此作出尝试的作家还包括柳青，其作品《铜墙铁壁》正

---

〔1〕［美］白之：《共产主义统治下的文学》，［美］R.麦克法夸尔、［美］费正清编：《剑桥中华人民共和国史——中国革命内部的革命（1966—1982年）》，谢亮生等译，中国社会科学出版社1992年版，第791页。
〔2〕转引自［美］白之：《共产主义统治下的文学》，［美］R.麦克法夸尔、［美］费正清编：《剑桥中华人民共和国史——中国革命内部的革命（1966—1982年）》，谢亮生等译，中国社会科学出版社1992年版，第793页。

254

是试图用歌颂集体建粮仓这样一种宏大行为代替赞颂某个英雄人物。但在白之看来，其尝试并不成功，因为小说写到干部史铁夫被国民党抓住以后，整体叙述思路才逐渐变得清晰，小说也由此转入粮库背景，描写抵抗与逃亡的惊险情节才变得稍微流畅起来。与前者类似的是杨朔的《三千里江山》，白之对小说设计的情节表示肯定，但表示由于作者过于突出为志愿军战士树碑立传的主旨，导致小说基本未在战略部署方面尝试花大量笔墨来刻画战争场面。

白之认为，由杜鹏程创作的长篇小说《保卫延安》与前面两者相反，在许多方面均达到一定的新标准。无论是在国民党发动大规模攻势下，共产党奋力保卫延安，抑或小说结尾处共产党取得战争全面胜利的铁一般的宏大框架，小说都较为成功地解决了白之指出的那些创作中有待解决的技术问题，白之评价其"至今仍是战争题材的优秀小说"[1]。

作为该时期的第三类小说，白之指出工人题材虽然是新时代出现最晚的小说题材，却在一定程度上接受了苏联小说创作的影响，革拉特科夫、厄普顿·辛克莱等均对该时期中国小说家产生了影响。白之将草明的《原动力》视为该题材中最重要的小说之一，并肯定了作者把建设水电站这件事情本身作为小说中的一种群体形象来塑造的做法。通过对小说中展现的人物之间矛盾关系的考察，白之判断该小说可归属工业恢复阶段类作品，并指出《原动力》产生的影响还在于引发柯岩创作《王青春的故事》、雷加创作《春天来到了鸭绿江》等一系列模仿潮。随着第一个五年计划的颁布，重工业尤其是钢铁生产成为广大人民心中最引以为傲之处。但在白之心目中，铸造厂的工人形象尤为典型，他评价艾芜的《百炼成钢》中的主人公秦德贵是工业题材小说中最具魅力的人物形象。白之赞赏艾芜在小说

---

[1][美]白之：《共产主义统治下的文学》，[美] R. 麦克法夸尔、[美]费正清编：《剑桥中华人民共和国史——中国革命内部的革命（1966—1982年）》，谢亮生等译，中国社会科学出版社1992年版，第794页。

一开始就给了秦德贵一个特写镜头：他利索地脱掉带着火焰的石棉手套，出现在高炉口边。白之指出，从这个镜头里，作者为读者呈现出一个受国家进步事业献身思想支配的工人形象。

　　另一部吸引白之注意力的是杜鹏程创作的长篇小说《在和平的日子里》。白之指出，相较于《保护延安》，属于工业小说的《在和平的日子里》容量则小得多。尽管该故事的发生背景设置在宝成铁路施工中，但白之揭示这实则是杜鹏程描写战争小说的一种继续。两部小说中的主要人物均为战斗英雄，为了适应和平和重建之需，前一部小说中的一些人则转而成为这部小说的主角。

　　（三）戏剧创作

　　戏剧方面，20世纪50年代初期的中国迎来了戏剧的重新繁荣，很多城市的旧剧院修葺一新，新剧院拔地而起，表演培训学校陆续创办，古装传统戏剧作品得到编辑与再版。加之"改写比彻底禁演更习以为常"[1]，因此不乏在"推陈出新"政策刺激下改编成功的《白蛇传》《十五贯》等剧作。白之尤其指出，传统剧本《白蛇传》并无隐晦之处，但总体而言，尽管白蛇以人体的妖魔之美出现，但依然被贴上了明显的邪恶标签，并被法海降服。田汉的新剧本把剧中角色颠倒过来，法海及其妖术被白蛇挫败，该剧经过田汉的较大程度处理和反复检查，《白蛇传》最终通过审查并得以上演。白之解读说，剧终时白蛇在暮日中消失是被解放妇女的缩影。而白蛇及其侍女青蛇，由于剧作者将其原本让人神魂颠倒的魅力修改为仅仅是赞颂女性之美，必然使戏剧效果大为减弱。

　　此外，杜印等人的《在新事物面前》和夏衍的《考验》以话剧形式反映当代社会问题。在白之看来，前者敏锐地提出了面临大规模工业建

---

〔1〕［美］白之：《共产主义统治下的文学》，［美］R. 麦克法夸尔、［美］费正清编：《剑桥中华人民共和国史——中国革命内部的革命（1966—1982年）》，谢亮生等译，中国社会科学出版社1992年版，第798页。

256

设，共产党人如何接受新事物，适应新形式的严峻问题；后者以"三反"运动为背景，较为克制地发出了在知识分子为国家服务的过程中予以理解的渴望和呼唤。另一位被公认的剧作家宋之的，白之肯定其作品《保护和平》《春苗》为20世纪50年代的话剧发展作出了贡献。除了宋之的，白之亦强调，夏衍将茅盾的中篇小说《林家铺子》拍成电影并在社会上产生了较大影响。陈耘等所创作的《年轻的一代》和丛深的《千万不要忘记》作为这一时期以代沟为主题的典型剧本，白之发现并重视其创作价值：代沟是当时特别突出的问题——革命精神在年轻一代身上日渐消退，"他们不太明白为他们曾付出了多大的牺牲，在新社会里极易不知不觉地堕入资产阶级寻求自我的危险。一个特别棘手的问题是，他们不情愿去农村"[1]。

　　值得一提的是，在众多剧作家中，白之尤为推崇老舍。在他心里，老舍不但是小说成就超高的作家，也是在新戏剧这门新行当里取得惊人成就的剧作家。《茶馆》是白之重点研究的戏剧作品，他将《茶馆》中老茶客的生活分为三个阶段，并洞察到，随着时代变迁，茶馆里所发生的一系列变化，尤其是那副"莫谈国事"的字幅。

第三节　从"双百方针"到社会主义教育运动时期的文学解读

　　从"双百方针"到社会主义教育运动期间的中国社会主义文学是当代中国文学的重要组成部分。白之从文化"他者"视阈出发，透视该阶段的

---

[1][美]白之:《共产主义统治下的文学》，[美]R.麦克法夸尔、[美]费正清编:《剑桥中华人民共和国史——中国革命内部的革命（1966—1982年）》，谢亮生等译，中国社会科学出版社1992年版，第799页。

文学特质和价值，重点发现并探讨作家作品中的"社会主义时代的现实主义"与"社会主义现实主义"、小说中的英雄与中间人物，以及作家表达民族情感工具的诗歌和戏剧。

一、"社会主义时代的现实主义"与"社会主义现实主义"

在对这一时期中国小说的研讨过程中，白之将相当一部分精力用于探究小说中的批判现实主义。作为批判现实主义先锋的王蒙自然成功地引起了白之的研究兴趣。处于"双百方针"时代的王蒙因无所畏惧地批判官僚主义而名声大噪。对早年就在作品中表现出敏锐洞察力的王蒙，白之显然对他赞赏有加，认可其被认为"是中国最有成就的短篇小说家"[1]这一说法。白之注意到王蒙的《组织部新来的青年人》旨在反映官僚政治的惰性，但它胜在谋篇布局的匠心独运。小说主线是一个没有结局的爱情，十分隐晦，并不能让读者一眼识破。对此，白之强调，应注意结合当时的历史文化语境进行考察，因为在当时，以爱情为主线本身就极具革命性。

另外，白之认为秦兆阳的《现实主义——广阔的道路》替以王蒙《组织部新来的青年人》为代表的作品进行了最强有力辩护，这部作品是以"何直"这一假名发表的。白之将其视为一则宣言，并且认为此等宣言为数不多，因此，被当时呼吁享有更广泛创作自由的作家奉为旗帜，这种影响一直持续到 20 世纪 60 年代中期。青年作家刘绍棠因响应秦兆阳的主张而受到严厉批判。对此，白之直言，秦、刘二人均声称要贯彻毛泽东 1942 年在延安对作家们所做的指示，刘绍棠甚至将毛泽东文艺思想的基本原则

---

〔1〕〔美〕白之：《共产主义统治下的文学》，〔美〕R.麦克法夸尔、〔美〕费正清编：《剑桥中华人民共和国史——中国革命内部的革命（1966—1982 年）》，谢亮生等译，中国社会科学出版社 1992 年版，第 801 页。

258

做了以下复述：

> 文艺为工农兵服务，政治标准第一和艺术标准第二，作家深
> 入生活和思想改造，过去、现在，以至无穷远的将来都同样具有
> 最根本的指导意义。这些原则和定理，是不容许修正或取消的，
> 而且也是无法修正和取消的。[1]

白之认为，尽管刘绍棠的复述看似滴水不漏，但毛泽东的教导仍然
被曲解了。秦兆阳指出要正确理解毛泽东讲话精神中的最大障碍之一是
1934 年苏联对社会主义现实主义的定义。苏联对社会主义现实主义给出的
定义是：

> 社会主义现实主义要求艺术家对革命发展中的现实作真实
> 的、历史的、具体的描述，其中的真实和历史的具体必须与思想
> 改造和劳动人民的教育任务结合于社会主义精神之中。[2]

对此，白之强调，秦兆阳"呼吁用'社会主义时代的现实主义'代
替'社会主义现实主义'"，虽然他的"社会主义时代的现实主义"仅仅
是对胡风理论文章里的基本原则的重复，但秦兆阳的现实主义表现出一种
更加真诚、更具批判精神的态度，且更富于人情味。白之对秦兆阳的呼
吁是认可的，因为他认为，更诚实意味着描写非真实的夸张成分将会减
少，更多批判的精神意味着允许在文学作品中反映和剖析新社会存在的
现实问题。在"人情味"的名义下，意味着个人可以抒发感情，可以对

---

[1] 刘绍棠：《我对当前文艺问题的一些浅见》，《文艺学习》，1957 年第 5 期，第 5—7 页。
[2] 此处可参见［荷兰］杜威·W·佛克马：《中国的文学教条与苏联影响（1956—1960）》，季进、聂友军译，
北京大学出版社 2011 年版，第 116 页。

现实的各个方面发表看法，而不仅仅局限于阶级斗争。胡风与秦兆阳等人的理论文章中反复出现曾经流行过的某些文学模式，他们在该时期尝试扩展写作范围，而不局限于狭窄的正统思想领域之内。通过对大量文献的耙梳整理，白之发现，高尔基和鲁迅是"双百方针"时期被中国作家引用最多的两位，肖洛霍夫次之，而讨论焦点集中在胡风的两位偶像身上——巴尔扎克和托尔斯泰。这二位的作品构成了19世纪现实主义的基石，白之认为这充分地说明了将艺术家与特定政治活动分开是正确的。白之指出，当时理论界和批评界探讨的重点问题是：艺术家的自主性问题，他们对思想改造的恐慌以及对政治摆布的反抗。

二、近景中的远人：英雄与中间人物

针对小说中的英雄和中间人物，白之将他们视作近景中的远人来进行探讨，旨在利用"他者"视阈的天然优势对其进行更为客观的考察。

白之注意到该时期短篇小说的作家最热衷创作的范式是怎样运用小说情节来展现农民或工人克服思想上的障碍和个人主义。此类小说紧密围绕着展现过去的落后分子经过引导变成先进分子，抑或通过模范或英雄的现在和不堪回首的过去的鲜明对比来展开叙述。对此，白之直言，小说中被理想化的行为模式比比皆是，并受到创作者乐此不疲的效仿，其可信度很低。此外，他还强调反面人物的缺乏直接导致创作者们将目标转向战争主题。杨沫的《青春之歌》和罗广斌、杨益言共同创作的《红岩》就是其中两部重要的长篇小说，它们运用大量战争素材并呈现出两种大相径庭的战争结局。

在当时的整体语境中，在众多旨在突出展现新时期中国社会伦理的小说中，白之关注到柳青及其小说《创业史》。对作家作品的选择和介绍体现的是文学史的经典化策略，什么样的作家作品能够得到经典待遇，能够

260

有力地体现史家秉持的文学史观。中国本土文学史家坚持认为："在很多
情况下，中国作家的作品被很多中国知识分子的问题所突显，而这些问题
与中国以外的世界几乎无关；甚至现在一些作家仍为一些其他目的而写作，
以至他们忽略了文学作为娱乐和虚构的功能。"[1]显然，被视为以为政治服
务为宗旨的柳青的《创业史》无法成为史家眼中的经典作品。但是，也有
一些史家对柳青《创业史》持正视态度，作为文化"他者"的白之便是其
中一员。白之称赞说，"在所有那些力图反映中国新型的共产主义社会伦
理的小说中，柳青写于1959年的《创业史》最具可信度。"[2]正如该小节所
拟标题，小说中的人物形象梁生宝和梁三被白之定位为英雄和中间人物来
探讨，而前者梁生宝更是其阐释的重点。白之曾有过一段精细论述：

> 　　这个青年农民对社会主义合作化意义的认识越来越高，对合
> 作化给陕西农村带来的好处看得越来越清楚，于是他成了一个带
> 头人就是很自然的结果了。梁生宝的魅力是此书成功的关键。他
> 或许是个英雄，但他是个含蓄地表现出来的英雄。他是被慢慢
> 地、而且是间接地通过他父亲梁三老汉充满批评的口吻介绍进事
> 件中的，生宝总是先于自家财产而考虑集体利益，梁三老汉顽固
> 的个人主义思想便受到公然冒犯。梁三老汉自身就是个引人注目
> 的形象，他长期冥顽不化但最后转变成为关心集体、富于自我牺
> 牲精神的新形象，并且作为合作化带头人的父亲而获得了一种新
> 的尊严。[3]

---

〔1〕〔澳〕杜博尼（Bonnie S. MacDougal），〔澳〕雷金庆（Kam Louie）：《二十世纪中国文学》，香港大学出
版社 1997 年版，第 448 页。
〔2〕〔美〕白之：《共产主义统治下的文学》，〔美〕R. 麦克法夸尔、〔美〕费正清编：《剑桥中华人民共和国
史——中国革命内部的革命（1966—1982 年）》，谢亮生等译，中国社会科学出版社 1992 年版，第 814 页。
〔3〕〔美〕白之：《共产主义统治下的文学》，〔美〕R. 麦克法夸尔、〔美〕费正清编：《剑桥中华人民共和国
史——中国革命内部的革命（1966—1982 年）》，谢亮生等译，中国社会科学出版社 1992 年版，第 815 页。

　　白之首先对"中间人物"提出了自己的定义："居于英雄和坏蛋之间的'中间人物'，对外界观察者来说他比前二者更像人，他出现于文学作品中常常增加了作品的可信程度。他不会恶毒地阻碍人性向前发展，也不会暗中破坏革命——他并不是个坏蛋——但他将个人的舒适和利益置于第一位，因而落后于英雄人物，换句话说，就是那种中不溜的人，好几百年来已在生活中和文学作品中为人们所熟悉。"[1]他进一步指出，在20世纪60年代中期一场大讨论中，梁三这个"中间人物"被频频引用，因为他占据了柳青太多的注意力，但是那些要求将重点更专一地放在正面的英雄身上的批评家们，他们没有欣赏到这个乖戾的父亲作为一种烘托对那个"社会主义新人"——他的儿子梁生宝的价值作用。与此同时，白之亦揭示，在整部《创业史》中，柳青关注的是梁生宝本质上是个普通人这一事实，这位可信的英雄从日常生活体验中学到的东西要比书本上的多得多。正是因为读者可以贴近小说中的中心人物，因此大家更能接受柳青抒发的对华北平原美丽田园玫瑰色未来的幻想。

　　从白之与大多数中国本土文学评论家的不同分析与论断可以看出，由于中国以外的文学史家与中国的作家鲜少涉及利益关系，故而他们可以做到以纯知识分子身份呈现中国学者忌于书写的文学史实，即"他者"立场能带来知识分子书写特征。具体来说，这些中国以外的学者既能够站在历史史实的意识形态之外，也可以"无视"中国"当下"的历史文化语境，因此展现出相对超然且理性的"他者"立场，并以一种相对中立的纯文学态度审视中国现当代文学，坚持用文学性标准对待中国现当代文学。像白之这样的"他者"研究带给中国本土学者的不仅仅是一种对照的视角，更提醒我们重视"他者"的文学研究角度中理性和客观的态度

---

[1]［美］白之：《共产主义统治下的文学》，［美］R.麦克法夸尔、［美］费正清编：《剑桥中华人民共和国史——中国革命内部的革命（1966—1982年）》，谢亮生等译，中国社会科学出版社1992年版，第816页。

262

及立场。

三、表达的工具：诗歌与历史剧

在诗歌方面，白之认为，20 世纪 60 年代的诗歌创作最突出的特点是同时做到对"民族形式"的坚持与突破。正如周扬总结的那样：

> 在百花齐放和推陈出新的方针指导下，一方面继承和革新我国优秀文学艺术遗产，使它们成为先进的社会主义文化的一部分；另一方面使各种形式和体裁的新文艺具有更耀目的民族特色，两方面互相接近，互相结合，共同发展为多种多样的社会主义的民族新文艺。[1]

在众多诗歌作品中，白之尤其关注到毛泽东的诗词，并对毛泽东在诗歌创作上取得的成就给予了充分肯定，认为其在传统的形式中融入了新的主题和意象，指出写于新中国成立前的《沁园春·长沙》《沁园春·雪》等是他最好的作品，并认为《水调歌头·游泳》一诗象征了毛泽东的个人成就。此外，白之亦提醒称，包括郭沫若，甚至萧军这些曾以写实散文著称的作家都转向古典诗歌的创作。

尽管这一时期的诗歌得到了进一步发展，但在白之看来，20 世纪 60 年代初期抒情诗人们的整体创作成绩不如 50 年代的前辈们那么绚丽多姿，主要原因在于，当时的革命并未消除阶级特权，诗人们在歌颂新社会喜悦的同时，也无法忘记挫败可能会引发威胁自身的反动力量这一忧虑。值得注意的是，在对该时期诗歌进行比较研究后，白之发现，在鲁琪、严阵、

---

〔1〕周扬：《我国社会主义文学艺术的道路》，《延河》，1960 年第 10 期，第 14 页。

郭小川、贺敬之等人的诗歌创作中，很明显可以看出郭小川与贺敬之受到苏联诗人马雅可夫斯基的影响。

对于这一时期的历史剧，白之则将其视为"一种表示抗议的工具"。他提及人们将戏剧作为"文化大革命"期间最高的表演形式，甚至几乎是取得的唯一成果。无论是首开先河的《白毛女》，抑或《关汉卿》《谢瑶环》等剧作，均是创作者通过历史剧形式展现抗议精神的工具。他强调对作曲配乐的采用，使这一宣传形式极易鼓动广大农民观众反对地主阶级，抵抗日本侵略者，这构成了 20 世纪 30 年代以来解放区文化生活的一个重要特征。在白之心目中，《白毛女》是一部突破这一传统并且最富有雄心与创见的作品，并使用了较多笔墨对这部剧进行了相关阐释，也由此可见他对该剧的重视与喜爱。另一部深得白之赞赏的剧作当属田汉的《关汉卿》，认为该剧"是解放后上演的新戏中最感人的一出戏，同时也是最直露地要求给艺术家以自主权的一部作品"[1]。他敏锐地发现，田汉的这部剧从本质上而言，虽然表现手法是高度现实主义的，但其中又包含了许多如传统戏剧一般的快速变换场景的因素，因此蒙上了较为浓重的历史色彩，除此之外，还增添了戏剧《窦娥冤》里的表演片段。田汉在创作过程中，充分重视剧情设置，并巧妙地组织剧中情节的主要矛盾，白之称赞其不仅主题选择高明，在情节组织方面亦是机敏的。正如白之所言，对田汉等剧作家来说，历史剧成为他们表达抗议的工具。

以白之为代表的西方"他者"，站在白之所指的西方立场，将中国 1949—1966 年间的文学当做一种异质"他者"来审视和言说，这种双向"他者"的关系构成了冷战语境中的西方解读该时期中国文学的基本框架。

尽管该时期文学存在不可忽视的问题，但在白之的文学审美格局中仍

---

[1][美]白之：《共产主义统治下的文学》，[美]罗德里克·麦克法夸尔、[美]费正清编：《剑桥中华人民共和国史——中国革命内部的革命（1966—1982 年）》，谢亮生等译，中国社会科学出版社 1992 年版，第 827 页。

264

为这一阶段的文学留下了应有地位：它不仅为中国乡村的文化沙漠储存了
一种肥料，还提供了英雄、主角模式和实际的社会主义课程。与此同时，
作家们力图沿着现代主义方向改进技巧，并在他们的作品中正视新社会生
活的真正难题。

　　白之重点探索与发现意识形态博弈背景下 1949—1966 年间中国文学
的审美特质及其成因，充分体现出其将"批判性距离"作为方法的当代视
野，并分别对中国社会主义文学建立初期、从"双百方针"到社会主义
教育运动这两个时期的作家作品和文学现象进行细致阐释与论析，回顾该
时期意识形态干预下的文学创作机制，展现其文学论述的整体性。白之的
"他者"视阈较好地摆脱了本土学者对该时期文学的审视及评介局限，较
为理性客观地呈现这一时期中国文学在意识形态干预下的文学创作机制及
特质。

　　小而言之，白之立足中国当时的历史文化语境，看到无论是该时期的
新作家，抑或是老作家，他们均不断尝试突破主题与技巧边界，其研究揭
示，1949—1966 年间的中国文学反映了新社会缔造者的各种理想，并将从
那时起观照到现实的更大部分。

第八章 白之论中国台湾文学的
形象风格及其解释路径

　　白之不仅关注中国大陆文学，亦对中国台湾文学给予了深度关切。他认为台湾文学的发展具有鲜明的历史背景和文化特色，是中华文化的重要组成部分，同时也反映了中国台湾社会和文化的变迁与进步。白之对中国台湾文学的研究主要集中在 20 世纪上半叶，其研究成果对深入了解中国台湾文学的历史、特点及与大陆文学的关系等具有重要意义，其研究方法和理论框架为中国台湾文学研究提供了重要的方法支持和启示。本章从白之"他者"视阈中的中国台湾作家作品、中国台湾小说中的苦难形象和朱西宁《破晓时分》文本间联系的功能三个方面切入，旨在揭示白之涉及中国台湾文学的研究特色。

第一节　有意味的风格：中国台湾作家作品

　　白之在对中国台湾作家作品进行研究的同时，注重结合台湾文学的发展历史，尤其注意台湾文学的主题和风格特点及发展趋势。他以文化"他者"身份，主要考察和分析台湾小说和诗歌在历史文化语境中的演变，及其与大陆文学的关系。

266

一、"感时忧国"：中国台湾小说

这一时期，与受到严重压制的大陆文学形成鲜明对比的是中国台湾文学的蓬勃发展，后者的发展得益于其在当时脱离了意识形态的束缚。相对自由开放的社会文化氛围，使广大台湾作家既汲取着本民族的文学遗产精髓，又可以从世界范围内的不同文学思潮中得到滋养，体现出较为浓厚的感时忧国情怀。对此，白之指出，当台湾作家某些富有创见的写作技巧和大胆的社会批评态度受到大陆作家重视后，而对大陆作家产生了何种影响尤为值得研究。他甚至认为，台湾作家中的一些卓越诗人和小说家的优秀作品，是大陆作家难以与之相媲美的。

需要特别指出的是，白之探讨的台湾作家也包括在台湾发表作品的作家，张爱玲和白先勇及其作品为白之特别推崇。在白之看来，《秧歌》和《赤地之恋》体现了张爱玲从共产主义"新"道德中觉醒的痛苦。《秧歌》是张爱玲于 1953 年写于香港，以 Eilleen Chang 为笔名发表的第一部长篇小说，最初是写给英国读者看的，后来才被翻译成英文。在白之的文学审美中，这两部小说虽是张爱玲的力推之作，但从艺术水平上看，均无法与张爱玲于 1943 年创作的《倾城之恋》《金锁记》等作品相提并论。在这批作品中，尤为令人称道的是《金锁记》，白之认为该小说不仅具有精巧的文体，并且充满了丰富的想象力，在人物刻画方面极为出色。

另一部吸引白之的小说是张爱玲于 1967 年用英文出版的《北地胭脂》。白之指出，该作品是张爱玲对《金锁记》基本叙事主题的回复及扩展，并认为作家对《金锁记》的重构，源于其力图揭露存在于不合理社会制度下根深蒂固的罪恶。白之对张爱玲的这种创作意图高度认可，并称"自从 18世纪《红楼梦》之后，中国的小说还没有如此深入地揭示过这一主题"。[1]

---

〔1〕〔美〕白之：《共产主义统治下的文学》，〔美〕罗德里克·麦克法夸尔、〔美〕费正清编：《剑桥中华人民共和国史——中国革命内部的革命（1966—1982 年）》，谢亮生等译，中国社会科学出版社 1992 年版，第 835 页。

他甚至提出，《红楼梦》正是张爱玲创作的灵感源泉。

　　白之也赞赏白先勇能够在创作中将现代反思手法、时间的结构安排、叙述方式进行多样变化，同其在选材和艺术趣味等方面的娴熟技巧融为一体。另外，白之表示，白先勇与王文兴于 1960 年共同创办的《现代文学》在文学界产生了巨大影响，而白先勇的贡献尤为突出。白之同时注意到王文兴的创作在较大程度上受到爱尔兰作家、诗人詹姆斯·乔伊斯（James Joyce）的影响，擅长雕琢语句并创造新词，常对语音字形和超句法结构进行试验性发现，作品往往展现出语言的高度自觉性。

　　在中国台湾新小说的发展过程中，白之认为被当作台湾"乡土"文学运动代表人物的杨逵亦作出过一定贡献，并认为热衷且擅长"讲故事"的朱西宁和司马中原由于相近的年龄与生活经历，而在作品中呈现出相似的创作基调。

　　对于另一位台湾本土作家陈映真，白之称其影响力远大于他为数不多的创作实绩，并称这是由于"他对作家自由精神的英勇捍卫"。[1]白之指出，当时的社会环境以及其作品本身表达的诉求将陈映真推向了"乡土"文学运动的前沿，并成为该运动的理论领袖。白之赞赏陈映真总是能从平凡琐碎的故事里汲取创作素材，其偶有出现的讽刺笔触亦不乏人性关怀。他善于将故事里的主人公放置于各种艰难的处境，以此寻求和揭示生存的真理。白之称赞其代表作《将军族》"是本世纪中文短篇小说中没有几个能望其项背的"。[2]此外，白之还注意到，在"乡土"作家行列里的还有黄春明、王祯和及王拓等人，他们与陈映真一样，出生于中国台湾，迷恋

---

[1]［美］白之：《共产主义统治下的文学》，［美］罗德里克·麦克法夸尔、［美］费正清编：《剑桥中华人民共和国史——中国革命内部的革命（1966—1982 年）》，谢亮生等译，中国社会科学出版社 1992 年版，第837 页。

[2]［美］白之：《共产主义统治下的文学》，［美］罗德里克·麦克法夸尔、［美］费正清编：《剑桥中华人民共和国史——中国革命内部的革命（1966—1982 年）》，谢亮生等译，中国社会科学出版社 1992 年版，第838 页。

268

于中国台湾乡村或小镇生活而远离流亡、怀乡等小说题材。他们的共同点
亦在于"深入、细致地表现了那些生活在社会最底层的人们：目不识丁、
耳聋口哑者、一无所成者所忍受的痛苦和他们面对生活的勇气，当然，也
有他们的幽默：黑色的幽默或荒诞的滑稽"。[1]

　　白之同样关注了聂华苓、於梨华和陈若曦三位女作家，并指出三者的
共同点在于均身居美国，但仍在中国台湾发表作品，女性主题是她们小说
创作的一致选择。

二、"感时忧文"：中国台湾诗歌

　　白之认为，如果说台湾小说中透露出"感时忧国"的情愫，那么，台
湾诗歌则在具有重要影响力的不同诗社、团体的尝试中，表现出对创作革
新的呼吁，带有较为鲜明的"感时忧文"色彩。

　　在台湾诗人中，白之最推崇的莫过于余光中。他不仅对余光中的诗作
进行考察，亦关注到与诗人相关的文化背景。余光中在新月诗派的影响下
走上诗坛，作为1948至1949年间陆续赴台的大陆作家中率先促成现代新
诗运动的形成和发展的诗人之一，其于1954年参与创立蓝星社。该诗社
的诗人诗作带有鲜明的唯美主义倾向，亦有着浓厚的浪漫主义色彩，而这
些特色曾常见于中国古典诗词之中，并在五四运动之后经由徐志摩等新月
派诗人的改造而继续被运用到现代诗歌的创作之中。白之赞赏余光中"努
力运用大量的艺术技巧驾驭那些丰富的感性想象"，[2]不断进行着试验和探

---

[1][美]白之：《共产主义统治下的文学》，[美]罗德里克·麦克法夸尔、[美]费正清编：《剑桥中华人
民共和国史——中国革命内部的革命（1966—1982年）》，谢亮生等译，中国社会科学出版社1992年版，第
839页。
[2][美]白之：《共产主义统治下的文学》，[美]罗德里克·麦克法夸尔、[美]费正清编：《剑桥中华人
民共和国史——中国革命内部的革命（1966—1982年）》，谢亮生等译，中国社会科学出版社1992年版，第
840页。

索，并称其代表作《莲的联想》为余光中在诗坛赢得了稳固地位。该诗集较为突出地体现了余光中典型的创作艺术特色，具有代表性意义。白之直言该诗集在青年读者群体中大受欢迎源于诗集里收录了多首与爱情有关的浪漫诗歌。继《莲的联想》之后，余光中在另一本诗集《冷战的年代》里，表达了对中华民族前途命运的担忧和关切，并宣称自己将在创作中践行用主观抒情主义抗拒现代工业社会及其带来的战争对人的精神和理性的摧残，白之对余光中的创作信仰表示钦佩与赞赏。

白之亦注意到与蓝星诗社不同的中国台湾现代诗社，其成员纪弦、痖弦、洛夫等"十分重视西方文化的影响，大胆使用'晦涩'的意象，宣称新诗乃是'横的移植'（从西方）而非'纵的继承'（从古典传统）。并且要求诗从歌词的状态、过时的节奏和严格的韵律中解脱出来"。[1]在白之看来，作为超现实主义诗歌创作者之一的痖弦，其代表作《深渊》读起来犹如一首中国的《荒原》，而郑愁予和周梦蝶从本民族文化精髓中汲取的养分远大于其所受的西方影响。另外，令白之印象深刻的是来自叶维廉《赋格》中的那种"被放逐后的孤独感和怀旧感所进行的一次高度抽象性的探寻，强烈的情感和音乐感冲破经过千锤百炼的严整措辞而喷发出来"[2]的强大力量。

在客观审视台湾新诗在对西方现代主义文学的引进过程中，白之亦注意到"某些逐渐走上偏路"[3]的追求者，他们普遍"征引一些鲜为人知的

---

〔1〕［美］白之：《共产主义统治下的文学》，［美］罗德里克·麦克法夸尔、［美］费正清编：《剑桥中华人民共和国史——中国革命内部的革命（1966—1982年）》，谢亮生等译，中国社会科学出版社1992年版，第842页。

〔2〕［美］白之：《共产主义统治下的文学》，［美］罗德里克·麦克法夸尔、［美］费正清编：《剑桥中华人民共和国史——中国革命内部的革命（1966—1982年）》，谢亮生等译，中国社会科学出版社1992年版，第843页。

〔3〕［美］白之：《共产主义统治下的文学》，［美］罗德里克·麦克法夸尔、［美］费正清编：《剑桥中华人民共和国史——中国革命内部的革命（1966—1982年）》，谢亮生等译，中国社会科学出版社1992年版，第843页。

西方经典，并且吸收、运用的方式也是纯粹个人化的"，[1]此类现象在 20
世纪 70 年代初引发了反对浪潮。白之称，反对者的诉求是减少作品张扬
的个性，增加内容的公众性，以更直接地表现宽广的现实生活，并指出
1977—1978 年的"乡土"文学运动正是这股浪潮的自然顶峰。

第二节　中国台湾小说中的苦难形象

在对中国台湾小说的研究和讨论中，白之将关注点放在台湾小说塑造
出的一系列苦难形象上。他认为对苦难形象的描写在台湾小说中成为一种
普遍和重要的主题。台湾小说中的苦难形象与中国大陆小说中的苦难形象
相比还有很大不同。这种苦难不仅仅是指生活中的困境和经济上的窘迫，
亦包括文化、心理和精神层面的困境。

一、作为一种基型力量的苦难形象

在白之看来，中国大陆小说中的苦难形象通常是与政治和社会问题相
关的，而中国台湾小说中的苦难形象则更多地涉及个人内心的痛苦和挣扎。
白之强调，台湾小说中的苦难形象是台湾文学的重要特征之一，在话语文
学领域具有独特的地位和影响力。

在孤悬海外和自我放逐的时代大背景之下，出生于二战前后的现代派
作家似乎过早地失去了年轻与朝气，战争、苦难、骨肉分离和山河破碎带

---

〔1〕〔美〕白之：《共产主义统治下的文学》，〔美〕罗德里克·麦克法夸尔、〔美〕费正清编：《剑桥中华人
民共和国史——中国革命内部的革命（1966—1982 年）》，谢亮生等译，中国社会科学出版社 1992 年版，第
843 页。

给他们的只有恐怖、绝望、疯狂和死亡。[1]悲剧性的历史际遇和生存焦虑，
在台湾小说创作中均相当程度地展示着悲情意识和苦难形象。对此，白之
首先对一些有代表性的作家作品中的苦难形象进行了高度概括：

> 白先勇擅长于描写日益没落的漂泊异乡者，即批评家姚一苇
> 所说的那些"表面上有道德有教养，骨子里伪善而且腐败"的人
> 物，描写贪婪成性的情人。王文兴的主角往往是寻求价值观的寂
> 寞的年轻人；水晶用虚构的自传探索同样的主题；两性斗争的痛
> 苦在於梨华和欧阳子的小说中占了很大比例；聂华苓则集中写青
> 春不再的妇女的挫折感。陈若曦不写这种个人的或人与人关系的
> 主题，她从经验中挖掘素材，描写政治迫害的惨境。[2]

在该主题研究中，白之重点探讨和论析了朱西宁的《铁浆》、黄春明
的《儿子的大玩偶》和王祯和的《嫁妆一牛车》三部作品中的苦难形象。
之所以选中这三部小说作为研究对象，白之认为它们均塑造了一种具有基
型力量（archetypal force）的人物形象：

> 这三篇小说所创造的是一些基型人物，他们的苦难可以用来
> 代表中国人民——也许特别是台湾人民——在这个备受折磨的时
> 代所遭受的苦难。我的理解也许显得勉强，甚至牵强，但我是在
> 尝试解释这些人物形象中超越"感伤的自我"（pathetic selves）
> 的象征力量。就像吉米·波特，维利·罗门，或是霍顿·考尔菲儿，
> 不仅体现了许多普遍价值，更象征了他们的同胞所生存的目前这

---

〔1〕王尚义：《从异乡人到失落的一代》，台北水牛出版社 1989 年版，第 3 页。
〔2〕［美］西利尔·白之：《白之比较文学论文集》，微周等译，湖南文艺出版社 1987 年版，第 173 页。

272

个时代。[1]

亦如陈映真所言，"从中国历史和文化的全局，全景去看问题、去思索、创作和批评，超越一时一地，一党一派之私，为民族在知识上、创造上寻求生动的出路，是知识人的严肃的、民族的、社会的责任"。[2] 可以说，台湾作家在作品中通过对苦难形象的塑造和刻画来对历史苦难进行思索和反省。白之对台湾小说中苦难形象背后所蕴藏的基型力量给予密切关注，并试图在探究的过程中发现并回应作家欲通过这些苦难形象书写谁的历史以及怎样的历史等一系列问题。

二、中西视野与"苦难形象"的文学共情

首先，关于朱西宁的《铁浆》，白之将其作为一篇讨论工业化给中国社会带来一系列问题的寓言来解读。显然，从小说人物孟昭有和沈长发抢标的方式中，白之敏锐地将其视为对传统英雄主义价值标准的嘲讽。在他看来，声音意象是小说中"铁路接近"和"招标竞争"这两条线索强有力的一个结合点。因此，他对小说中特有的声音意象给予了格外关注。对此，白之为读者做了一段紧凑而极具说服力的论证：

孟昭有为抢包盐第一次用刀刺自己的腿时，他把腿搁到椅子上，让大家看血往下滴："在场的人听得见鲜血答答地滴落。远处有铁榔头敲击枕木的道钉，空气里震荡着金石声。"故事接近高潮，即孟昭有喝铁浆那一段时，小说用了波浪起伏的叙述方

---

[1]［美］西利尔·白之：《白之比较文学论文集》，微周等译，湖南文艺出版社 1987 年版，第 174 页。
[2] 陈映真：《陈映真文集：杂文卷》，中国友谊出版社 1998 年版，第 402 页。

式。孟昭有的儿子看着第一辆火车到达。有一阵子，镇民被火车
迷住了，它的外表象"一节节漂亮的小房子"，减轻了他们的恐
惧与愤怒。可是马上一个家人来报告孟昭有的死讯，故事暂时回
溯铁匠来到村上做工，一直说到那夺了性命的时刻。小说让人有
一点点预感。这样就使孟昭有耍好汉与铁路即将来到的威胁极其
明确地融合在一起。就在孟昭有死去的一刹那，"人们似乎听到
孟昭有最后一声的尖叫，几乎象耳鸣一样的贴在耳朵的鼓膜上，
许久许久不散失。然而那是火车的汽笛在长鸣，响亮的，长长的
一声。"〔1〕

　　通过白之上述剖析，朱西宁在小说中精心设计的声音意象得到了确凿
阐释。除了对声音意象的发现，白之在随后的阐述中还向读者揭示故事中
孟昭有的死被作者发展为一个象征，因为其古老家族的骄傲以及古旧的英
雄观，他的死亡"几乎象那耶稣被钉上十字架"。另外，白之还引导读者
关注朱西宁是如何利用一系列融化形象以增强孟昭有的身体火祭形象。而
正是由于作者有意制造的一个"象征"与一连串"融化形象"共同联结成
为了两层关系紧密的线索，白之因此认为"朱西宁这篇小说的寓意就很显
豁"。〔2〕
　　在另一篇刻画苦难形象的台湾小说中，白之亦从中西视野切入，将狄
更斯在 19 世纪 30 年代"创造"的"三明治人"重新纳入读者视野。他指
出，黄春明的短篇小说《儿子的大玩偶》中的"大玩偶"正是狄更斯《博
兹速写》中所提及的"一种活的三明治，两块板夹着一个孩子"，也正是
黄春明笔下的主人公坤树身上夹着的三明治板，将其变成了推销电影或药

_____

〔1〕[美] 西利尔·白之：《白之比较文学论文集》，微周等译，湖南文艺出版社 1987 年版，第 175-176 页。
〔2〕[美] 西利尔·白之：《白之比较文学论文集》，微周等译，湖南文艺出版社 1987 年版，第 176 页。

274

品的活动广告架。白之对黄春明运用"三明治式"结构抒写"三明治人"的故事表示高度赞赏，认为坤树与妻子间淳厚的感情是这个充满灰暗戏谑的故事让人动容的因素。

　　作为一名专业汉学家，白之站在学术角度对黄春明小说中的语言设计进行了详尽阐析。白之以坤树与妻子之间简短的几句对话为例：

> 坤树把胸扣扣好，打点了一下道具，不耐烦地又说：
>
> "阿龙又睡了？"
>
> （废话，刚才不是说了！）
>
> "睡着了。"她说。但是，坤树为了前句话，窘得没听到阿珠的回答……[1]

　　尽管原来的括号中代词缺失，但显而易见的是如果将括号中的"废话，刚才不是说了！"翻译成英文的话，则是 Didn't I just ask that? 而不是 Didn't he just ask that? 原因在于这句话为坤树脑中所想，并非其妻子阿珠所想。白之阐释说，阿珠在小说中所处的位置是基于外部视角给予的，而与故事叙述者唯一有密切关联的仅为坤树，读者能够了解到他的内心活动。更重要的是，坤树的一切内心独白均受控制，处于前后一脉相承的状态。"叙述者可以随意切断内心独白，插入评论，但就整体而言结构很干脆。"因此，即便在不表明说话者的情况下，读者仍能很快分辩。随之，白之将小说中隐藏的一个悖论（paradox）（来自于阿珠）以及故事的核心反讽（central irony）（来自坤树幼小的儿子）剖析给读者看。前者"内心的忧虑剥了其中最外一层"蕴含的悖论在于阿珠的忧虑主要源于她既心焦地等待丈夫却又害怕"找到"丈夫，害怕的原因在于"找到了他，就是认出

---

[1]［美］西利尔·白之：《白之比较文学论文集》，微周等译，湖南文艺出版社 1987 年版，第 179 页。

了他的自我羞辱，他的丢人现眼"。后者则是由于在坤树幼儿眼中，坤树是一个大玩偶，因而拒绝"大玩偶"卸了妆的样子，这也导致坤树被紧紧束缚在三明治人这一角色中无法逃离。

此外，在对小说《嫁妆一牛车》的解读中，白之认为作者在处理相同主题（感情中的不忠）时与自己的早期作品相比，显得越发从容自如。白之评价在这一创作时期，王祯和已发展出一套特有的台湾口语语言，其中的特殊语言也不在少数，且运用的句法非常松散，最大的进步当属在视点上的选择。白之对该小说的解读从卷首词开始。他对源自亨利·詹姆士的题词"生命里总也有甚至连休伯特都会无言以对的时候……"做了一段自己的思考：

> 究竟修伯特这位大作曲家能对《嫁妆一牛车》的主人公，贫穷的聋子万发说些什么呢？亨利·詹姆士坚持小说的情节应当才智精微感觉细腻地加以过滤，这条亨利·詹姆士的题词挑明了"臭耳朵"万发与这种精微才智的对比。威廉·福克纳在《疯狂与喧嚣》一书中接受了亨利·詹姆士的挑战，把叙述集中在一个白痴孩子身上；在这篇小说中，王祯和完成了同样的业绩，以可怜虫万发这个人物作为叙述的视点。[1]

通读白之对《嫁妆一牛车》的解读，即便一个此前对该故事一无所知的读者，也会因白之对小说独特而精微的剖析而浸染在故事所传递出的情绪中。白之善用敏锐的观察力，通过对情节设置中的万发喝的"啤酒"、万发妻子阿好佩戴的"金属饰物"等的解读，将作者埋伏在小说深处的用意一一呈现在读者眼中。再比如，针对主人公万发的"聋"，白之也有自

---

[1] [美] 西利尔·白之:《白之比较文学论文集》，微周等译，湖南文艺出版社 1987 年版，第 182 页。

276

己的思考。他认为万发的耳聋是整个故事的基础，万发的聋很好地协调了情节发展中看似存在的"悖论"，"聋"加深了万发身上的悲剧色彩，却又在某种程度上淡化了悲剧色彩。白之意识到了万发的聋，既是对主人公的残酷，但也是对他的"拯救"。也因为万发的聋，使白之进而发掘到他身上其他尤为敏锐的感觉，比如嗅觉。不过，在白之看来，这种强大的嗅觉功能对主人公而言，实则是一种不幸。白之还关切到这个被排除在世界之外的主人公愈发严重的疑心病，称"读者不得不分担他的痛苦"。在白之敏锐的比较思维之下，他还发现小说中多处"鲁迅式"的写法，而在小说的荒诞程度上，王祯和甚至超过了鲁迅。白之的分析判断并没有在对比中结束，难能可贵的是，他进一步挖掘发现王祯和是想通过小说中种种闹剧，抑或喜剧场面的描写，让读者看到它们的底因源于经济。

通过对小说中一系列细节的发掘与探究，我们看到作为一名文化"他者"的白之展现出对中国文学、文化卓越的解读能力，并将文学中产生的共情进行了充分表达。对于整部小说的中心旨意，白之亦有自己独特的看法。例如，其称绝不会将《嫁妆一牛车》视为讽刺。白之认为王祯和在并非将主人公万发塑造成一个讽刺对象的情况下，却成功做到了"使人心感到震惊"。更难能可贵的是，万发被塑造成了喜剧英雄。

在对台湾小说中的苦难形象这一问题的研究中，白之选取的三个不同篇目中的"苦难中心形象"（Central image）经历着各自的苦难，这也是人类困境中共同经历的真实情况：孟昭有在一道铁浆瀑布下的自我毁灭，坤树绝望地重新扮成小丑，万发喝啤酒时忍受的痛苦和屈辱。在白之看来，中国台湾小说中的苦难形象能够直观地透射出当时台湾人民的生存状况，不管是来自台湾以外的，抑或当地的。白之亦注意到，台湾小说中的苦难形象经常与自然景观相结合，形成独特的意象和氛围，而以破坏生态环境为代价的工业化亦是苦难的来源之一。

第三节　朱西宁《破晓时分》文本间联系的功能

在众多台湾作家的作品中，白之以朱西宁的《破晓十分》为分析文本，旨在揭示该小说中文本间联系的功能，以期揭示作品以传统经典作为中国当代文学的解码这一特质，以及白之中国现当代文学解读中"述文"和"述本"之间的关系。

一、以传统经典作为中国现当代文学的解码

白之认为中国作家作品体现的当代性很大一部分源自与中国传统文学进行的对话，并且在某些情况下，该形式的对话具有一定的反讽性。他强调那些取材于中国古典文学的作品所具有的反讽性尤为突出。白之认同"一切的文学作品均由先前的作品发展而来"，为了证明这个论点，他以罗伯特·肖尔斯引用 W.S. 默温的《挽歌》来进行说明。《挽歌》的正文仅有一句"我拿给谁看呢？"肖尔斯认为这首诗是英语中最短的诗体文本之一。白之对此表示赞同，并认为其具有巨大的感人力量。对比传统挽歌用滔滔不绝的语言表达哀愁，该诗蕴含着一种强有力的反讽。需要注意的是，白之对这一问题的探讨所涉及的并非是用典，亦非大范围系统地使用传统作品，他论析的是"先前的文学作品作为新作品的必要的注解者，以使新作品能发展出新的主题"，即以传统经典作为中国现当代文学的解码。为阐释自己的观点，白之引用接受美学代表人物汉斯·罗伯特·尧斯（Hans Robert Jauss）关于诠释与再诠释的言论：

过去的艺术品至今影响着我们，或重新使我们感兴趣，是通过向我们提问的方式，这些问题必须隐含不露，因为它的前提是读者的头脑十分活跃地检验传统的答案，发现这答案依然使人信

服，或是无法使人信服，从而弃之一旁，或用新的眼光审视，这样这问题现在对我们的意义才能被揭示出来。在艺术的历史传统中，过去的艺术作品得以生存下来，并非由于永远不变的问题，也不是由于年久如一的答案，而是通过问题与答案之间生动有力的关系，这种关系能刺激一种新的理解，能让现在与过去恢复对话。[1]

　　白之之所以专门围绕朱西宁的短篇小说《破晓时分》展开相关论题的讨论，是因为作为现代寓言的《破晓时分》与中国古典文学《错斩崔宁》《十五贯》拥有相同的题材，而让小说获得能够震撼读者心灵的道德力量。朱西宁在小说创作过程中对母题提出了新问题，而造成"《破晓时分》构成的答案迫使读者作为参与者进入继续不息的'现在与过去的对话'"。对于整个故事的创作，白之指出，凭借读者对古典文学作品《十五贯》的熟悉，朱西宁对读者预知有着十足把握。尽管如此，朱西宁在自己的小说中还是尽可能地减少，抑或直接避开古典文学作品中宣扬的道德教化类文字。白之细心地发现，在原作《错斩崔宁》中，最基本的一个情节，即两笔相同的欠款，在《破晓时分》中被朱西宁刻意忽略而将钱的数量做了改动。这么做也是为了降低和原作的巧合效果。与创作于现代的《破晓时分》相比，不论《错斩崔宁》抑或《十五贯》，它们都十分强调劝诫性和娱乐性，主张因果报应，故事多以虚构世界的秩序与和谐失而复得为结局。显然，朱西宁一反传统，在小说中回避了原作创作主旨。在白之看来，朱西宁正是以传统经典为中国现当代文学解码的典型范例。

---

[1] 转引自〔美〕西利尔·白之：《白之比较文学论文集》，微周等译，湖南文艺出版社 1987 年版，第 190－191 页。

二、白之中国现当代文学解读中的"述文"和"述本"

白之提出了一个值得思考的问题：朱西宁又何必费这麻烦从年代久远的杂烩中借用情节呢？关于这个问题的答案的探寻，白之通过对小说情节精细阐释的方式为读者揭示。白之提出：首先，朱西宁从原作中借用的东西非常有限；其次，朱西宁所借用的，或者可以称之为再创造的内容，除去人物与部分故事，还借用了原作创作时代的思想形式。例如，虽然《破晓时分》中省去了死刑场面以及传统本子中包含的侦破情节，但事实上朱西宁略去的是任何与经验类型组成伸张正义、因果报应或理性秩序世界恢复和谐有关的因素。换言之，朱西宁给读者带来的不是经验的类型，准确而言，应该是经验的强烈性。

白之认为，如果运用结构主义基本术语来衡量，朱西宁在小说中借用的可称之为"述本"（story）。他将"述本"定义为情节的形式，且将故事"安"进一个"述文"（discourse）的框子里，也就是一种特殊叙述模式（mode of narration）。白之发现朱西宁对这种模式的运用几乎覆盖了小说的第一部分，但在第二部分暂时中断了，随之在接下来的部分，朱西宁将其与"述本"做了汇合处理。白之还强调，因为小说中的叙述者始终不能超然于他本人的文本以外，这就意味着叙述者不能从"十五贯"母题的情节安排中提前知道内幕，从这个层面便可知，文本之间的联系唯独对读者是发生作用的；相反，对叙述者而言，它是无效的。在白之看来，传统"十五贯"故事的读者，抑或那些戏剧说唱的观众，能够在看到故事结局的时候，细细品味老天是怎样伸张正义的。但是朱西宁的小说是压低"故事"抬高"述文"，而且这"述文"又是开放式结尾。叙述者想法的变化表现得更加生动，我们作为读者别无选择，只有跟着他穿过思想矛盾的过程。

对于《破晓时分》的主旨，白之也做了精确阐释，并指出该小说的英

280

译者侯勇在分析时认为"入行"主题具有中心意义，以及小说以一个年轻衙役作为视点是只有现代才有的技巧。对此，白之给出了自己的观点。他认为侯勇过于突出小说中小娘子的"悲剧地位"。对于侯健提出的"作者没有让老三从他们的表现上看出人类应有的态度，应走的道路"[1]，以及其给出的结论："这篇小说的教育意义，是我们绝不能接受的"[2]，白之直言，侯健的观点有本末倒置之嫌。对此，他提出的反驳理由如下：

> 正是文本间联系的不完全性告诉了我们朱西宁并非在重述"十五贯"故事，实际上他并未着力描写两个受害者的性格，他消去了给受害者伸冤的任何可能，他使用这两个任务，正如他使用整个"十五贯"母题，只是用来作为暗符以解开信码（ciphers in a code），这信码是联系信码（code of reference），把我们引向与昔时县府公堂这个基型不可避免地联系在一起的腐败与残暴的世界。[3]

白之准确把握住朱西宁小说创作的初衷并非使用"述本"，而是"述文"，来解答读者对《破晓时分》提出的中心问题这一主线。具体而言，朱西宁借助小说中年轻衙役全部经验的展现，来回答"老三怎么会靠自圆其说自我欺骗来顺从这个世界的"这一问题。显然，白之看到了与"十五贯"故事以因果报应为结局不同的是，《破晓时分》以保持缄默的方式来体现其中蕴含的反讽的深刻性。后者引发读者追问：堕落的过程在老三身上，在我们每个人身上，是如何开始的？白之认为这才是一部文学文本所能够担负的最沉重的主题。

---

[1] 转引自［美］西利尔·白之：《白之比较文学论文集》，微周等译，湖南文艺出版社1987年版，第202页。
[2] 转引自［美］西利尔·白之：《白之比较文学论文集》，微周等译，湖南文艺出版社1987年版，第202页。
[3]［美］西利尔·白之：《白之比较文学论文集》，微周等译，湖南文艺出版社1987年版，第203页。

综上所述，在对中国台湾文学作家作品的译研方面，白之以跨两岸的视角，对台湾文学的发展、风格、主题等进行了深入研究和比较分析，探讨了两岸文学之间的差异和联系。在对台湾文学的历史、文化和社会背景进行深入探讨的同时，白之尤为关注台湾文学在政治、社会和文化变革中的角色和地位，以及其所反映的台湾社会和文化特点。他通过对中国台湾小说、新诗和中国台湾小说中苦难形象的研究及探讨，揭示了中国台湾文学中所反映的历史和社会现象，及其蕴含的文化内涵和价值观，反映了台湾文学的多元性和创新性，使其在文学理论话语领域具有独特的地位和影响力。白之关于中国台湾文学的研究和实践，不仅丰富了西方读者对台湾文学的了解和认知，同时也为台湾文学研究提供了新的视角和方法，其研究成果为两岸文学交流与合作提供了有益的借鉴和启示。

第九章 白之研究中国现当代文学的
方法实践与特色启示

长达半个多世纪的汉学研究中，白之将很大一部分时间和精力用于中国现当代文学，对中国现当代文学在西方的传播作出了突出贡献。从白之诸种著述和文章来看，他认为中国现当代文学史是一个多元的、充满活力的研究领域，其中涌现出许多杰出的作家和文学作品，并予以深入探讨。在他看来，中国现当代文学在发展过程中经历了许多重大变革和创新，不断突破传统文学的界限和规范，出现诸多新的文学思潮和风格。白之对大多数中国现当代作家作品持有积极的评价，认为这些作家及其作品以独特的风格、深刻的思考和人文关怀，为中国现当代文学注入了新的活力和思想内涵。他们的作品涵盖了广泛的主题和风格，体现出中国现当代文学的多元化、个性化和创新性。本章从白之的中国现当代文学研究方法与实践、特色与影响、启示与借鉴等方面展开论析，旨在揭示其中国现当代文学观。

第一节 白之探析中国现当代文学研究的方法与实践

纵观白之一生的汉学研究成果，在中国现当代文学研究领域，他擅长用形式主义、结构主义、叙事学研究法、符号学批评法、影响研究法、新批评法等研究方法，阐释中国现当代文学中的世界性因素及其复杂性、独特性和创造性，揭示中国现当代文学在参与世界文明进程和推动世界文学发展中的作用和价值。白之在各个研究领域交互开拓，以点带面，宏观结构与微观细读、理性审美与人文情怀、实证材料与理论辨析、翻译与研究并举，共同构成一个层次分明的研究体系，对中国现当代文学研究方法与实践作出了重要贡献。

一、白之中国现当代文学研究方法

包括白之在内的早期汉学家，习惯将新中国文学当作现代文学的一个"异数"，把新中国文学的渊源追溯至现代左翼文学，并把它的起点定为由1942年毛泽东《在延安文艺座谈会上的讲话》肇始的解放区文学。虽然，在不同个人诗学观等因素的影响下，西方汉学家在对待中国现当代文学的观点立场、研究方法等方面存在或多或少的差异，但无一不受冷战思维主导，未能跳脱所属意识形态的樊篱。直至20世纪八九十年代，随着冷战结束和中国社会经济进入全新发展阶段，中国现当代文学才迎来崭新局面，西方学界的中国现当代文学研究亦进入快速发展的新时期。"从内部看，形形色色的批评理论，诸如解构主义、后殖民主义、新历史主义、女性主义、西方马克思主义理论等，轮番登场，推动了现当代文学研究的'理论转向'，引燃了文化批评的热潮。"[1] 从宏观层面看，这一时期的西方汉学家所需要应对的最大挑战，是如何在遵循个人诗学观和文学审美的基础上，尽可能地摆脱国家意识形态控制，从而用更广阔的视野去看待和接纳具有强烈异质性的中国现当代文学。横亘在面前的这一命题，不同世代的域外汉学家以不尽相同的态度作出各自的回应。白之亦于自己的中国现当代文

---

〔1〕刘洪涛主编：《海外汉学家视域中的中国当代文学研究》，江西教育出版社2021年版，第2页。

284

学研究实践中，直接或间接地对这一问题给出了自己的答案。白之学识渊博、思维开阔，通晓英、中、日等多门语言，擅长用形式主义、结构主义、叙事学研究法、符号学批评法、影响研究法、新批评法等研究方法，在世界文学和比较文学的宏观体系中探索中国现当代文学的发展规律及其跨文化特质。

首先，白之对中国现当代文学的研究多采用与中国本土研究者视野迥异的西式方法论和目的论，其世界文学的向度和多元开放的文化立场鲜明。他的贡献之一就是运用纯文学和审美的标尺对中国现当代文学的经典作家作品重新进行丈量，较为客观地审视一批在中国本土由于政治原因而被忽视的作家及作品，向西方读者呈现一幅虑祛了有色"杂质"的中国现当代文学图景。这在他对柳青、赵树理等作家作品，以及中国台湾作家作品的研究和评介方面有明显表现。他的观点立场、考察视角等与中国本土学者存在较大区别，展现出更为客观、透明的评说范式。白之不仅研究中国现当代文学，亦不遗余力地投入到对中国现当代文学的译介之中。凭借深厚学养，以及自身出色的英文母语功底，加之对西方读者中国文学审美和阅读需求的深入体察和了解，白之用精湛的译笔实现了对中国文学文化的原生态传递，成为中国现当代文学在域外传播的有力推手。

其次，在诸多不同的研究方法中，白之尤为倚重比较研究法。他曾说："在明代，在20世纪，中国文学都出现了迅速演变的新文体，而且这些新文体都强烈而自觉地意识到它们与广大群众的呼应。我研究过的或翻译过的作品几乎全出自这两个时期。自然，对莎士比亚、狄更斯和其他西方传统作家的终生的爱好也使我的研究倾向采用比较研究。而近年文学理论的发展，也使我尝试发展出一种新的批评方法。"[1]正如他本人所言，比较研究法被广泛地运用于白之中国现当代文学研究实践活动中。例如其经

---

[1][美]西利尔·白之：《白之比较文学论文集》，湖南文艺出版社1987年版，第4页。

典名文《托马斯·哈代对徐志摩的影响》《〈冬天的故事〉和〈牡丹亭〉》等均运用了跨文化对话思维，在文化"他者"的比较视阈之下，对中西方作家和作品展开言说，凸显中国现当代文学的特质。不仅如此，在对中国本土作家作品的研究中，白之也惯用比较文学的研究方法，如《中国现代小说的继承与变化》等经典名文具有较高的代表性。

　　再次，翻译与研究相结合，是白之探析中国现当代文学的又一重要研究方法。白之不但是中国现当代文学的研究者，同时也是中国现当代文学的资深翻译家。他在中国现当代文学的英译方面有着十分丰富的实践经验，译介的部分作品收入在其编译的《中国文学选集·第二卷》中，随着选集在西方世界的经典化进程而成为典范之作，白之在翻译实践中开创性地提出"'从心所欲'而不逾矩"的翻译观，在学界产生了一定影响。

二、白之中国现当代文学研究实践

　　纵观白之一生的汉学研究成果，他不但在中国古代小说、古典戏曲等方面成果丰硕，在中国现当代文学研究方面也享有很高声誉。早在英国时，白之便对中国现当代文学表现出极大的研究热情。在执教亚非学院期间，白之就已经发表《赵树理：一位当代中国作家及其背景》（"Chao Shuli: A Writer of Contemporary China and His Background"，1952），随后陆续发表《当代中国文学》（"Contemporary Chinese Literature"，1954）、《赵树理：共产主义国家的创意写作》（"Zhao Shu-Li: Creative Writing in a Communist State"，1955）等与中国现当代文学相关的专文。移居美国后，他于《中国季刊》发表专文《延安时期的小说》（"Fiction of the Yenan Period"，1960）评介延安时期文学；于《中国季刊》发表《老舍：幽默的幽默家》（"Lao She: The Humourist in His Humour"，1961）；又于《泰东》发表《徐志摩诗歌的英语式节奏与汉语式节奏》（"English and Chinese Metres in

Hsu Chih-mo"，1961）；于《当前实况》（*Current Scenes*）发表《大跃进时期的文学》（"The Literature of the Great Leap Forward"），于《中国季刊》发表《共产主义文学：传统形式的延续》（"Chinese Communist Literature: The Persistence of Traditional Forms"，1962）；著有《中国共产主义文学》（*Chinese Communist Literature*，1963），这是冷战时期美国较有分量的中国现当代文学研究著作。从白之早年发表的中国现当代文学相关专文到1988 年发表《朱西宁〈破晓时分〉的分析》（"The Fiction of Intertextual Reference in Zhu xining's *Daybreak*"），期间的一系列研究对五四以来的新文学做了系统性探讨，旨在说明中国文学如何在西方历史文化语境的影响和冲击之下，形成一种新的意念和形式，并彰显特质。不管是新中国成立之前，抑或成立之后的作家作品，白之皆博览精读，著文评述，其中包括对老舍（1961）、鲁迅（1967）、张爱玲（1972）、茅盾（1977）等的研究。他还译介过毛泽东的诗歌（1980）和吴组缃的短篇小说（1981），利用北京外文出版社的译文对毛泽东的诗歌作品进行重译，译文被收录进由柳无忌和罗郁正主编的古典诗词选集《葵晔集：中国诗歌三千年》。他亦研究过徐志摩及其诗歌的韵律和风格，比较过徐志摩和英国诗人托马斯·哈代的作品（1977）。在中国台湾文学方面，白之分析过作家笔下中国台湾的民生困境，发表《台湾小说中的苦难形象》（1980）。就整个中国现当代文学的发展，他专文讨论中国现当代小说的承传递变，发表论文《中国现代小说的继承与变化》（1963）；在探索新文学语言的使用问题方面，发表论文《中国文学语言》（"The Language of Chinese Literature"，1972），以及如何讲授五四文学的《五四小说教学》（"Teaching May Fourth Fiction"，1976）。

　　尤为值得一提的是，1972 年尼克松访华，中美两国关系开始走向正常化，中美文化交流也随之进入新的历史阶段。同年，白之编译的《中国文学选集·第二卷》成为西方介绍与引进中国现当代文学的重要媒介。此外，白之在 R. 麦克法夸尔和"美国中国学之父"费正清主编的《剑桥中华人民共和国史——中国革命内部的革命（1966—1982）》中撰写了第十一章《共产主义统治下的文学》，对中国当代文学进行了历史性的描述，具有很高的学术价值。白之将共产主义思想治理下的文学划分为"社会主义的建立（1949—1956）""从'双百方针'到社会主义教育运动（1956—1965）""中国的'文化大革命'中国台湾的新作家（1966—1976）"和"毛以后的时代"四个部分来进行详尽的阐述。讨论涉及的内容丰富而全面，评介较为客观公允，为西方世界了解该时期的中国文学提供了参考和借鉴。

　　总体而言，白之在审视和剖析中国现当代文学的过程中，其研究过的范例既有现当代以来的主要作家，也有生活在海外的知名文人。从沈从文到赵树理、周立波、张爱玲、张天翼、吴组缃等，既有"乡土中国"，亦有"红色中国"，复有岛国意绪。他探讨的文类，除了文学最主要的形式——小说，还包含诗歌、散文、历史剧等。白之为中国源远流长的文学传统注入了现代性血液，从审美、文化实践、历史观照，甚至政治意识上都找到了传统与现代的复杂契合点。白之的中国现当代文学研究从未被框定或束缚在某一特定的对象或某一特殊的时期，正如其本人所指出的那样，他从未在仔细选择的领域里进行高度系统化的研究。不论是在中国话本小说、古典戏曲，抑或 20 世纪中国现当代文学领域，还是在各种繁复多样的文学思潮、古今文学史，抑或知识分子思想史中，白之均能够在各个研究领域交相开拓，译研并举，建构起层次分明的研究体系。无论运用何种研究方法，白之始终坚定秉持推动与促进中西方文学文化交流的目标，在中国现当代文学走近且走进世界的过程中作出了杰出贡献。

288

第二节　白之研究中国现当代文学的特色与影响

　　世界文明的发展与融合，某个特定国家，或某一位学者对中国文学的研究，亦是其"世界文学"研究不可或缺的一个部分。"当我们在把握对象国对中国研究的时候，应意识到他们以流派或个体形态表现出来的研究中所具有的'世界性因素'。这个研究'他者'往往呈现为他们自身的内在需求、期待与渴望。"〔1〕法国比较文学大师亨利·巴柔指出："我'注视'他者的形象也传递出我自身的某些形象。……'我'要言说'他者'，在'言说'他者的同时，我又否认了'他者'，从而言说了自我。"〔2〕因此，考察和探讨白之对中国现当代文学的研究，则有必要挖掘白之在兼具欧美双重文化身份的背后，有着怎样的研究动因、内在需求和言说方式。白之在中国现当代文学研究领域的成果可被视为自我言说和传递自我形象的方式之一。在与中国本土学者和域外学者研究的平行比较中，白之的中国现当代文学研究均彰显出鲜明特质。

一、注重比较文学的理论方法与实践运用

　　王德威曾表示，与中国本土学者相比，汉学家"更多一层内与外、东与西的比较视野，尤其可以跳脱政治地理的局限"。〔3〕海外汉学家的这一研究特质在白之身上得到了充分体现。如前文所提及的那样，由于对莎士比亚、狄更斯和其他西方传统作家的终生的爱好，白之的研究倾向于采用

〔1〕刘洪涛主编：《海外汉学家视域中的中国当代文学研究》，江西教育出版社 2021 年版，第 115 页。
〔2〕[法]达尼埃尔·亨利·巴柔：《从文化形象到集体现象物》，孟华主编：《比较文学形象学》，北京大学出版社 1991 年版，第 203 页。
〔3〕王德威：《"海外中国现当代文学研究译丛"总序》，[捷克]亚罗斯拉夫·普实克：《抒情与史诗：中国现代文学论集》，李欧梵编，郭建玲译，上海三联书店 2010 年版，第 9 页。

比较研究法。比较研究法是白之在汉学活动中运用最普遍、最重要的方法之一，白之还将它运用到对中国文学的发生史和演变史阐释中。白之力图在世界文学与比较文学的维度中，论析中国现当代文学的发生及发展过程。比较研究法不仅运用于他对中国现当代文学的译研中，亦出现于其开展的教学活动中。例如，白之在加利福尼亚大学伯克利分校为学生讲授"中国五四文学"这门课时，比较视阈几乎贯穿其教学过程始终。通过对福楼拜的《包法利夫人》和萧红的《手》、莫泊桑的《奥尔拉》和鲁迅的《狂人日记》、陀思妥耶夫斯基的《罪与罚》和王统照的《小红灯笼的梦》、左拉的《萌芽》和张爱玲的《水》等几组世界经典文学作品的对比，中西文学特质及其之间的微妙联系得到充分展示。

在白之的中国现当代文学研究中，不管对中国现当代文学批评史，抑或20世纪文学交流史的研究，他都能选用恰为其是的方法，包括文本细读法、阐释学、新批评法、世界文学理论等，并将中国现当代文学纳入跨文化交流语境，深入分析中国现当代作家与外国文学思潮和本土文化传统的创造性对抗关系；在文学系统结构中分析中国作家所受的外来影响及其独创性，挖掘其创作与世界文学之间的"刺激—对抗—创造"的复杂模式，撰写了多篇至今仍有学术参考意义的经典名文。白之从古今文学史的历时性维度和世界文学发展的同时性维度，考察20世纪中国现当代文学的文学思想的形成、特质和发展脉络。应该说，白之热衷于中国现当代文学研究的其他重要机缘，一方面来自其兼具欧美双重学术背景这一特殊文化身份，另一方面还来自于其个人的学术兴趣。

其一，以文献考辨及古典研究为中心，是欧洲汉学传统十分鲜明的特质。与之相比，美国汉学则是在美国资本主义对东方的掠夺扩张、文化渗透与对华政策等基础上发生和发展起来的，实用主义色彩极强。英国汉学和美国汉学产生和发展过程的不同，从本质上决定了二者内涵的差异。作为一名汉学生涯起步于英国的学者，白之长期浸淫于英国文化的"母体"

290

之中，加之先后受教于霍克思、韦利等几位英国本土知名汉学家，英式汉学研究特质不可避免地渗透到他的汉学研究范式中。1960 年以降，白之移居美国并入职加利福尼亚大学伯克利分校，专心致力于汉学译研工作。他执教的加州大学伯克利分校于第二次世界大战后增设了东方语言、文学、艺术、历史等系，并于 1978 年 10 月成立了东亚研究所，逐渐发展成为美国汉学研究重镇之一。在进入美国汉学界后，白之顺应学术潮流之趋，着力译研中国古典文学，与此同时亦更加关注中国现当代文学。他的中国文学研究范围从较为单纯的神仙志怪故事逐步转向中国经典文学与流派，并形成了对中国传统文学、文化的独特理解。这是白之个人与美国汉学互相选择、互相影响的结果，也是其汉学观在自身与外界相互作用下逐渐形成的体现。另外，白之从美国政府的对华政策中受益颇多，他于 1963—1964年获古根海姆基金奖学金，成为古根海姆基金会和美国学术团体理事会研究员。可以说，白之在美国初期取得的学术成果和学术头衔是被欧美汉学界接纳、肯定的标志。1964—1966 年，白之被任命为加利福尼亚大学伯克利分校副教授和东方语言系主任；1966—1969 年，担任加利福尼亚大学伯克利分校人文学院副院长；1982—1986 年，再次担任加利福尼亚大学伯克利分校东方语言系主任。随着学术环境的改善，加上美国相对自由开放的研究氛围，白之在汉学研究方面取得了丰硕成果。

　　其二，白之坦言，他对 20 世纪中国作家所面临的政治和社会压力非常感兴趣。早在英国时，他已对中国现当代文学十分感兴趣。他曾自述说，"进入研究院以后，我一直以教学和钻研中国文学为志。其实在本科生期间，我便已开始阅读五四时期的小说，在惊叹鲁迅故事完美的同时也感受到老舍小说中如同阅读狄更斯作品一样的喜悦"。[1]他还表达过自己"一

〔1〕〔美〕西利尔·白之：《中国文学"教""学"经验谈》，〔美〕李华元译，见李华元主编：《逸步追风：西方学者论中国文学》，学苑出版社 2008 年版，第 9 页。

直喜欢读新诗人的作品，既读艾青、卞之琳、余光中这样的大师，也读无名出版社印的年轻诗人作品"。[1]对中国现当代文学的喜爱是发自内心的，这种情愫正是其能够真正深入内部的根本原因。

二、恪守人文主义思想与倚重文学事实

白之突破所处生活时代的现实政治指涉，专注于学术研究中所坚持的"情本体"。他在所属汉学时代产生的价值亦体现在其于文学、文化研究中如何处理好"情本体"与理性人文思索之间的关系上，包括感性人文研究中理性的政治思索、伦理建设和文化构想。从白之汉学研究所选择的译研内容来看，正是基于对中国文学、文化怀有的深厚感情，他才能始终坚持以中国文学为基础，即以学术为本位，长期从事汉学研究。

首先，白之对文本选择具有高度自主性，彰显出强烈的译者主体性，这是其恪守人文主义思想的高度体现。译者主体性，是指作为翻译主体的译者在尊重翻译对象的前提下，为实现翻译目的而在翻译活动中表现出来的主观能动性，基本特征是翻译主体自觉的文化意识、人文品格和文化、审美创造性。[2]在遵循学术旨趣的原则上，白之注重翻译文本类型的多样化。纵观其诸多翻译成果，其翻译活动所涉及的文本体裁繁多，且风格迥异，从唐诗宋词，到元杂剧、宋代话本小说、明代传奇，清代小说，再到中国现当代作家作品，跨度十分广博。但无一不彰显出其自由出入两国文字的高超技能，折服同侪。例如，在翻译中国现当代作品时，他选择译研徐志摩诗歌主要与徐志摩的秉性有关。白之表示，自己十分欣赏徐志摩的个性，每每在重读其作品时，都能感受到诗歌中传达出的温暖之情。

〔1〕〔美〕西利尔·白之：《白之比较文学论文集》，"自序"，湖南文艺出版社1987年版，第3页。
〔2〕查明建、田雨：《论译者主体性——从译者文化地位的边缘化谈起》，《中国翻译》，2003年第1期，第22页。

白之译研的文本体裁和风格多样，正是其坚持译者主体性的集中反映。对文本的选择基本上是基于白之个人的学术旨趣，表现出浓厚的人文主义思想。

其次，白之在对中国现当代文学史的书写上有鲜明的海外特征。20 世纪 80 年代以前，中国本土文学史家与海外汉学家在中国现当代文学史书写方面，表现出较大的意识形态乃至诗学差异，从他们各自推崇的中国现当代文学经典篇目的不同上便可略知一二。当时中国本土的现当代文学史书写有着明显的主流意识形态预设，十分倚重对国家及政府认同的主流时代情感的反映与传播。因此，以鲁迅为中心，巴金、郭沫若、老舍、茅盾等作家作品成为选家必入篇目。与之形成鲜明对比的是包括白之在内的西方史家对那些被视为政治、经济或社会学研究附属品的篇目抱以完全排斥的态度，而选择以文学性、审美性为入选标准，以发掘、品评优美作品为己任。因此，沈从文、钱钟书、张爱玲等擅长表达"个人自我此时此地心情"的作家作品备受汉学家青睐。学者李涛指出："这种意识形态上'去政治化'、诗学上'注重个人体验'的现代文学史书写方式不仅体现了中国文学'感时观务、洞见自我'的抒情传统，也建立了一种超越时代、排除外部因素干扰的文学自身标准，因此被视为学术研究的理想。"[1] 这一点在白之及其《中国文学选集·第二卷》的编译过程中得到了验证，沈从文、鲁迅、茅盾、张爱玲等作家作品无一例外地被收录进白之选集。

另外值得注意的是，白之不仅关注大陆文学，亦对中国台湾文学给予观照和重视，他认为，中国台湾曾展开过一场"诗的复兴"，其生命力及诗人的创作才华足以让人联想到整整一代人。白之对中国台湾文学的态度在其《中国文学选集·第二卷》的压轴章节显露无疑，他专辟"中国台湾新诗人"一节，入选的中国台湾诗人多达六人，此为白之选集对中国文学定义范畴不同于其他选集的重要体现。

---

[1] 转引自李涛：《抒情中国文学的现代美国之旅：汉学家视角》，复旦大学出版社 2015 年版，第 114 页。

三、坚持独立的思考与严谨的研究态度

1960 年以前，白之身处欧洲，受欧洲传统汉学研究范式影响深刻。当时的英国拥有着一支传统悠久、学风严谨和学术精神令人敬仰的汉学家队伍，他们在汉学不受重视的社会氛围之下，仍能够做到心无旁骛地执着于汉学研究事业。与前辈学者注重史迹考察有所不同，白之的研究在西方传统文献方法基础上，注重从思想比较视野阐释学术文献的意义，实现研究范式的转向。与此同时，白之受到恩师韦利在汉学研究中的人类学研究方法影响，并将这一方法与文献学、社会学等研究方法进行跨学科综合运用，对中外学者也不啻为一大启发。此外，随着 19 世纪历史主义和科学主义的兴盛，历史研究与科学考证成为研究主流，在这一历史文化语境中，绝大多数欧洲汉学家都十分注重对历史文献资料的梳理和考据，白之亦不例外。其不仅对版本问题处理得十分谨慎，并且还格外强调对一手研究资料的利用。例如，他于 1960 年发表专文评介黄松康的《鲁迅与现代中国新文化运动》[1]，除了客观中肯的述评，白之还明确指出著作存在的缺陷：

> 这是一本有用且受欢迎的书，但对这本书只能有保留地推荐：……此外，还有一个令人不安的原因：由于原始资料，比如期刊的普遍缺乏，使她不得不依赖二手资料。大量的新研究必然导致一种未经推敲的普遍的概括力，而这很有可能与个人信念相冲突。例如，鲁迅的"大多数中国人是完全无知的"（第 37 页）与之后在北伐战争时期"中国人民成熟的政治诉求"形成了奇怪的对比。作者甚至在传记部分也没有提到鲁迅有兄弟，更没有提

---

[1] Sung-k'ang, Huang, *Lu Hsün and the New Culture Movement of Modern China*, Amsterdam: Djambatan, Ltd., 1957.

294

到鲁迅是一位有影响力的作家。[1]

又如，就文学事实而言，白之坚持在严谨的人文科学研究与富于人文主义的问题意识之间，致力于探寻世界文学与中国文学、中国传统文学与中国新文学之间的互动关系及其审美特征。他秉持严谨认真的学术态度，在大量文献资料和原始材料的基础上，对文本线索进行细致处理与解读，执着于挖掘中国文学和批评的独创性意义。例如，在对曾引发过学界热议的新时期文学对传统形式是否继承的问题上，白之认为如果把胡适的论断运用到 1917 年以后的文学作品中，人们便会发现它基本是正确的：

> 悲观的旁观者们为中国文明的崩溃深深哀叹，殊不知，这正是一种必要的破坏和侵蚀，没有它，就不可能有一个古老文明的重生……重生之后，它似乎变成了西方文明，但划开表面，你会发现，中国的基石植根其中。经过风化和腐蚀之后，充满人文主义和理性的中国，在新世界科学和民主的触动下，重生了！

在大量文本细读的基础上，白之指出，由于对一部文学作品的基本关注点、思维方式，甚至一些文学技巧在本质上都是中国式的，因此，一个作家心态的彻底西化实际上只不过是某种偶然现象。换言之，中国作家仅仅是借用了一套西方"装置"来帮助自己逃离当时的中国文学压抑氛围，但作家们仍将焦点放在他们耳目所及的生活和社会中心问题上，并借鉴和改造着西方文明，最终将其归拢为中国文学经验。

此外，尤为值得一提的是，相较于中国现代文学，20 世纪五六十年代

---

[1] Cyril Birch, "Review of *Lu Hsün and the New Culture Movement of Modern China* by Huang Sung-k'ang", *Bulletin of the School of Oriental and African Studies*, Vol. 23, No. 1（1960）, p.171.

的汉学家群体中普遍存在轻视 1949 年之后的中国当代文学这一现象，只有包括白之在内的极少数汉学家在中国现代文学和当代文学之间保持着两者兼顾的研究状态。诸种著述和研究论文均是其在当时西方历史文化语境中作出的有别于其他汉学家的不同努力的结果，尤其是其在汉学生涯早期取得的中国现当代文学研究领域一系列的相关成果，足以见得白之在该领域所做的努力。

四、与中国学者保持密切的交流与联系

在白之漫长的汉学研究生涯中，其与多位中国文人学者保持着友好交往，如陈世骧、老舍、乐黛云、赵毅衡、李元华等，其中乐黛云、赵毅衡和李元华都曾受教于白之。此外，白之积极参与各种国际汉学界大会，几次亲临中国大陆出席重要学术交流会议，为中西文学交流起到积极推动作用。较为重大的有以下事件：

（一）百慕大中国文学流派研究大会

1967 年，白之出席在百慕大群岛举办的"中国文学流派研究大会"，这场研讨会为 1974 年白之《中国文学流派研究》的出版奠定了基础，该书所收录的 11 篇论文均为此次会议的提交论文。白之在会上针对本人提交的《明传奇的几个课题与几种方法》一文做了专题发言。

（二）批评方法与中国现代小说研讨会

1982 年 12 月 10—20 日，由白之、麻省密德贝利大学中文系主任白志昂（John Berninghausen）、明尼苏达大学哈特教授（Theodore Huters）及加拿大多伦多大学多列热诺娃教授（Milena Dolezelova-Velingerova）联合发起的"批评方法与中国现代小说研讨会"在美国夏威夷召开。来自英、美、德、加、中等国的 21 名学者参与此次研讨会。会议将"只把文学作为社会文献或政治资料看的现象，特别强调把文学作为文学，作为一种美

学沟通手段来研究"。[1]旨在"用各种最新的文艺理论与方法来分析中国现代短篇小说，从多方面试探这种结合的可能性和局限性"。[2]白之于会上提交论文《〈破晓时分〉中文本间联系的功能》，后收录于《白之比较文学论文集》。乐黛云在对会议的述评中写道："白之教授通过叙述者、叙述角度、叙述方式、叙述效果等多方面的比较，在分析中国传统小说与现代小说的不同方面得出了很有价值的结论。"[3]

（三）首届中美双边比较文学研讨会

1983 年 8 月 29—31 日，白之作为美方代表之一来华出席由中国社会科学院外国文学研究所和文学研究所协同美中学术交流委员会在北京举办的首届中美双边比较文学研讨会。美方代表团以普林斯顿大学的厄尔·迈纳（Earl Miner）为团长，成员还包括刘若愚、史密斯、范格林、欧阳戟、余宝琳、保罗·伐塞尔、林顺夫、勒华尔斯，共十人。中方代表团则以王佐良为团长，其他学者包括钱锺书、杨宪益、杨周翰、周珏良、袁可嘉、钱中文、张隆溪、赵毅衡、周发祥，共十人。我国有关高校及学术团体的二十几位专家学者列席会议并参与了大会的讨论环节。钱钟书作为主办方代表致开幕词。白之在会上做了题为"两部戏剧传奇中的抒情性：《冬天的故事》和《牡丹亭》"的主旨发言。此次国际性研讨会"不但开创了记录，而且也平凡地、不铺张地创造了历史"，对中美文化交流及比较文学发展发挥了重要作用。通过此次会议，白之进一步扩大了自己与中国本土学者的交流圈。

同时值得一提的是，白之的众多高足于 2008 年合力出版文集《逸步追风：西方学者论中国文学》。该文集作为《学苑海外中国学译丛》之六，亦是白之的弟子们特为其推出的"白之教授荣休纪念文集"。美国达慕斯

---

[1] 乐黛云：《"批评方法与中国现代小说研讨会"述评》，《读书》，1983 年第 4 期，第 120 页。
[2] 乐黛云：《"批评方法与中国现代小说研讨会"述评》，《读书》，1983 年第 4 期，第 120 页。
[3] 乐黛云：《"批评方法与中国现代小说研讨会"述评》，《读书》，1983 年第 4 期，第 123 页。

大学（Dartmouth College）的李华元教授为该书作序，表达了对恩师白之最为诚挚的感谢。书中除《白之教授简介》和《白之教授著作》两篇文章，共收录包括白之本人撰写的《中国文学"教""学"经验谈》在内的 14 篇论文，除白之本人外，其他作者均为其门下高足，他们或为各高校教师，或为知名学者。书的扉页上方显著位置写有"谨呈恩师白之教授"；中间则印有"树滋九畹"，取自《楚辞》曰："予既滋兰之九畹，又树蕙之百亩"；左右两侧文字分别为"白芝函丈正"和"弟子等谨呈"。后一页则是一首专为白之而作的诗歌，并配有一张由白之之女凯瑟琳·伯奇·爱泼斯坦（Catherine Birch Epstein）拍摄的白之近照：木制长椅上的白之，银白的头发与坚定悠远的光在空谷和诗而语。教授的风雅学气正契合文集之名"逸步追风"之超然神韵，将白之一生高洁的学术品性及桃李天下的师者风范溢于所题诗行之间。

原诗如下：

Flowers of peach and pear come to bloom
Under the caress of the spring breeze.
We sing songs and tell stories
In the sheltering shade of the silver birch.

译诗：

金山湾，柏树银桦，浓荫下诵诗说史。
沂水岸，春风化雨，小蹊前李白桃红。

白之在英国伦敦大学亚非学院与美国加利福尼亚大学伯克利分校度过了 60 余载的学术时光，其诲人诲己，桃李天下，为世界文学交流、中西文学交流搭建起一座重要的桥梁。

第三节　白之阐释中国现当代文学的启示与借鉴

在对中国现当代文学研究过程中，白之展现出的语境化思维以及宽阔的比较视阈，为中国现当代文学研究提供了重要启示与借鉴。但同样不能忽视的是，尽管白之在研究中能够做到结合中国的具体国情，将研究对象放置于中国具体的历史文化语境中进行考察，却仍存在西方中心主义的倾向，意识形态因素隐藏在他叙述中国现当代文学的视角背后等局限，这同样应引起我们的高度重视。

一、中国现当代文学解读中的语境化思维

白之在中国现当代文学研究过程中表现出较强的历史政治意识，其尤为强调对中国现当代文学的语境化书写。在由 R. 麦克法夸尔和费正清主编的《剑桥中华人民共和国史——中国革命内部的革命（1966—1982）》一书中，白之倾力撰写其中的第十一章《共产主义统治下的文学》，在注重整体性的基础上，他对中国现当代文学中的几个重要分期做了系统性梳理与评介。白之将这些内容分为四个时间段进行论析：社会主义文学的建立（1949—1956）、从"双百方针"到社会主义教育运动（1956—1965）、中国的"文化大革命"和中国台湾的新作家（1966—1976）和毛以后的时代。显然，这四个时间段的分隔时间点均为重要的政治事件发生的年份，这反映出白之对于中国文学史中历史政治因素的密切关注和充分重视。对于每一个时期文学发展的总体情况及个别特殊情况，白之亦做了较为翔实的阐释，并给出适当评价。值得肯定的是，白之并未对不同时期的中国文

学潮流或文艺风格的总体特征给出直接的结论，而是着力研究通过它们而呈现出的社会文化特质，进而发现不同阶段的社会历史文化因素及其构成要素。他进一步揭示，政治格局的变化是隐匿在社会历史文化和中国现当代文学变化发展背后的根本因素。可以说，白之对中国现当代文学的研究始终源于他对中国政治历史的浓厚兴趣。

除此之外，白之在各大具有权威影响力的学术期刊上发表多篇论文，它们一起还原了中国现当代文学的完整性演化和发展历程，具有较高的学术研究价值。白之的中国现当代文学研究，在很大程度上展示出其重视对文学生成社会历史背景的还原这一"语境化"思维及其能够呈现自己所置身其中的历史"在场性"。它不但能够较好地帮助读者认知和了解作家的创作处境及当时的社会政治状况，亦是白之倡导和坚持在跨文化交流语境中开展汉学研究的重要体现。尽管如此，我们需要注意的是，白之自认为怀着诚挚的求真动机所进行的中国文学研究是否真的可以达到其所期望的真实性，这一点值得商榷。

二、中国现当代文学阐释中的比较视阈

纵观白之一生的汉学生涯，他始终立足于一个世界文学的参照系，即在世界文学和比较文学的坐标中确立 20 世纪中国现当代文学的趋势与特色、分叉与汇流，在错综复杂的文学流派中尝试找到内在渊源、母题的流传和影响痕迹，并进一步在中西方文学的比较研究中找出主题与情节、叙事与手法等方面的异同，亦对文本主题、情节、形式和叙述等多层面进行细致解读。显然，比较视阈是白之汉学研究中最重要的、使用最广泛的研究视野，其擅长在对大量文本的细读中发现值得深究的论题。白之宽阔的比较视阈，敏锐的文学判断力和突出的文学审美力，为中国比较文学和中国现当代文学研究作出了自己应有的贡献，同时亦为中国现当代文学在研

300

究方法上提供了重要的启示与借鉴。

　　值得注意的是，在对白之汉学成就研究的过程中，应力求客观公允地分析其汉学研究成果中存在的问题及探讨造成问题的根源，以此深化对相关问题的认识。不可忽视的是，西方社会长期以来形成了一种以自我为中心的观念，并习惯于用一种权威者的身份居高临下地审视和言说东方，他们对东方的解读不可避免地带有西方色彩。例如，针对新中国成立以后的社会主义文学，英美论者正是在这种特定的文化心理制约下，将中国该时期的文学视为西方文化上的异质"他者"，而政治上的冷战思维亦与这种文化上的东方主义观念纠缠在一起，共同作用于他们对新中国社会主义文学的评说，这足以引起我们的警惕和重视。在这个过程中，白之认为，新中国文学的评价标准是注重"作品作为本质和基础"，[1]强调文学的自律性和审美效应。显然，其言说忽视了新中国文学的审美追求，属于一种以西方为中心的想象性表达，流露出一种西方优于中国的文化心理。[2]

　　因此，比较视阈是白之研究中国现当代文学最为重要的视野和手段，我们在借鉴这一研究方法的同时，亦应保持敏锐的文学辨别力，成为站在"他者"之后的"他者"，用更加开阔明晰的视阈来审视"他者"眼中的中国文学，从而坚定中国文学立场。

　　综上所述，注重比较文学的理论方法与实践运用、恪守人文主义思想、倚重文学事实、坚持独立的思考与严谨的研究态度、与中国学者保持密切的交流与联系，是白之在中国现当代文学研究中体现出的鲜明特色。作为一名兼具欧美汉学双重学术背景的汉学家，白之用自己的理论方法与富有洞见性的研究拓展了中国现当代文学研究新视野，有助于我们从外在

---

〔1〕Cyril Birch，"The Particle of Art"，*The China Quarterly*，No.13，1963，p.5.
〔2〕此处可参加方长安、纪海龙：《1949—1966年美英解读中国"十七年文学"的思想逻辑》，《河北学刊》，2010年第5期，第114页。

视角反观、省察自身的文学传统。作为一名西方学者，白之立足于历史史实，坚持文学自身的评判标准，以客观公允的学术立场和态度审视中国现当代文学，基本能够做到对中国现当代作家作品展开历时与共时相结合的多维阐释。虽然，其文学观念、审美理念与审美实践活动也受到本国学术研究范式影响，使其难以穿透某些文化隔膜而对中国特定历史背景中的作家作品产生真正的共情，某些个人观点和评介难免有失偏颇。但是，纵观白之的文学批评实践活动，他不但对中国现代作家作品开展了独到的审美评判，并且展露出个人的诗学观念与文学取向，体现出他在中国文学探索与研究活动中，对文学、文化本体因素以及文学性和客观性的恪守与坚持。

　　白之对中国现当代文学持有积极和开放的态度，他在对中国现当代文学译研阐释时运用的语境化思维，以及宽阔的比较视阈为中国现当代文学研究提供了重要启示与借鉴，为中国现当代文学更好地"走出去"发挥了重要作用。

结　语

2018 年 10 月 30 日，93 岁高龄的西利尔·白之在英国安然离世。回顾白之一生的汉学之路，他始终努力摆脱汉学与政治、经济等其他因素的纠缠，恪守以学术为本位的原则，所有汉学成果均因发自内心地热爱中国文化而取得。从中国古典文学到中国新文学，皆是他几十年如一日的译研对象。其丰硕的各类汉学研究成果及长期坚守的一线汉学教学活动，为中国文学与文化在英语世界的传播作出了显著贡献。不过，白之依然平静而笃定地认为他的工作仅是一种自我享受：享受发现一篇有益的中国小说的乐趣，抑或享受在脑海中上演一部中国古剧的乐趣。他把自己睿智且丰厚的学术理念、文学史观和翻译思想等视为自己记下的"侧看"。白之始终怀着一颗向西方读者介绍中国文学纯粹而美好的初心，谦卑地祈祷来自中国本土读者的雅量与包容，诚盼来自西方读者的认可与接受。

白之作为学术实践活动的主体，坚持译研结合，在跨文化的比较视阈之下，始终以文学为中心来开展汉学译研活动，很好地响应了"将汉学的发展演变放在各国社会与思想文化变迁的大背景中去考察"（李学勤语）的学术呼吁。尤为值得注意的是，作为一名兼具欧美双重学术背景，且受日本汉学影响的汉学家，其学术个性是民族历史、个人成长环境及本人对文学审美的追求等因素共同铸造而成的，也由此确定了其在世界汉学中不可替代与难以遮蔽的价值。

本传记立足于跨文化交流语境，通过详尽梳理与评述基本史料文献，在比较文学跨文化研究、译介传播学、文本发生学以及文本细读等相关理论的指导下，全面系统地考察了白之及其汉学生涯，重点探讨其翻译观、汉学研究理念与方法，结合其兼具欧美双重汉学背景的特殊文化身份，以及所处的历史文化语境，发掘白之的汉学研究特质，客观评述其在西方汉学史上的重要地位。

在继承欧洲汉学注重扎实汉学训练等优良学术传统的同时，白之也在知识结构、研究视阈和学术方法等方面有所突破，形成了译研结合、多种策略相融合的汉学研究格局。我们通过考察白之在翻译活动中所采用的翻译策略，不难看出，他竭力摆脱传统汉学研究陷于欧洲中心主义的桎梏，努力促成中西文化之间的平等对话。他的汉学研究在西方传统文献方法的基础上，注重从比较思想视野阐释学术文献的意义，实现了研究范式的转向。而且，白之对中国文学、文化怀有深厚感情，因此能始终坚持以中国文学为基础，毕生从事汉学研究。

白之的翻译思想散见于其各种译著、论文及书评等文献中。通过钩沉索隐，结合意识形态、诗学观念和文化审美等因素加以考察和剖析，我们可以清晰地看出他以学术为本位的翻译观，始终恪守对中国文化诚挚热情的源初之心，坚持以尊重与敬畏"他者"文化传统为前提，倡导异质文化之间的对话与交流，旨在最大限度地实现中西文化之间的沟通与了解。他注重翻译文本选择类型的多样化，凸显翻译文本选择的译者主体性，秉持以译者为中心的翻译理念，尽量在源语系统和译语系统间达到折中、杂合与平衡，以期实现跨文化交流的最终目的。所译作品无一不被称为上乘之作，为西方读者呈现了一幅幅精美绝伦的中国文学图景，为中国文学及中国文化的西传作出了突出贡献。

作为最早系统英译冯梦龙传奇故事的汉学家，白之以其敏锐的学术感知力，通过编译选本《明代短篇故事选集》，准确定位并发现冯梦龙及其作品在明代白话小说中的独特性，在对冯氏"情教观"的求索与碰撞中，

304

为西方世界读者揭示了冯梦龙及其作品在中国文学史上的特殊地位。在编译选本《明代精英戏剧选集》的过程中，白之从作品类型风格、历史文化语境、学术贡献及文学地位诸方面，对以沈璟为代表的"吴江派"及以汤显祖为代表的"至情派"曲学家所创作的主要剧作做了学理性阐释，引发了学界广泛关注。这一编译选本研究成果，使其成为欧美汉学界最早将明代传奇划分出"精英戏剧"一类的汉学家。《中国文学流派研究》收录了欧美汉学界关于中国文学研究的 11 篇代表性文章，集中反映了白之对中国文学流派的观念和研究方法，构建了中国文学的整体知识体系。作为一名文化摆渡者，白之用灵活多变的译笔，不仅将中国古代白话小说和戏剧呈现在英语语系读者面前，还尽最大可能地帮助读者对中国的伦理道德、文化心理和社会文化语境有所感知与了解。

被西方学界视为具有开创性的编译著作两卷本《中国文学选集》，作为白之最具代表性的汉学成就之一，展示了一幅规模宏大、内容丰厚、思想精深的中国文学全貌图。白之以文化"他者"身份解读及重构中国文学史的不懈努力，实现对中国经典文学形象的"异域重生"及"生机再现"。

白之中国戏剧研究中的三大全译本《桃花扇》《牡丹亭》《娇红记》，同样也展示了他的中国戏剧翻译和研究特质。他始终秉持以学术为本位的翻译观和翻译方法，通过译笔为西方读者最大限度地还原与呈现中国经典文学作品精髓，是中国文学、文化走进世界的"神来之笔"。

作为一位深入研究中国现当代文学的汉学家，白之对中国现当代文学的评价和观察十分独到和深刻。他认为，中国现当代文学具有多样性和活力，其中涌现了诸多优秀的作家作品，反映了中国社会和文化在现代化进程中的变化和转型。在对中国现当代文学的译研过程中，白之多采用与中国本土视野迥异的西方式方法论和目的论，其世界文学的向度和多元开放的文化立场鲜明，并具有宽阔的中西比较视野。他致力于挖掘中国学界容易忽视的作家、作品和思潮，阐明中国现当代文学中的世界性因素及其复杂性、独特性和创造性，并揭示中国现当代文学在参与世界文明进程和不同文化互动中的作用和价值。此外，作为中国现当代文学和比较文学发展的见证者和参与者，半个多世纪以来，白之在笔端记录了 20 世纪中国作家作品走近和走进世界文学与比较文学的重要历程。他不仅注重文学作品的艺术特色和文学价值，亦着重关注文学作品与其所处时代、历史和社会的关系，以及作品与文化背景之间的联系。他在比较文学与跨文化交流语境中探索和展现中国现当代文学的鲜明特征，让世界听到中国故事，看到中国文学背后的文化风貌。

纵观白之漫长的汉学译研生涯，他致力于跨文化的比较视阈和方法创新，始终以文学为中心来开展汉学活动，恪守以学术为本位的原则，所有汉学成果的取得均出自于他对中国文化的热爱与熟识。白之译研所涉领域广博，从唐诗宋词到元杂剧、明传奇、清代小说，再到中国现当代作家作品，他均提出独到见解，为西方世界认知中国文化，了解中国文明作出了宝贵贡献。他的汉学研究在西方传统文献方法的基础上，注重从比较思想视野阐释学术文献的意义，实现了由前辈学者史迹考察的研究范式转向。

白之终其一生致力于汉学研究，同时长期勤耕于汉学教育教学一线，诲学不倦，逸步追风，其为人为学对汉学界的学术思想抑或对众多汉学新秀的精神涵育起到了积极的激发和影响作用，他丰硕的各类汉学研究成果为中国文学与文化在英语世界的传播作出了杰出贡献。

附　录

附录一　西利尔·白之年谱简编

● 1925 年　出生

　　3 月 25 日，白之出生于英国兰开夏郡。

● 1940 年　16 岁

　　此前，白之已在英格兰西北部著名的博尔顿学校接受了良好的教育。时值二战期间，英国政府在全国范围内招募具有突出语言能力的男孩学习汉语、日语、土耳其语和波斯语，以备战时之需，白之前往伦敦报名参加选拔。经过约 30 分钟面试，考官认为他在最有学习难度的中文方面表现出卓越的天赋和能力，而在此之前，白之设想和希望自己学习的是波斯语。由此，白之的一生与中国文学结下了不解之缘。

● 1942 年　18 岁

　　应战势之需，英国战事局开办专门针对军事情报人员的现代汉语培训班，该培训班包括白之在内共 17 名学员，英籍德裔汉藏语学家西门华德为授课教师之一。西门华德所教授的中文课为白之打开了认知中国文学与文化的第一扇窗，白之也因此与赖宝琴、萧乾、爱德华兹等结下了深厚的师生情缘，为其日后汉学生涯的开启做好了准备。

1944 年　20 岁

经过两年紧张的速成密集训练，白之被送往印度加尔各答英国陆军情报部服役，从事军事情报工作，军衔为中尉，直至战争结束。

1947 年　23 岁

退役后，白之回到英国伦敦大学亚非学院继续学习汉语，师从西门华德，这个阶段是白之汉学生涯开始前最为重要的学习和进步期。

1948 年　24 岁

获得英国伦敦大学亚非学院授予的中国现代文学一级荣誉学士学位。在亚非学院攻读学位的同时，白之兼任学院中文讲师教授中国语言文学，由此开始了在亚非学院长达 12 年的教学生涯。

1952 年　28 岁

3 月，白之于《国际文报》(*International P.E.N. Bulletin of Selected Books*) 发表论文《赵树理：一位当代中国作家及其背景》。此为白之正式发表的第一篇汉学研究论文，展现其对中国现当代作家作品的基本看法，具有较高的学术参考价值。

1954 年　30 岁

白之获得伦敦大学中国文学博士学位。博士论文《古今小说考评》(内含有小说的译文，论文长达 499 页) 是英国汉学史上第一部关于冯梦龙"三言"的学术专著。

1955 年　31 岁

白之于《伦敦大学亚非学院通讯》第 17 卷第 2 期发表论文《话本小说形式的几个特点》，从此开启中国话本小说研究的学术征程。

同年，于《新墨西哥季刊》第 25 卷（春秋季）发表论文《共产党中国的小说家——赵树理》；于《泰晤士报文学增刊》(*Times Literary Supplement*) 第

54 卷发表论文《解放中国的创作冲动》（"Liberating the Creative Impulse in China"），开始着力于中国现当代文学的相关研究。

1956 年　32 岁

白之发表书评《评约翰·莱曼·毕晓普〈中国白话短篇小说：三言选集研究〉》，评介美国汉学家毕晓普于 1956 年由哈佛大学出版社刊行的《中国白话短篇小说：三言选集研究》。

1957 年　33 岁

8 月，于《泰晤士报文学增刊》发表论文《中国花园里的花草》（"Flowers and Weeds in the Chinese Garden"）。

1958 年　34 岁

6 月，于《苏联调查》（Soviet Survey）第 24 号发表论文《共产主义下的中国作家》，白之以"他者"视角对中国社会主义建设时期的作家作品做了精深剖析和合理阐释。

同年，《明代短篇故事选集》由哥伦比亚大学出版社刊行。该书为白之汉学生涯中第一部有关中国文学作品的译著，一经刊行便赢得学界认可，初步确立了白之在汉学领域的地位。

1960 年　36 岁

白之携全家移居美国，执教于加利福尼亚大学伯克利分校，由此迎来了学术生涯的成熟期。

10 月，白之于《中国季刊》第 4 期发表论文《延安时期的小说》，继续对中国共产主义时期的文学开展研究。

同年，白之的《中国神话和传说》由伦敦牛津大学出版社刊行。

1961 年　37 岁

10 月，于《中国季刊》第 8 期发表论文《老舍：幽默的幽默家》。

同年，于欧洲最重要的汉学刊物之一《泰东》第13卷第2期发表论文《徐志摩诗歌的中英格律》。

1962年　38岁

5月5日，于《当前实况》发表论文《"大跃进"时期的文学》。

1963年　39岁

3月，于《中国季刊》第13期发表论文《艺术的粒子》（"The Particle of Art"）。并于《中国季刊》第13期发表论文《共产主义文学：传统形式的延续》。

同年，出版书籍《中国共产主义文学》。

1965年　41岁

1月，白之编译《中国文学选集·第一卷》，由美国格罗夫出版社刊行，在西方汉学界引起了巨大反响，被视为中国文学在英语世界中最全面的一部选集。该汉学成果后来成为美国高校文学课程教科书，对中国文学经典在英语世界的传播作出突出贡献，具有里程碑式的意义。

1964—1966年　40—42岁

担任美国加利福尼亚大学伯克利分校副教授和东方语言系主任。

1967年　43岁

出席在百慕大群岛举办的"中国文学流派研究大会"，在会上针对提交的《明传奇的几个课题与几种方法》一文发言。这场研讨会为1974年白之《中国文学流派研究》的出版奠定了基础，该书所收录的11篇论文均为此次会议的提交论文。

同年，与加利福尼亚大学伯克利分校文学院联合编撰教材《文学学士学位课程》（The Undergraduate Program in Letters and Science）并刊行，于《海外书丛》（Books Abroad）第41卷发表论文《中国：鲁迅》。

1969年　45岁

白之与哈罗德·沙迪克（Harold Shadick）等人创办"中国口头文学与表演

310

文学学会"，简称为"CHINOPERL"。该学会每年召开一次国际学会会议，并刊出一期名为 *CHINOPERL Papers* 的英文学术期刊。自 2013 年起，该期刊更名为 *CHINOPERL: Journal of Chinese Oral and Performing Literature*，于英国曼尼出版社（Maney Publishing）每年刊出两期。

12 月，于《外语系协会公报》（*Bulletin of the Association of Foreign Language Departments*）发表论文《翻译为何要满足外语的广度？》（"Why the Foreign Language Breadth Requirement？"）。

1970 年　46 岁

克利夫兰世界出版公司（Cleveland: World publishing Company）刊行《世界百科全书》（*World Encyclopedia*）系列，白之参与其中《中国文学》的编撰。

同年，参加美国"中国口头文学与表演文学学会"研讨会，并做题为《元明戏剧的翻译与移植：困难与可能性》的学术报告，随后全文发表于美国杂志《东西文学》第 14 卷第 4 期。

1971 年　47 岁

于《美国东方协会会刊》（*Journal of the American Oriental Society*）发表对夏志清《中国古典小说》一书的评论。

1972 年　48 岁

于美国格罗夫出版社刊行《中国文学选集·第二卷》。

同年，于《新文学史》（*New Literary History*）第 4 卷发表论文《中国文学的语言》（"The Language of Chinese Literature"）。

1973 年　49 岁

于《伦敦大学亚非学院通讯》第 24 卷第 2 期发表论文《早期传奇剧中的悲剧与情节剧：〈琵琶记〉与〈荆钗记〉》。

同年，白之出席在加利福尼亚大学伯克利分校召开的"中国口头文学与表演文学学会"讨论会。白之同道挚友柯润璞，以及哈罗德·沙迪克、卞赵如兰、李林德、程熙（Cheng Hsi）和奚如谷等均参与此次盛会。

1974 年　50 岁

1 月 24 日，于《纽约书评》第 20 卷发表书评《金莲花》（"Review of Egerton's *Golden Lotus*"）。

于香港中文大学《译丛》第 3 期发表汤显祖《牡丹亭》第 1—5、7、9、10 折译文。单折译文的发表，为 1980 年白之《牡丹亭》全译本的刊行打下了基础。

同年，由加利福尼亚大学出版社刊行《中国文学流派研究》一书。它是白之运用西方文学分类理论将中国古典文学类型进行分类的实践性成果，在流派批评和比较文学研究领域产生指导性意义。

1976 年　52 岁

这一年，白之收获了中国古典戏剧译研领域的又一重要成果。白之与同道好友哈罗德·阿克顿、陈世骧合译的《桃花扇》于加利福尼亚大学出版社刊行。

于《现代中国文学简讯》（*Modern Chinese Literature Newsletter*）第 2 卷第 1 期发表论文《五四小说教学》（"Teaching May Fourth Fiction"）。

于《哈佛亚洲研究学报》第 36 卷发表书评，评论李欧梵《中国现代作家的浪漫一代》。

同年，针对华裔学者时钟雯的论文《元杂剧的黄金时代》发表书评，亦发表书评评介其本人与何谷理（*Ming Studies*）合作完成的论文《明代文学研究：对艺术状态的考察》（"Studies of Ming Literature: Observations on the State of Art"）。

1977 年　53 岁

哈佛大学出版社刊行默尔·戈德曼编撰的书籍《五四运动时期的现代中国文学》，白之撰写该书的第 17 章《中国现代小说的继承与变化》。

同年，普林斯顿大学出版社刊行浦安迪《中国叙事学》（*Chinese Narrative*），白之为之作序。

4 月，于《淡江评论》（*Tamkang Review*）第 8 卷第 1 期发表论文《托马斯·哈代对徐志摩的影响》。

312

6月，白之来到中国，开展较为深入的实地走访，并将中国之行的所见所闻一一记录，并整理成稿。

12月28日，出席"中国传统小说"交流活动。

1979年　55岁

2月23—24日，应邀出席在得克萨斯州大学奥斯汀校区召开的"台湾当代小说"学术研讨会，并提交论文。此次会议被视为北美学界首次将散布于美国各州的二十余位汉学家聚集一堂共同专题研讨台湾文学的盛会。

1980年　56岁

汉学生涯中最为重要的一部译著《牡丹亭》全译本由印第安纳大学出版社刊行。该译著是《牡丹亭》在西方世界的首部全译本，具有里程碑式的意义。

加利福尼亚大学伯克利分校东亚研究所刊行美国历史学家毕克伟（Paul Pickowicz）的《马克思主义文学思想在中国》（*Marxist Literary Thought in China*），白之为之作序。

论文《台湾小说中的苦难形象》被收录于印第安纳大学出版社刊行的傅静宜所编书籍《台湾小说》（*Chinese Fiction from Taiwan*），该书在当时具有较大的影响力。

6月，石文安（Anne F. Thurston）和帕克（Jason H. Parker）合编书籍《中国人文社会科学研究》由社会科学研究委员会出版，该书收录了白之与韩南合著的"文学"（"Literature"）部分。

同年，于《亚洲》（*Asia*）第3卷发表书评，评论1980年由哥伦比亚大学出版社刊行的耿德华的著作《不受欢迎的缪斯：上海和北京的中国文学，1937—1945》（*Unwelcome Muse: Chinese Literature in Shanghai and Peking*，1937—1945）。

1981年　57岁

于《中国戏曲研究会年刊》（第10号）发表论文《西施的戏剧潜力：〈浣纱记〉与〈蕉帕记〉》（"The Dramatic Potential of Xi Shi: *Huanshaji* and *Jiaopaji* Compared"）。该文可被视为其《明代精英戏剧选集》中第三章《浣纱记》和第四章《蕉帕记》的早期研究文献。

刘绍铭、夏志清和李欧梵合著《中国现代中短篇小说选，1919—1949 年》（*Modern Chinese Stories and Novellas*, 1919—1949），收录白之翻译作品：赵树理的《福贵》（"Lucky"）和吴组缃的《官官的补品》（"Young Master Gets His Tonic"）。

同年，发表《1977 年 6 月中国之行》（"Visit to the People's Republic of China"），文稿长达两万余字，原稿现珍藏于中美关系国家档案馆。

1982 年　58 岁

自 1982 年起，白之担任加利福尼亚大学伯克利分校东方语言系主任，至 1986 年卸任。

1982 年 12 月 10—20 日，由白之、麻省密德贝利大学中文系主任白志昂、明尼苏达大学哈特教授及加拿大多伦多大学多列热诺娃教授联合发起的"批评方法与中国现代小说研讨会"在美国夏威夷召开。来自英、美、德、加、中等国的 21 名学者参与此次研讨会。白之于会上提交论文《〈破晓时分〉中文本间联系的功能》，后收录于《白之比较文学论文集》。

同年，于《威尔逊季刊》（*Wilson Quarterly*）第 6 卷第 1 期发表书评《水泊的亡命之徒》（"Outlaws of the Marsh"），评论沙博理（Sidney Shapiro）《水浒传》英译本。

1983 年　59 岁

1983 年 8 月 29—31 日，白之再度访华，作为美方代表出席由中国社会科学院外国文学研究所和文学研究所协同美中学术交流委员会在北京举办的首届中美双边比较文学研讨会。美方代表团以普林斯顿大学的厄尔·迈纳为团长，成员还包括斯坦福大学刘若愚、史密斯、范格林、欧阳桢、余宝琳、保罗·伐塞尔、林顺夫、勒华尔斯，共十人。中方代表团则以王佐良为团长，包括钱钟书、杨宪益、杨周翰、周珏良、袁可嘉、钱中文、张隆溪、赵毅衡、周发祥，共十人。白之在会上做了题为"两部戏剧传奇中的抒情性：《冬天的故事》和《牡丹亭》"的主旨发言。

同年，为其高足李元华的《冯梦龙"情史"里的爱情故事》（*Chinese Love Stories from Ch'ing-shih*）和宣立敦的《孔尚任的世界》（*The World of K'ung Shang-jen*）作序。

314

1984 年　60 岁

撰写文章《汉学家阿克顿》（"Harold Acton as a Translator from the Chinese"），被收录于《牛津、中国和意大利：纪念阿克顿》（*Oxford, China and Italy: Writings in Honour of Sir Harold Acton Florence*），该书为纪念阿克顿而刊行。

同年，《〈冬天的故事〉与〈牡丹亭〉》的中译文刊登于《读书杂志》第 2 期，由龚文庠摘译。

1986 年　62 岁

倪豪士（William Nienhauser）编撰《印度眼中的中国传统文学》（*The Indiana Companion to Traditional Chinese Literature*），收录白之文章《传奇戏剧》（"Ch'uan-ch'i Drama"）和《汤显祖》（"T'ang Hsien-tsu"）。

1987 年　63 岁

列入美国加州大学东亚研究丛书的乐黛云著述《中国小说中的知识分子》（*Intellectuals in Chinese Fiction*）英文版，收录白之《后记：小说中的英雄男女》（"Postscript: The Man or Woman of Letters as Hero"）。

8 月，由微周等译介的《白之比较文学论文集》，列入乐黛云教授组织、深圳大学比较文学研究所主编的《比较文学丛书》，由湖南文艺出版社刊行，系国内唯一刊行的白之作品集，是了解与研究白之学术观点和比较文学方法的重要书籍。

1988 年　64 岁

俄勒冈大学亚洲研究出版社刊行梁启昌著述《戏剧评论家徐渭》（*Hsu Wei as Drama Critic: An Annotated Translation of the Nan-tz'u hsii lu*），白之为之作序。

1989 年　65 岁

自 1989 年起，中国《译丛》杂志社依托"宋淇基金会"实施"《译丛》学人"和"《译丛》荣誉学人"计划，成为"资助国外优秀翻译家投身中国文化外译的专项基金和为中外译家及学者提供中译外基地"，白之名列其中。

1990 年　66 岁

发表论文《朱西宁〈黎明〉中的互文引用》（"The Function of Intertextual Reference in Zhu Xining's 'Daybreak'"）。

9 月，于《中国季刊》第 124 期发表书评《评利大英〈戴望舒：中国现代主义的生活和诗歌〉》。

1991 年　67 岁

经过近半个世纪的辛勤耕耘，白之于加利福尼亚大学伯克利分校荣休，并接受返聘，继续担任该校的名誉教授。

《戏剧浪漫比较视角：以〈冬天的故事〉和〈牡丹亭〉为例》（"A Comparative View of Dramatic Romance: The Winter's Tale and The Peony Pavilion"）收录于香港中文大学出版社（Hong Kong: Chinese University Press）刊行的 Interpreting Culture through Translation: A Festschrift for D.C. Lau。

为美国汉学家奚如谷和伊维德合作编辑的《西厢记》（The Story of the Western Wing）英译本作序，题为《月亮与古筝》（"The Moon and the Zither"）。

9 月，于《中国季刊》第 12 期发表书评，评述李欧梵与欧达伟（R. David Arkush）教授于 1989 年出版的著述《无鬼之地：从 19 世纪中期至今，中国对美国的印象》（Land without Ghosts: Chinese Impressions of America from the Mid-nineteenth Century to the Present）。

同年，于《中国剑桥历史》（Cambridge History of China）第 15 卷第 2 期发表论文《中国共产主义文学》。

自本年起，入围香港中文大学翻译研究中心主办的《译丛》学者。此外，还先后兼任斯坦福大学、夏威夷大学、中国台湾大学、墨尔本大学和不列颠哥伦比亚大学的客座教授，积极参与东西方日益频繁的学术交流。

1993 年　69 岁

于《译丛》第 40 期发表文章 "Bigamy Unabashed: Ruan Dascheng's Comic Masterpiece, The Swallow Letter"。

1994 年　70 岁

于《译丛》第 41—42 期发表王维《辋山闲居赠裴秀才迪》和李白《与韩

316

荆州书》两首诗的译文。

1995年　71岁

《英译元杂剧》（"Yuan zaju in English Translation"）收录于陈善伟（Chan Sin-wai）编著的《汉英互译百科词典》（*An Encyclopedic Dictionary of Chinese-English/English-Chinese Translation*），该书由香港中文大学出版社刊行。

布卢明顿印第安纳大学出版社刊行尤金·欧阳（Eugene Ouyang）编辑的《中国文学翻译》（*Translating Chinese Literature*）（关于首届中国文学翻译国际会议的汇报），其中收录其作品《明代戏剧翻译》（"Ming Plays Translation"）。此外，《关于欧洲汉学历史国际会议论文集》（*Europe Studies China*）收录白之的《中国戏剧英译史》（"On the History of the Translation of China Plays into English"）。

11月15日，白之关于明代精英戏剧的研究和翻译著作《明代精英戏剧选集》由纽约哥伦比亚大学出版社刊行。

同年，译介的《绿牡丹》，收录于欧阳桢（Eugene Chen Eoyang）和林耀福（Yaofu Lin）合著《中国文学翻译》（*Chinese Literary Translation*）。

1997年　73岁

由德州大学傅静宜、哥伦比亚大学魏玛莎、达慕思大学李华元、俄勒冈大学文棣、麻省大学米乐山等在内的14位高足在刊载于《中国口传暨表演文学研究》（*CHINOPEARL*）第20卷，题为"In Appreciation of Cyril Birch"的一文中，向白之表达了诚挚的敬意与深刻的感激之情。从弟子们充满感恩的字里行间，白之作为一名学术引路人与精神导师的生动形象跃然纸上。

1998年　74岁

发表《回忆中国戏剧学者》（"Remembering the Savant of the Chinese Theater"），收录于韩南与米列娜合著作品《追忆吴晓玲》（*WuXiaoling Remembered*）。

同年，为闵福德和刘绍铭合著作序。

2000 年　76 岁

2 月 3 日，于牛津大学出版社刊行《中国神话传说》，译名为 *Tales from China*。

2001 年　77 岁

3 月，于哥伦比亚大学出版社刊行《娇红记》全译本，译名为 *Mistress and Maid*（*Jiaohongji*）。

2002 年　78 岁

白之挚友——被称为"研究元杂剧的开山鼻祖"的美国汉学家柯润璞逝世。为缅怀挚友，白之专门翻译中国宋代诗人黄庭坚为追忆文学大师苏轼而作的《武昌松风阁》，译名为 "The Pine-Breeze Pavilion at Wuchang"。

2008 年　84 岁

由华裔美籍学者李华元主编的《学苑海外中国学译丛》之六出版，该书亦为白之弟子专门推出的"白之教授荣休纪念文集"。书中除《白之教授简介》和《白之教授著作》两篇文章，共收录包括白之本人撰写的《中国文学"教""学"经验谈》在内的 14 篇论文，作者均为白之门下高足，他们或为各高校教师，或为知名学者。

2015 年　90 岁

11 月末，诗人徐志摩嫡孙徐善增亲临白之位于伯克利的家中，与其交流和回忆徐志摩当年在英国留学的遗闻轶事，并拍摄珍贵的照片。

2017 年　92 岁

25 月，加利福尼亚大学伯克利分校东亚语言与文化学院于东亚语言与文化系（East Asian Languages And Cultures）毕业典礼上，宣布对白之教授在伯克利分校所取得的卓越学术成就表达最崇高的敬意，由东亚语言与文化系和比较文学系以白之名义特设中国文学研究生"西利尔·白之奖学金"，奖学金将以永

318

久性资助的形式存在，金额为五万美元。奖学金设立仪式上，白之携同其女儿、
女婿及孙子等家人一同出席。

2018 年　93 岁

10 月 30 日，西里尔·白之逝世于英国海克里夫护理院，享年 93 岁。

附录二　西利尔·白之著述目录

（一）专著

[1] Cyril Birch. *Stories from a Ming Collection: The Art of the Chinese Story-teller.* London: Bodley Head ; New York: Grove Press，1958.

[2] Cyril Birch. *Chinese Myths and Fantasies.* London: Oxford University Press，1960.

[3] Cyril Birch. *Chinese Communist Literature*（ed.）. New York: Frederick A. Praeger，Incorporated，1963.

[4] Cyril Birch. *Anthology of Chinese Literature，Volume I: From Early Times to the Fourteenth Century.* New York: Grove Press，1965.

[5] Cyril Birch. *Anthology of Chinese Literature，Volume II: From the 14th Century to the Present Day.* New York: Grove Press，1972.

[6] Cyril Birch. *Studies in Chinese Literary Genres.* Berkeley: University of California Press，1974.

[7] Cyril Birch. *The Peach Blossom Fan*（by k'ung Shang-jen，translated by Chen shih-Hsiang and Harold Acton with the collaboration of Cyril Birch）. Berkeley，Calif: University of California Press，1976.

[8] Cyril Birch. *The Peony Pavilion*（*Mudan Ting*）. Bloomington: Indiana University Press，1980.

320

［9］Cyril Birch. *Scenes for Mandarins: The Elite Theater of the Ming*. New York: Columbia University Press，1995.

［10］Cyril Birch. *Mistress and Maid: A Translation of Meng chengshun's "jiaohongji", a chuanqi romance in* 50 *scenes*. New York: Columbia University Press，2001.

［11］Cyril Birch. *The Peony Pavillion*（*Mudan Ting*，Second Edition）. Bloomington: Indiana University Press，2002.

（二）汉译论文集

西利尔·白之:《白之比较文学论文集》，微周等译，长沙：湖南文艺出版社，1987 年。

（三）英文期刊论文

［1］Cyril Birch，"Chao Shu-li: A Writer of Contemporary China and His Background"，*International P.E.N. Bulletin of Selected Books*，Ⅱ : 4（March），1952.

［2］Cyril Birch，"Contemporary Chinese Literature"，*International P.E.N. Bulletin of Selected Books*，V: 1（March），1954.

［3］Cyril Birch，"Chao Shu-li: Creative Writing in a Communist State"，*New Mexico Quarterly*，XXV，Nos. 2—3（Spring-Autumn），1955.

［4］Cyril Birch，"Some Formal Characteristics of the Hua-pen Story"，*Bulletin of the School of Oriental & African Studies*（*BSOAS*），University of London，England，XVII: 2，1955.

［5］Cyril Birch，"Liberating the Creative Impulse in China"，*Times Literary*

Supplement, Volume 54（August 5）：XLII，1955.

［6］Cyril Birch，"Review of *the Evolution of a Chinese Novel: Shui-hu-chuan by Richard Gregg Irwin*"，*Bulletin of the School of Oriental & African Studies（BSOAS）*，XVII: 2，1955.

［7］Cyril Birch，"Review of *the Colloquial Short Story in China: A Study of the san-yen Collections by John Lyman Bishop*"，*Journal of Asian Studies*（November）：127，1956.

［8］Cyril Birch，"Feng Meng-lung and *Ku-chin Hsiao-shuo*"，*Bulletin of the School of Oriental & African Studies（BSOAS）*，XVIII: 1，1956.

［9］Cyril Birch，"Flowers and Weeds in Chinese Garden"，*Times Literary Supplement*（August），1957.

［10］Cyril Birch，"Chinese Writers under Communism"，*Soviet Survey*，No.24（April-June），1958.

［11］Cyril Birch，"Review of *the Dream of the Red Chamber*"，*The Journal of Asian Studies*，Vol.18，No.33，（May，1959）.

［12］Cyril Birch，"Fiction of the Yenan Period"，*China Quarterly*，4（October-December），1960.

［13］Cyril Birch，"Lao She: The Humorist in his Humor"，*China Quarterly*，8（October-December），1961.

［14］Cyril Birch，"English and Chinese Metres in Hsu Chih-mo"，*Asia Major*（London），XIII: 2: 258293，1961.

［15］Cyril Birch，"The Literature of the Great Leap Forward"，*Current Scenes*（Hong Kong），I: 31（May5）：1—9，1962.

［16］Cyril Birch，"The Particle of Art"，*China Quarterly*，13（January-March）：3—14，1963.

［17］Cyril Birch，"Chinese Communist Literature: The Persistence of

322

Traditional Form", *China Quarterly*, No.13 (January-March) : 74 —
91, 1963.

[18] Cyril Birch, "The Undergraduate Program in Letters and Science",
(with R. Herr, and F. Reis) *College of Letters & Science*, Berkeley:
University of California, 1967.

[19] Cyril Birch, "China: Lu Hsun", *Books Abroad*, 41: 1 (Winter) : 42.
University of Oklahoma Press (Noble Prize Symposium), 1967.

[20] Cyril Birch, "Why the Foreign Language Breadth Requirement?",
Bulletin of the Association of Foreign Language Departments, 1: 2
(December) : 17—19, 1969.

[21] Cyril Birch, "Review of *the Classic Chinese Novel by C.T. Hsia*", *Journal
of the American Oriental Society*, 91: 1, 1970.

[22] Cyril Birch, "Translating and Transmuting Yuan and Ming Plays:
Problems and Possibilities", *Literature East and West*, XIV: 4
(December), 1970.

[23] Cyril Birch, "The Language of Chinese Literature", *New Literary
History*, IV (1972—1973) : 141—150, 1972.

[24] Cyril Birch, "Tragedy and Melodrama in Ming ch'uan-ch'i Drama",
Bulletin of the School of Oriental & African Studies, XXVI: 2: 228—247,
1973.

[25] Cyril Birch, "Preface to *Yuan-pan His-New Theater in China*", *Studies
in Chinese Communist Terminology*, No.15, Center for Chinese Studies,
University of California at Berkeley, 1973.

[26] Cyril Birch, "Review ("Ming Minx") of *Golden Lotus*", *New York
Review of Books*, XX: 21—22 (January 24) : 46—47, 1974.

[27] Cyril Birch, "Studies of Ming Literature: Observations on the State of

Art", （Cyril Birch and Robert Hegel）*Ming Studies*, No.2（Spring）, 1976.

[28] Cyril Birch, "Teaching May Fourth Fiction", *Modern Chinese Literature Newsletter*, II: 1（Spring）, 1976.

[29] Cyril Birch, "Preface to *the Golden Age of Chinese Drama: Yüan Tsa-chü*", Princeton: Princeton University Press, 1976.

[30] Cyril Birch, "Review of *the Romantic Generation of Modern Chinese Writers by Leo Ou-fan Lee*", *Harvard Journal of Asiatic Studies*, Volume 36, 1976.

[31] Cyril Birch, "Change and Continuity in Chinese Fiction", *Modern Chinese Literature in the May Fourth Era*, chapter 17, edited by Merle Goldman., Cambridge: Harvard University Press, 1977.

[32] Cyril Birch, "Foreword to *Chinese Narrative*", Princeton: Princeton University Press, 1977.

[33] Cyril Birch, "Hsu Chi-mo's Debt to Thomas Hardy", *Tamkang Review*, VIII: 1（April）: 1—24, 1977.

[34] Cyril Birch, "Traditional Chinese Fiction", Taped December 28, for Everett/Edwards, Inc, 1977.

[35] Cyril Birch, "Chinese Drama and Theatre", Taped January 4, for Everett/Edwands, Inc, 1978.

[36] Cyril Birch, "Foreword to *Marxist Literary Thought in China*", Center for Chinese Studies, University of California at Berkeley, 1980.

[37] Cyril Birch, "Images of Suffering in Taiwan Fiction", Jeannette Faurot, ed. *Chinese Fiction from Taiwan*. Blooming: Indiana University Press: 71—85, 1980.

[38] Cyril Birch, "Translation of Mao Tse-tung and T'ien chien", K.Y.

324

Hsu, ed. *Literature of the People's Republic of China*. Bloomington: Indiana University Press: 373—378, 843—844, 182—187, 1980.

[39] Cyril Birch, "The Architecture of the Peony Pavilion", *Tamkang Review*, X: 3—4(Spring-Summer), 1980.

[40] Cyril Birch, "Literature", (P.D. Hanan, co-author). Anne F. Thurston and Jason H. Parker, eds. *Humanistic and Social Science Research in China*, SSRC(June): 82—106, 1980.

[41] Cyril Birch, "Review of *Unwelcome Muse: Chinese Literature in Shanghai and Peking*", 1937—1945. Asia. 3: 3(September-October): 46, 1980.

[42] Cyril Birch, "The Dramatic Potential of Xi Shi: Huanshaji and Jiaopaji Compared", *Chinoperl Papers*, No. 10: 129—140, 1981.

[43] Cyril Birch, "Translation of 'Lucky' by Chao Shu-li and 'Young Master Gets his Tonic' by Wu Tsu-hsiang. Joseph Lau, C.T. Hsia, Leo Oufan Lee, eds", *Modern Chinese Stories and Novellas*, 1919—1949. New York: Columbia University Press: 324—333, 372—381, 1981.

[44] Cyril Birch, "Visit to the People's Republic of China, June 1977", 20, 000-word memoir, typescript deposited in the National Archive on Sino-American Relations, University of Michigan, June 11, 1981.

[45] Cyril Birch, "Review of *Outlaws of the Marsh*", *Wilson Quarterly*, VI: 1(Winter): 149, 1982.

[46] Cyril Birch, "Preface to *Chinese Love Stories from Ch'ing-shih*", Hamden, Connecticut: Shoe String Press, 1983.

[47] Cyril Birch, "Foreword to *the World of K'ung Shang-jen*", New York: Columbia University Press, 1983.

[48] Cyril Birch, "Harold Acton as a Translator from the Chinese", Edward Chaney, Neil Ritchie, eds. *Oxford, China and Italy: Writings in*

Honour of Sir Harold Acton. Florence: 37—44, 1984.

[49] Cyril Birch, "'Ch'uan-Ch'I Drama' and 'T' ang Hsien-tsu' ", William Nienhauser, ed. *The Indiana Companion to Traditional Chinese Literature.* Bloomington: Indiana University Press: 353—356, 751—754, 1986.

[50] Cyril Birch, "Preface to *Hsu Wei as Drama Critic: An Annotated Translation of the Nan-tz'u hsü lu* by K.C. Leung", University of Oregon: Asian Studies Publications, No.7, 1988.

[51] Cyril Birch, "Postscript: The man-or Woman-of Letters Hero", Yue Daiyun. *Intellectuals in Chinese Fiction*, 134 — 143. University of California at Berkeley, Institute of East Asian Studies, China Research Monograph No.33, 1988.

[52] Cyril Birch, "The Function of Intertextual Reference in Zhu Xining's 'Daybreak' ", *Reading the Modern Chinese Short Story*, New York: M.E. Sharpe, Incorporated: 105 — 118, 1990.

[53] Cyril Birch, "Review of *Dai Wangshu: The Life and Poetry of a Chinese Modernist* by Gregory Lee", *China Quarterly*, 124 (December) : 741 — 743, 1990.

[54] Cyril Birch, "A Comparative View of Dramatic Romance: The Winter's Tale and The Peony Pavilion", Roger T. Ames, ed. *Interpreting Culture through Translation: A Festschrift for D.C. Lau.* Hong Kong: Chinese University Press: 59 — 77, 1991.

[55] Cyril Birch, "Preface to *the Moon and the Zither* by Wilt Idema and Stephen H. West", Berkeley: University of California Press, 1991.

[56] Cyril Birch, "Review of *Land without Ghosts* by R. David Arkush and Leo O. Lee, eds", *China Quarterly*, No. 127 (September) : 624—625,

326

1991.

[57] Cyril Birch, "Literature under Communism", John King Fairbank and Roderick McFarquhar, eds. *Cambridge History of China*, XV: 2. Cambridge University Press, 1991.

[58] Cyril Birch, "Bigamy Unabashed: Ruan Dacheng's Comic Masterpiece: the Swallow Letter", *Renditions*, No. 40 (Autumn) : 1—31, 1993.

[59] Cyril Birch, Translation of "Letter from the Hills to Scholar Pei Di by Wang Wei" and "Letter to Governor Han of Jingzhou by Li Bai", *Renditions*, No. 41-42 (Spring and Autumn) : 32 — 37, 1994.

[60] Cyril Birch, "Yuan zaju in English Translation." Chan Sin-wai, ed. *An Encyclopedic Dictionary of Chinese-English/English-Chinese Translation*, Hong Kong: Chinese University Press: 172 — 182, 1995.

[61] Cyril Birch, "Reflections of a Working Translator", Eugene Ouyang, ed. *Translating Chinese Literature* (Transactions of the First International Conference on Translation of Chinese Literature, Taipei) . Bloomington: Indiana University Press: 3 — 14, 1995.

[62] Cyril Birch, "Translating Ming Plays." Eugene Ouyang, ed. *Translating Chinese Literature* (Transactions of the First International Conference on Translation of Chinese Literature, Taipei), Bloomington: Indiana University Press: 157 — 177, 1995.

[63] Cyril Birch, "On the History of the Translation of Chinese Plays into English", in *Europe Studies China* (Papers from an International Conference on the History of European Sinology) . Taipei: Han-shan Tang Books for the Chiang Ching-kuo foundation: 215 — 227, 1995.

[64] Cyril Birch, "Reflection of a Working Translator", *Translating Chinese Literature*, eds, Eugene Eoyang and Lin Yao-fu, Bloomington

and Indianapolis: Indiana University Press，1995.

［65］Cyril Birch，"Remembering the Savant of the Chinese Theater"，in *Wu xiaoling Remembered.* Prague: Dharma Gaia: 109 — 112，1998.

［66］Cyril Birch，"Foreword to *Anthology of Traditional Chinese Literature*"，New York: Columbia University Press，2000.

（四）部分文章中文译文

［1］白之：《〈冬天的故事〉与〈牡丹亭〉》，龚文庠摘译，《读书杂志》，1984 年第 2 期，第 120—126 页。

［2］西利尔·白之：《〈冬天的故事〉和〈牡丹亭〉》，熊玉鹏译，《文艺理论研究》，1984 年第 2 期，第 65—67 页。

［3］白之：《共产主义统治下的文学》，［美］R. 麦克法夸尔，［美］费正清编：《剑桥中华人民共和国史——中国革命内部的革命（1966—1982年）》，谢亮生等译，北京：中国社会科学出版社，1992 年，第 779—856 页。

［4］西利尔·白之：《中国文学"教""学"经验谈》，李华元译，见李华元主编：《逸步追风：西方学者论中国文学》，北京：学苑出版社，2008 年，第 6—13 页。

［5］白之：《〈牡丹亭〉英译第二版前言》，白军芳译，见徐永明、陈靝沅（新加坡）主编：《英语世界的汤显祖研究论著选译》，杭州：浙江古籍出版社，2013 年，第 247 页。

参考文献

一、英文论著

[1] Acton, Harold. *Memoirs of an Aesthete.* London: Hamish Hamilton Ltd, 1984.

[2] Allott, Kenneth. *The Penguin Book of Contemporary verse* 1918—1960. Harmondsworth: Penguin, 1962.

[3] Anschel, Eugene. *Homer Lea, Sun Yat-sen, and the Chinese Revolution.* New York: Pracger, 1984.

[4] Apter, David E. *Revolutionary Discourse in Mao's Republic.* Cambridge, MA: Harvard University Press, 1994.

[5] Arif, Dirlik. *The Origins of Chinese Communism.* New York: Oxford University Press, 1989.

[6] Ayscough, Florence & Lowell, Amy. *Correspondence of Friendship.* Chicago: University of Chicago Press, 1945.

[7] Baker & Mona. *Routledge Encyclopedia of Translation Studies.* London & New York: Routledge, 2001.

[8] Barnett, A. Doak. *Cadres, Bureaucracy, and Political Power in Communist China.* New York: Columbia University Press, 1967.

[9] Barnett, A. Doak. *The Making of Foreign Policy in China: Structure and Process.* New York: Westview Press, 1985.

[10] Barrett, T.H. *Singular Listlessness: A Short History of Chinese Books & British Scholars.* London: Wellsweep Press, 1989.

[11] Benda, Julien. *The Treason of the Intellectuals.* New York: Norton, 1969.

[12] Benton, Gregor. *Mountain Fires: the Red Army's Three-year War in South China, 1934 -1938.* Berkeley, CA: University of California PRESS, 1992.

[13] Bergsten, C. Fred, Charles Freeman, Nicholas R. Lardy & Derek J. Mitchell. *China's Rise: Challenge and Opportunities.* Washington DC: Perterson Institute for International Economics, 2009.

[14] Bernstein, Thomas P. *Up to the Mountains and Down to the Villages: The Transfer of Youth from Urban to Rural China.* New Haven & London: Yale University Press, 1977.

[15] Bishop, John Lyman. *The Colloquial Short Story in China: A Study of the San-Yen Collections.* New York: Harvard University Press, 1956.

[16] Bizzell, Patricia & Herzberg, Bruce. *The Rhetorical Tradition: Readings form Classical Times to the Present.* Boston: Bedford Books, 1990.

[17] Bo, Zhiyue. *Chinese Provincial Leaders: Economic Performance and Political Mobility, 1949—1998.* Armonk: M. E. Sharpe Incorporated, 2002.

[18] Bourdieu, Pierre & Wacquant, Loic J.D. *An Invitation to Reflexive Sociology.* Chicago: University of Chicago Press, 1992.

[19] Bourdieu, Pierre. *The Field of Cultural Production: Essays on Art and Literature.* New York: Columbia University Press, 1993.

[20] Bowers, John Z., Hess, J. William & Sivin, Nathan. *Science and Medicine in Twentieth-Century China: Research and Education.* Ann Arbor: Center for Chinese Studies, the University of Michigan, 1988.

[21] Breslin, Shaun. *Mao: Profiles in Power Series.* White Plains: Longman Publishing Group, 1998.

[22] Browne, Nick, ed. *New Chinese Cinemas: Forms, Identities, Politics.* Cambridge England & New York: Cambridge University Press, 1994.

[23] Brzezinski, Zbigniew. *The Grand Failure: The Birth and Death of Communism in the Twentieth Century.* New York: Charles Scribner's Sons, 1989.

[24] Bush, Richard C. *Untying the Knot: Making Peace in the Taiwan Strait.*

330

Washington. D. C: Brookings Institution Press, 2005.

[25] Camilleri, Joseph. *Chinese Foreign Policy: the Maoist Era and its Aftermath*. Seattle: University of Washington Press, 1981.

[26] Carpenter, Ted Galan. *America's Coming War with China: A Collision Course over Taiwan*. New York: Palgrave & Macmillan, 2006.

[27] Chaney, Edward & Ritchie, Neil. *Oxford, China and Italy: Writings in honor of Sir Harold Acton*. London: Thames & Hudson, 1985.

[28] Chang, H.C. *Chinese Literature: Popular Fiction and Drama*. Edinburgh: Edinburgh University Press, 1973.

[29] Chang, Kang-I Sun & Owen, Stephen. *The Cambridge History of Chinese Literature*. Cambridge, UK & New York: Cambridge University Press, 2010.

[30] Chen, Jian. *Mao's China and the Cold War* (The New Cold War History Series). Chapel Hill: University of North Carolina Press, 2001.

[31] Ch'en, Li-Li. *Master Tung's Western Chamber Romance: A Chinese Chantefable*. Cambridge: Cambridge University Press, 1976.

[32] Ch'en Shou-yi. *Chinese Literature: A Historical Introduction*. New York: The Ronald Press Company, 1961.

[33] Ch'en, Yao-sheng & Paul Hsiao, S.Y. *Sinology in the United Kingdom and Germany*. Honolulu: East-West Center, 1967.

[34] Ch'ien, Hsiao. *A Harp with A Thousand Strings*. London: Pilot Press Ltd, 1944.

[35] Christopher, Howe. *China's Economy: A Basic Guide*. New York: Basic Books, 1978.

[36] Christy, Arthur E. *The Asian Legacy and American Life*. New York: John Day Company, 1945.

[37] Clifford, James L. *Biography as an Art: Selected Criticism* 1560—1960. New York: Oxford University Press, 1962.

[38] Corstius, Jan Brandt. *Introduction to the Comparative Study of Literature*. New York: Random House, 1968.

[39] Crick, Bernard. *George Orwell: A Life*. Boston: Little, Brown Company, 1980.

[40] Croll, Elisabeth. *The Women's Movement in China: A Selection of Readings*, 1949—1973. London: Anglo-Chinese Educational Institute, 1974.

[41] Crump, J.I. *Chinese Theatre in the Days of Kublai Khan*. Tucson: The University of

Arizona Press, 1980.

[42] Davin, Delia. *Woman-work: Women and the Party in Revolutionary China.* New York: Oxford University Press, Incorporated, 1980.

[43] Davis, John Francis. *China: a general description of that empire and its inhabitants.* London: J. Murray, 1857.

[44] Davis, John Francis. *Chinese Miscellanies ; a collection of essays and notes.* London: J. Murray, 1865.

[45] Davis, John Francis. *Chinese Novels.* London: John Murray, Albemarle-Street, 1822.

[46] Davis, John Francis. *The Poetry of the Chinese.* London: Asher and Co., Bedford Street, 1870.

[47] Dawson, Raymond. *The Chinese Chameleon: An Analysis of European Conceptions of Chinese Civilization.* London: Oxford UP, 1967.

[48] Dawson, Raymond. *The Legacy of China.* Oxford: Clarendon Press, 1964.

[49] De Bary, William Theodore. *The Liberal Tradition in China.* New York: Columbia University Press, 1983.

[50] Defoe, Daniel. *The Farther Adventures of Robinson Crusoe: Being the Second and Last Part of His Life.* London: Constable & Co., 1925.

[51] Dick, Wilson. Mao *Tse-Tung in the Scales of History.* New York: Cambridge University Press, 1977.

[52] Dickinson, G. Lowes. *Letters from John Chinaman.* London: J. M. Dent & Sons, Ltd., 1913.

[53] Dittmer, Lowell. *The Uncertain Future of Hong Kong.* Boulder and London: Westview Press, 1988.

[54] Dominguez, Virginia R, ed. *From Beijing to Port Moresby: The Politics of National Identity in Cultural Policies.* Newark: Gordon & Breach Publishing Group, 1998.

[55] Eagleton, Terry. *Exiles and Emigres: Studies in Modern Literature.* London: Chatto & Windus, 1970.

[56] Eagleton, Terry. *Sweet Violence: The Idea of the Tragic. Malden,* MA: Blackwell, 2003.

[57] Eastman, Lloyd E. *Seeds of Destruction: Nationalist China in War and Revolution,*

1937—1949. Stanford: Stanford University Press, 1984.

[58] Eastman, Lloyd E. *The Nationalist Era in China*, 1927—1949. New York: Cambridge University Press, 1991.

[59] Ebon, Martin. Lin Piao: *The Life and Writings of China's New Ruler*. New York: Stein and Day, 1970.

[60] Economy, Elizabeth C. *The River Runs Black*: *The Environmental Challenge to China's Future*. Ithaca, NY: Cornell University Press, 2004.

[61] Eoyang, Eugene Chen & Lin, Yao-fu. *Translating Chinese Literature*. Bloomington and Indianapolis: Indiana University Press, 1995.

[62] Eoyang, Eugene Chen. *The Transparent Eye*: *Reflection on Translation, Chinese Literature and Comparative Poetics*. Honolulu: University of Hawaii Press, 1993.

[63] Esherick, Joseph W. *The Origins of the Boxer Uprising*. Berkeley: University of California Press, 1988.

[64] Evans, Richard. *Deng Xiaoping and the Making of Modern China*. London: Penguin, 1995.

[65] Fairbank, John King. (Ed.) . *The Cambridge History of China*: *Republican China* 1912—1949. New York: Cambridge University Press, 1983.

[66] Fairbank, John King. *The Great Chinese Revolution*, 1800—1985. New York: Harper Perennial, 1987.

[67] Forster, E. M. *Goldsworthy Lowes Dickinson*. New York: Harcourt, Brace and Company, 1934.

[68] Forster, E. M. *Two Cheers for Democracy*. New York: Harcount, 1951.

[69] Gentzler, Edwin. *Contemporary Translation Theories*. Shanghai: Shanghai Foreign Language Education Press, 2004.

[70] George, Orwell. *The Road to Wigan Pier*. London: Secker and Warburg, 1986.

[71] Gifford, Henry. *Comparative Literature*. N.Y.: Routledge & Kegan Paul Ltd., 1969.

[72] Giles, Herbert A. *A history of Chinese Literature*. New York & London: D. Appleton and Company, 1924.

[73] Giles, Herbert A. *Chinese Poetry in English Verse*. London: Bernard Quaritch, Shanghai: Kelly & Walsh Ltd., 1898.

[74] Giles, Herbert A. *Supplementary Catalogue of the Wade Collection of Chinese and*

Manchu Books in the Library of the University of Cambridge. London: Cambridge University Press, 1915.

[75] Giles, Herbert A. & Pu, Songling. *Strange Stories from a Chinese Studio*. London: Thos. De La Rue & Co., 1880.

[76] Giles, Herbert A. & Waley, Arthur. *Select Chinese Verses*. Shanghai: Commercial Press, 1934.

[77] Giles, Herbert A. *Chuang Tzu, Mystic, Moralist, and Social Reformer*. London: Bernard Quaritch, 1889.

[78] Giles, Herbert A. *Historic China and other Sketches*. London: Thos. De La Rue & Co., 1882.

[79] Gogol, Nikolai. *Dead Souls*. New York: The Modern Library, 1936.

[80] Goldman, Merle. *Modern Chinese Literature in the May Fourth Era*. New York: Harvard University Press, 1977.

[81] Graves, Robert. *Goodbye to All That*. London: Penguin, 1957.

[82] Gutt, Ernst-August. *Translation and Relevance: Cognition and Context*. Shanghai: Shanghai Foreign Language Education Press, 2004.

[83] Halliday, M.A.K. & Hasan, Ruqalya. *Cohesion in English*. London: Longman, 1976.

[84] Harding, Harry. *China and Northeast Harry Harding Asia: The Political Dimension*. New York: University Press of America, 1988.

[85] Hart, John N. *The Making of an Army "Old China Hand": A Memoir of Colonel David D*. Barrett. Berkeley: Institute of East Asia Studies, University of California, Berkeley, 1985.

[86] Hawkes, David. *Ch'u Tz'u: The Songs of the South*. New York: Beacon Press, 1962.

[87] Hawkes, David. *Classical Modern and Humane*. Hong Kong: The Chinese University Press, 1989.

[88] Hawkes, David. *Letters from a Godless Grandfather*. Hong Kong: Christmas, 2004.

[89] Hinton, William. *Shenfan*. New York: Random House, 1983.

[90] Holslag, Jonathan. *China and India: Prospects for Peace*. New York: Columbia University Press, 2010.

[91] Honey, David B. *Incense at the Altar: Pioneering Sinologists and the Development of Classical Chinese Philology*. New Haven: American Oriental Society, 2001.

334

[92] Hsia, C.T. *C. T. Hsia on Chinese Literature.* New York: Columbia University Press, 2004.

[93] Huang, Philip C. C. *The Peasant Family and Rural Development in the Yangzi Delta,* 1350—1988. Stanford, Calif.: Stanford University Press, 1990.

[94] Hunt, Michael H. *The Genesis of Chinese Communist Foreign Policy.* New York: Columbia University Press, 1998.

[95] Hunt, Michael H. *The making of a Special Relationship: The United States and China to 1914.* New York: Columbia University Press, 1983.

[96] Jing, Jun. *The Temple of Memories: History, Power, and Morality in a Chinese Village.* Stanford, Calif.: Stanford University Press, 1996.

[97] Johns, Francis A. *A Bibliography of Arthur Waley.* London: The Athlone Press, 1988.

[98] Johnson, Kay Ann. *Women, the Family, and Peasant Revolution in China.* Chicago: University of Chicago Press, 1983.

[99] Johnston, Alistair Iain, and Robert S. Ross (Eds.) . *Engaging China: The Management of an Emerging Power.* London: Routledge, 1999.

[100] Johnston, Alistair Iain. *Cultural Realism: Strategic Culture and Grand Strategy in Chinese History.* Princeton: Princeton University Press, 1995.

[101] Johnston, Alistair Iain. *Cultural Realism: Strategic Culture and Grand Strategy in Chinese History.* Princeton: Princeton University Press, 1998.

[102] Joseph, William A. *The Critique of Ultra-leftism in China,* 1958—1981. Stanford, CA: Stanford University Press, 1984.

[103] Kampen, Thomas. *Mao Zedong, Zhou Enlai and the Evolution of the Chinese Communist Leadership.* Copenhagen S: Nordic Institute of Asian Studies, 2000.

[104] Lardy, Nicholas R. *China's Unfinished Economic Revolution.* Washington D. C. & Boulder, Co: Westview Press, 1998.

[105] Lardy, Nicholas R. *Economic Growth and Distribution in China.* Cambridge, London & New York: Cambridge University Press, 1978.

[106] Lawn, Beverly. *Literature:* 150 *Masterpieces of Fiction, Poetry, and Drama.* New York: St. Martin's Press, 1991.

[107] Lawrance, Alan. *China under Communism: The Making of the Contemporary World*

Series. New York: Routledge, 1998.

[108] Lee, Ngok. *China's Defense Modernization and Military Leadership*. Sydney: Australian National University Press, 1989.

[109] Lee, Thomas H. C. *China and Europe, Images and Influences, in Sixteenth to Eighteenth Centuries*. Hong Kong: The Chinese University Press, 1991.

[110] Lefevere, André. *Translation, Rewriting and the Manipulation of Literary Fame*. New York: Routledge, 1992.

[111] Legge, James. *Confucianism in Relation to Christianity, A Paper Read Before the Missionary Conference in Shanghai, On May 11th*, 1877. Shanghai: Kelly & Walsh Ltd., 1877.

[112] Legge, James. *The Chinese Classics IV: The She King*. Taipei: SMC Publishing Inc., 1992.

[113] Legge, James. *The Chinese Classics: The Shi King*. Hong Kong: Hong Kong University Press, 1960.

[114] Levenson, Joseph R. *Revolution and Cosmopolitanism: The Western Stage and the Chinese Stages*. Berkeley: University of California Press, 1971.

[115] Lewis, F. R. *Gendering Orientalism: Race, Femininity and Representation*. London: Routledge, 1996.

[116] Lewis, John W. & Litai Xue. *China's Strategic Seapower: The Politics of Force, Modernization in the Nuclear Age*, Stanford: Stanford University Press, 1996.

[117] Lewis, John W. *Communist China: Crisis and Change*. New York: Foreign Policy Association, 1967.

[118] Lewis, John W. *Leadership in Communist China*. London: Oxford University Press, 1963.

[119] Lieberthal, Kenneth. *Governing China: From Revolution Through Reform*. Fourth Edition, New York: W. W. Norton, 2004.

[120] Lovejoy, Arthur O. *Essays in the History of Ideas*. Westport, CT: Greenwood Press, Inc., 1978.

[121] Mair, Victor H. *The Columbia History of Chinese Literature*. New York: Columbia University Press, 2002.

[122] Maugham, W. Somerset. *On a Chinese Screen*. London: Heinemann, 1922.

336

[123] Miner, Earl. *Comparative Poetics: An Intercultural Essay on Theories of Literature*. New Jersey: Princeton University Press, 1990.

[124] Minford, John & Lau, Joseph S. M., eds. *Classical Chinese literature: An Anthology of Translations, Volume I: From Antiquity to the Tang Dynasty*. New York: Columbia University Press ; Hong Kong: The Chinese University Press, 2000.

[125] Morris, Ivan. *Madly Singing in the Mountains: An Appreciation and Anthology of Arthur Waley*. London: George Allen & Unwin Ltd., 1970.

[126] Munday, Jeremy. *Introducing Translation Studies: Theories and Application*. London: Routledge, 2001.

[127] Nadel, Ira B. *Biography: Fiction Fact and Form*. New York: St. Martin's Press, 1984.

[128] Needham, Joseph & Bray, Francesea. *Science and Civilisation in China Vol. 6*. London: Cambridge University Press, 1996.

[129] Owen, Stephen. *An Anthology of Chinese Literature: Beginning to 1911*. New York: W.W. Northon & Company Ltd, 1996.

[130] Pardo, Ramon Pacheco. *Steven, Chan, China, the U.S., and the Power-Transition Theory: A Critique*. London and New York: Routledge, 2008.

[131] Petrie, Dennis W. *Ultimately Fiction: Design in Modern American Biography*. West Lafayette: Purdue University Press, 1982.

[132] Pound, Ezra. *Cathy*. London: Elkin Mathews, 1915.

[133] Reichwein, Adolf. *China and Europe: Intellectual and Artistic Contacts in the Eighteenth Century*. London: Routledge, 1925.

[134] Robinson & Douglas. *Translation and Empire: Postcolonial Theories Explained*. Manchester, UK: St. Jerome, 1997.

[135] Rohmer, Sax. *The Hand of Fu Manchu, From Four Complete Classics by Sax Rohmer*. New York: Castle, 1983.

[136] Ropp, Paul S (ed.) . *Heritage of China: Contemporary Perspectives on Chinese Civilization*. Berkley: University of California Press, 1990.

[137] Roy, Denny. *China's Foreign Relations*. New York: Rowman & Littlefield Publishers, Inc. 1998.

[138] Russell, Bertrand. *The Problem of China*. London: George Allen & Unwin Ltd,

1922.

[139] Saich, Tony, ed. *The Rise to Power of the Chinese Communist Party: Documents and Analysis.* Armonk: M. E. Sharpe Incorporated, 1996.

[140] Said, Edward. *Beginnings: Intentions and Method.* New York: Basic Books, 1975.

[141] Schram, Stuart R, ed. *Chairman Mao Talks to the People: Talks and Letters: 1956: 1971.* New York: Pantheon Books, 1975.

[142] Schram, Stuart R. *The Thought of Mao Tse-Tung.* New York: Cambridge University Press, 1989.

[143] Schurmann, Franz. *Ideology and Organization in Communist China.* Berkeley: University of California Press, 1971.

[144] Schwartz, Benjamin I. *Communism and China ; Ideology in Flux.* Cambridge, Mass.: Harvard University Press, 1968.

[145] Scott, A.C. *Translational Chinese Play* (Volume I) . Madison, Milwaukee and London: The University of Wisconsin Press, 1967.

[146] Selden, Mark. *China in Revolution: The Yenan Way Revisited.* Socialism and Social Movements, Armonk, New York: M. E. Sharpe Incorporated, 1995.

[147] Shambaugh, David L. *Beautiful Imperialist: China Perceives America,* 1972—1990. Princeton, NJ: Princeton University Press, 1991.

[148] Shambaugh, David L. *China's Communist Party: A Trophy and Adaptation.* Berkeley, Los Angeles and London: University of California Press, 2008.

[149] Shambaugh, David L., ed. *Deng Xiaoping: Portrait of a Chinese Statesman.* New York: Oxford University Press, 1995.

[150] Shue, Vivienne. *Peasant China in Transition: The Dynamics of Development toward Socialism,* 1949—1956. Berkeley: University of California Press, 1980.

[151] Simon, Denis F. & Goldman, Merle, ed. *Science and Technology in Post-Mao China.* Cambridge Mass.: Council on East Asian Studies Harvard University, 1989.

[152] Siu, Helen F. *Agents and Victims in South China: Accomplices in Rural Revolution.* New Haven: Yale University Press, 1989.

[153] Smedley, Agnes. *Portraits of Chinese Women in Revolution* (edited and with an Introduction by Jan Mackinnon and Steve Mackinnon) . New York: Feminist Press at the City University of New York, 1976.

［154］Snell-Hornby, Mary. *Translation Studies: An Integrated Approach*. Shanghai: Shanghai Foreign Language Education Press, 2001.

［155］Solinger, Dorothy J. *Contesting Citizenship in Urban China: Peasant Migrants, the State, and the Logic of the Market*. Berkeley: University of California Press, 1999.

［156］Solomon, Richard H. *Mao's Revolution and the Chinese Political Culture*. Ann Arbor: Center for Chinese Studies Publications, 1999.

［157］Soman, Appu K. *Double-edged Sword: Nuclear Diplomacy in Unequal Conflicts: the United States & China*, 1950—1958. *Praeger Studies in Diplomacy & Strategic Thought*, Westport: Greenwood Publishing Group, Incorporated, 2000.

［158］Spence, Jonathan D. *Chinese roundabout: Essays in History and Culture*. New York: W. W. Norton, 1993.

［159］Spence, Jonathan D. *The Search for Modern China*. London: Hutchinson, 1990.

［160］Starr, John Bryan. *Understanding China: A Guide to China's Economy, History, and Political Culture*. New York: Hill and Wang, 2001.

［161］Steiner, George. *After Babel: Aspects of Language and Translation*. Shanghai: Shanghai Foreign Language Education Press, 2001.

［162］Steinfeld, Edward S. *Forging Reform in China: The Fate of State-Owned Industry*. Cambridge: Cambridge University Press, 1998.

［163］Teiwes, Frederick C. & Warren, Sun. *China's Road to Disaster: Mao, Central Politicians and Provincial Leaders in the Unfolding of the Great Leap Forward*, 1955—1959. Armonk, NY and London: M. E. Sharpe, 1998.

［164］Teiwes, Frederick C. *The formation of the Maoist leadership: from the return of Wang Ming to the Seventh Party Congress*. London: Contemporary China Institute, School of Oriental and African Studies, University of London, 1994.

［165］Terrill, Ross. *Mao: A Biography*. New York: Harper & Row, 1980.

［166］Thomas De Quincey. *Confessions of an English Opium-eater and Other Writings*. Ed. Grevel Lindop: Oxford University Press, 1985.

［167］Thomas, S. Bernard. *Season of High Adventure: Edgar Snow in China*. Berkeley: University of California Press, 1996.

［168］Thornes, Stanley. *Focus on World History: the Rise of Communist China*. New York: State Mutual Book & Periodical Service, Limited, 1989.

[169] Toury, Gideon. *Descriptive Translation Studies and Beyond*. Shanghai: Shanghai Foreign Language Education Press, 2001.

[170] Tsang, Steve. *In the Shadow of China: Political Developments in Taiwan since* 1949. Honolulu: University of Hawai'i Press, 1993.

[171] Tucker, Nancy B. *China Confidential: American Diplomats & Sino-American Relations*, 1945—1996. New York: Columbia University Press, 2001.

[172] Tucker, Nancy B. *Strait Talk: United States-Taiwan Relations and the Crisis with China*. Cambridge: Harvard University Press, 2009.

[173] Untermeyer, L., (Ed.) . *Modern British Poetry: Acritical Anthology* (3rd ed.) . New York: Harcourt Brace and Company, 1930.

[174] Valencia, Mark J. *China and the South China Sea Disputes*. New York: Oxford University Press, 1995.

[175] Venuti, Lawrence. *Rethinking Translation: Discourse, Subjectivity, Ideology*. London & New York: Routledge, 1992.

[176] Venuti, Lawrence. *The Scandal of Translation: Towards an Ethics of Difference*. London: Routledge, 1998.

[177] Venuti, Lawrence. *The Translation's Invisibility: A History of Translation*. Shanghai: Shanghai Foreign Language Education Press, 2004.

[178] Vogel, Ezra F. *Canton under Communism: Programs and Politics in a Provincial Capital*, 1949—1968. Cambridge: Harvard University Press, 1980.

[179] Weinberger & Eliot. *Nineteen Ways of looking at Wang Wei: How a Chinese Poem Is Translated*. New York: Moyer Bell Limited, 1987.

[180] Wolf, Margery. *Revolution Postponed: Women in Contemporary China*. Stanford, Calif.: Stanford University Press, 1985.

[181] Wood, Alan T. *Limits to Autocracy: From Sung Neo-Confucianism to a Doctrine of Political Rights in China*. Honolulu: University of Hawai' i Press, 1995.

[182] Wou, Odoric Y. K. *Mobilizing the Masses: Building Revolution in Henan*. Stanford, California: Stanford University Press, 1994.

[183] Yitzhak, Shichor. *The Middle East in China's Foreign Policy:* 1949—1977. New York: Cambridge University Press, 1979.

二、相关英文论文

[1] Bishop, Jone L. "Review of *Anthology of Chinese Literature from Early Times to the Fourteenth Century*." *Books Abroad*, Vol. 40, No. 3 (Summer, 1966).

[2] Chang, Kang-I Sun. "Review of *The Peach Blossom Fan*." *The Journal of Asian Studies*, Vol.37, No.2 (Feb, 1978).

[3] Crump, James I. "Review of *Stories from a Ming Collection*." *The Journal of Asian Studies*, Vol.18, No.4 (Aug., 1959).

[4] Crump, James I. "Review of *the Colloquial Short Story in China: A Study of the San-Yen Collections*." *Harvard Journal of Asiatic Studies*, 19.3—4 (Dec. 1956).

[5] Crump, James I. "Review of *The Evolution of a Chinese Novel: Shui-hu-chuan*." *Journal of the American Oriental Society*, 74.2 (Apr.-June, 1954).

[6] Crump, James I. "The Elements of Yuan Opera." *The Journal of Asian Studies*, 17.3 (May 1958).

[7] David Hawkes. "Obituary of Dr. Arthur Waley." *Asia Major*, Volume 12, 1966.

[8] Dolby, William. "Review of *The Peony of Pavilion*." *Bulletin of the School of Oriental and African Studies*, Vol.45, Iss.01 (Feb., 1982).

[9] Franke, Herbert. "Review of *Anthology of Chinese Literature, Volume 2: From the 14th Century to the Present Day*." *Journal of American Oriental Society*, Vol.86, No.2, (Apr.-Jun.1966).

[10] Frankel, Hans H. "Review of *Anthology of Chinese Literature, Volume 2: From the 14th Century to the Present Day*." *The Journal of Asian Studies*, Vol.32, Iss.03 (May 1973).

[11] Goldblatt, Howard. "*Review of The Peach Blossom Fan*." *Books Abroad*, Vol.50, No.4 (Autumn 1976).

[12] Hanan, Patric. "The Early Chinese Short Story: A Critical Theory in Outline." *Harvard Journal of Asiatic Studies* (HJAS) 27, 1967.

[13] Harold, Shadick. "Review of *Anthology of Chinese Literature: From Early Times to the 14th Century*." *The Journal of Asian Studies*, Vol.26, No.1 (1966).

[14] Hightower, James Robert. "Chinese Literature in the Context of World Literature." *Comparative Literature*, Vol.5, No.2 (1953).

[15] Hisa, C.T. "Classical Chinese Literature: Its Reception Today as a Product of Traditional Culture." *Chinese Literature: Essays, Articles, Reviews*, 1988, Vol.10, No.1-2.

[16] Idema, Wilt L. "From Stage Scripts to Closet Drama: Editions of Early Chinese Drama and the Translation of Yuan zaju." *The Journal of Chinese Literature and Culture*, 3/1（2016）.

[17] Johnson, Dale. "The Prosody of Yüan Drama." *T'oung Pao*, 1970（3）, pp.96-146.

[18] Lanciotti, Lionello. "Review of *Stories from a Ming Collection*." *East and West*, Vol.12, No2/3, *The Work and Life of Rabindranath Tagore*（June-September 1961）.

[19] Levy, Dore J. "Review of *The Peony Pavilion-Mudan ting*." *The Hudson Review*, Vol.35, No.2, 1982.

[20] Li, Chi. "Review of *Anthology of Chinese Literature from Early Times to the Fourteenth Century*." *Pacific Affairs*, Vol.39, No.1/2,（Spring-Summer, 1966）.

[21] Liu, Chun-jo. "Review of *The Peach Blossom Fan*." *The Journal of Asian Studies*, Vol.37, Iss.01,（Nov., 1977）.

[22] Lynn, Richard John. "Review of *The Peach Blossom Fan*." *Journal of Asian History*, Vol.11, No. 1（1977）.

[23] Mackerras, Colin Patrick. "Review of *Scenes for Mandarins: The Elite Theater of the Ming*." *China Review International*, Vol.3, No.2（autumn, 1996）.

[24] Pollard, D.E. "Review of *Anthology of Chinese Literature, Volume 2: From the 14th Century to the Present Day*." *China Quarterly*, Vol.54（jun., 1973）.

[25] Rolston, David. "Review of *Scenes for Mandarins: The Elite Theater of the Ming by Cyril Birch*." *American Journal of Chinese Studies*, Vol. 6, No. 1（APRIL 1999）.

[26] Rossabi, Morris. "Review of *Scenes for Mandarins: The Elite Theater of the Ming*." *Journal of Asian History*, Vol.31, No.1, 1997.

[27] Roy, David T. "Review of *The Peony Pavilion* by Tang Xianzu, translated by Cyril Birch." *Harvard Journal of Asiatic Studies*, Vol.42, No.2, 1982.

[28] Shadick, Harold. "Review of *Anthology of Chinese Literature from Early Times to the Fourteenth Century*." *The Journal of Asian Studies*, Vol. 26, No.1, 1966.

［29］Snell-Hornby, Mary. "The turns of Translation Studies: New paradigms or shifting viewpoints?" *Foreign Language Teaching and Research*, Vol.40, No.1,（Jan, 2008）.

［30］Strassberg, Richard. "Review of *The Peony Pavilion by Tang Xianzu, translated by Cyril Birch.*" *In The Romance of the Jade Bracelet and Other Chinese Operas by Lisa Lu, Chinese Literature: Essays, Articles, Reviews*, Vol.4, No.2, 1982.

［31］Swatek, Catherine. "Review of *Scenes for Mandarins: The Elite Theater of the Ming.*" *China Quarterly*, Vol.151, 1997.

［32］Swift, Jonathan. "*Gulliver's Travels and Other Writings, edited and with an introduction by Miriam Kosh Starkman.*" *Bantam Classic edition*, March 1981.

［33］Wang, C.H. "Review of *Studies in Chinese Literary Genres.*" *Comparative Literature*, Vol.29, No.4（autumn, 1977）.

［34］West, Stephen H. "Review of *The Peony Pavilion-Mudan ting by Tang Xianzu.*", *The Journal of Asian Studies*, Vol.4, No.4. 1983.

［35］Wichmann-Walczak, Elizabeth. "Review of *Mistress & Maid*（*Jiaohongji*）." *Asian Theatre Journal*, Vol.20, No.2.

三、译著

［1］［德］伽达默尔.诠释学Ⅰ：真理与方法.洪汉鼎，译.北京：商务印书馆，2007.

［2］［德］伽达默尔.科学时代的理性.薛华等，译.北京：国际文化出版公司，1988.

［3］［德］顾彬.二十世纪中国文学史.范劲，译.上海：华东师范大学出版社，2008.

［4］［德］顾彬.中国传统戏剧.黄明嘉，译.上海：华东师范大学出版社，2012.

［5］［德］卫礼贤.中国心灵.王宇浩等，译.北京：国际文化出版公司，2005.

［6］［俄］李福清.中国古典戏曲研究在苏联：小说·戏曲.田大畏，译.北京：书目文献出版社，1987.

［7］［法］阿兰·芬基尔克劳.一颗智慧的心.张晓明，译.南京：译林出版社，2014.

［8］［法］艾田伯.比较文学之道——艾田伯文论选集.胡玉龙，译.北京：三联书店，2006.

［9］［法］弗朗索瓦·于连，狄艾里·马尔塞斯.（经由中国）从外部反思欧洲——远西对话.张放，译.郑州：大象出版社，2005.

［10］［法］弗朗索瓦·于连.迂回与进入.杜小真，译.北京：生活·读书·新知三联书店，1998.

［11］［法］福楼拜.包法利夫人.李健吾，译.北京：人民文学出版社，2022.

［12］［法］马里奥斯·法朗索瓦·基亚.比较文学.颜保，译.北京：北京大学出版社，1983.

［13］［法］马塞尔·莫斯.社会学与人类学.佘碧平，译.上海：上海译文出版社，2014.

［14］［法］梅耶.历史语言学中的比较方法.岑麟祥，译.北京：世界图书出版公司，2008.

［15］［法］莫泊桑.奥尔拉.桂裕芳，译.石家庄：河北教育出版社，2007.

［16］［法］沙畹.沙畹汉学论著选译.邢克超等，译.北京：中华书局，2014.

［17］［法］谢和耐.中国社会史.何高济，译.上海：上海古籍出版社，2013.

［18］［古希腊］亚里士多德.诗学·诗艺.罗念生，译.北京：人民文学出版社，1982.

［19］［荷兰］杜威·W·佛克马.中国的文学教条与苏联影响（1956—1960）.季进，聂友军，译.北京：北京大学出版社，2011.

［20］［加］保罗·埃文斯.费正清看中国.陈同，叶凤美，译.上海：上海人民出版社，1995.

［21］［捷］米兰·昆德拉.小说的艺术.董强，译.上海：上海译文出版社，2010.

［22］［捷克］亚罗斯拉夫·普实克.抒情与史诗：中国现代文学论集.郭建玲，译.上海：三联书店，2010.

［23］［美］R·麦克法夸尔，［美］费正清编.剑桥中华人民共和国史——中国革命内部的革命（1966—1982年）.谢亮生等，译.北京：中国社会科学出版社，1992.

［24］［美］阿瑟·赫尔曼.文明衰落论：西方文化悲观主义的形成与演变.张爱平，许先春，薄国良等，译.上海：上海人民出版社，2007.

［25］［美］埃德加·斯诺.斯诺文集·红星照耀中国.匡雁鹏，译.北京：新华出

344

版社，1984.

［26］［美］艾梅兰．竞争的话语——明清小说中的正统性、本真性及所生成之意
　　　义．罗琳，译．南京：江苏人民出版社，2005.

［27］［美］爱德华·W·赛义德．东方学．王宇根，译．上海：三联书店，1999.

［28］［美］爱德华·W·赛义德．赛义德自选集．谢少波，韩刚等，译．北京：中
　　　国社会科学出版社，1999.

［29］［美］安乐哲，郝大维．通过孔子而思．何金俐，译．北京：北京大学出版社，
　　　2005.

［30］［美］安敏成．现实主义的限制．姜涛，译．南京：江苏人民出版社，2001.

［31］［美］本杰明·史华慈．中国的共产主义和毛泽东的崛起．陈玮，译．北京：
　　　中国人民大学出版社，2006.

［32］［美］费正清，赖肖尔．中国：传统与革命．陈仲丹等，译．南京：江苏人民
　　　出版社，1996.

［33］［美］费正清．美国和中国．张理京，译．北京：世界知识出版社，2019.

［34］［美］费正清．美人所见：中国时局真相．李嘉，译．上海：现实出版社，
　　　1946.

［35］［美］费正清．伟大的中国革命（1800—1985）．刘尊棋，译．北京：世界知识
　　　出版社，2019.

［36］［美］费正清．中国：传统与变迁．赵复三，译．北京：世界知识出版社，
　　　2002.

［37］［美］费正清．中国的思想与制度．郭晓兵，王琼，王妍慧，李俏梅，译．北京：
　　　世界知识出版社，2008.

［38］［美］费正清．中国之行．赵复三，译．北京：新华出版社，1988.

［39］［美］弗雷德里克·西格尔．多难的旅程：四十年代至八十年代初美国政治生
　　　活史．刘绪贻，译．北京：商务印书馆，1990.

［40］［美］高友工，梅祖麟．唐诗的魅力．李世耀，译．上海：上海古籍出版社，
　　　1989.

［41］［美］哈罗德·伊萨克斯．美国的中国形象．于殿利，陆日宇，译．北京：时
　　　事出版社，1999.

［42］［美］韩南．韩南中国小说论集．王秋桂等，译．北京：北京大学出版社，
　　　2008.

［43］［美］韩南.中国白话小说史.尹慧珉,译.杭州:浙江古籍出版社,1989.

［44］［美］卡尔·A·魏特夫.东方专制主义.徐式谷,译.北京:中国社会科学出版社,1989.

［45］［美］孔华润.美国对中国的反应.张静尔等,译.上海:复旦大学出版社,1989.

［46］［美］赖德烈.早期中美关系史.陈郁,译.北京:商务印书馆,1963.

［47］［美］蓝普顿.同床异梦:处理1989—2000年之中美关系.计秋枫,译.香港:香港中文大学出版社,2003.

［48］［美］刘若愚.中国古诗评析.王周若龄,周领顺,译.郑州:河南大学出版社,1989.

［49］［美］陆伯彬,黎安友.长城与空城计:中国对安全的寻求.何大明,译.北京:新华出版社,1997.

［50］［美］迈克尔·沙勒.20世纪的美国和中国.王扬子,刘湖,译,北京:光明日报出版社,1985.

［51］［美］梅维恒.绘画与表演 中国绘画叙事及其起源研究.王邦维,荣新江,钱文忠,译.上海:中西书局,2011.

［52］［美］梅维恒.唐代变文:佛教对中国白话小说及戏曲产生的贡献之研究.杨继东,陈引驰,译.上海:中西书局,2011.

［53］［美］莫里斯·迪克斯坦.伊甸园之门——六十年代的美国文化.方晓光,译.南京:译林出版社,2007.

［54］［美］乔治·莱考夫,［美］马克·约翰逊.我们赖以生存的隐喻.何文忠,译.杭州:浙江大学出版社,2015.

［55］［美］萨义德.文化与帝国主义.李琨,译.上海:三联书店,2003.

［56］［美］沙博理.我的中国.宋蜀碧,译.北京:北京十月文艺出版社,1998.

［57］［美］史景迁.中国纵横——一个汉学家的学术探索之旅.夏俊霞等,译.上海:远东出版社,2005.

［58］［美］斯蒂芬·欧文.追忆.郑学勤,译.上海:上海古籍出版社,1990.

［59］［美］孙康宜.词与文类研究.李奭学,译.北京:北京大学出版社,2006.

［60］［美］夏志清.中国现代小说史.刘绍明等,译.上海:复旦大学出版社,2005.

［61］［美］宇文所安.初唐诗.贾晋华,译.北京:三联书店,2004.

346

[62][美]宇文所安.中国"中世纪"的终结.陈引驰,陈磊,译.北京:三联
　　书店,2006.

[63][美]宇文所安.中国文论:英译与评论.王柏华,陶庆梅,译.上海:上海
　　社会科学院出版社,2003.

[64][日]青木正儿.中国近代戏曲史.王古鲁,译.上海:商务印书馆,1936.

[65][瑞]雅各布·坦纳.历史人类学导论.白锡堃,译.北京:北京大学出版社,
　　2008.

[66][斯洛伐克]马立安·高利克.中西文学关系的里程碑(1898—1979).伍晓明,
　　张文定等,译.北京:北京大学出版社,2008.

[67][英]梅尔茨.十九世纪欧洲思想史.周昌忠,译.北京:商务印书馆,2016.

[68][英]乔治·奥威尔.英国式谋杀的衰落.董乐山,译.上海:上海译文出版
　　社,2007.

[69][英]斯威夫特.木桶的故事·格列佛游记.主万,张健,译.北京:人民文
　　学出版社,2000.

四、翻译的小论文

[1]李欧梵.论中国现代小说的继承与变革.季进,时苗,译.当代作家评论,
　　2008(1).

[2][德]顾彬.汉学:路在何方?——对汉学状况的论辩.王卓斐,译.中国图书
　　评论,2010(11).

[3][德]马丁·博拉赫.歌德的世界文学构想.范劲,译.中文自学指导,
　　2005(4).

[4][德]沃尔夫冈·顾彬.误读的正面意义.王祖哲,译.文史哲,2005(1).

[5][法]保罗·戴密微.法国汉学研究史概述(下).秦时月,译.中国文化研究,
　　1994(2).

[6][捷克]普实克.来自中国集市的传奇故事.李梅,译.国际汉学,2010(1).

[7][捷克]普实克.来自中国集市的传奇故事——《中国话本小说集》捷克文版
　　前言节译.李梅,译.国际汉学,2010(1).

[8][美]安乐哲.儒家伦理学视域下的"人"论:由此开始甚善.谭延庚,译.华
　　东师范大学学报:哲学社会科学版,2016(3).

［9］［美］耿德华.美国的中国现当代文学研究.张清芳，译.鲁东大学学报：哲学社会科学版，2021（3）.

［10］［美］杰夫·凯勒.柯润璞与中国口述表演文学研究.吴思远，译.中国戏曲，2015（2）.

［11］［美］刘若愚.词的文学特性.赵祖堃，赵祖武，译.安顺师专学报，2000（3）.

［12］［美］裴宜理.中华人民共和国和美国的中国学研究：50年.黄育馥，译.国外社会科学，2004（2）.

［13］［美］裴宜理.重访中国革命：以情感的模式.李冠南，何翔，译.中国学术，2001（4）.

［14］［美］詹姆斯·阿·海陶玮.陶潜诗歌中的典故.张宏生，译.九江师专学报：哲学社会科学版，1990（2）.

［15］［英］R·威尔逊.商业社会中的高雅文化和通俗文化.周宪，译.国外社会科学，1990（8）.

五、编著

［1］［美］李华元，主编.逸步追风：西方学者论中国文学.北京：学苑出版社，2008.

［2］［美］梅维恒，主编.哥伦比亚中国文学史·上卷.刘文楠，张治，马小悟，译.北京：新星出版社，2016.

［3］［美］梅维恒，主编.哥伦比亚中国文学史·下卷.刘文楠，张治，马小悟，译.北京：新星出版社，2016.

［4］白维国，朱世滋，主编.古代小说百科大辞典.北京：学苑出版社，1997.

［5］董健，丁帆，王彬彬，主编.中国当代文学史新稿（第3版）.北京：北京师范大学出版社，2017.

［6］杜承南，文军，主编.中国当代翻译理论.重庆：重庆大学出版社，1994.

［7］复旦大学历史系中国思想文化史研究室，编辑.中国文学研究集刊（第三集）.上海：复旦大学出版社，1986.

［8］顾列伟，主编.20世纪中国古代文学国外传播与研究.上海：华东师范大学出版社，2010.

［9］韩进，主编.海外人文社会科学发展年度报2013.武汉：武汉大学出版社，2014.

348

［10］何培忠，主编. 当代国外中国学研究. 北京：商务印书馆，2006.

［11］何寅，许光华，主编. 国外汉学史. 上海：上海外语教育出版社，2000.

［12］黄时鉴，主编. 东西交流论谭. 上海：上海文艺出版社，1998.

［13］黄修己，主编. 赵树理研究资料. 太原：北岳文艺出版社，1985.

［14］李剑国，陈洪，主编. 中国小说通史·唐宋元卷. 北京：高等教育出版社，2007.

［15］李学勤，主编. 国际汉学漫步. 石家庄：河北教育出版社，1997.

［16］林本椿，主编. 福建翻译家研究. 福州：福建教育出版社，2005.

［17］刘洪涛，主编. 海外汉学家视域中的中国当代文学研究. 南昌：江西教育出版社，2021.

［18］刘士聪，主编. 红楼译评. 天津：南开大学出版社，2005.

［19］毛效同，编著. 汤显祖研究资料汇编（下）. 上海：上海文艺出版社，1986.

［20］孟华，主编. 比较文学形象学. 北京：北京大学出版社，1991.

［21］梦华，主编. 图解国学知识. 北京：中国华侨出版社，2016.

［22］钱林森，主编. 和而不同——中法文化对话集. 南京：南京大学出版社，2009.

［23］任继愈，主编. 国际汉学（第六辑）. 郑州：大象出版社，2000.

［24］宋柏年，主编. 中国古典文学在国外. 北京：北京语言学院出版社，1994.

［25］孙焘，主编. 中国戏曲的传承与发展研究. 北京：文化艺术出版社，2016.

［26］王洪等，主编. 古诗百科大辞典. 北京：光明日报出版社，1991.

［27］王季思，主编. 中国十大悲剧古典悲剧集（下）. 上海：上海文艺出版社，1982.

［28］王荣华，黄仁伟，主编. 中国学研究：现状、趋势与意义. 上海：学林出版社，2007.

［29］王绍平等，编著. 图书情报词典. 上海：上海大词典出版社，1990.

［30］伍蠡甫，主编. 西方文论选（上册）. 上海：人民文学出版社上海分社，1964.

［31］肖东发，主编. 秦贝臻，编著. 小说经典：著名古典小说的魅力. 北京：现代出版社，2015.

［32］徐德明，吴平，主编. 清代学术笔记丛刊. 北京：学苑出版社，2005.

［33］徐永明，［新加坡］陈靝沅，主编. 英语世界的汤显祖研究论著选译. 杭州：浙江古籍出版社，2013.

［34］徐永明，［新加坡］陈靝沅，主编. 英语世界的汤显祖研究论著选译. 杭州：浙江古籍出版社，2013.

［35］徐志啸，主编.中国古代文学在欧洲.石家庄：河北教育出版社，2013.

［36］许结，主编.中国古代文学研究导引.南京：南京大学出版社，2006.

［37］阎纯德，主编.汉学研究（第三集）.北京：中国和平出版社，1998.

［38］尹锡康，周发祥，主编.楚辞资料海外编.武汉：湖北人民出版社，1986.

［39］游国恩等，主编.中国文学史·第4卷.北京：人民文学出版社，1964.

［40］张海惠，主编.北美中国学：研究概述与文献资源.北京：中华书局，2010.

［41］张品兴，编.梁启超全集（第一卷）.北京：北京出版社，1999.

［42］张西平，编.欧美汉学研究的历史与现状.郑州：大象出版社，2005.

［43］章培恒，骆玉明，主编.中国文学史新著（中卷）.上海：复旦大学出版社，
　　　2007.

［44］朱惠政，崔丕，主编.北美中国学的历史和现状.上海：上海辞书出版社，
　　　2013.

［45］朱惠政，主编.美国学者论美国中国学.上海：上海辞书出版社，2009.

六、专著

［1］（明）冯梦龙.喻世明言.沈阳：沈阳出版社，1995.

［2］（明）孟称舜.娇红记.欧阳光，注释.上海：上海古籍出版社，1988.

［3］（清）曹雪芹，高鹗.红楼梦.北京：人民文学出版社，1982.

［4］（清）李汝珍.镜花缘.北京：人民文学出版社，1995.

［5］（清）李渔.闲情偶寄.上海：上海古籍出版社，2000.

［6］［澳］杜博尼，［澳］雷金庆.二十世纪中国文学.香港：香港大学出版社，
　　　1997.

［7］［美］陈世骧.陈世骧文存.沈阳：辽宁教育出版社，1998.

［8］蔡义江.红楼梦诗词曲赋评注.北京：北京出版社，1979.

［9］曹广涛.英语世界的中国传统戏剧研究与翻译.广州：广东高等教育出版社，
　　　2009.

［10］曹迎春.文化翻译视域下的译者风格研究——《牡丹亭》英译个案研究.上海：
　　　上海交通大学出版社，2017.

［11］陈橙.文选编译与经典重构——宇文所安的《诺顿中国文选》.上海：上海外
　　　语教育出版社，2014.

350

［12］陈国球.文学史书写形态与文化政治.北京：北京大学出版社，2004.

［13］陈鹏翔.主题学研究论文集.台北：东大图书公司，1983.

［14］陈平原，夏晓红.二十世纪中国小说理论研究资料（第一卷）.北京：北京大学出版社，1997.

［15］陈平原.学者的人间情怀——跨世纪的文化选择.北京：三联书店，2007.

［16］陈受颐.中欧文化交流史事论丛.台北：台湾商务印书馆，1970.

［17］陈望道.修辞学发凡.上海：复旦大学出版社，2008.

［18］陈映真.陈映真文集：杂文卷.北京：中国友谊出版社，1998.

［19］戴燕.文学史的权力.北京：北京大学出版社，2002.

［20］董解元.西厢记诸宫调.侯岱麟，校订.北京：文学古籍刊行社，1955.

［21］都文伟.百老汇的中国题材与中国戏曲.上海：上海三联书店，2002.

［22］杜平.想象东方：英国文学的异国情调和东方形象.上海：上海外语教育出版社，2007.

［23］范存忠.中国文化在启蒙时期的英国.上海：上海外语教育出版社，1991.

［24］费孝通.费孝通论文化与文化自觉.北京：群言出版社，2005.

［25］费孝通.费孝通文集.北京：北京大学出版社，1995.

［26］高方，毕飞宇.文学译介、文化交流与中国文化“走出去”.上海：上海译文出版社，2003.

［27］高鸿志.近代中英关系史.成都：四川人民出版社，2001.

［28］高伟.翻译家徐志摩研究.南京：东南大学出版社，2009.

［29］葛桂录.比较文学之路：交流视野与阐释方法.上海：上海三联书店，2014.

［30］葛桂录.含英咀华—葛桂录教授讲中英文学关系.北京：中央编译出版社，2014.

［31］葛桂录.跨文化语境中的中外文学关系研究.上海：上海三联书店，2008.

［32］葛桂录.中英文学关系编年史.上海：上海三联书店，2004.

［33］葛兆光.域外中国学十论.上海：复旦大学出版社，2002.

［34］顾颉刚.顾颉刚日记（6）.台北：联经出版事业有限公司，2007.

［35］郭建中.当代美国翻译理论.武汉：湖北教育出版社，2000.

［36］海岸.中西诗歌翻译百年论集.上海：上海外语教育出版社，2007.

［37］韩石山.徐志摩传.北京：北京十月文艺出版社，2002.

［38］韩铁.福特基金会与美国的中国学：1950—1979年.北京：中国社会科学出

社，2004.

［39］何培忠 . 当代国外中国学研究 . 北京：商务印书馆，2006.

［40］何寅，许光华 . 国外汉学史 . 上海：上海外语教育出版社，2002.

［41］洪涛 . 《格列佛游记》和古今政治 . 上海：华东师范大学出版社，2018.

［42］侯且岸 . 当代美国的"显学"：美国现代中国学研究 . 北京：人民出版社，
　　　1995.

［43］胡庚申 . 翻译适应选择论 . 武汉：湖北教育出版社，2004.

［44］胡士莹 . 话本小说概论 . 北京：商务印书馆，1980 .

［45］黄鸣奋 . 英语世界中国古典文学之传播 . 上海：学林出版社，1997.

［46］黄仕忠 . 中国戏曲史研究 . 广州：中山大学出版社，2001.

［47］黄天骥 . 冷暖室论曲 . 上海：复旦大学出版社，2016.

［48］冀爱莲 . 阿瑟·弗利汉学研究策略考辨 . 北京：人民出版社，2018.

［49］姜倩，何刚强 . 翻译概论 . 上海：上海外语教育出版社，2008.

［50］姜智芹 . 镜像后的文化冲突与文化认同——英美文学中的中国形象 . 北京：中
　　　华书局，2008.

［51］蒋洪新 . 英诗新方向——庞德、艾略特诗学理论与文化批评研究 . 长沙：湖南
　　　教育出版社，2001.

［52］蒋孔阳 . 二十世纪西方美学名著选 . 上海：复旦大学出版社，1988.

［53］金圣华 . 傅雷与他的世界 . 北京：三联书店，1996.

［54］金元浦 . 接收反应文论 . 济南：山东教育出版社，1998.

［55］孔慧怡 . 翻译·文学·文化 . 北京：北京大学出版社，1999.

［56］老舍 . 老舍生活与创作自述 . 北京：人民文学出版社，1982.

［57］李欧梵 . 未完成的现代性 . 北京：北京大学出版社，2005.

［58］李欧梵 . 中西文学的徊想 . 南京：江苏教育出版社，2005.

［59］李奭学 . 中西文学因缘 . 台北：联经出版事业公司，1991.

［60］李涛 . 抒情中国文学的现代美国之旅：汉学家视角 . 上海：复旦大学出版社，
　　　2015.

［61］李孝迁 . 近代中国域外汉学评论粹编 . 上海：上海古籍出版社，2014.

［62］李孝迁 . 西方史学在中国的传播（1882—1949）. 上海：华东师范大学出版社，
　　　2014.

［63］李岫，秦林芳 . 二十世纪中外文学交流史 . 石家庄：河北教育出版社，2001.

352

［64］梁启超.饮冰室合集.北京：中华书局，2015.

［65］廖奔.中国戏曲史.上海：上海人民出版社，2004.

［66］林健民.中国古诗英译.北京：中国华侨出版公司，1989.

［67］刘江凯.认同与"延异"：中国文学的海外接受.北京：北京大学出版社，
2012.

［68］刘宓庆.汉英对比研究与翻译.南昌：江西教育出版社，1991.

［69］刘宓庆.中国翻译思想比较研究.北京：中国对外翻译出版公司，2005.

［70］刘绍铭.文字岂是东西.沈阳：辽宁教育出版社，1999.

［71］刘亚猛.西方修辞学史.北京：外语教学与研究出版社，2008.

［72］刘扬忠.且喜青山依旧住.刘扬忠文选.贵阳：贵州人民出版社，2018.

［73］卢梦雅.葛兰言的汉学发生研究.济南：山东大学出版社，2018.

［74］鲁迅.鲁迅全集.北京：人民文学出版社，1981.

［75］罗积勇.用典研究.武汉：武汉大学出版社，2005.

［76］吕叔湘.中诗英译比录（序）.北京：中华书局，2002.

［77］马红军.从文学翻译到翻译文学：许渊冲的译学理论与实践.上海：上海译文
出版社，2006.

［78］孟伟根.中国戏剧外译史.杭州：浙江大学出版社，2017.

［79］莫东寅.汉学发达史.上海：上海书店出版社，1989.

［80］钱乘旦，许洁明.英国通史.上海：上海社会科学院出版社，2007.

［81］史冬冬，史维.他山之石 宇文所安中国古代文论研究中的"非虚构传统"问
题.北京：新华出版社，2018.

［82］宋炳辉.方法与实践：中外文学关系研究.上海：复旦大学出版社，2004.

［83］苏芹.比较诗学视阈下的宇文所安唐诗研究.北京：中国文联出版社，2016.

［84］孙歌，陈燕谷，李逸津.国外中国古典戏曲研究.南京：江苏教育出版社，
2000.

［85］孙惠柱.第四堵墙：戏剧的结构与结构.上海：上海书店出版社，2011.

［86］孙玫.中国戏曲跨文化研究.北京：中华书局，2006.

［87］孙绍振.新的美学原则在崛起.北京：语文出版社，2009.

［88］谭帆，陆炜.中国古典戏剧理论史.上海：华东师范大学出版社，2005.

［89］谭载喜.翻译学.武汉：湖北教育出版社，2000.

［90］谭载喜.西方翻译简史.北京：商务印书馆，1991.

［91］涂慧.如何译介，怎样研究：中国古典词在英语世界.北京：中国社会科学出版社，2014.

［92］王国维.静庵文集续编.贵阳：贵州教育出版社，2014.

［93］王国维.人间词话.南京：江苏凤凰科技出版社，2019.

［94］王家凤，李光真.当西方遇见东方：国际汉学与汉学家.成都：光华杂志社，1991.

［95］王建华，曾华.美国战后中国学.沈阳：东北大学出版社，2003.

［96］王铭铭.社会人类学与中国研究.桂林：广西师范大学出版社，2005.

［97］王宁.文化翻译与经典阐释.北京：中华书局，2006.

［98］王尚义.从异乡人到失落的一代.台北：水牛出版社，1989.

［99］王晓平，周发祥，李逸津.国外中国古典文论研究.南京：江苏教育出版社，1998.

［100］翁长松.清代版本叙录.上海：上海远东出版社，2015.

［101］吴乾浩.当代戏曲发展学.北京：文化艺术出版社，2007.

［102］吴志达.中国文言小说史.济南：齐鲁书社，1994.

［103］夏康达，王晓平.二十世纪国外中国学研究.天津：天津人民出版社，2000.

［104］谢天振.译介学.上海：上海外语教育出版社，1999.

［105］忻剑飞.世界的中国观——近两千年来世界对中国的认识史纲.上海：学林出版社，1991.

［106］熊文华.美国汉学史（上、下册）.北京：学苑出版社，2015.

［107］熊文华.英国汉学史.北京：学苑出版社，2007.

［108］徐扶明.汤显祖与《牡丹亭》.上海：上海古籍出版社，1993.

［109］徐书墨.华文学院研究.北京：人民出版社，2012.

［110］徐朔方.论汤显祖及其他.上海：上海古籍出版社，1983.

［111］徐志摩.徐志摩全集.天津：天津人民出版社，2005.

［112］许地山.春桃——许地山经典必读.北京：文化艺术出版社，2012.

［113］许地山.春桃—许地山经典必读.北京：文化艺术出版社，2012.

［114］许光华.法国汉学史.北京：学苑出版社，2009.

［115］许钧，袁筱一.当代法国翻译理论.武汉：湖北教育出版社，2001.

［116］许钧.翻译论.南京：译林出版社，2014.

［117］许钧.生命之轻与翻译之重.北京：文化艺术出版社，2007.

354

[118] 薛洪勣. 传奇小说史. 杭州：浙江古籍出版社，1998.

[119] 杨柳. 翻译诗学与意识形态. 北京：科学出版社，2010.

[120] 杨四平. 跨文化的对话与想象：现代中国文学海外传播与接受. 上海：东方
出版中心，2014.

[121] 叶嘉莹. 迦陵论词丛稿. 上海：上海古籍出版社，1980.

[122] 叶嘉莹. 王国维及其文学批评. 石家庄：河北教育出版社，1997.

[123] 叶舒宪. 文学与人类学——知识全球化时代的文学研究. 北京：社会科学文
献出版社，2003.

[124] 殷晓燕. 西方视野下的中国经典研究 以宇文所安为例. 成都：四川大学出版
社，2014.

[125] 尹鸿. 悲剧意识与悲剧艺术. 合肥：安徽教育出版社，1992.

[126] 余光中. 余光中谈翻译. 北京：中国对外翻译出版公司，2002.

[127] 张岱年. 大儒列传·王夫之. 长春：吉林文史出版社，1997.

[128] 张庚，郭汉成，何为. 中国戏剧通史. 上海：上海文艺出版社，1989.

[129] 张弘. 中国文学在英国. 广州：花城出版社，1992.

[130] 张军. 流动的经典——对柳青及《创业史》接受史的考察. 济南：山东人民
出版社，2012.

[131] 张隆溪. 中西文化研究十论. 上海：复旦大学出版社，2005.

[132] 张佩瑶. 传统与现代之间：中国译学研究新途径. 长沙：湖南人民出版社，
2012.

[133] 张岂之. 史学概论文献与资料选编. 北京：高等教育出版社，2010.

[134] 张首映. 西方二十世纪文学史. 北京：北京出版社，1999.

[135] 张西平. 欧洲早期汉学史：中西文化交流与西方汉学的兴起. 北京：中华书
局，2009.

[136] 赵启光. 异乡异客：现当代英美文学名作评译. 天津：南开大学出版社，
1991.

[137] 赵庆元. 中国古代戏剧史论. 合肥：安徽人民出版社，2002.

[138] 赵渭绒. 西方互文性理论对中国的影响. 成都：四川出版集团，2012.

[139] 赵一凡. 从卢卡奇到萨义德：西方文论讲稿续篇. 北京：三联书店，2009.

[140] 赵毅衡. 对岸的诱惑：中西文化交流人物. 北京：知识出版社，2003.

[141] 赵毅衡. 诗神远游：中国如何改变了美国现代诗. 上海：上海译文出版社，

2007.

［142］赵征军.中国戏剧典籍译介研究——以《牡丹亭》的英译与传播为中心.北京：中国社会科学出版社，2015.

［143］郑传寅.中国戏曲文化概论.武汉：武汉大学出版社，1997.

［144］钟玲.美国诗与中国梦：美国现代诗里的中国文化模式.桂林：广西师范大学出版社，2003.

［145］钟玲.史耐德与中国文化.北京：首都师范大学出版社，2006.

［146］周大鸣.文化人类学概论.广州：中山大学出版社，2009.

［147］周发祥，李岫.中外文学交流史.长沙：湖南教育出版社，1999.

［148］周宁，朱徽，贺昌盛，周云龙.中西文化交流史 中国—美国卷.济南：山东教育出版社，2015.

［149］周宁.龙的幻想.北京：学苑出版社，2004.

［150］周宁.天朝遥远：西方的中国形象研究.北京：北京大学出版社，2006.

［151］周扬，刘再复.中国大百科全书·中国文学卷（第二卷）.北京：中国大百科全书出版社，1986.

［152］朱光潜.诗论.武汉：武汉大学出版社，2008.

［153］朱徽.中国诗歌在英语世界——英美译家汉诗翻译研究.上海：上海外语教育出版社，2009.

［154］朱巧云.跨文化视野中的叶嘉莹诗学研究.北京：中国社会科学出版社，2008.

［155］朱耀伟.当代西方批评论述的中国图像.北京：中国人民大学出版社，2006.

［156］朱政惠，许纪霖.史华慈与中国.长春：吉林出版集团有限公司，2008.

［157］朱政惠.海外中国学评论.上海：上海古籍出版社，2006.

［158］朱政惠.美国学者论美国中国学.上海：上海辞书出版社，2008.

［159］朱政惠.美国中国学史研究——海外中国学探索的理论与实践.上海：上海古籍出版社，2004.

［160］庄孔韶.人类学概论.太原：山西教育出版社，2007.

［161］资中筠.追根溯源——战后美国对华政策的缘起与发展 1945—1950.上海：上海人民出版社，2000.

356

七、期刊论文

[1] 白石.白先勇 自己家后院的牡丹有多美.华人世界，2008（10）.

[2] 鲍晓英.中国现当代文学海外翻译与传播.中国社会科学报，2019（8）.

[3] 曹广涛.英语世界的元明戏曲英译研究.湖北第二师范学院学报，2010（11）.

[4] 曹灵芝，赵征军.《牡丹亭》副文本对比研究——以白之译本与汪榕培译本为例.外文研究，2018（2）.

[5] 曹迎春，叶张煌.牡丹花开异域——《牡丹亭》海外传播综述.华东理工大学学报：社会科学版，2011（3）.

[6] 曹迎春.异曲同工：古典戏剧音韵翻译研究——以《牡丹亭》英译对比分析为例.中国翻译，2016（1）.

[7] 查明建，田雨.论译者主体性——从译者文化地位的边缘化谈起.中国翻译，2003（1）.

[8] 查明建，田雨.论译者主体性——从译者文化地位的边缘化谈起.中国翻译，2003（1）.

[9] 昌切.弃德而就英法——近百年前浪漫主义中国行.文艺争鸣，2018（9）.

[10] 陈橙.论中国古典文学的英译选集与经典重构：从白之到刘绍铭.外语与外语教学，2010（4）.

[11] 陈建生，刘刚.基于语料库的译者风格研究——以《牡丹亭》的两个英译本为例.天津外国语大学学报，2013（6）.

[12] 陈友冰.英国汉学的阶段性特征及成因探析——以中国古典文学研究为中心.汉学研究通讯，2008（3）.

[13] 仇华飞.从"冲击——回应"到"中国中心观"看美国汉学研究模式的嬗变.上海师范大学学报，2002（2）.

[14] 戴天.美国教授谈中国文学.明报月刊，1968（4）.

[15] 邓红风，王莉莉.翻译的窘境还是文化的窘境.中国翻译，2003（4）.

[16] 丁尔苏.中国苦戏与西方悲剧.中国比较文学，2019（3）.

[17] 董单.戏曲在英语世界的译介与接受——以《牡丹亭》为例的英译与传播研究.第六届京剧学国际学术研讨会论文集，2015.

[18] 方长安，纪海龙.1949—1966年美英解读中国"十七年文学"的思想逻辑.河北学刊，2010（3）.

［19］方长安，纪海龙.冷战期间英美对中国"十七年文学"审美形式的批评.学习与探究，2010（6）.

［20］傅莉莉.欧美汉学家眼中的中国现代文学——以四部翻译选集为例.书屋，2019（9）.

［21］傅张萌，何大顺.《牡丹亭·标目》的三种英译本的比较研究.海外英语，2011（10）.

［22］高华.三十年来美国中国学的研究趋向.社会信息，1988（1）.

［23］葛桂录.论哈罗德·阿克顿小说里的中国题材.外国文学研究，2006（1）.

［24］葛红.美国汉学研究简述.作家杂志，2010（4）.

［25］葛兆光.论典故——中国古典诗歌中一种特殊意象的分析.文学评论，1989(5).

［26］龚献静，覃江华，沈骑.1980年以来美国国家人文基金会翻译类课题立项分析.外语教学与研究，2015（1）.

［27］龚献静.二战后美国资助翻译中国文化文本的项目特点及启示.中国翻译，2017（1）.

［28］顾炯.徐志摩在剑桥.中国现代文学研究丛刊，1984（2）.

［29］郭建中.韦努蒂及其解构主义的翻译策略.中国翻译，2000（1）.

［30］韩高年.他山之石，可以为错——评梅维恒主编《哥伦比亚中国文学史》.文艺研究，2007（9）.

［31］韩振华.为扩张主义服务的美国"汉学".厦门大学学报，1956（1）.

［32］何剑叶.北美的明代小说翻译与研究概述.济南大学学报：社会科学版，2017（3）.

［33］何敏，吴赟.美国视野中的中国现当代文学选择与阐释——基于文学选集的考察.外语教学与研究，2019（1）.

［34］何敏.翻译选集与民族文学形象的构建——中国现当代文学翻译选集在美国：1931—1990.外语教学理论与实践，2021（3）.

［35］何沛雄.评介《中国文体研究》(Cyril Birch).香港中文大学中国文化研究所学报，1978.

［36］何沛雄.今日英国的汉学研究.哲学与文化，1974（6）.

［37］何沛雄.评介《中国文学选集》(Cyril Birch).香港中文大学中国文化研究所学报，1969（1）.

［38］衡孝军.从社会符号学翻译法看汉语成语英译过程中的功能对等.中国翻译，

358

2003（24）.

［39］洪忠煌.意象比较：《冬天的故事》与《牡丹亭》.戏剧杂志，1993（1）.

［40］侯且岸.费正清与美国现代中国学.史学理论研究，1995（7）.

［41］侯且岸.美国汉学史研究之反思.国际汉学，2021（3）.

［42］胡燕春，徐昭晖，马宇飞.论美国汉学界的中国现当代小说研究的美学视
域——以夏志清、李欧梵与王德威为例.兰州学刊，2011（11）.

［43］黄晶.西利尔·白之的中国戏曲思想研究述评.牡丹江大学学报，2013（5）.

［44］季进.多元文学史的书写—海外中国现代文学研究论之一.文学评论,2009(6).

［45］季淑凤.古词译介与经典重构：美国李清照的翻译出版.出版科学，2015（6）.

［46］季羡林.东学西渐与东化——为《东方论坛》"东学西渐"栏目而作.东方论
坛，2004（5）.

［47］季羡林.卅年河东，卅年河西——《东方文化集成》丛书"总序".南岭文史，
1999（2）.

［48］蒋坚松，刘超先.西利尔·白之《中国文学作品选集》的翻译问题.湖南人文
科技学院学报，1998（3）.

［49］蒋骁华.典籍英译中的"东方情调化翻译倾向"研究——以英美翻译家的汉
籍英译为例.中国翻译，2010（4）.

［50］蒋骁华.东方学对翻译的影响.中国翻译，2008（5）.

［51］蒋骁华.译者的选择性适应与适应性选择评《牡丹亭》的三个英译本.上海翻
译，2009（4）.

［52］赖瑞和.《小说的正史化——以〈新唐书·吴保安传〉为例》.《唐史论丛》，
2009.

［53］乐黛云."批评方法与中国现代小说研讨会"述评.读书，1983（4）.

［54］乐黛云.突破中西文体系的"双向阐发"——介绍《中国文论：英译与评论》.社
会观察，2003（1）.

［55］李点.文本性的盛宴：美国汉学现当代文学研究的亮点和拐点.湖南大学学报：
社会科学版，2017（4）.

［56］李瑞华.英国的中国学研究发展概况.读书，1980（4）.

［57］李天道，唐君红."性灵说"之"贵情"美学精神及其学理溯源.青海师范大
学学报：哲学社会科学版，2018（4）.

［58］李孝迁.葛兰言在民国学界的反响.历史学，2010（11）.

［59］李玉辉，黄意明．从白芝到宇文所安：美国中国文学概论中的元杂剧研究．戏曲艺术，2020（1）．

［60］廖奔．观念挪移与文化阐释错误—美国塞氏《牡丹亭》印象．文艺争鸣，2000（1）．

［61］刘洪涛．徐志摩的剑桥交游及其在中英现代文学交流中的意义．中国现代文学研究丛刊，2006（6）．

［62］刘军平．翻译经典与文学翻译．中国翻译，2002（4）．

［63］刘君若．语法、形象、节奏——谈七十年代英美出版的几部英译中国小说．外语教学与研究，1981（1）．

［64］刘珊．关于"中华文化走出去"的思考 以《寒山诗》在美国的译介为例．中国宗教，2017（8）．

［65］刘绍棠．我对当前文艺问题的一些浅见．文艺学习，1957（5）．

［66］刘跃进．近年美国的中国古代文学研究掠影．福州大学学报：哲学社会科学版，2001（1）．

［67］聂珍钊．文学伦理学批评：基本理论与术语．外国文学研究，2012（6）．

［68］聂珍钊．文学伦理学批评：伦理选择与斯芬克斯因子．外国文学研究，2011（6）．

［69］彭镜禧．评三种传奇剧的英译本．国立编译馆刊，1994（23）．

［70］桑兵．从眼光向下回到历史现场——社会学人类学对中国近代史学的影响．中国社会科学，2005（1）．

［71］施友忠．《中共文学》中之讽刺作品．清华学报，1968（7）．

［72］苏凤．《牡丹亭》英译本译介主体比较．中国戏曲学院学报，2018（2）．

［73］苏凤．戏曲文本译介：中西方文化的会接．中国戏曲学院学报，2016（3）．

［74］陶家俊，张中载．论英中跨文化转化场中的哈代与徐志摩．外国文学研究，2009（5）．

［75］汪榕培．《牡丹亭》的英译及传播．外国语，1999（6）．

［76］王昌志，曹灵芝．文学场域——《牡丹亭》对外接受效度研究．湖北经济学院学报：社会科学版，2017（2）．

［77］王丽娜．《水浒传》在国外．武汉师范学院学报：哲学社会科学版，1983（1）．

［78］王丽娜．严羽《沧浪诗话》的外文译著简介．文艺理论研究，1986（2）．

［79］王宁．全球化时代的翻译及翻译研究：定义、功能及未来走向．外语教学，2016（3）．

360

［80］吴思远.美国汉学家白芝.中华读书报，2020（18）.

［81］吴原元.20世纪60年代以来美国中国学的新走向.历史教学问题，2007（2）.

［82］向鹏，陈凤，何树林.《牡丹亭》翻译研究现状述评.东华理工大学学报：社
　　　会科学版，2012（1）.

［83］谢天振.谁来向世界译介中国文学和中国文化？.文景，2005年（5）.

［84］许渊冲.译文能否胜过原文.教学研究，1982（2）.

［85］杨乃乔.从比较诗学及其他者视域的异质文化与非我因素.北京大学学报，
　　　2007（1）.

［86］杨肖.欧美中国现当代文学研究的历史分期.扬州大学学报：人文社会科学版，
　　　2011（6）.

［87］杨祖仪.评介《中国问题研究》（Cyril Birch）.出版与研究，1978（38）.

［88］叶秀娟，马会娟.论中国现当代文学在美国的译介：1949—1978.解放军外国
　　　语学院学报，2017（3）.

［89］于洋欢.《牡丹亭》互文指涉英译研究——以戏拟为例.亚太跨学科研究翻译，
　　　2017（2）.

［90］张辉.让我们拥有"智慧的心"——浅说文学与思想史研究的问题意识.中国
　　　比较文学，2017（2）.

［91］张铠.从"西方中心论"到"中国中心观"——当代美国中国史研究的发展
　　　趋势.中国史研究动态，1994（11）.

［92］张玲.英语国家学者对《牡丹亭》的新解读.剧本，2014（7）.

［93］张念穰.从宋元话本到"三言"中的拟话本.中国文学知识，2000（3）.

［94］赵征军.汉学家白之英译《牡丹亭》戏剧翻译规范探究.燕山大学学报：哲学
　　　社会科学版，2018（2）.

［95］郑良树.英国汉学概况.书目季刊，1977（2）.

［96］周发祥.《诗经》在西方的传播与研究.文学评论，1993（6）.

［97］周锡山.试论明清传奇（昆剧）的重要意义.阜阳师范大学学报：社会科学版，
　　　1989（1）.

［98］周扬.我国社会主义文学艺术的道路.延河，1960（10）.

［99］朱巧云.馨香不泯梦窗词—叶嘉莹对吴文英词之新解.第十三届华文文学国际
　　　学术研讨会论文集，2004.

［100］朱则杰.蒋士铨题寄袁枚、赵翼的若干集外诗文辑考.广州大学学报：哲学科

学版，2006（9）.

［101］庄群英，李新庭.英国汉学家西里尔·白之与《明代短篇小说选》.长春理
工大学学报：社会科学版，2011（7）.

［102］资中筠.洛克菲勒基金会与中国.美国研究，1996（1）.

［103］［日］大久保洋子.郁达夫小说研究在日本.中国现代文学研究丛刊，2005
（5）.

后　记

　　这本评传书稿脱胎于我的博士论文和博士后出站报告。近年来我几乎将所有的学术精力致力于对汉学家西利尔·白之的研习与阐释。博士阶段我探讨的是白之译研中国古典文学方面及其教育教学成就的论题，博士后阶段进一步拓展与深化研究，集中于白之涉及中国现当代文学研究成果的阐释分析与意义揭示。呈现出一幅完整的白之研究图景，成为了我几年来的学术心愿：融合翻译学批评方法与比较文学研究视野，试图探究白之以其文化"他者"身份是如何通过译研中国作家作品，在西方传播中国文学、文化及重塑中国经典文学形象；同时结合意识形态、诗学观念、文化审美等影响译介的核心要素，挖掘白之翻译实践中的意图理念及选择策略，揭示其恪守源初文化心理，秉持文化翻译态度，勉力倡导异质文化交流的宏大目标。

　　仍然如此清晰地记得，确定下论文研究对象的那天是 2018 年 11 月 25日。当年 12 月，因机缘结识当时就读于上海外国语大学的杨世祥博士，在他的热心引荐下，我与远在美国的徐志摩嫡孙徐善增老先生取得了联系。徐老先生早年是耶鲁大学的工程学博士，和蔼纯良，热情达理，通过网络为我传来当年与白之交往的宝贵信息，以及珍贵影像资料。其后的岁月，我便投入了紧张忙碌又收获不断的研学生涯。在可能的限度内，竭力搜罗了研究对象西利尔·白之的所有资料。在梳理和分析文献的日月星辰之间，竟于哪个不经意的瞬间，连结起了与未曾谋面的西利尔·白之的微妙情感。敬畏，追思……很认真地对待与论题有关的一切，分析、阐释与撰写，后来，便有了一篇 30 余万字的博士论文。

　　博士毕业后，我即来到上海外国语大学外国语言文学博士后流动站，在那里开启了全新的一段学习和生活之旅，遇到了一群每天都能够饱有满腔斗志的"战友"，大家珍惜时间，目标清晰，专注科研，积极而充满活力。在上外心无旁骛继续深入白之研究的日子无疑成为我人生中又一份闪光的礼物，它们被写进了我的博士后研究工作报告中。在此期间，有幸遇到博导葛桂录教授主编"海外著名汉学家评传丛书"的良机，并受邀参与其中。在撰写和反复修改书稿的过程中，老师时常鼓励教诲，使我拥有攻克困难的决心，这才有了此小书的面世，对老师的感激之情自不言而喻。同时要感谢我的博士后合作导师，上海外国语大学中国话语与世界文学研究中心主任张帆教授。她厚德的人品、笃定执着的学术追求给我带来了极深的影响，让我目睹象牙塔里"学为人师、行为世范"该有的样子。

　　一路走来，得到了太多人的帮助与关爱。感谢张西平老师、杨乃乔老师、宋炳辉老师、季进老师、杜志卿老师、王丽丽老师、林明金老师、周云龙老师、高伟光老师、苍志民老师、陈世宝老师，以及参加我的博士论文评审答辩、博士后出站报告会的诸位专家。还要感谢山东教育出版社祝丽编审、责编左娜老师为本书顺利出版付出的辛勤劳动……还应该感谢的是我的家人，他们的支持让我在学术之路上有了坚实的后盾，使我不论身在榕城，又或远在沪上，都能够感受到那份最深沉的信任与祈盼。

　　已过而立之年，这几年对生活的感触愈加深刻，渴望做自己，也希望是位不错的母亲。儿子王子量每每在电话那头问我何时回家时，便促使我一次次鞭策自己努力一些，再努力一些，他在家等我呢。谨以此书献给我